TEORIA GERAL DO ESTADO

SAHID MALUF

TEORIA
GERAL DO
ESTADO

Atualizador: Prof. Miguel Alfredo Malufe Neto

37ª EDIÇÃO

2025

- O autor deste livro e a editora empenharam seus melhores esforços para assegurar que as informações e os procedimentos apresentados no texto estejam em acordo com os padrões aceitos à época da publicação, *e todos os dados foram atualizados pelo autor até a data da entrega dos originais à editora.* Entretanto, tendo em conta a evolução das ciências, as atualizações legislativas, as mudanças regulamentares governamentais e o constante fluxo de novas informações sobre os temas que constam do livro, recomendamos enfaticamente que os leitores consultem sempre outras fontes fidedignas, de modo a se certificarem de que as informações contidas no texto estão corretas e de que não houve alterações nas recomendações ou na legislação regulamentadora.

- Data do fechamento do livro: 28.10.2024

- O autor e a editora se empenharam para citar adequadamente e dar o devido crédito a todos os detentores de direitos autorais de qualquer material utilizado neste livro, dispondo-se a possíveis acertos posteriores caso, inadvertida e involuntariamente, a identificação de algum deles tenha sido omitida.

- Direitos exclusivos para a língua portuguesa
  Copyright ©2025 by
  Saraiva Jur, um selo da SRV Editora Ltda.
  Uma editora integrante do GEN | Grupo Editorial Nacional
  Travessa do Ouvidor, 11
  Rio de Janeiro – RJ – 20040-040

- **Atendimento ao cliente: https://www.editoradodireito.com.br/contato**

- Reservados todos os direitos. É proibida a duplicação ou reprodução deste volume, no todo ou em parte, em quaisquer formas ou por quaisquer meios (eletrônico, mecânico, gravação, fotocópia, distribuição pela Internet ou outros), sem permissão, por escrito, da **SRV Editora Ltda.**

- Capa: Tiago Dela Rosa
  Diagramação: Fabricando Ideias Design Editorial

- **DADOS INTERNACIONAIS DE CATALOGAÇÃO NA PUBLICAÇÃO (CIP)
  VAGNER RODOLFO DA SILVA – CRB-8/9410**

M261t	Maluf, Sahid
	Teoria Geral do Estado / Sahid Maluf. – 37. ed. – São Paulo: Saraiva Jur, 2025.
	432 p.
	ISBN 978-85-5362-640-3
	1. Direito. 2. Teoria Geral do Estado. I. Título.

	CDD 340
2024-3931	CDU 34

Índices para catálogo sistemático:
1. Direito   340
2. Direito   34

NOTA AO LEITOR

Este livro foi publicado, pela primeira vez, em 1954. Como disse o Autor, Sahid Maluf, o objetivo foi elaborar um trabalho didático, sistematizando as doutrinas e as ideias essenciais da ciência do Estado, com a finalidade de despertar o interesse dos estudantes e encaminhá-los às pesquisas que levam ao aprimoramento da cultura no imenso, complexo e fascinante campo da Teoria Geral do Estado.

A honrosa acolhida que a obra teve, principalmente nas Faculdades de Direito, e as elogiosas referências recebidas desde então de muitos mestres ilustres e estudiosos da ciência política animaram as sucessivas edições que se seguiram, atualmente a de número trinta e seis.

Desde o falecimento do Autor, em 1975, esta obra vem sendo por mim revista e atualizada. Todavia, nenhuma modificação estrutural foi feita – e nem cabia –, pois o objetivo da obra é o estudo da ciência do Estado e não o exame do sistema constitucional brasileiro em particular.

Ao entregarmos ao leitor mais esta nova e atualizada edição, queremos deixar registrada nossa homenagem ao Autor, nosso inesquecível mestre. Através de sua obra ele permanecerá sempre vivo na lembrança de todos. Aos jovens estudantes de direito que não o conheceram queremos reproduzir a mensagem que ele deixou, ao dedicar esta obra a todos os jovens: "*A essa juventude dedicamos o nosso trabalho como penhor de gratidão. A esses estudantes de hoje e futuros paladinos da luta pelo direito, lembramos que sobre toda esta ciência do Estado, imperfeita, contingente, mutável no espaço e no tempo, paira a ciência de Deus, com a sua justiça perfeita, incontingente, eterna e infalível. Os desvirtuamentos do poder de mando, as falsidades e as injustiças, podem traspassar o nosso coração mas nunca abater o espírito, quando este se fortalece na fonte do direito divino para lutar pelo direito humano*".

Assim era o Autor, assim é o Direito: acima das contingências e imperfeições humanas, existe uma fonte superior, sempre inatingível, mas que deve nortear os espíritos das pessoas e alimentar as esperanças dos povos.

Nossos agradecimentos a todos, pelo prestígio e incentivo. Aos estudantes, que esta obra sirva como uma das chaves que abrirão as inúmeras portas que precisam ser abertas ou reabertas no estudo e na busca do objetivo maior que é a implantação de um verdadeiro Estado de Direito e de Justiça. Ao meu irmão José Roberto, prematuramente levado de nosso convívio, e à minha mãe Nagiba Maria Rizek Maluf. Saudades.

Miguel Alfredo Malufe Neto

ÍNDICE SISTEMÁTICO

NOTA AO LEITOR v

I – ESTADO E DIREITO

1. Teoria monística. 2. Teoria dualística. 3. Teoria do paralelismo....... 1

II – TEORIA TRIDIMENSIONAL DO ESTADO E DO DIREITO

1. Noção fundamental. 5

III – DIVISÃO GERAL DO DIREITO

1. Direito Natural e Positivo. 2. Direito público e privado. 3. Posição da Teoria Geral do Estado no quadro geral do Direito. 7

IV – TEORIA GERAL DO ESTADO

1. Conceito. 2. Tríplice aspecto. 3. Posição e relação com outras ciências. 4. Fontes.. 11

V – NAÇÃO E ESTADO

1. Conceito de Nação. 2. População. 3. Povo. 4. Raça. 5. Homogeneidade do grupo nacional. 6. Conceito de Estado. 15

VI – ELEMENTOS CONSTITUTIVOS DO ESTADO

1. População. 2. Território. 3. Governo. 23

VII – SOBERANIA

1. Conceito. 2. Fonte do poder soberano. 3. Teoria da soberania absoluta do rei. 4. Teoria da soberania popular. 5. Teoria da soberania nacional. 6. Teoria da soberania do Estado. 7. Escolas alemã e austríaca. 8. Teoria negativista da soberania. 9. Teoria realista ou institucionalista. 10. Limitações.. 29

VIII – SOBERANIA: LIMITAÇÕES NA ORDEM INTERNACIONAL, GLOBALIZAÇÃO E ORGANIZAÇÕES INTERNACIONAIS

1. Conceitos. 2. Globalização. 3. Organizações internacionais. 4. Organizações políticas. 5. Organização das Nações Unidas – ONU.

viii TEORIA GERAL DO ESTADO

6. Organização do Tratado do Atlântico Norte – OTAN. 7. Organização dos Estados Americanos – OEA. 8. Organizações econômicas. 9. Mercosul. 10. Outras organizações econômicas. 11. Organização supranacional – União Europeia. 41

IX – NASCIMENTO E EXTINÇÃO DOS ESTADOS – I
1. Nascimento. 2. Modo originário. 3. Modos secundários. 4. Confederação. 5. Federação. 6. União pessoal. 7. União real. 8. Divisão nacional. 9. Divisão sucessoral. 10. Modos derivados. 11. Colonização. 12. Concessão dos direitos de soberania. 13. Ato de governo. 14. Desenvolvimento e declínio. 15. Extinção. 16. Conquista. 17. Emigração. 18. Expulsão. 19. Renúncia dos direitos de soberania. 55

X – NASCIMENTO E EXTINÇÃO DOS ESTADOS – II
1. Justificação. 2. Princípio das nacionalidades. 3. Teoria das fronteiras naturais. 4. Teoria do equilíbrio internacional. 5. Teoria do livre-arbítrio dos povos. 63

XI – ORIGEM DOS ESTADOS
1. Generalidades. 2. Teoria da origem familiar. 3. Teoria patriarcal. 4. Teoria matriarcal. 5. Teoria da origem patrimonial. 6. Teoria da força. 69

XII – JUSTIFICAÇÃO DO ESTADO – I
1. Justificações teológico-religiosas. 2. Teoria do direito divino sobrenatural. 3. Teoria do direito divino providencial. 75

XIII – JUSTIFICAÇÃO DO ESTADO – II
1. Teorias racionalistas (jusnaturalismo). 2. Hugo Grotius. 3. Kant. 4. Hobbes. 5. Spinoza. 6. Locke. 81

XIV – JUSTIFICAÇÃO DO ESTADO – III
1. Teoria do contrato social. 2. Jean-Jacques Rousseau. 87

XV – JUSTIFICAÇÃO DO ESTADO – IV
1. Escola histórica. 2. Edmundo Burke. 93

XVI – JUSTIFICAÇÃO DO ESTADO – V
1. Panteísmo. 2. Escola orgânica. 3. Neopanteísmo. 95

XVII – JUSTIFICAÇÃO DO ESTADO – VI
1. Teoria da supremacia de classes. 2. Gumplowicz e Oppenheimer. 3. Fundamento doutrinário do Estado bolchevista. 99

XVIII – JUSTIFICAÇÃO DO ESTADO – VII
1. O Estado como diferenciação entre governantes e governados. 2. Teoria de Léon Duguit. 101

ÍNDICE SISTEMÁTICO

XIX – EVOLUÇÃO HISTÓRICA DO ESTADO – I

1. A "lei dos três estados", de Augusto Comte. 2. Classificação. 3. O Estado antigo. 4. O Estado de Israel. 107

XX – EVOLUÇÃO HISTÓRICA DO ESTADO – II

1. O Estado grego. 2. "Polis". 3. Platão. 4. Aristóteles......................... 113

XXI – EVOLUÇÃO HISTÓRICA DO ESTADO – III

1. O Estado romano. 2. Origem. 3. Conceito de "Civitas". 4. Poder de "Imperium". 5. Consulado. 6. Magistraturas e pró-magistraturas. 7. Ditadura. 8. Colegialidade das magistraturas. 9. Principado. 117

XXII – EVOLUÇÃO HISTÓRICA DO ESTADO – IV

1. O Estado medieval e suas características. 2. O feudalismo. 125

XXIII – EVOLUÇÃO HISTÓRICA DO ESTADO – V

1. O Estado medieval e a Igreja romana. 2. Santo Agostinho, Santo Tomás de Aquino e outros doutrinadores. 129

XXIV – EVOLUÇÃO HISTÓRICA DO ESTADO – VI

1. Das monarquias medievais às monarquias absolutas. 2. A doutrina de Maquiavel.. 133

XXV – EVOLUÇÃO HISTÓRICA DO ESTADO – VII

1. O absolutismo monárquico. 2. Escritores da Renascença. 3. John Locke e a reação antiabsolutista. 137

XXVI – EVOLUÇÃO HISTÓRICA DO ESTADO – VIII

1. O liberalismo na Inglaterra. 2. América do Norte. 3. França. 4. Declaração dos Direitos Fundamentais do Homem. 141

XXVII – A DECADÊNCIA DO LIBERALISMO

1. O Estado liberal, seus erros e sua decadência. 2. A encíclica "Rerum Novarum" – Doutrina Social da Igreja. 3. O Estado evolucionista. 147

XXVIII – REAÇÃO ANTILIBERAL

1. O socialismo e a revolução russa. 2. O Estado soviético. 3. Observações. 4. Criação da CEI. 153

XXIX – REAÇÃO ANTILIBERAL E ANTIMARXISTA

1. O fascismo e sua doutrina. 2. Organização do Estado fascista. 3. O sistema corporativo. 159

XXX – O ESTADO NAZISTA ALEMÃO

1. O nazismo. 2. O racismo alemão. 163

TEORIA GERAL DO ESTADO

XXXI – OS ESTADOS NOVOS

1. O totalitarismo do tipo fascista. 2. Turquia. 3. Polônia. 4. Portugal. 5. Brasil. 6. Argentina. 167

XXXII – FORMAS DE ESTADO

1. Classificações. 2. Estados perfeitos e imperfeitos. 3. Estados simples e compostos. 4. União pessoal. 5. União real. 6. União incorporada. 7. Confederação. 8. Outras formas. 9. Império britânico 177

XXXIII – ESTADO FEDERAL

1. Estado unitário. 2. Estado federal. 3. Características essenciais do Estado federal. 4. O federalismo nos EEUU da América do Norte. 5. O problema da soberania no Estado federal. 6. O federalismo no Brasil. 7. Federalismo orgânico. 8. Resumo 185

XXXIV – FORMAS DE GOVERNO

1. Classificações secundárias. 2. Classificação essencial de Aristóteles. 3. Monarquia e República. 4. Subdivisões. 5. "Referendum". 6. Plebiscito. 7. Outros institutos. 193

XXXV – PODER CONSTITUINTE

1. Conceito e natureza. 2. Poder reformador. 3. Poder Constituinte institucional 203

XXXVI – O PREÂMBULO NAS CONSTITUIÇÕES

1. Sua significação. 209

XXXVII – CONSTITUIÇÃO

1. Conceito. 2. Resumo histórico do sistema constitucional. 3. Conteúdo substancial. 4. Divisão formal das Constituições. 5. Cartas dogmáticas e outorgadas. 213

XXXVIII – SUPREMACIA DA CONSTITUIÇÃO

1. Subordinação da lei ordinária aos princípios constitucionais. 2. O controle da constitucionalidade das leis. 3. Síncopes constitucionais (estado de sítio). 4. As síncopes constitucionais no Brasil. 221

XXXIX – DIVISÃO DO PODER

1. Noção. 2. A doutrina de Montesquieu. 3. Unidade do poder e pluralidade dos órgãos de sua manifestação. 227

XL – DIREITOS FUNDAMENTAIS DO HOMEM

1. Generalidades. 2. Classificações. 3. Internacionalização dos direitos do homem. 4. Novos direitos fundamentais. 5. Direitos sociais. 6. Garantias dos direitos fundamentais. 231

ÍNDICE SISTEMÁTICO

XLI – PRINCÍPIOS E SISTEMAS ELEITORAIS

1. Sufrágio universal. 2. Voto do analfabeto. 3. Sufrágio restrito e censo alto. 4. Sufrágio igualitário e voto de qualidade. 5. Sufrágio feminino. 6. Voto público e voto secreto. 7. Voto como direito ou função. 8. Eleição direta e indireta. 9. Sistemas eleitorais. 10. Sistema proporcional. 237

XLII – SISTEMA REPRESENTATIVO – I

1. Generalidades. 2. Origem e formação histórica. 3. O sistema representativo na Inglaterra. 4. Natureza do mandato. 5. Teorias. 6. Titularidade do mandato no sistema brasileiro. 7. Unicameralidade e bicameralidade. 8. O Senado no Estado federativo. 243

XLIII – SISTEMA REPRESENTATIVO – II

1. Divisão substancial. 2. Divisão formal. 3. Sistema diretorial. 259

XLIV – SISTEMA REPRESENTATIVO PRESIDENCIALISTA

1. Origem histórica. 2. Crítica. 3. Mecanismo e características do presidencialismo. 4. Ministros de Estado. 5. Responsabilidade e "impeachment". 6. Duração do mandato. 7. Evolução do sistema presidencial e suas modalidades. 8. Comissões parlamentares de inquérito. 263

XLV – SISTEMA REPRESENTATIVO PARLAMENTARISTA

1. Origem histórica. 2. Caráter democrático do sistema. 3. Mecanismo do sistema parlamentarista. 4. O Chefe da Nação. 5. Executivo colegiado. 6. Responsabilidade política do Ministério. 7. Processo da responsabilidade política. 8. Responsabilidade solidária. 9. Remodelação ministerial. 10. Dissolução do Parlamento. 11. Interdependência dos poderes. 12. Parlamentarismo, federação e bicameralidade. 279

XLVI – O PARLAMENTARISMO NO BRASIL

1. Resumo histórico. 2. Comentários. 3. Nova experiência no Brasil. .. 293

XLVII – DEMOCRACIA

1. Origem histórica. 2. Conceito. 3. Democracia em sentido formal e substancial. 299

XLVIII – DEMOCRACIA E IGUALDADE

1. Resumo histórico. 2. Igualdade em sentido formal e material. 3. Desdobramento e conceito social-democrático. 4. Conceito de igualdade econômica. 305

XLIX – DEMOCRACIA E LIBERDADE

1. Divisões dos direitos de liberdade. 2. Liberdades absolutas e relativas. 3. A liberdade nas teorias absolutistas. 4. A liberdade na teoria do contrato social. 5. Conceito individualista. 6. Conceito social-democrático. 7. Teoria de Groppali. 8. Liberdade e autoridade. 313

TEORIA GERAL DO ESTADO

L – DEMOCRACIA E ELITES DIRIGENTES

1. Conceito real de democracia. 2. Expressão qualitativa do corpo eleitoral. 3. Seleção de valores. 4. Conceito de elite dirigente e sua responsabilidade histórica. 321

LI – DEMOCRACIA LIBERAL E DEMOCRACIA SOCIAL

1. Aspectos da democracia liberal e sua decadência. 2. Fundamentos da democracia social. 3. Intervencionismo estatal. 4. As correntes liberais modernas: neoliberalismo e social-liberalismo. 325

LII – PARTIDOS POLÍTICOS

1. Conceito e natureza. 2. Sistemas partidários. 3. Classificação. 4. Origem e evolução histórica. 5. Os partidos políticos brasileiros. 331

LIII – O ESTADO E SEU PROBLEMA FINALÍSTICO

1. O Estado como "meio" destinado à realização dos fins da comunidade. 2. Concepções individualistas e totalistas. 3. Teoria dos fins intermediários. 337

LIV – O HOMEM E O ESTADO

1. O homem como unidade social e como pessoa humana. 2. Liberdade e autoridade. 3. Posições extremadas e intermediária. 341

LV – INDIVIDUALISMO, COLETIVISMO E GRUPALISMO

1. Noções gerais. 2. Espiritualismo e materialismo. 3. Composições diversas. 4. Anarquismo. 5. Individualismo racionalista. 6. Liberalismo econômico. 7. Coletivismo e correntes socialistas. 8. Socialismo marxista, russismo e sua evolução. 345

LVI – SINDICALISMO E CORPORATIVISMO

1. Concepção grupalista. 2. Origem histórica. 3. Formação do sindicalismo. 4. Concepção social-democrática. 5. Identidade dos termos sindicalismo e corporativismo. 353

LVII – ESTADO CORPORATIVO

1. Conceito doutrinário de corporativismo. 2. Corporativismo de Estado e corporativismo associativo. 3. Representação profissional. 4. Três soluções estatais: corporativismo máximo, médio e mínimo. 357

LVIII – SOCIALISMO

1. Origens doutrinárias do socialismo utópico ou comunismo. 2. Karl Marx e o socialismo científico. 3. Socialismo e suas variações. 4. Socialismo de Estado, comunismo e anarquismo. 5. Princípios filosóficos do marxismo. 363

ÍNDICE SISTEMÁTICO

LIX – O ESTADO E A FAMÍLIA

1. A família como unidade integrante do Estado. 2. Teoria grupalista cristã. 3. O primado da família na sociedade. 4. A família e o Estado brasileiro. 373

LX – O ESTADO E A IGREJA

1. A sociedade: princípios da unidade e da pluralidade. 2. Natureza e autonomia do poder espiritual. 3. A luta entre o Estado e a Igreja (resumo histórico). 4. O Estado do Vaticano. 5. Relações entre a Igreja e o Estado. 6. Separação e harmonia. 7. A Igreja e o Estado Moderno 8. A Igreja no Estado Brasileiro. 377

LXI – PERSPECTIVA SOBRE O FUTURO DO ESTADO

1. Visão geral. 2. A democracia no Brasil 389

LXII – O ESTADO BRASILEIRO

1. Formação histórica. 2. Território. 3. População. 4. Formação federativa. 5. Evolução da forma de governo. 6. Resumo histórico da República. 7. A Constituição de 1988. 393

REFERÊNCIAS 407

ÍNDICE ALFABÉTICO E REMISSIVO 409

I

ESTADO E DIREITO

1. Teoria monística. 2. Teoria dualística. 3. Teoria do paralelismo.

O *Estado* é uma organização destinada a manter, pela aplicação do Direito, as condições universais de ordem social. E o *Direito* é o conjunto das condições existenciais da sociedade, que ao Estado cumpre assegurar.

Para o estudo do fenômeno estatal, tanto quanto para a iniciação na ciência jurídica, o primeiro problema a ser enfrentado é o das relações entre Estado e Direito. Representam ambos uma realidade única? São duas realidades distintas e independentes? No programa da ciência do Estado, este problema não pode passar sem um esclarecimento preliminar. E sendo tão importante quanto complexo, daremos aqui pelo menos um resumo das correntes que disputam entre si a primazia no campo doutrinário. Não comporta o nosso programa mais do que uma orientação esquemática, para compreensão da matéria em suas linhas gerais, servindo como um roteiro para maiores indagações nos domínios da ciência jurídica.

Dividem-se as opiniões em três grupos doutrinários, que são os seguintes:

1. TEORIA MONÍSTICA

Também chamada *do estatismo jurídico*, segundo a qual o Estado e o Direito confundem-se em uma só realidade. Os dois fenômenos *sunt unum et idem*, na expressão usada por Kelsen.

Para os *monistas* só existe o direito estatal, pois não admitem eles a ideia de qualquer regra jurídica fora do Estado. O Estado é a fonte única do Direito, porque quem dá vida ao Direito é o Estado através da "força coativa" de que só ele dispõe. Regra jurídica sem coação, disse Ihering, é uma contradição em si, um fogo que não queima, uma luz que não ilumina. Logo, como só existe o Direito emanado do Estado, ambos se confundem em uma só realidade.

Foram precursores do monismo jurídico Hegel, Hobbes e Jean Bodin. Desenvolvida por Rudolf von Ihering e John Austin, alcançou esta teoria a sua máxima expressão com a escola técnico-jurídica liderada por Jellinek e com a escola vienense de Hans Kelsen.

2. TEORIA DUALÍSTICA

Também chamada *pluralística*, que sustenta serem o Estado e o Direito duas realidades distintas, independentes e inconfundíveis.

Para os dualistas o Estado não é a fonte única do Direito nem com este se confunde. O que provém do Estado é apenas uma categoria especial do Direito: o direito positivo. Mas existem também os princípios de direito natural, as normas de direito costumeiro e as regras que se firmam na consciência coletiva, que tendem a adquirir positividade e que, nos casos omissos, o Estado deve acolher para lhes dar jurisdicidade. Além do Direito não escrito existem o Direito canônico, que independe da força coativa do poder civil, e o Direito das associações menores, que o Estado reconhece e ampara.

Afirma esta corrente que o Direito é criação social, não estatal. Ele traduz, no seu desenvolvimento, as mutações que se operam na vida de cada povo, sob a influência das causas éticas, psíquicas, biológicas, científicas, econômicas etc. O Direito, assim, é *um fato social* em contínua transformação. A função do Estado é a de *positivar* o Direito, isto é, traduzir em normas escritas os princípios que se firmam na consciência social.

O dualismo (ou pluralismo), partindo de Gierke e Gurvitch, ganhou terreno com a doutrina de Léon Duguit, o qual condenou formalmente a concepção monista, admitiu a pluralidade das fontes do Direito positivo e demonstrou que as normas jurídicas têm sua origem no corpo social.

Desdobrou-se o pluralismo nas correntes sindicalistas e corporativistas, e, principalmente, no institucionalismo de Hauriou e Rennard, culminando, afinal, com a preponderante e vigorosa doutrina de Santi Romano, que lhe deu um alto teor de precisão científica.

3. TEORIA DO PARALELISMO

Segundo a qual o Estado e o Direito são realidades distintas, porém necessariamente interdependentes.

Esta terceira corrente, procurando solucionar a antítese monismo-pluralismo, adotou a concepção racional da *graduação da positividade jurídica*, defendida com raro brilhantismo pelo eminente mestre de Filosofia do Direito na Itália, Giorgio Del Vecchio.

Reconhece a teoria do pluralismo a existência do direito não estatal, sustentando que vários centros de determinação jurídica surgem e se desenvolvem fora do Estado, obedecendo a uma graduação de positividade. Sobre todos estes centros particulares do ordenamento jurídico, prepondera o Estado como *centro de irradiação da positividade.* O ordenamento jurídico do Estado, afirma Del Vecchio, representa aquele que, dentro de todos os ordenamentos jurídicos possíveis, se afirma como o "verdadeiramente positivo", em razão da sua conformidade com a vontade social predominante.

A teoria do paralelismo completa a teoria pluralista, e ambas se contrapõem com vantagem à teoria monista. Efetivamente, Estado e Direito são duas realidades distintas que se completam na interdependência. Como demonstra o Prof. Miguel Reale, a teoria do sábio mestre da Universidade de Roma coloca em termos racionais e objetivos o problema das relações entre o Estado e o Direito, que se apresenta como um dos pontos de partida para o desenvolvimento atual do Culturalismo, como mais adiante se esclarece.

Relações entre Estado e Direito — Teoria monística (do estatismo jurídico)
Teoria dualística (ou pluralística)
Teoria do paralelismo

Na equação dos termos *Estado-Direito* é necessário ter sempre em vista esses três troncos doutrinários, dos quais emana toda a ramificação de teorias justificativas do Estado e do Direito, como exporemos em capítulo especial.

II

TEORIA TRIDIMENSIONAL
DO ESTADO E DO DIREITO

1. Noção fundamental.

1. NOÇÃO FUNDAMENTAL

Como vimos no esquema antecedente, entre as correntes monistas (ou estatistas), num extremo, e as correntes dualísticas (ou pluralísticas), no outro extremo, estabeleceu-se, modernamente, uma corrente eclética (paralelística) que se situa numa posição de relativo equilíbrio entre os citados extremos.

A esta posição central, de equilíbrio, prende-se a concepção institucional do Estado, que atinge a sua maior expressão na concepção culturalista do Estado e do Direito, desenvolvida com amplitude e invulgar brilhantismo pelo Prof. Miguel Reale.

O culturalismo, segundo as palavras do excelso mestre, *integra-se no historicismo contemporâneo e aplica, no estudo do Estado e do Direito, os princípios fundamentais da axiologia, ou seja, da teoria dos valores em função dos graus da evolução social.*

Nessa linha de raciocínio se desenvolve a teoria tridimensional do Estado e do Direito, que tende a solucionar, pela clareza metodológica, todos os conflitos doutrinários radicais. A realidade estatal, como o Direito, *é uma síntese, ou integração do "ser" e do "dever ser"; é fato e é norma, pois é o FATO integrado na NORMA exigida pelo VALOR a realizar.*

Em resumo, o Estado não é apenas um sistema geral de normas, como pretendem as correntes monistas, nem um fenômeno puramente sociológico, como sustentam as correntes pluralísticas. É uma realidade cultural *constituída historicamente em virtude da própria natureza social do homem,* que encontra a sua integração no ordenamento jurídico.

Por essa concepção tridimensional do Estado e do Direito, afasta-se o erro do formalismo técnico-jurídico *e se compreende o verdadeiro valor da lei e da função de governo.*

TEORIA GERAL DO ESTADO

Com efeito, o Estado, na concepção tridimensional, não é somente a organização fática do poder público, nem simplesmente a realização do fim da convivência social, como também não se explica só pela sua função de órgão produtor e mantenedor do ordenamento jurídico. É a reunião harmônica desses três momentos ou fatores, *enquanto dialeticamente se compõem na unidade concreta do processo histórico-social*. Os três elementos se conjugam e se completam na integração da realidade estatal, e nenhum deles, isoladamente, é bastante em si para explicá-la.

Portanto, FATO, VALOR e NORMA são os três elementos (momentos ou fatores) integrantes do Estado como realidade sócio-ética-jurídica, como esclarece o Prof. Miguel Reale: *a*) *o FATO de existir uma relação permanente do Poder, com uma discriminação entre governantes e governados*; *b*) *um VALOR ou um complexo de valores, em virtude do qual o Poder se exerce*; *c*) *um complexo de NORMAS que expressa a mediação do Poder na atualização dos valores da convivência social*.

A caracterização apenas como uma realidade de fato leva fatalmente às soluções monistas, desde o totalismo de Hobbes ao realismo simplista de Duguit. Atentando-se apenas para o aspecto axiológico, descamba-se para o idealismo platônico e hegeliano, com o endeusamento do poder público. Finalmente, a se considerar o Estado somente pelo prisma da sua finalidade parcial de criador e ordenador das normas jurídicas, incide-se no erro de desprezar a realidade fático-axiológica, espraiando-se no campo raso do materialismo, no tecnicismo jurídico, no normativismo kelseniano e nas demais soluções de caráter monista.

A teoria tridimensional do Estado e do Direito visa contornar as impropriedades dessas soluções parciais. Correlacionando FATO, VALOR e NORMA, esta teoria reúne os elementos essenciais que integram a realidade estatal, em correspondência com o tríplice aspecto da Teoria Geral do Estado: *a*) o aspecto SOCIOLÓGICO, quando estuda a organização estatal como fato social; *b*) o aspecto FILOSÓFICO (ou AXIOLÓGICO), quando estuda o Estado como fenômeno político-cultural; *c*) o aspecto JURÍDICO, quando encara o Estado como órgão central de positivação do Direito.

Sobre a matéria, que é vasta e de relevante interesse para o estudo da Teoria Geral do Estado, voltaremos a discorrer oportunamente, com mais pormenores, nos pontos referentes à *Justificação do Estado*.

O estudo da Teoria Tridimensional do Estado e do Direito é de suma importância na formação da cultura jurídica, pelo que indicamos as seguintes obras do Prof. Miguel Reale: *Teoria do Direito e do Estado, Fundamentos do Direito* e *Teoria Tridimensional do Direito*.

III

DIVISÃO GERAL DO DIREITO

*1. Direito Natural e Positivo. 2. Direito público
e privado. 3. Posição da Teoria Geral do Estado no
quadro geral do Direito.*

A exposição precedente põe em relevo a impossibilidade de se conceituar a unidade estatal com abstração do Direito. Trata-se de duas realidades distintas, interdependentes e inseparáveis. Portanto, inicialmente, vamos fixar o quadro geral da divisão do direito, frisando a posição da Teoria Geral do Estado.

1. DIREITO NATURAL E POSITIVO

O Direito divide-se primeiramente em NATURAL e POSITIVO.

Direito Natural é o que emana da própria natureza, independente da vontade do homem (Cícero). É invariável no espaço e no tempo, insuscetível de variação pelas opiniões individuais ou pela vontade do Estado (Aristóteles). Ele reflete a natureza como foi criada. É anterior e superior ao Estado, portanto conceituado como de origem divina.

Direito Positivo é o conjunto orgânico das condições de vida e desenvolvimento do indivíduo e da sociedade, dependente da vontade humana e das garantias dadas pela força coercitiva do Estado (Pedro Lessa). É o direito *escrito*, consubstanciado em leis, decretos, regulamentos, decisões judiciárias, tratados internacionais etc., variando no espaço e no tempo. É obra essencialmente humana, e, portanto, precária, falível e sujeita a imperfeições.

2. DIREITO PÚBLICO E PRIVADO

O Direito Positivo divide-se em PÚBLICO e PRIVADO.

Esta divisão provém do velho Direito Romano, e, segundo a definição lapidar de Ulpiano – *publicum jus est quod ad statum romanae spectat; privatum quod ad singulorum utilitatem pertinet* –, o direito público é o que regula as coisas do Estado; o direito privado é o que diz respeito aos interesses particulares.

Nestes termos, é sujeito de direito público o Estado e de direito privado a pessoa (física ou jurídica).

Kelsen negou fundamento à tradicional divisão dicotômica dos romanos, doutrinando que todo Direito é público, em relação à sua origem e à sua condição de validez: o direito provém sempre do Estado e não tem eficácia sem a força coativa do poder estatal. O Direito é uno e indivisível. A natureza das suas normas é que pode visar mais o bem comum ou as necessidades particulares.

Esta teoria monística, adotada por Kelsen e Jellinek, não se harmoniza com a realidade. O Estado não é, absolutamente, a fonte exclusiva do Direito, embora o seja da lei, isto é, de uma categoria específica do Direito – o *direito estatal*. Em verdade, o Estado não cria o Direito; apenas verifica os princípios que os usos e costumes consagram, para traduzi-los em normas escritas e dar-lhes eficácia extrínseca mediante sanção coercitiva. O legislador, como observou Celice, é antes uma testemunha que certifica, do que um obreiro que faz a lei.

Como bem acentuou Pontes de Miranda, o Estado é um meio perfectível, não exclusivo, de revelação das normas jurídicas. Fora do Estado existem outros centros de determinação jurídica, relativamente autônomos: as igrejas, as autarquias e entidades paraestatais, os clubes e associações, os grupos menores em geral, revestidos de capacidade de autodeterminação, os quais, sem prejuízo da predominância do poder estatal, atuam como fontes geradoras de normas jurídicas.

A despeito das críticas autorizadas de Kelsen, Duguit, Posada, Aubry e Rau, bem como de muitos outros gigantes do pensamento jurídico universal, a divisão do Direito em público e privado resistiu aos séculos impondo-se a aceitação das ciências.

É lógico que o direito público e o direito privado não se acham separados por um abismo, como bem observou Fleiner, mas confundi-los numa só realidade importaria em subverter uma tradição quase milenária, consagrada pelo consenso geral dos povos.

Convém ressaltar, entretanto, essa tendência do Estado moderno no sentido da absorção do direito privado pelo direito público, passando este a superintender, cada vez mais, maior número de relações jurídicas. É uma consequência lógica da decadência do individualismo e do crescente prestígio das doutrinas do direito social. Tal tendência, porém, não chegará a consagrar a teoria da unidade e indivisibilidade do Direito sem sacrifício dos mais salutares princípios democráticos.

Foi lançada por Gurvitch, ultimamente, a divisão tríplice do Direito, acrescentando-se o *direito social* como terceiro ramo. Defendem-na Le Fur e Girke, entre outros, e, no Brasil, Cesarino Júnior e Sousa Neto. Contratos coletivos de trabalho, legislação industrial, federalismo econômico, organização do trabalho, sistema previdenciário etc. formariam esse terceiro ramo, isto é, o chamado "direito social". Todavia, em que pesem os argumentos dos eminentes mestres, a própria denominação é um pleonasmo. Todo e qualquer direito, seja público ou privado, há de ser necessariamente *social*. O objetivo do bem comum abrange tanto as relações de ordem pública como as de ordem privada. O Direito em geral se *socializou*, dando nova forma de equação aos termos "liberdade" e "autoridade", com o fim de restabelecer o equilíbrio social prejudicado pelo fracasso do individualismo no campo político.

Voltemos, portanto, à clássica divisão dicotômica que é de valor transcendental para a teoria e a prática da ciência jurídica. As normas jurídicas se classificam como de direito público ou privado, segundo a predominância do interesse social ou particular.

Cada um dos dois ramos fundamentais do Direito se subdivide em vários outros, como se vê no quadro seguinte:

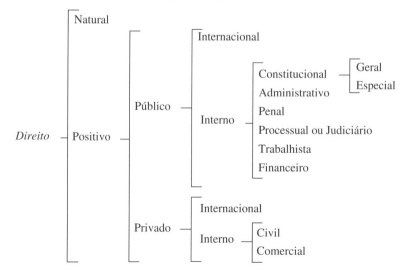

Incluímos aqui apenas os ramos principais do direito público interno que formam disciplinas autônomas no currículo das Faculdades de Direito.

Outros ramos, como direito tributário, direito municipal, direito militar, direito aeronáutico, direito penitenciário, direito marítimo, direito escolar e, mais recentemente, direito previdenciário, direito do consumidor, direito do bancário etc., tendem a adquirir autonomia com a crescente evolução do Estado moderno.

3. POSIÇÃO DA TEORIA GERAL DO ESTADO NO QUADRO GERAL DO DIREITO

O Direito Constitucional – ramo principal do direito público interno – compreende uma parte geral e outra especial.

A Teoria Geral do Estado é a parte geral do Direito Constitucional, a sua estrutura teórica. Não se limita a estudar a organização específica de um determinado Estado, de modo concreto, mas abrange os princípios comuns e essenciais que regem a formação e a organização de todos os Estados e Nações, nas suas três dimensões: sociológica, axiológica ou política, e normativa ou jurídica. Como acentuou Pedro Calmon, a Teoria Geral do Estado é exatamente a mais sociológica, a mais histórica, a mais variável das esferas reservadas à compreensão do fenômeno da ordem coletiva.

Não é uma disciplina separada, mas integrante, do Direito Constitucional. Daí a tendência atual de unificação das duas cátedras tradicionais, do ensino jurídico, sob a denominação única de Direito Constitucional, com desdobramento em dois anos no currículo das Faculdades de Direito: o primeiro, com predominância da parte geral, e o segundo, referente ao direito público interno, estendendo-se, naturalmente, ao Direito Constitucional Comparado.

IV

TEORIA GERAL DO ESTADO

1. Conceito. 2. Tríplice aspecto. 3. Posição e relação com outras ciências. 4. Fontes.

1. CONCEITO

A Teoria Geral do Estado corresponde à parte geral do Direito Constitucional. Não é uma ramificação, mas o próprio tronco deste ramo eminente do direito público.

Identifica-se esta disciplina com o que se poderia denominar *Ciência do Estado* ou *Doutrina do Estado*, e, como tal, é tão antiga quanto o próprio Estado. Atestam essa antiguidade as obras *República* e *As Leis*, de Platão; *Política*, de Aristóteles; e *De republica* e *De legibus*, de Cícero.

A matéria política, sem dúvida, é predominante na Teoria Geral do Estado, decorrendo deste fato as denominações de *ciência política*, *scienza politica*, *science politique* e *political science*, muitas vezes adotadas entre os povos latinos e ingleses. Já Aristóteles definia: *Política é a Ciência do Estado*. Tal confusão, porém, está rejeitada pelo progresso da cultura humana, que trouxe o desdobramento da Ciência do Estado em vários ramos autônomos, tais como o direito internacional, o direito administrativo, a economia política, a ciência das finanças, o direito do trabalho etc. Hoje a velha definição aristotélica teria de ser atualizada, como observou o Prof. Mário Mazagão: *política é o conjunto das ciências do Estado*.

Ademais, a política é uma ciência prática e de valorização, enquanto a Teoria (ciência ou doutrina) do Estado é teórica e não valorizadora, como demonstrou amplamente Hermann Heller, teorizador moderno da escola alemã, trazendo à colação o fato de que o economismo apolítico do século XIX, limitando-se quase totalmente aos círculos das ciências econômicas, tem chegado a esvaziar a denominação de Ciência do Estado.

Sem embargo do seu conteúdo parcial de natureza política, ou mesmo da predominância da matéria política, a Teoria Geral do Estado não objetiva a aplicação do que é estritamente político. É uma ciência cultural, de fundo eminentemente sociológico, com a finalidade precípua de investigar a específica realidade da vida estatal, nas suas mais amplas conexões. Aspira compreender o Estado na sua estrutura e funções, o seu *devir* histórico e as tendências da sua evolução.

A denominação "Teoria Geral do Estado", correspondente à palavra alemã *Allegemeinestaatslehre*, tem merecido críticas, principalmente pelos que a não encaram como ciência autônoma, sendo indevido o qualificativo de *geral*. Vários autores alemães, como Heller, preferiram a denominação simples de "Teoria do Estado" – *Staatslehre*. E Groppali, emérito mestre da Universidade de Milão, preferiu a denominação de Doutrina do Estado, suprimindo o adjetivo *geral*, "por inútil", visto que uma doutrina, pelo simples fato de existir, não pode ser senão geral.

2. TRÍPLICE ASPECTO

A Teoria Geral do Estado, na sua exata conceituação, compreende um conjunto de ciências aplicadas à compreensão do fenômeno estatal, destacando-se principalmente a Sociologia, a Política e o Direito. Daí o seu desdobramento, geralmente aceito, em *Teoria Social do Estado*, *Teoria Política do Estado* e *Teoria Jurídica do Estado*.

TEORIA SOCIAL DO ESTADO, quando analisa a gênese e o desenvolvimento do fenômeno estatal, em função dos fatores históricos, sociais e econômicos;

TEORIA POLÍTICA DO ESTADO, quando justifica as finalidades do governo em razão dos diversos sistemas de cultura; e

TEORIA JURÍDICA DO ESTADO, quando estuda a estrutura, a personificação e o ordenamento legal do Estado.

Uma análise brilhante e objetiva desse tríplice aspecto é apresentada pelo Prof. Miguel Reale, acentuando que a Teoria Geral do Estado pressupõe a Filosofia do Direito e do Estado, mas não se confunde com ela. Focaliza amplamente o Estado nos seus três aspectos – material, formal e teológico – ao mesmo tempo em que analisa o fenômeno do poder como realidade *social*, *política* e *jurídica*.

Assim não entendem as correntes monistas e estatistas, para as quais a doutrina do Estado se reduz à ordem jurídica simplesmente, já que Estado e Direito se confundem numa só realidade. É uma verdade parcial.

Quer quanto ao Direito em particular, quer quanto ao Estado em geral, a teoria tridimensional reúne as verdades parciais numa verdade integral, oferecendo o conceito amplo e exato da Teoria Geral do Estado.

3. POSIÇÃO E RELAÇÃO COM OUTRAS CIÊNCIAS

Embora se trate de entendimento controvertido, a Teoria Geral do Estado não se subordina a nenhuma das ciências gerais. É uma ciência em si mesma, revestida de autonomia, tanto mais quando considerada no seu tríplice aspecto – sociológico, político e jurídico. Cabe defini-la como ciência geral, como o fez Groppali, cuja definição merece destaque:

"A Doutrina do Estado é a ciência geral que, enquanto resume e integra, em uma síntese superior, os princípios fundamentais de várias ciências sociais, jurídicas e políticas, as quais têm por objetivo o Estado considerado em relação a determinados momentos históricos, estuda o Estado de um ponto de vista unitário na sua evolução, na sua organização, nas suas formas mais típicas com a intenção de determinar suas leis formativas, seus fundamentos e seus fins".

Reúne, pois, a Teoria Geral do Estado, numa síntese superior, diversas ciências, umas descritivas, como a História e a Sociologia, e outras normativas, como a Política, a Ética, a Filosofia e o Direito. Além disso relaciona-se de perto com outras ciências auxiliares, das quais recebe valiosos subsídios, como a Antropologia, a Biologia, a Geografia, a Estatística e a Economia Política.

4. FONTES

As fontes de estudo da Teoria Geral do Estado se classificam em *diretas* e *indiretas*:

As fontes diretas, segundo as explanações de Groppali, compreendem os dados da paleontologia e da paleoetnologia, os dados da história e as instituições políticas passadas e vigentes. Os mais antigos documentos que esclarecem o estudo da matéria são o "Código de Hamurabi", rei da Babilônia (2.300 a.C.), as leis de Manu da Índia (XII século), o "Código da China" (XI século), as leis de Zaleuco, Charondas e Sólon (VII século), as leis de Gortina (V século) e a "Lei das XII Tábuas" (541 a.C.).

As fontes indiretas ou subsidiárias compreendem: *a)* o estudo das sociedades animais; *b)* o estudo das sociedades selvagens contemporâneas; e *c)* o estudo das sobrevivências.

V

NAÇÃO E ESTADO

1. Conceito de Nação. 2. População. 3. Povo. 4. Raça. 5. Homogeneidade do grupo nacional. 6. Conceito de Estado.

1. CONCEITO DE NAÇÃO

Nação e Estado são duas realidades distintas e inconfundíveis. E essa distinção tem absoluta importância no estudo da nossa disciplina.

A *Nação* é uma realidade sociológica; o *Estado*, uma realidade jurídica. O conceito de Nação é essencialmente de ordem subjetiva, enquanto o conceito de Estado é necessariamente objetivo.

Procuraremos fixar bem o conceito de Nação cotejando a definição de Mancini: *una società naturali di uomini, da unitá di territorio, di origine, di costumi e di lingua, conformata di vita e di conscienza sociale* (uma sociedade natural de homens, a partir da unidade de território, origem, costumes e língua, moldada pela vida e pela consciência social).

Segundo esse autor, são os seguintes os fatores que entram na formação nacional: *a) naturais* (territórios, unidade étnica e idioma comum); *b) históricos* (tradições, costumes, religião e leis); *c) psicológicos* (aspirações comuns, consciência nacional etc.).

Idêntico conceito encontramos em Pradier-Fodéré: *une nation est la réunion en société des habitants d'une même contrée ayant le même langage, régis par les mêmes lois, unis par l'identité d'origine, de conformation physique et de dispositions morales par une longe communauté d'intérêts et de sentiments et par une fusion d'existence amenée par le laps des siècles* (Uma nação é a união em sociedade dos habitantes de um mesmo país, tendo a mesma língua, governada pelas mesmas leis, unidas pela identidade de origem, estrutura física e disposições morais, por uma longa comunidade de interesses e sentimentos, e por uma fusão de existência provocada pelo lapso de séculos).

Renan, sempre citado pelos sociólogos, assim conceitua a Nação, na sua linguagem colorida: *une nation est une âme, un principe spirituel. Deux*

*choses qui, à vrai dire, n' en font qu'une constituent cette âme... L'une est
la possession en commun d'un riche legs de souvenirs; l'autre est le con-
sentement actuel, le desir de vivre ensemble, la volonté de continuer à
faire valoir l'héritage qu'on a reçu indivis... avoir des gloires communes
dans le passé, une volonté commune dans le présent, avoir fait de grandes
choses ensemble, vouloir en faire encore, voilà la condition essentielle pour
être un peuple. Une grande agrégation d'hommes, saine d'esprit et chaude
de coeur, crée une conscience morale qui s'appelle une nation* (Uma nação
é uma alma, um princípio espiritual. Duas coisas que, para dizer a verdade,
são uma e a mesma constituem esta alma... Uma é a posse conjunta de um
rico legado de memórias; a outra é o consentimento atual, o desejo de viver
juntos, a vontade de continuar a afirmar a herança que recebemos indivisa...
Ter glórias comuns no passado, uma vontade comum no presente, ter feito
grandes coisas juntos, querer fazer mais, esta é a condição essencial para
ser um povo. Uma grande agregação de homens, sãos e calorosos, cria uma
consciência moral que é chamada de nação).

Como se vê, sobre os fatores objetivos concorrentes preponderam, no
conceito de Nação, os fatores subjetivos, mais ou menos imponderáveis.
Com efeito, a humanidade compõe-se de um conjunto de grupos distintos,
os quais se localizam em certas e determinadas regiões do globo terrestre.
Fatores éticos, étnicos, históricos, geográficos, políticos, econômicos etc.
determinam esses agrupamentos e lhes dão continuidade. A sua permanência demorada em determinada região acaba por imprimir nos indivíduos
particularidades somáticas e psíquicas que os distinguem dos outros grupos
humanos. O clima, a alimentação, a água, o próprio cenário geográfico no
seu conjunto se encarregam de esculpir a alma e o corpo dos elementos
humanos, imprimindo-lhes esses caracteres psicofísicos comuns que identificam uma raça e configuram uma personalidade coletiva. A homogeneidade do grupo cria aquela *solidariedade dos semelhantes* a que alude
Spencer; estabelece um *parentesco espiritual*, na expressão de Hauriou,
determinando uma sólida comunhão de ideias, de sentimentos e de aspirações, a par do apego ao torrão natal.

Comentando o fenômeno sociológico da formação das nacionalidades,
referiu Joseph de Maistre que, viajando pelo mundo, não encontrou em parte
alguma o *homem*, indistinto, incaracterístico, universal, comum a todas as
latitudes, mas em cada região encontrou o *homem nacional*, isto é, o chinês,
o japonês, o inglês, o beduíno, o elemento humano típico de uma nacionalidade, ou seja, o indivíduo característico de uma unidade étnico-social.

NAÇÃO E ESTADO

Assim, Nação é uma entidade de direito natural e histórico. Conceitua-se como um conjunto homogêneo de pessoas ligadas entre si por vínculos permanentes de sangue, idioma, religião, cultura e ideais.

A Nação é anterior ao Estado. Aliás, pode ser definida como a *substância humana do Estado*. Como afirmou Clóvis Beviláqua, o agrupamento social precedeu aos primeiros rudimentos do Estado, sendo resultante da ação combinada de certos instintos naturais. Pode-se dizer, como Miguel Reale, que a nação "é um Estado em potência".

A Nação pode perfeitamente existir sem Estado. A distinção entre as duas realidades mais se evidencia quando se tem em vista que várias nações podem reunir-se em um só Estado, assim como também uma só Nação pode dividir-se em vários Estados. A Áustria e a Hungria sempre foram nações completamente distintas; não obstante, durante muito tempo formaram um só Estado sob a denominação de *Áustria-Hungria*. Igualmente, a Escócia, a Irlanda e a Inglaterra foram nações tradicionalmente diversas e se reuniram num só Estado que é a Grã-Bretanha. Por outro lado, a Nação italiana chegou a dividir-se em cerca de uma dezena de Estados (Roma, Nápoles, Veneza, Piemonte etc.) até quando foi unificada em 1870. Também a Alemanha dividiu-se em vários Estados, finalmente reincorporados pela ação unificadora de Bismarck. Daí o princípio dominante no direito internacional moderno: *cada Nação deve constituir um Estado próprio*.

Antes de passarmos ao conceito de Estado, convém esclarecer os sentidos das palavras *população, povo* e *raça* – o que favorece mais o entendimento da distinção conceitual entre Nação e Estado.

2. POPULAÇÃO

É expressão que envolve um conceito aritmético, quantitativo, demográfico, pois designa a massa total dos indivíduos que vivem dentro das fronteiras e sob o império das leis de um determinado país. É o conjunto heterogêneo dos habitantes de um país, sem exclusão dos estrangeiros, dos apátridas, dos súditos coloniais etc. Quando se diz que a população do Brasil é de duzentos milhões, por exemplo, nesse número não figuram apenas os brasileiros (nacionais) mas a massa total dos habitantes.

Os elementos de outras origens (não nacionais) poderão integrar o grupo nacional pelo processo de naturalização, isto é, de *nacionalização*, na forma das leis próprias. Só então poderão exercer os direitos políticos que são privativos dos nacionais.

3. POVO

No sentido amplo, genérico, equivale à população. Porém, no sentido estrito, qualificado, condiz com o conceito de Nação: *povo brasileiro, povo italiano* etc. Com este entendimento foi que doutrinou Cícero em *De Republica, 1,25: populus est non omnis hominum coetus, quoquo modo congregatus sed cuetus moltitudinis iuris consensu et utilitatis comunione sociatus* (O povo não é qualquer aglomeração de pessoas reunidas de qualquer maneira, mas uma reunião de muitas pessoas associadas pelo consenso do direito e pela comunhão de interesses).

4. RAÇA

Difere também do conceito de Nação. Nação é uma unidade *sociopsíquica*, como já vimos, enquanto raça é uma unidade *bioantropológica.*

Uma Nação pode ser formada de várias raças. A Nação brasileira, por exemplo, constituiu-se de três grupos étnicos (lusitano, africano e ameríndio). Por outro lado, de um só tronco racial podem surgir várias nações, como é bastante comum, principalmente no Continente Americano.

Portanto, nem sempre coincidem nação e raça. É certo que no conceito de nação entra um fator natural que é o vínculo de sangue, mas, sobretudo, predominam os fatores históricos e psicológicos.

5. HOMOGENEIDADE DO GRUPO NACIONAL

Não passaremos ainda ao conceito de Estado sem antes consignar outro esclarecimento: A Nação é um dos elementos formadores do Estado, mais precisamente, como escreveu Carré de Malberg, é a substância humana do Estado. São três os elementos constitutivos do Estado: *população, território* e *governo.* E o elemento população envolve o requisito de homogeneidade, isto é, deve corresponder ao conceito de Nação.

Queiroz Lima define razoavelmente: *O Estado é a Nação politicamente organizada.* Quer dizer: a *população,* como elemento integrativo do Estado, requer o atributo *nacional.* Não resta dúvida que este é um ponto controvertido e controvertível. No mundo moderno formaram-se vários Estados sem o estágio prévio de um processo de cristalização nacional. Encontramos várias e respeitáveis contestações ao princípio de que a Nação, no seu exato sentido sociológico, seja elemento *sine qua non* do Estado, entre as quais se destaca a de Bigne de Villeneuve. Nos seus exemplos cita este autor o Estado belga, que se formou sem que existisse efetivamente uma Nação belga. Reúne a Bélgica realmente dois grupos nacionais: dos flamengos (de Flandres) e dos valões, que ocupavam a parte sul-oriental do país. Daí a definição desse autor: "O Estado é a unidade política e jurídica durável, constituída por uma *aglomeração humana*, formando, sobre um território comum, um grupo independente". Dispensa, como se vê, o requisito da homogeneidade.

Exemplos não faltam em socorro dessa e de todas as doutrinas. O Estado da Califórnia mesmo, nos Estados Unidos da América do Norte, não foi a organização política de um grupo nacional homogêneo; resultou da decisão tomada por uma assembleia de garimpeiros de todas as origens, em 1849. Entretanto, é impróprio argumentar com as anomalias ou com as exceções que, afinal, não infirmam o princípio geral consagrado pela ciência. Ademais, a se atentar para as causas deformadoras das regras dominantes, chega-se a admitir o Estado sem território, fato que se verificou na Abissínia e em outros Estados que, invadidos pelas forças agressoras, no decurso da última guerra, seus governos se refugiaram em Londres, conservando as prerrogativas de Estado na ordem internacional.

É certo, por outro lado, que podemos e devemos fixar a sociedade humana no momento preciso em que ela se agrupa numa determinada área, atingindo, assim, lenta ou precipitadamente, um certo grau de diferenciação política. De qualquer forma, deve preexistir uma vontade coletiva organizada, qualificável como Nação pela convergência dos fatores históricos e psicológicos que influem no agrupamento. O fator *racial*, como já observavamos, é secundário.

O agrupamento humano que, num dado momento, após atingir um certo grau de diferenciação política, se arvora em Estado há de ser, em regra, mais ou menos homogêneo. Essa homogeneidade pode advir apenas de alguns dos fatores históricos e psicológicos, isto é, sem a presença dos fatores naturais. De qualquer modo, como bem observou Del Vecchio, um Estado que não corresponda a uma Nação é um Estado imperfeito. E mais: um Estado que não defenda e promova justamente o caráter nacional é um Estado ilegítimo. Em remate de suas ponderações afirma o ilustre professor da Universidade de Roma que "de tudo isto resulta, enfim, que se não pode ter uma plena e verdadeira noção de Estado se não se tiver distinguido criticamente o direito ideal do positivo, e esta distinção não é possível sem um fundamento, igualmente crítico, dos valores éticos em geral".

Pela mesma esteira de raciocínio se desenvolvem os ensinamentos de Groppali: a homogeneidade do elemento populacional reflete em um fortalecimento maior dos Estados assim chamados nacionais, em confronto com os ditos *plurinacionais*, destituídos de coesão interna e frequentemente corroídos pelas lutas de raças e tendências.

Finalmente, o próprio direito público internacional, procurando uma fórmula para assegurar a paz no mundo de após-guerra, tem prestigiado sobre todas as outras a *doutrina das nacionalidades*, que consiste em reconhecer, a cada grupo nacional homogêneo, o direito de se constituir em Estado soberano. A história política da Europa, principalmente, tem comprovado que a constituição arbitrária de pequenos Estados, dividindo ou incorporando nações, tem sido a maior fonte de perturbação da paz no Continente e no mundo.

6. CONCEITO DE ESTADO

Passemos ao conceito de Estado. Este conceito vem evoluindo desde a antiguidade, a partir da *Polis* grega e da *Civitas* romana. A própria denominação de Estado, com a exata significação que lhe atribui o direito moderno, foi desconhecida até o limiar da Idade Média, quando as expressões empregadas eram *rich, imperium, land, terrae* etc. Teria sido a Itália o primeiro país a empregar a palavra *Stato*, embora com uma significação muito vaga. A Inglaterra, no século XV, depois a França e a Alemanha, no século XVI, usaram o termo *Estado* com referência à ordem pública constituída. Foi Maquiavel, criador do direito público moderno, quem introduziu a expressão, definitivamente, na literatura científica.

Um esclarecimento se impõe antes de tudo: Não há nem pode haver uma definição de Estado que seja geralmente aceita. As definições são pontos de vista de cada doutrina, de cada autor. Em cada definição se espelha uma doutrina.

Um dos mais profundos tratadistas do direito público, que foi Bluntschli, há mais de cem anos, reconheceu ser impossível deduzir um conceito de Estado sem distinguir o *Estado-ideia* (ou Estado-instituição) do Estado como entidade histórica, real, empírica. O primeiro pertence à reflexão filosófica, e o segundo é o que se estuda no domínio dos fatos e da realidade.

Essa concepção dualística foi retomada por Kelsen, embora em outros termos. Afirma o líder da escola vienense que a ciência política encara o Estado por dois ângulos diversos: primeiro como objeto de valoração, isto é, encara o Estado como deveria ou não deveria ser, e depois como realidade social, ou seja, como efetivamente é. Só na primeira hipótese o estudo tem caráter científico. Aí o observador se guia pela razão e pode formular os juízos de valor. Na segunda hipótese o observador se guia pela realidade.

No plano político, onde se encara o Estado principalmente como fato social, os conceitos emitidos pelos autores decorrem das construções doutrinárias. Uns consideram o Estado como organismo natural ou produto da evolução histórica, outros como entidade artificial, resultante da vontade coletiva manifestada em um dado momento. Uns o conceituam como objeto de direito (doutrinas monárquicas), outros como sujeito de direito, como pessoa jurídica (doutrinas democráticas). Outros ainda o consideram como a expressão mesma do direito, incluindo em uma só realidade Estado e Direito (teoria monista). Jellinek vê no Estado uma dupla personalidade, social e jurídica, enquanto Kelsen e seus seguidores o negam como realidade social para afirmá-lo estritamente como realidade jurídica. No mesmo sentido é a concepção de Duguit: o Estado é criação exclusiva da ordem jurídica e representa uma organização da força a serviço do direito.

Rudolf Smend demonstra que o Estado é resultante natural de um longo processo de integração: "O Estado atual é uma incessante luta de integração. Reflete, na sua estrutura, forças independentes que congrega e comanda. É um ângulo de convergência de todas as forças sociais propulsoras, sob sua disciplina, da felicidade e da ordem, no seio da comunhão. Ausculta as tendências, as influências dos fenômenos da natureza, imprimindo-lhes rumo e ritmo dirigidos à sua finalidade".

Os autores norte-americanos nos oferecem as seguintes definições: "O Estado é uma parte especial da humanidade considerada como unidade organizada" (John W. Burgess); "O Estado é uma sociedade de homens unidos para o fim de promover o seu interesse e segurança mútua, por meio da conjugação de todas as suas forças" (Thomaz M. Cooley); "O Estado é uma associação que, atuando através da lei promulgada por um governo investido, para esse fim, de poder coercitivo, mantém, dentro de uma comunidade territorialmente delimitada, as condições universais da ordem social" (R. M. Mac Iver). Em todas se encerra a ideia democrática da origem nacional do poder público.

Entre nós destaca-se, no mesmo sentido da doutrina americana, a definição de Clóvis Beviláqua: "O Estado é um agrupamento humano, estabelecido em determinado território e submetido a um poder soberano que lhe dá unidade orgânica".

A escola técnica alemã considera o Estado como uma realidade jurídica, mas alguns autores dessa mesma escola admitem que o Estado é também uma realidade social, embora apenas no tocante à origem do poder que se corporifica definitivamente na organização estatal. Da doutrina de Von Ihering extraiu Clóvis este conceito: "O Estado é a sociedade que se coage; e para poder coagir é que ela se organiza tomando a forma pela qual o poder coativo social se exercita de um modo certo e regular; em uma palavra, é a organização das forças coativas sociais". Em última análise, o tecnicismo jurídico leva sempre à definição simplista de Duguit – "O Estado é a força a serviço do Direito".

Em muitos pontos de nossos programas teremos que examinar o conceito do Estado em face de determinadas doutrinas. Assim teremos ocasião de verificar o conceito hegeliano do Estado como *suprema encarnação da ideia*; os conceitos totalitários de todas as teorias que sorveram a seiva do *Leviatã* de Hobbes; a concepção do Estado como "super ser coletivo" etc., bem como a teoria fascista, segundo a qual a Nação não faz o Estado, mas este é que faz a Nação. Esta teoria, por exemplo, serviu aos objetivos de conquista do fascismo, que ao anexar a Abissínia considerou o povo etíope como integrante da *nação italiana*. Nem a concepção anarquista deixará de ser examinada no programa desta disciplina.

No presente ponto o objetivo é fixar a distinção entre Nação e Estado, firmando o conceito da primeira e apenas abrindo o caminho para o conceito polêmico do fenômeno estatal.

Podemos, entretanto, consignar a nossa concordância com a definição de Queiroz Lima, condizente com a escola clássica francesa: O Estado é a Nação encarada sob o ponto de vista de sua organização política, ou simplesmente, é a Nação politicamente organizada.

As definições que pretendem esclarecer a natureza do poder e a finalidade do Estado tornam-se complexas e contraditórias. E todas aquelas que atribuem ao Estado um fim em si são contrapostas à doutrina democrática. O Estado, democraticamente considerado, é apenas uma instituição nacional, um *meio* destinado à realização dos fins da comunidade nacional.

De acordo com estes princípios, considerando que só a Nação é de direito natural, enquanto o Estado é criação da vontade humana, e levando em conta que o Estado não tem autoridade nem finalidade próprias, mas é uma síntese dos ideais da comunhão que ele representa, preferimos formular o seguinte conceito simples: *O Estado é o órgão executor da soberania nacional*.

VI

ELEMENTOS CONSTITUTIVOS DO ESTADO

1. População. 2. Território. 3. Governo.

No tocante à sua estrutura o Estado se compõe de três elementos: *a) população*; *b) território*; *c) governo.*

A condição de Estado perfeito pressupõe a presença concomitante e conjugada desses três elementos, revestidos de características essenciais: população *homogênea*, território *certo e inalienável* e governo *independente.*

A ausência ou desfiguração de qualquer desses elementos retira da organização sociopolítica a plena qualidade de Estado. É o que ocorre, por exemplo, com o Canadá, que deixa de ser um Estado perfeito porque o seu governo é subordinado ao governo britânico, como integrante da *commonwealth.*

1. POPULAÇÃO

A população é o primeiro elemento formador do Estado, o que independe de justificação. Sem essa *substância humana* não há que cogitar da formação ou existência do Estado.

Cabe examinar, porém, o requisito da homogeneidade, em torno do qual giram as divergências doutrinárias, como já foi visto no capítulo anterior.

Para alguns autores, o núcleo básico formador do Estado é caracteristicamente nacional, isto é, corresponde a uma unidade étnica. Assim se constituíram os Estados antigos e tradicionais, como Israel, Roma, Grécia, China etc., os quais teriam surgido como unidades políticas através dos diversos e sucessivos estágios da formação nacional: família, tribo, cidade e Estado.

Outros, porém, sustentam que o elemento *população* se entende, em sentido amplo e puramente formal, como reunião de indivíduos de várias origens, os quais se estabelecem num determinado território, com ânimo definitivo, e aí se organizam politicamente. Argumentam esses autores, entre os quais se destaca Bigne de Villeneuve, que muitos Estados, como a

Suíça, a Áustria, a Bélgica, reuniram porções de povos diferentes, sendo certo que a Bélgica se formou sem que existisse realmente uma *nação belga*. A própria nacionalidade italiana teria resultado de uma fusão de grupos étnicos, como os umbros, os samnitas, os lígures, os etruscos etc. Citam exemplos mais recentes, entre os quais os da República Islandesa e do Estado da Califórnia, este criado por resolução de uma assembleia heterogênea de garimpeiros. Além disso, segundo Roger Bonnard, a noção étnica é essencialmente uma noção racista, e não existem grupos étnicos morfologicamente homogêneos que possam integrar uma determinada nação.

Entretanto, o requisito da homogeneidade do agrupamento humano constitutivo do Estado não envolve a ideia de raça, pelo menos no sentido biológico ou antropológico. Não pretendemos levar em conta a homogeneidade racial, como fizeram os teóricos do nacional-socialismo alemão. Só no sentido psicossociológico é que falamos em *raça* na conceituação das nacionalidades.

Insistimos, assim, no requisito da homogeneidade em relação ao fator *população*. A base humana do Estado há de ser, em regra, uma unidade étnico-social que, embora integrada por tipos raciais diversos, vai se formando como unidade política através de um lento processo de estratificação, de fusão dos elementos no cadinho da convivência social.

Os Estados criados arbitrariamente, por deliberação ocasional de aglomerados heterogêneos, como aqueles criados por imposição de tratados e convenções internacionais, sempre tiveram existência precária e tumultuada. Separando nações ou reunindo povos diversos, ao sabor da vontade das grandes potências, como se vê pelos sucessivos mapas da Europa, tais Estados nunca lograram apresentar aquela firmeza durável dos Estados tradicionais. Os que originariamente surgiram com base numa população nacional, homogênea, vêm atravessando os séculos e os milênios ostentando um caráter majestoso de eternidade.

Os Estados plurinacionais ou não nacionais são Estados *imperfeitos*, como acentua Del Vecchio, e só sobrevivem, em regra, quando tendem a se legitimar defendendo e promovendo a unificação nacional.

Via de regra, portanto, o Estado sucede ao processo de formação nacional, ou tende a realizar essa formação como base de sobrevivência.

Em nenhum Estado seria lógico confundir *população*, em sentido amplo, com a unidade nacional, pois só esta detém legitimamente o poder de soberania como direito subjetivo absoluto. Para a escola clássica francesa da soberania nacional, principalmente, a distinção é de importância primacial. Interpretando-a objetivamente, viu Rousseau, no indivíduo, uma dupla qualidade: a de *cidadão* membro ativo do Estado e elemento componente da vontade geral, e a de *súdito*, pessoa inteiramente subordinada a essa vontade geral, soberana. A *igualdade de todos perante a lei* compreende-se na esfera dos direitos políticos (ou de cidadania); só os exercem os elementos nacionais ou nacionalizados. Os estrangeiros, que integram a massa total da população, não participam na formação da *vontade política nacional*, em regra.

2. TERRITÓRIO

O território é a base física, o âmbito geográfico da nação, onde ocorre a validade da sua ordem jurídica – definiu Hans Kelsen.

A nação, como realidade sociológica, pode subsistir sem território próprio, sem se constituir em Estado, como ocorreu com a nação judaica durante cerca de dois mil anos, desde a expulsão de Jerusalém até a recente partilha da Palestina. Porém, Estado sem território não é Estado.

Para Duguit e Le Fur o território não é elemento necessário à existência de um Estado. Invocam eles o direito internacional moderno, que tem reconhecido a existência de Estados sem território, como nos casos do Vaticano, depois da unificação italiana; do Grão-Priorado de Malta; da Abissínia; e de todos os governos que se refugiaram em Londres em consequência das invasões do chamado "Eixo Roma-Berlim".

Não passaram tais Estados, porém, de mera ficção. Não existiram senão em caráter precário, em período de anormalidade internacional. Deveram eles a sua vida às conveniências momentâneas das potências que os reconheceram e ampararam sob os imperativos do momento histórico. Foram exceções que não infirmam a regra.

O Estado moderno é rigorosamente territorial, afirma Queiroz Lima. Esse elemento físico, tanto quanto os dois outros – população e governo –, é indispensável à configuração do Estado, segundo as concepções pretérita e atual do direito público.

As populações nômades não podem possuir individualidade política na atual concepção do Estado. Dentre os autores que sustentam não ser o território elemento necessário à existência do Estado merecem destaque Eduardo Meyer e D. Donati, os quais alinham, em abono de sua tese, vários exemplos: os atenienses, quando tiveram as suas cidades ocupadas pelos persas, refugiaram-se nos navios de Milcíades, mantendo a sobrevivência dos seus Estados; os holandeses, expulsos pelo exército de Luiz XIV, conservaram íntegra a sua organização política além das suas fronteiras tradicionais; os sérvios, vencidos pelas tropas austro-húngaras, permaneceram politicamente constituídos; o Estado belga do Havre, o Estado sérvio de Corfu e Salônica, o Estado tcheco-eslovaco são outros tantos exemplos invocados pelos citados autores.

Tais *Estados nômades*, porém, não se justificam, porque são transitórios. Seria preciso distinguir, como observa Groppali, a perda territorial de fato por ocupações temporárias de guerra, da perda jurídica e permanente. Nos exemplos citados não houve perda definitiva do território, de sorte que as organizações políticas puderam subsistir e superar o momento de crise.

Ademais, em verdade, subsistiram as *nações* ateniense, holandesa, sérvia etc., não os Estados, que temporariamente desapareceram.

O território é patrimônio sagrado e *inalienável* do povo, frisa Pedro Calmon. É o espaço certo e delimitado onde se exerce o poder do governo sobre os indivíduos. *Patrimônio do povo*, não do Estado como instituição. O poder diretivo se exerce sobre as pessoas, não sobre o território. Tal poder é de *imperium*, não de *dominium*. Nada tem em comum com o direito de propriedade. A autoridade governamental é de natureza eminencialmente política, de ordem jurisdicional.

O território, sobre o qual se estende esse poder de jurisdição, representa-se como uma grandeza a três dimensões, abrangendo o suprassolo, o subsolo e o mar territorial.

Alguns autores o dividem em terrestre, marítimo e fluvial.

Tendo em vista o seu exato conceito de *espaço de validade da ordem jurídica*, podemos destrinçá-lo nos elementos que o integram: *a*) o solo contínuo e delimitado, ocupado pela corporação política; *b*) o solo insular e demais regiões separadas do solo principal; *c*) os rios, lagos e mares interiores; *d*) os golfos, baías, portos e ancoradouros; *e*) a parte que o direito internacional atribui a cada Estado nos rios e lagos divisórios; *f*) o mar territorial e respectiva plataforma marítima; *g*) o subsolo; *h*) o espaço aéreo (suprassolo); *i*) os navios mercantes em alto mar; *j*) os navios de guerra onde quer que se encontrem; *l*) os edifícios das embaixadas e legações em países estrangeiros.

Segundo a tendência moderna do direito internacional, à vista das novas conquistas científicas, o domínio do suprassolo se estende ilimitadamente, *usque ad sidera*, assim como o do subsolo se aprofunda *usque ad inferos*.

No tocante ao mar territorial, a determinação da zona limítrofe é questão amplamente debatida. Antigamente prevalecia a fórmula preconizada pela escola do direito natural: *terrae potestas finitur ubi finitur armorum vis* – cessa o poder territorial onde cessa a força das armas. Adotava-se o limite de três milhas náuticas, que era o alcance da artilharia costeira, posteriormente ampliado para doze milhas náuticas (aproximadamente vinte e dois quilômetros).

Atualmente, invocando não só os interesses da defesa externa mas também os de exploração econômica, os Estados, como o Brasil, Argentina, Uruguai, Chile, Equador e outros, vêm adotando o limite de duzentas milhas náuticas.

3. GOVERNO

O governo – terceiro elemento do Estado – é uma *delegação de soberania nacional*, no conceito metafísico da escola francesa. É a própria soberania posta em ação, no dizer de Esmein.

Segundo a escola alemã, é um atributo indispensável da personalidade abstrata do Estado.

Positivamente, é o conjunto das funções necessárias à manutenção da ordem jurídica e da administração pública.

Ensina Duguit que a palavra *governo* tem dois sentidos: *coletivo*, como conjunto de órgãos que presidem a vida política do Estado, e *singular*, como poder executivo, "órgão que exerce a função mais ativa na direção dos negócios públicos" – o que, neste capítulo, é irrelevante.

A conceituação de governo depende dos pontos de vista doutrinários, mas exprime sempre o exercício do poder soberano. Daí a confusão muito comum entre governo e soberania. O professor Sampaio Dória, por exemplo, menciona como elementos constitutivos do Estado: população, território e soberania, já que, nesta última, está implícita a organização governamental.

Outros autores incluem a soberania como quarto elemento. Não nos parece aceitável nem lógica essa inclusão, porquanto a soberania é exatamente a força geradora e justificadora do elemento governo. Este pressupõe a soberania. É seu requisito essencial a *independência*, tanto na ordem interna como na ordem externa. Se o governo não é independente e soberano, como ocorre no Canadá, na Austrália, na África do Sul etc., não existe o Estado *perfeito*. Faltando uma característica essencial de qualquer dos três elementos – população, território e governo – o que se tem é um Semiestado. E assim, na noção do Estado perfeito está implícita a ideia de soberania.

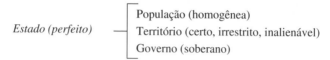

Estado *(perfeito)* — População (homogênea)
Território (certo, irrestrito, inalienável)
Governo (soberano)

VII

SOBERANIA

1. Conceito. 2. Fonte do poder soberano. 3. Teoria da soberania absoluta do rei. 4. Teoria da soberania popular. 5. Teoria da soberania nacional. 6. Teoria da soberania do Estado. 7. Escolas alemã e austríaca. 8. Teoria negativista da soberania. 9. Teoria realista ou institucionalista. 10. Limitações.

1. CONCEITO

A exata compreensão do conceito de soberania é pressuposto necessário para o entendimento do fenômeno estatal, visto que não há Estado perfeito sem soberania. Daí haver Sampaio Dória dado ao Estado a definição simplista de *organização da soberania*.

Como vimos no capítulo anterior, aos três elementos constitutivos do Estado – *população, território* e *governo* – alguns autores pretenderam a inclusão da soberania como quarto elemento. Sem razão, porém, visto que a soberania se compreende no exato conceito de Estado. Estado *não soberano* ou *semissoberano* não é Estado. Até mesmo o Canadá e a Austrália, com amplo poder de autogoverno, se classificam como "Colônias Autônomas", por se subordinarem à Coroa Britânica.

Soberania é uma autoridade superior que não pode ser limitada por nenhum outro poder.

Ressalta logo à evidência que não são soberanos os Estados membros de uma Federação. O próprio qualificativo de *membro* afasta a ideia de soberania. O poder supremo é investido no órgão federal. Conseguintemente, convencionou-se na própria Constituinte de Filadélfia, onde se instituiu o regime federalista, que as unidades estatais integrantes da União se denominariam Estados-Membros, com autonomia de direito público interno, sendo privativo da União o poder de soberania interna e internacional. Aliás, é mais apropriada a denominação de *Província*, para as unidades federadas.

Alguns teóricos do federalismo norte-americano atribuem aos Estados-Membros *soberania de direito interno*... o que é rematada incongruência. A soberania é uma só, una, integral e universal. Não pode sofrer restrições de qualquer tipo, salvo, naturalmente, as que decorrem dos imperativos de convivência pacífica das nações soberanas no plano do direito internacional.

Soberania relativa ou condicionada por um poder normativo dominante não é soberania. Deve ser posta em termos de *autonomia*, no contexto geral do Direito.

Denominava-se o poder de soberania, entre os romanos, *suprema potestas*. Era o poder supremo do Estado na ordem política e administrativa. Posteriormente, passaram a denominá-lo poder de *imperium*, com amplitude internacional.

Etimologicamente, o termo soberania provém de *superanus, supremitas*, ou *super omnia*, configurando-se definitivamente através da formação francesa *souveraineté*, que expressava, no conceito de Bodin, "o poder absoluto e perpétuo de uma República".

Historicamente, é bastante variável a formulação do conceito de soberania, no tempo e no espaço. No Estado grego antigo, como se nota na obra de Aristóteles, falava-se em *autarquia*, significando um poder moral e econômico, de autossuficiência do Estado. Já entre os romanos, o poder de *imperium* era um poder político transcendente que se refletia na majestade imperial incontrastável. Nas monarquias medievais era o poder de *suserania* de fundamento carismático e intocável. No absolutismo monárquico, que teve o seu *climax* em Luiz XIV, a soberania passou a ser o poder pessoal exclusivo dos monarcas, sob a crença generalizada da origem divina do poder de Estado. Finalmente, no Estado moderno, a partir da Revolução Francesa, firmou-se o conceito de poder político e jurídico, emanado da vontade geral da nação.

Segundo o magistério superior de Miguel Reale, a soberania é *"uma espécie de fenômeno genérico do poder. Uma forma histórica do poder que apresenta configurações especialíssimas que se não encontram senão em esboços nos corpos políticos antigos e medievos".*

O Prof. Pinto Ferreira nos dá um conceito normativo ético-jurídico: *é a capacidade de impor a vontade própria, em última instância, para a realização do direito justo.*

No mesmo sentido é o conceito de Clóvis Beviláqua: *por soberania nacional entendemos a autoridade superior, que sintetiza, politicamente, e segundo os preceitos de direito, a energia coativa do agregado nacional.*

2. FONTE DO PODER SOBERANO

Problema dominante, neste tema, é o que diz respeito à fonte do poder de soberania e, consequentemente, o problema da sua titularidade. Para as teorias carismáticas do direito divino (sobrenatural ou providencial) dos reis, o poder vem de Deus e se concentra na pessoa sagrada do soberano. Para as correntes de fundo democrático, a soberania provém da vontade do povo (teoria da soberania popular) ou da nação propriamente dita (teoria da soberania nacional). Para as escolas alemã e vienense, a soberania provém do Estado, como entidade jurídica dotada de vontade própria (teoria da soberania estatal). Desdobram-se estes troncos doutrinários em várias ramificações, formando uma variedade imensa de escolas e doutrinas, de modo que não seria possível focalizar todas elas no âmbito restrito do programa escolar a que nos cingimos.

Daremos, a seguir, uma súmula de cada corrente principal, remetendo os estudiosos às obras dos grandes mestres brasileiros, que esgotam o assunto, como Miguel Reale e Pinto Ferreira, especialmente à esplêndida monografia de Machado Paupério – *O conceito polêmico de soberania*.

3. TEORIA DA SOBERANIA ABSOLUTA DO REI

A *teoria da soberania absoluta do rei* começou a ser sistematizada na França, no século XVI, tendo como um dos seus mais destacados teóricos Jean Bodin, que sustentava: *a soberania do rei é originária, ilimitada, absoluta, perpétua e irresponsável em face de qualquer outro poder temporal ou espiritual.*

Esta teoria é de fundamento histórico e lança suas raízes nas monarquias antigas fundadas no direito divino dos reis. Eram os monarcas acreditados como representantes de Deus na ordem temporal, e na sua pessoa se concentravam todos os poderes. O poder de soberania era o poder pessoal do rei e não admitia limitações.

Firmou-se esta doutrina da soberania absoluta do rei nas monarquias medievais, consolidando-se nas monarquias absolutistas e alcançando a sua culminância na doutrina de Maquiavel. Os monarcas da França, apoiados na doutrinação de Richelieu, Fénelon, Bossuet e outros, levaram o absolutismo às suas últimas consequências, identificando na pessoa sagrada do rei o próprio Estado, a soberania e a lei. Reunia-se na pessoa do rei o conceito de *senhoriagem*, trazido do mundo feudal, que se desmoronava, e a ideia de *imperium*, exumada das ruínas do cesarismo romano que ressurgia, exuberante, na onipotência das monarquias absolutistas.

Todavia, o próprio Jean Bodin, teórico eminente do absolutismo monárquico, como observou Touchard, não se livrou de contradições, quando admitia a limitação do poder de soberania pelos princípios inelutáveis do direito natural.

4. TEORIA DA SOBERANIA POPULAR

A *teoria da soberania popular* teve como precursores Altuzio, Marsilio de Padua, Francisco de Vitoria, Soto, Molina, Mariana, Suarez e outros teólogos e canonistas da chamada *Escola Espanhola*. Reformulando a doutrina do direito divino sobrenatural, criaram eles o que denominaram *teoria do direito divino providencial*: o poder público vem de Deus, sua causa eficiente, que infunde a inclusão social do homem e a consequente necessidade de governo na ordem temporal. Mas os reis não recebem o poder por ato de manifestação sobrenatural da vontade de Deus, senão por uma determinação providencial da onipotência divina. O poder civil corresponde com a vontade de Deus, mas promana da vontade popular – *omnis potestas a Deo per populum libere consentientem* –, conforme com a doutrinação do Apóstolo São Paulo e de São Tomás de Aquino.

Sustentou Suarez a limitação da autoridade e o direito de resistência do povo, fundamentos do ideal democrático. E Molina, embora reconhecendo o poder real como *soberania constituída*, ressaltou a existência de um poder maior, exercido pelo povo, que denominou *soberania constituinte*.

5. TEORIA DA SOBERANIA NACIONAL

A *teoria da soberania nacional* ganhou corpo com as ideias político-filosóficas que fomentaram o liberalismo e inspiraram a Revolução Francesa: ao símbolo da Coroa opuseram os revolucionários liberais o símbolo da Nação. Como frisou Renard, *a Coroa não pertence ao Rei; o Rei é que pertence à Coroa. Esta é um princípio, é uma tradição, de que o Rei é depositário, não proprietário.*

A este entendimento, aliás, se deveu a convivência entre a Coroa e o Parlamento, em alguns Estados liberais.

Pertence a Teoria da Soberania Nacional à *Escola Clássica Francesa*, da qual foi Rousseau o mais destacado expoente. Desenvolveram-na Esmein, Hauriou, Paul Duez, Villey, Berthélemy e outros, sustentando que a nação é a fonte única do poder de soberania. O órgão governamental só o exerce legitimamente mediante o consentimento nacional.

Esta teoria é radicalmente nacionalista: a soberania é originária da nação, no sentido estrito de população nacional (ou povo nacional), não do *povo* em sentido amplo. Exercem os direitos de soberania apenas os nacionais ou nacionalizados, no gozo dos direitos de cidadania, na forma da lei. Não há que confundir com a "teoria da soberania popular", que amplia o exercício do poder soberano aos alienígenas residentes no país.

A soberania, no conceito da Escola Clássica, é UNA, INDIVISÍVEL, INALIENÁVEL e IMPRESCRITÍVEL.

UNA porque não pode existir mais de uma autoridade soberana em um mesmo território. Se repartida, haveria mais de uma soberania, quando é inadmissível a coexistência de poderes iguais na mesma área de validez das normas jurídicas.

INDIVISÍVEL é a soberania, segundo a mesma linha de raciocínio que justifica a sua unidade. O poder soberano delega atribuições, reparte competências, mas não divide a soberania. Nem mesmo a clássica divisão do poder em Executivo, Legislativo e Judiciário importa em divisão da soberania. Pelos três órgãos formalmente distintos se manifesta o poder uno e indivisível, sendo que cada um deles exerce a totalidade do poder soberano na esfera da sua competência.

INALIENÁVEL é a soberania, por sua própria natureza. A vontade é personalíssima: não se aliena, não se transfere a outrem. O corpo social é uma entidade coletiva dotada de vontade própria, constituída pela soma das vontades individuais. Os delegados e representantes eleitos hão de exercer o poder de soberania segundo a vontade do corpo social consubstanciada na Constituição e nas Leis.

IMPRESCRITÍVEL é ainda a soberania no sentido de que não pode sofrer limitação no tempo. Uma nação, ao se organizar em Estado soberano, o faz em caráter definitivo e eterno. Não se concebe soberania temporária, ou seja, por tempo determinado.

A esta teoria daremos maior desenvoltura no capítulo do Contrato Social de Rousseau.

6. TEORIA DA SOBERANIA DO ESTADO

A *teoria da soberania do Estado* pertence às escolas alemã e austríaca, as quais divergem fundamentalmente da Escola Clássica Francesa.

Seu expoente máximo, Jellinek, parte do princípio de que a soberania é a capacidade de autodeterminação do Estado por direito próprio e exclusivo. Desenvolve esse autor o pensamento filosófico de Von Ihering, segundo o qual a soberania é, em síntese, apenas uma qualidade do poder do Estado, ou seja, uma qualidade do Estado perfeito. O Estado é anterior ao direito e sua fonte única. O direito é feito pelo Estado e para o Estado; não o Estado para o direito. A soberania é um poder jurídico, um poder de direito, e, assim como todo e qualquer direito, ela tem a sua fonte e a sua justificativa na vontade do próprio Estado.

Dentro dessa linha de pensamento se desenvolvem as inúmeras teorias *estadísticas*, que serviram de fomento doutrinário aos Estados totalitários de após guerra.

7. ESCOLAS ALEMÃ E AUSTRÍACA

Para as *escolas alemã* e *austríaca*, lideradas, respectivamente, por Jellinek e Kelsen, que sustentam a estatalidade integral do Direito, a soberania é de natureza estritamente jurídica, é um direito do Estado e é de caráter absoluto, isto é, sem limitação de qualquer espécie, nem mesmo do direito natural cuja existência é negada.

Sustentam que só existe o direito estatal, elaborado e promulgado pelo Estado, já que a vida do direito está na força coativa que lhe empresta o Estado, e não há que falar em direito sem sanção estatal. Negam a existência do direito natural e de toda e qualquer normatividade jurídica destituída da força de coação que só o poder público pode dar. Daí a conclusão de Austin, com base na doutrina do mestre vienense, de que não existe direito internacional por falta de sanção coercitiva.

Portanto, se a soberania é um poder de direito e todo direito provém do Estado, o tecnicismo jurídico alemão e o normativismo kelseniano levam à conclusão lógica de que o poder de soberania é ilimitado e absoluto. Logo, *toda forma de coação estatal é legítima, porque tende a realizar o direito como expressão da vontade soberana do Estado.*

Realmente, em face desse princípio da estatalidade do direito, princípio *pan-estadístico*, não se concede limitação alguma ao poder do Estado. É certo que Jellinek chegou a esboçar a doutrina da autolimitação do poder estatal, porém, sem nenhuma significação prática. Com efeito, se todo direito emana do Estado e este se coloca acima do direito, ressalta à evidência que a limitação do poder estatal por regras que dele próprio derivam não passa de mera ficção. O próprio Luiz XIV não seria um monarca absolutista, a levar-se em conta a sua faculdade pessoal de autolimitação. Nem o próprio Deus seria absoluto...

Em verdade, porém, a primeira e inarredável limitação ao poder soberano dos governos decorre dos princípios incontingentes e imprescritíveis do direito natural. A ordem natural é anterior e superior ao Estado, e sua observância constitui mesmo uma condição de legitimidade do direito e de qualquer ato estatal. Outra limitação, também imperiosa, é a que decorre das regras de convivência social e internacional.

O Estado não pode criar arbitrariamente o direito; ele cria a lei, o direito escrito, que é apenas uma categoria do direito no seu sentido amplo. Como acentua Pontes de Miranda, *o Estado é apenas um meio perfectível, não exclusivo, de revelação das normas jurídicas*. A lei que dele emana há de corporificar o direito justo como condição de legitimidade. Sobretudo, o Estado não é um *fim* em si mesmo, mas um *meio* pelo qual o homem tende a realizar o seu fim próprio, o seu destino transcendental, como o demonstram as teorias liberais e humanistas.

As teorias da soberania absoluta do Estado, malgrado o seu caráter absolutista e totalitário, tiveram ampla repercussão no pensamento político universal, inclusive na própria França com Carré de Malberg e Louis Le Fur. Justificaram os Estados nazista, fascista e todos os totalitarismos, que conflagraram o mundo por duas vezes, mas foram contidos pela força superior do humanismo liberal.

8. TEORIA NEGATIVISTA DA SOBERANIA

A *teoria negativista da soberania* é da mesma natureza absolutista. Formulou-a Léon Duguit, desenvolvendo o pensamento de Ludwig Gumplowicz:

A soberania é uma ideia abstrata. Não existe concretamente. O que existe é apenas a crença na soberania. Estado, nação, direito e governo são uma só e única realidade. Não há direito natural nem qualquer outra fonte de normatividade jurídica que não seja o próprio Estado. E este conceitua-se como *organização da força a serviço do direito*. Ao conceito metafísico de soberania nacional opõe Duguit o conceito simplista de *regra de direito* como norma de direção social. Assim, a soberania resume-se em mera *noção de serviço público*.

A teoria negativista de Duguit, considerando a soberania "um princípio ao mesmo tempo indemonstrado, indemonstrável e inútil", suscitou sempre as mais acirradas polêmicas no mundo da ciência política, destacando-se entre os seus mais fortes opositores Bigne de Villeneuve e Jean Dabin. A negação da soberania, acentuou Esmein, só pode levar a um resultado claro: afirmar o reino da força.

Com efeito, o conceito de soberania, tal como predomina entre os povos democráticos, lança raízes na filosofia aristotélico-tomista: soberana, em última análise, é a lei, e esta encontra sua legitimidade no direito natural, que preside e limita o direito estatal. Vale lembrar aqui as palavras com que os constituintes argentinos de 1853 encerraram seus trabalhos – *os homens se dignificam prostrando-se perante a lei, porque assim se livram de ajoelhar-se perante tiranos.*

9. TEORIA REALISTA OU INSTITUCIONALISTA

A *teoria realista* ou *institucionalista*, modernamente, vem ganhando terreno em face das novas realidades mundiais.

É forçoso admitir que a soberania é originária da Nação, mas só adquire expressão concreta e objetiva quando se institucionaliza no órgão estatal, recebendo através deste o seu ordenamento jurídico-formal dinâmico.

Impõe-se afastar a confusão oriunda do voluntarismo radical entre os dois momentos distintos da formação do poder soberano: o momento social ou genético, e o momento jurídico ou funcional.

A soberania é originariamente da Nação (quanto à fonte do poder), mas, juridicamente, do Estado (quanto ao seu exercício).

Patenteia-se então irrelevante, em última análise, a polêmica entre os dois grandes grupos doutrinários que disputam a primazia no tocante à titularidade do poder e suas consequências: a escola francesa da soberania nacional e a corrente germânica da soberania do Estado.

Se é certo que Nação e Estado são realidades distintas, uma sociológica e outra jurídica, certo é também que ambas compõem uma só personalidade no campo do Direito Público Internacional. E neste campo não se projeta a soberania como vontade do povo, senão como vontade do Estado, que é a *Nação politicamente organizada,* segundo a definição que nos vem da própria escola clássica francesa.

Este entendimento, evidentemente, não exclui a possibilidade de retomar a Nação o seu poder originário, sempre que o órgão estatal se desviar dos seus fins legítimos, conflitando abertamente com os fatores reais do poder.

O eminente Prof. Machado Paupério, em sua magnífica monografia *O conceito polêmico de soberania*, tira a conclusão de que "soberania não é propriamente um poder, mas, sim, a qualidade desse poder; a qualidade de supremacia que, em determinada esfera, cabe a qualquer poder".

É, pois, um *atributo* de que se reveste o poder de auto-organização nacional, e de autodeterminação, uma vez institucionalizado no órgão estatal.

Caberia acrescentar, como inarredável verdade, que todas as correntes doutrinárias da soberania se resumem, afinal, numa afirmação dogmática da onipotência do Estado.

Fora da teoria anarquista, o Estado é sempre a racionalização do poder supremo na ordem temporal, armado de força coativa irredutível, autoridade, unidade e rapidez de ação, para fazer face, de imediato, aos impactos e arremetidas das forças dissolventes que tentem subverter a paz e a segurança da vida social.

Portanto, embora seja poder essencialmente nacional, quanto à sua origem, sua expressão concreta e funcional resulta da sua institucionalização no órgão estatal. Passado o momento genético de sua manifestação na organização da ordem constitucional, concretiza-se a soberania no Estado, que passa a exercê-la em nome e no interesse da Nação.

Este entendimento não se confunde com as teorias absolutistas do Estado nem com o radicalismo voluntarista da soberania nacional defendido pela escola clássica francesa. Conduz à conceituação da soberania como *poder relativo*, sujeito a limitações como a seguir se ressalta.

10. LIMITAÇÕES

A soberania é limitada pelos princípios de direito natural, pelo direito grupal, isto é, pelos direitos dos grupos particulares que compõem o Estado (grupos biológicos, pedagógicos, econômicos, políticos, espirituais etc.), bem como pelos imperativos da coexistência pacífica dos povos na órbita internacional.

O Estado – proclamou Jefferson – existe para servir ao povo e não o povo para servir ao Estado. O governo há de ser um governo de leis, não a expressão da soberania nacional, simplesmente. As leis definem e limitam o poder. E a este conceito, brilhantemente desenvolvido por Mathews, acrescentou Krabbe esta afirmação eloquente: *a autoridade do direito é maior do que a autoridade do Estado.*

Limitam a soberania os princípios de Direito Natural, porque o Estado é apenas instrumento de coordenação do direito, e porque o direito positivo, que do Estado emana, só encontra legitimidade quando se conforma com as leis eternas e imutáveis da natureza. Como afirmou São Tomás de Aquino, *uma lei humana não é verdadeiramente lei senão enquanto deriva da lei natural*; *se, em certo ponto, se afasta da lei natural, não é mais lei e sim uma violação da lei.* E acrescenta que nem mesmo Deus pode alterar a lei natural sem alterar a matéria – *Neque ipse Deus dispensare potest a lege naturali, nisi mutando materiam. Ergo lex naturalis est immutabilis seu proprio mutari omnino non potest* (Nem mesmo Deus pode dispensar a lei natural, a menos que mude a matéria. Portanto, a lei natural é imutável, ou seja, não pode ser alterada de forma alguma).

Limita a soberania o direito grupal, porque sendo o fim do Estado a segurança do bem comum, compete-lhe coordenar a atividade e respeitar a natureza de cada um dos grupos menores que integram a sociedade civil. A família, a escola, a corporação econômica ou sindicato profissional, o município ou a comuna e a igreja são grupos intermediários entre o indivíduo e o Estado, alguns anteriores ao Estado, como é a família, todos eles com sua finalidade própria e um direito natural à existência e aos meios necessários para a realização dos seus fins.

Assim, o poder de soberania exercido pelo Estado encontra fronteiras não só nos direitos da pessoa humana como também nos direitos dos grupos e associações, tanto no domínio interno como na órbita internacional.

Notadamente no plano internacional, a soberania é limitada pelos imperativos da coexistência de Estados soberanos, não podendo invadir a esfera de ação das outras soberanias.

Uma vez não contrariando as normas de direito nem ultrapassando os limites naturais da competência estatal, a soberania é imperiosa, incontrastável. Sem ser arbítrio nem onipotência, acentuou Mouskheli, é poder absoluto, encontrando, porém, sua limitação natural *na própria finalidade que lhe é essencial.*

Assim, no plano internacional *limita a soberania o princípio da coexistência pacífica das soberanias.*

Atualmente, as nações integram uma ordem continental, e, dentro dessa ordem superior, o poder de autodeterminação de cada uma limita-se pelos imperativos da preservação e da sobrevivência das demais soberanias.

Na ordem internacional, essas limitações decorrem das participações dos Estados em organizações internacionais, são justificadas pelas necessidades de coexistência pacífica, segurança e desenvolvimento e são alavancadas pela globalização, merecendo, pela relevância dos temas, o tratamento específico, constante do capítulo seguinte.

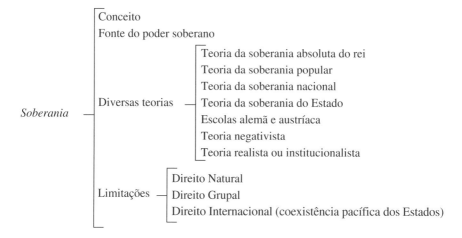

VIII

SOBERANIA: LIMITAÇÕES NA ORDEM INTERNACIONAL, GLOBALIZAÇÃO E ORGANIZAÇÕES INTERNACIONAIS

1. Conceitos. 2. Globalização. 3. Organizações internacionais. 4. Organizações políticas. 5. Organização das Nações Unidas – ONU. 6. Organização do Tratado do Atlântico Norte – OTAN. 7. Organização dos Estados Americanos – OEA. 8. Organizações econômicas. 9. Mercosul. 10. Outras organizações econômicas. 11. Organização supranacional – União Europeia.

1. CONCEITOS

No capítulo anterior tratamos da soberania na sua acepção clássica como uma autoridade superior, que não pode ser limitada por nenhum outro poder além dos relativos, basicamente, ao direito natural, ao direito grupal e ao direito internacional.

Especialmente na ordem internacional, a experiência adquirida no decorrer das últimas décadas demonstra que o exercício do poder soberano sem limitações certamente levaria a uma guerra "de todos contra todos", usando a expressão de Hobbes.

A humanidade sentiu na pele as consequências da inexistência de limites, como foi a corrida imperialista que provocou a I Guerra Mundial. Essa trágica experiência gerou os primeiros movimentos para o estabelecimento de uma ordem internacional que resultou, em 1919, na criação da fracassada Sociedade das Nações, também chamada Liga das Nações. Apesar dos esforços desenvolvidos e da nobre finalidade no sentido de desenvolver a cooperação entre os povos e a paz mundial, essa sociedade teve existência praticamente nominal por não ter despertado o interesse das grandes potências. Sua extinção foi formalizada em 1946.

Deflagrada a II Guerra Mundial, a comunidade internacional saiu convencida da necessidade de uma entidade com vocação universal que viesse a atuar com a autoridade e o peso necessários para o desenvolvimento, a independência dos povos e a defesa da paz mundial. Com esses principais objetivos, foi criada, em 1945, a Organização das Nações Unidas – ONU, seguindo-se a criação ou modernização de outras, com ambições universais ou regionais.

Há que se destacar, desde logo, que essas entidades, classificadas como "organizações internacionais", não são soberanas. Pelo menos, não no sentido do conceito de soberania aplicado aos Estados.

Essas organizações possuem personalidades jurídicas próprias de direito internacional. No aspecto da representatividade são equiparadas aos Estados, mas com eles não se confundem, pois não têm população nem território. As organizações internacionais existem e atuam nos limites dos respectivos objetos e dos poderes que por investidura recebem dos Estados que as integram.

A existência dessas organizações internacionais e a justificação ética e política à imposição de limites ao exercício da soberania já era preconizada desde a primeira metade do século passado pelo clássico jurista Alexandre Groppali, tornando-se oportuna a transcrição de suas palavras, as quais, atualmente, ainda expressam o ideal da humanidade:

É de esperar, portanto, que, acima dos Estados reconstituídos dentro de fronteiras que correspondam melhor às grandes unidades étnicas, com zonas de influência e disposição de matérias-primas adequadas à sua potência e à sua capacidade de expansão, se forme uma nova ordem jurídica interestatal e que, mediante a criação de um exército supranacional, essa ordem saiba, pela força se necessário, reconduzir à razão os Estados recalcitrantes, fazendo atuar as sentenças das Cortes de justiça internacional, frente às quais os Estados deverão levar para ser divididas todas as controvérsias que, sem exceção, possam surgir entre eles.

Agora que, com a transformação dos aviões em pavorosos instrumentos de matança e dada a capacidade fulminante de seus ataques, a vida das nações está continuamente exposta ao perigo de uma guerra, o problema de sua segurança não é mais um problema nacional, mas internacional. Assim como os indivíduos renunciaram ao exercício das próprias razões no dia em que o Estado avocou a si a função jurisdicional, assim também os Estados devem renunciar ao direito de fazer valer pela guerra as suas pretensões, para sujeitá-las ao juízo de uma Corte de justiça internacional, que tenha a autoridade e a força para fazer executar até mesmo coativamente as próprias sentenças. Por isso, se a ordenação que vier a sair da

SOBERANIA E GLOBALIZAÇÃO

crise atual não for dotada dos meios necessários à execução das próprias resoluções e sentenças, ela terá fatalmente o mesmo destino que coube à Sociedade das Nações, a qual, por estar desarmada, não pode sobreviver à primeira borrasca (Alexandre Groppali, *Doutrina do Estado*, trad. da 8ª edição por Paulo E. de Souza Queiroz, Saraiva, 1953, p. 332).

Modernamente outros fatores têm sido acrescidos, levando alguns autores a afirmar que a soberania estaria em via de extinção, se não mesmo extinta, pelo menos no que se refere ao seu conceito clássico.

O advento da era tecnológica, o desenvolvimento dos meios de comunicação eletrônicos, a facilidade de locomoção, o desenvolvimento e a dinâmica do comércio estreitaram os vínculos obrigacionais e acentuaram a interdependência recíproca dos Estados.

2. GLOBALIZAÇÃO

Na esteira dos acontecimentos das duas últimas décadas e na busca dos argumentos que reforçam a existência e a força das organizações internacionais existentes ou novas, a palavra que surge é "globalização", utilizada genericamente por juristas, políticos, economistas, sociólogos e jornalistas como representativa do fenômeno da disseminação de processos globais que extrapolam os limites das fronteiras nacionais e influenciam as culturas, as economias, as liberdades e até as organizações políticas dos países, em escala mundial.

O conceito de globalização não é uniforme. Por alguns estudiosos é considerado sob o aspecto da atribuição de um sentido integral e uniforme ao mundo contido no globo terrestre. Por outros, a globalização não pode ter o sentido de uniformidade, pois cada país é por ela atingido de forma diversa. Para este estudo, consideraremos que a globalização constitui um processo de internacionalização de regras de convivência ou interferência política entre países, impulsionado por fatores da produção e da circulação do capital em âmbito internacional, movidos pela força propulsora da revolução tecnológica.

A globalização, assim considerada, produz reflexos no conceito de soberania, na medida em que acaba por atingir cada país de forma desigual, na proporção da riqueza, poder, ou desenvolvimento social, econômico e tecnológico de cada um. Esses reflexos assumem maior gravidade entre os países chamados de "terceiro mundo" ou "em desenvolvimento", os quais ficam mais vulneráveis, diante da incapacidade de enfrentamento das imposições originadas da ordem internacional. Tal realidade não pode ser negada, bastando lembrar que a primeira sanção imposta aos governos considerados "dissidentes" da ordem internacional é a imposição de embargo comercial, um dos fatores que acaba por obrigar a adesão à exigência que determinou o embargo, sob pena de comprometimento da própria sobrevivência da população.

Os efeitos da globalização sobre o conceito de soberania têm sido objeto dos mais variados e polêmicos posicionamentos dos doutrinadores, destacando-se por um lado os que enfatizam o aspecto econômico e preveem a extinção da soberania, e por outro lado os que enfatizam o aspecto político, defendendo a sobrevivência da soberania de forma absoluta, como conceito inerente ao Estado.

Sobre o tema, afirma Miguel Reale: "por mais que constitua um fenômeno inevitável, capaz de produzir os esperados, mas ainda não comprovados resultados benéficos para a humanidade, (a globalização) se desenvolve antes como uma gradativa mundialização, por meio de *empresas multinacionais*, com sedes em distintos países, e *empresas transnacionais*, de caráter universal, sendo respeitados, porém, os *organismos regionais*, como a União Europeia e o Mercosul, bem como os *estatais*, que constituem entidades histórico-culturais dotadas de identidade própria, insuscetíveis de aniquilamento, como pensam os anarquizantes e precipitados 'cidadãos do mundo'. Pode-se mesmo dizer que os riscos da globalização aumentam a responsabilidade dos Estados, que não podem deixar de salvaguardar o que é próprio e peculiar de cada nação" (Ainda o social-liberalismo, *O Estado de S. Paulo*, 15 nov. 1997, p. A-2).

3. ORGANIZAÇÕES INTERNACIONAIS

Justificadas pelos argumentos anteriormente resumidos, o mundo moderno conta, atualmente, com várias organizações internacionais, de maior ou menor importância dentro das respectivas áreas de atuação e finalidades.

Dalmo de Abreu Dallari (*Elementos de teoria geral do Estado*, Saraiva, 1979, p. 234) identifica três espécies: *organizações para fins específicos,* como a Comunidade Europeia do Carvão e do Aço, *organizações regionais de fins amplos*, como a Organização dos Estados Americanos (OEA), e *organizações de vocação universal*, como a Organização das Nações Unidas (ONU).

A realidade atual permitiria uma classificação focada nos aspectos políticos, inerentes ao grau de poder de interferência sobre os governos dos

Estados e os aspectos econômicos visados. É inegável o reconhecimento da inexistência de linhas delimitadoras claras, para qualquer tipo de classificação, pois mesmo em se tratando de organização com objetivo econômico, será inafastável o reflexo político que a economia poderá exercer, e vice-versa. Uma sanção comercial, por exemplo, poderá ser imposta por motivação política, como foi o embargo comercial imposto a Cuba, ou, ao contrário, uma sanção comercial (taxação de determinados produtos para importação, por exemplo) poderá trazer consequências políticas. Nessa linha de raciocínio e para efeitos didáticos, classificaremos as organizações internacionais em organizações de caráter *preponderantemente político*, ou *preponderantemente comercial*.

Na espécie *organizações com caráter preponderantemente político*, está em primeiro lugar a Organização das Nações Unidas (ONU). Na espécie *organizações de caráter preponderantemente comercial*, as comumente chamadas de Blocos Econômicos. Uma terceira espécie merece estar destacada das demais, pela importância e relevância que assume como modelo na busca universal de uma união entre os povos, e por reunir, com igual importância, as características de relevância política e comercial, que é a União Europeia, à qual atribuiremos a classificação de organização supranacional.

4. ORGANIZAÇÕES POLÍTICAS

A característica "política" decorre da inserção, nos objetivos da organização, da possibilidade de intervenção política, caracterizada pela prática de atos que a rigor só poderiam ser praticados pelos próprios Estados, por serem inerentes ao seu poder soberano.

A abertura dessa possibilidade de ingerência política interna não significa que os Estados tenham abdicado de sua soberania. A vinculação de cada membro ocorre sob a forma de um tratado, cada um preservando a própria soberania, podendo retirar-se da organização quando quiser.

Mesmo nas hipóteses de efetiva intervenção, às vezes pela força, as organizações não possuem, por si próprias, meios eficazes de fazer valer suas decisões. Não possuem exército próprio e dependem de contribuições materiais e pessoais dos países-membros, principalmente dos grandes Estados. Daí por que as deliberações não passam, em alguns casos, de recomendações e em outros de legitimação dos atos praticados por seus membros. Essas limitações que impedem ou dificultam a execução dos empreendimentos mais significativos não diminuem a importância dessas organizações. Elas constituem, sem qualquer dúvida, passo decisivo na busca da consecução de seus objetivos, sendo relevantes para o desenvolvimento dos povos, para a preservação da liberdade, para a manutenção da estabilidade econômica e para a paz mundial. Especial destaque assume a possibilidade de obtenção de visibilidade por parte dos pequenos Estados, os quais têm, nessas organizações, um veículo de comunicação e um palco para a apresentação de suas reivindicações, com repercussão mundial.

As mais importantes intervenções políticas ocorrem, em alguns casos, por solicitações dos próprios países abalados por comoções internas, na maioria das vezes por exércitos formados por determinação da ONU, chamados comumente de "força internacional de paz" ou de Missão de Estabilização, como ocorreu no Haiti. Outras vezes ocorrem por legitimação outorgada a um ato de ocupação ou invasão, praticado por um ou vários países contra outro, como ocorreu no Iraque, e outras, ainda, por imposição de sanções econômicas e comerciais com finalidades coercitivas.

Entre as organizações que possuem essas características está em primeiro plano a ONU – Organização das Nações Unidas, a mais importante, por abrigar entre seus membros 193 Estados soberanos. Destacam-se, a seguir, a OEA – Organização dos Estados Americanos e a OTAN – Organização do Tratado do Atlântico Norte.

5. ORGANIZAÇÃO DAS NAÇÕES UNIDAS – ONU

A Organização das Nações Unidas – ONU foi fundada em 1945, após a II Guerra Mundial. Inicialmente com 51 países, conta hoje com a adesão de 193 Estados soberanos. A sede social é em Manhattan, Estado de Nova York. Seu objetivo é a manutenção da paz e da segurança no mundo, fomentar um relacionamento cordial entre as nações, promover o progresso social e melhores padrões de vida e direitos humanos. Os Estados integrantes estão unidos por um tratado internacional, chamado "Carta da ONU", em que estão enunciados os direitos e deveres dos seus membros perante a comunidade internacional.

Os órgãos principais são a Assembleia Geral, o Conselho de Segurança, o Conselho Econômico e Social, o Conselho de Direitos Humanos, o Tribunal Internacional de Justiça, sediado em Haia, e o Secretariado. Vários outros órgãos especializados atuam nas diversas áreas, com destaques para a Organização Mundial da Saúde (OMS), o Fundo das Nações Unidas para a Infância (UNICEF) e o Programa Alimentar Mundial.

SOBERANIA E GLOBALIZAÇÃO 47

A ONU é alvo de críticas, entre as quais a impossibilidade de efetiva aplicação da Declaração Universal dos Direitos do Homem, por excessivo respeito à soberania dos Estados, ao direito de veto dos membros permanentes do Conselho de Segurança, à falta de poder coercitivo de suas decisões, por ausência de recursos próprios e pelo fato de depender excessivamente dos Estados mais poderosos.

Independentemente das críticas, é inegável a relevância da ONU no cenário mundial e sua importância na busca do ideal da igualdade entre os povos e da paz mundial.

6. ORGANIZAÇÃO DO TRATADO DO ATLÂNTICO NORTE – OTAN

A Organização do Tratado do Atlântico Norte – OTAN foi criada por tratado que lhe deu nome, assinado em Washington, DC em 4 de abril de 1949. Os seus nomes oficiais são *North Atlantic Treaty Organization* (NATO), em inglês, e *Organisation du Traité de l'Atlantique Nord* (OTAN), em francês.

É uma organização predominantemente de fins militares, pois o objetivo principal é garantir a segurança de seus países-membros. Os Estados-membros estabeleceram um compromisso de cooperação estratégica em tempo de paz e de obrigação de auxílio mútuo em caso de guerra ou agressão. Conforme o disposto no artigo V do Tratado que lhe deu origem, cada membro se compromete a considerar um ataque armado contra um dos Estados como um ataque armado contra todos os Estados. Seus integrantes, e respectivas datas de adesão são: Albânia (2009), Alemanha (1955), Bélgica (1949), Bulgária (2004), Canadá (1949), Chéquia (1999), Croácia (2009), Dinamarca (1949), Eslováquia (2004), Eslovénia (2004), Espanha (1982), Estados Unidos (1949), Estônia (2004), Finlândia (2023), França (1949), Grécia (1952), Holanda (1949), Hungria (1999), Islândia (1949), Itália (1949), Letônia (2004), Lituânia (2004), Luxemburgo (1949), Macedônia do Norte (2020), Montenegro (2017), Noruega (1949), Polônia (1999), Portugal (1949), Reino Unido (1949), Romênia (2004), Suécia (2024) e Turquia (1952).

A cláusula de defesa mútua foi invocada pela primeira vez em 2001, em resposta aos ataques de 11 de setembro contra o World Trade Center e o Pentágono.

7. ORGANIZAÇÃO DOS ESTADOS AMERICANOS – OEA

A Organização dos Estados Americanos – OEA, ou sua denominação em inglês, *Organization of American States (OAS),* foi fundada em 30 de abril de 1948. Seus integrantes assumiram o compromisso prioritário de defender os interesses do continente americano, buscando o fortalecimento da democracia e dos assuntos relacionados com o comércio e a integração econômica, o controle de entorpecentes, a repressão ao terrorismo e à corrupção, a lavagem de dinheiro e as questões ambientais.

Em 11 de setembro de 2001, os países-membros assinaram a Carta Democrática Interamericana, com o objetivo de fortalecer o estabelecimento de democracias representativas no continente.

A partir da década de 1990, a Organização passou a se concentrar no monitoramento eleitoral com o objetivo de procurar consolidar e promover a democracia representativa e também o princípio da não intervenção.

São membros da OEA: Antígua y Barbuda, Argentina, Bahamas, Barbados, Belize, Bolívia, Brasil, Canadá, Chile, Colômbia, Costa Rica, Cuba, Dominica, Equador, El Salvador, Estados Unidos, Granada, Guatemala, Guiana, Haiti, Honduras, Jamaica, México, Nicarágua, Panamá, Paraguai, Peru, República Dominicana, São Cristóvão e Nevis, Santa Lúcia, São Vicente e Granadinas, Suriname, Trinidad e Tobago, Uruguai e Venezuela.

Cuba foi suspensa em 1962, após aliar-se à antiga URSS, declarando sua adesão ao marxismo-leninismo. Essa decisão foi revogada, em 2009, pela 39a Assembleia Geral da OEA. Apesar de ter sido revogada a suspensão, o governo cubano declarou que "Cuba não voltará à OEA".

Honduras foi suspensa em julho de 2009, por decisão unânime da OEA, em razão do golpe de Estado que expulsou do poder o presidente eleito José Manuel Zelaya, mas reintegrada em 2011 após cumprimento das condições impostas.

A Venezuela notificou a OEA en 2017 no sentido de que estava se retirando da Carta da OEA. Entretanto a Assembleia Geral mantém um delegado representante do país, em razão do reconhecimento de Juan Guaidó como presidente eleito, o qual comunicou que anulava a notificação enviada pelo Governo anterior.

A Nicarágua está em processo de retirada. Em 2021 foi eleito presidente Daniel Ortega. A OEA não reconheceu a legitimidade da eleição e determinou ao Conselho Permanente avaliar "as providencias cabíveis". O representante da Nicarágua, em revide, anunciou que o país estava se

SOBERANIA E GLOBALIZAÇÃO 49

retirando da Organização. O processo de retirada tem a duração de dois anos após o anúncio de retirada, tendo completado essa retirada em novembro de 2023.

Os Estados suspensos, tecnicamente, ainda continuam a fazer parte da OEA, mas durante a suspensão não têm direito de representação, participação nas reuniões e demais atividades da organização.

8. ORGANIZAÇÕES ECONÔMICAS

Classificamos como organizações preponderantemente econômicas aquelas também chamadas de Blocos Econômicos. Essas organizações existem na ordem internacional, formadas por uniões de Estados soberanos formalizadas por tratados e convenções que traçam as regras a serem respeitadas mutuamente. Essas regras, conforme a relevância das restrições ou obrigações de conduta impostas aos países participantes, constituem o combustível que alimenta a elaboração dos diversos posicionamentos dos doutrinadores a respeito de constituírem ou não restrições ao conceito de soberania.

Embora não se possa negar que a mola propulsora da formação desses blocos seja, no mundo capitalista atual, o interesse econômico, é possível identificar a presença do elemento político, já que as regras aplicáveis à cooperação econômica abrangerão, necessariamente, a concessão de prerrogativas que estão incluídas no conceito de soberania de cada país-membro.

O relacionamento entre os países-membros nesse tipo de organização é classificado como *intergovernamental*. Significa que as decisões que vierem a ser tomadas pela Organização não têm força de execução sobre cada Estado-membro. Para que as decisões adquiram força de execução, elas dependem da inserção dessas decisões no sistema legislativo interno, mediante a aprovação individual dos órgãos políticos de cada Estado-membro.

9. MERCOSUL

O Mercado Comum do Sul (Mercosul) é atualmente um exemplo de bloco econômico cuja atuação e finalidades são preponderantemente comerciais.

Situado na região denominada Cone Sul do Continente Americano, o Mercosul foi criado através do Tratado de Assunção, assinado em 26 de março de 1991, complementado pelo Protocolo de Ouro Preto, de 17 de dezembro de 1994. É formado atualmente por cinco países-membros – Argentina, Brasil, Paraguai, Uruguai e Venezuela, cujo nome oficial é República Bolivariana da Venezuela – esta última suspensa em dezembro de 2016; sete países-associados – Bolívia, Chile, Colômbia, Equador, Peru, Guiana e Suriname. As adesões da Guiana, Suriname e Bolívia ainda dependem da aprovação definitiva do protocolo de adesão pelas legislações internas de cada país.

Paraguai foi suspenso do bloco em 29 de junho de 2012, em razão da destituição do presidente Fernando Lugo, mas foi reintegrado em agosto de 2013. A Venezuela foi admitida como membro pleno em 31 de julho de 2012, mas foi suspensa em dezembro de 2016 por não cumprir diretrizes do bloco relativas à promoção e proteção dos direitos humanos.

Por meio do Protocolo de Brasília, firmado em 17 de dezembro de 1991, complementado pelo Protocolo de Olivos, firmado em 18 de fevereiro de 2002, os Estados-membros trataram do estabelecimento de normas para a Solução de Controvérsias no Mercosul, constituindo um Tribunal Permanente de Revisão, para consolidar a segurança jurídica na região.

O objetivo principal é criar um mercado comum com livre circulação de bens, serviços e fatores produtivos, complementado pela busca de adoção de uma política externa comum, pela coordenação de posições conjuntas em foros internacionais, pela formulação conjunta de políticas macroeconômicas setoriais e, por fim, pela harmonização das legislações nacionais, com vistas a maior integração, segundo consta de seus atos constitutivos.

A estrutura orgânica do Mercosul conta com uma presidência exercida *pro tempore,* ou seja, por sistema de rodízio semestral. As decisões do Mercosul são sempre tomadas por consenso.

Compõem a sua organização um órgão superior, denominado Conselho do Mercado Comum, responsável pela condução política do processo de integração e composto pelos Ministros das Relações Exteriores e da Economia dos quatro Estados-membros, ao qual estão subordinados vários Grupos de Trabalho, além do Parlamento do Mercosul, do Foro Consultivo Econômico-Social (FCES), do Tribunal Permanente de Revisão e outros.

Em atenção à característica da *intergovernabilidade*, o Mercosul não possui órgãos *supranacionais.* Consequentemente as decisões emanadas dos órgãos diretivos ficam subordinadas à obediência das formalidades legislativas próprias de cada Estado-membro para que tenham força executória. Em razão dessa necessidade, chamada de *internacionalização da norma,* pode-se afirmar que o conceito de soberania sofre menor restrição, já que fica mantida a prerrogativa interna de eventualmente não aprovar a disposição emanada do órgão internacional.

10. OUTRAS ORGANIZAÇÕES ECONÔMICAS

Com características semelhantes às do Mercosul, divergindo especialmente quanto ao grau de integração entre os Estados-membros, estão constituídos, segundo dados relativos ao ano de 2008, os seguintes blocos econômicos internacionais:

USMCA – em inglês: *United States–Mexico–Canada Agreement*, é o novo tratado de livre comércio entre Estados Unidos, México e Canadá. Substituiu o antigo NAFTA que vigorava oficialmente desde 1994 e havia sido criado inicialmente por iniciativa dos Estados Unidos e Canadá em 1988, contando com a adesão do México, em 1992. Também é conhecido como NAFTA-2.0. O USMCA foi criado inicialmente de forma bilateral entre Estados Unidos e México na presidência de Donald Trump nos Estados Unidos, contando com a adesão do Canadá em 2018. Também é chamado de NAFTA 2.0, embora ainda aguarde aprovação por todas as casas legislativas dos países-membros.

Os principais objetivos são a redução das barreiras alfandegárias, favorecer a circulação de bens e serviços, promover o aumento das oportunidades de investimento, proteger a propriedade intelectual e oferecer condições justas para uma competição na área de livre comércio, embora não permita a livre circulação de pessoas.

ALADI – Associação Latino-Americana de Integração. Criada em 12 de agosto de 1980 pelo Tratado de Montevidéu, substituiu a ALALC, a antiga Associação Latino-Americana de Livre Comércio, que foi criada em 1960. Tem por objetivo criar um mercado comum latino-americano, a longo prazo. É integrada pela Argentina, Bolívia, Brasil, Chile, Colômbia, Cuba, Equador, México, Panamá, Paraguai, Peru, Uruguai e República Bolivariana da Venezuela.

CARICOM – Comunidade do Caribe, ou Comunidade das Caraíbas, antes denominada Comunidade e Mercado Comum do Caribe. Criado em 1973, é integrado por quinze países e territórios da região caribenha: Antígua e Barbuda, Bahamas, Barbados, Belize, Dominica, Granada, Guiana, Haiti, Jamaica, Montserrat, Santa Lúcia, São Cristóvão e Névis, São Vicente e Granadinas, Suriname e Trinidad e Tobago. São considerados territórios associados Bermudas, Ilhas Virgens Britânicas, Turks e Caicos, Ilhas Cayman e Anguilla.

EFTA – Associação Europeia de Livre Comércio (*European Free Trade Association*). Criada em 1960, como oposição à Comunidade Econômica Europeia (CEE), tinha como primeiros parceiros Áustria, Dinamarca, Noruega, Portugal, Suécia, Suíça e Reino Unido (Inglaterra, Escócia, País de Gales e Irlanda do Norte). Com o fortalecimento da Comunidade Europeia, perdeu a maioria dos seus integrantes, restringindo-se atualmente à associação de apenas quatro países: Islândia, Liechtenstein, Noruega e Suíça. Em 1992 a EFTA assinou acordo com a União Europeia, criando o Espaço Econômico Europeu (EEE), objetivando aumentar o volume de comércio com a União Europeia e a participação dos seus quatro Estados-membros, em outros programas.

SADC – Comunidade para o desenvolvimento da África Austral (*Southern Africa Development Community*). Criada em 1992, é integrada por dezesseis países: África do Sul, Angola, Botsuana, Comores, República Democrática do Congo, Lesoto, Madagascar, Malawi, Maurício, Moçambique, Namíbia, Suazilândia, Tanzânia, Zâmbia, Zimbábue e Seicheles. Objetiva incentivar as relações comerciais entre seus membros, por meio da criação de um mercado comum a médio prazo, seguindo o modelo básico da União Europeia e alguns aspectos do Mercosul, além de desenvolver esforços para promover a paz e a segurança na região meridional africana.

ANZCERTA – Acordo Comercial Sobre Relações Econômicas entre Austrália e Nova Zelândia (*Australia New Zealand Closer Economic Relations Trade Agreement*). Criado em 1983, integrado por esses dois países, objetiva a criação de uma área de livre comércio e planejando a integração com o ASEAN até 2010. Destaca-se pelo seu protocolo sobre livre comércio na área de serviços, o primeiro do mundo globalizado.

ASEAN – Associação de Nações do Sudeste Asiático (*Association of Southeast Asian Nations*). Surgiu em 1967, liderada pela Tailândia. Os países que a integram são: Brunei, Camboja, Indonésia, Laos, Malásia, Mianmar, Filipinas, Cingapura, Tailândia e Vietnã. São Países observadores: Papua-Nova Guiné e Timor-Leste. Tem por objetivo assegurar a estabilidade política e acelerar o processo de desenvolvimento da região, promovendo o desenvolvimento econômico, social e cultural, mediante programas cooperativos, incluindo em seus objetivos também o livre comércio.

APEC – Fórum Econômico da Ásia e do Pacífico (*Asia-Pacific Economic Cooperation*). Trata-se de um Organismo intergovernamental para consulta e cooperação econômica, oficializado em 1993. Constitui um poderoso bloco econômico que objetiva promover a abertura de mercados entre os países-membros: Austrália, Brunei Darussalam, Canadá, Chile, República da China, Hong Kong, Indonésia, Japão, Coreia do Sul, Malásia,

SOBERANIA E GLOBALIZAÇÃO

México, Nova Zelândia, Papua Nova Guiné, Peru, Filipinas, Rússia, Cingapura, Taipé Chinesa (Taiwan), Tailândia, Estados Unidos e Vietnã. A meta é o estabelecimento do livre comércio entre os países participantes, até o ano 2010 para as economias dos países desenvolvidos e até 2020 para as economias dos países em desenvolvimento.

11. ORGANIZAÇÃO SUPRANACIONAL – UNIÃO EUROPEIA

Em uma organização que classificamos como *supranacional*, cada país cede ou transfere parcelas de suas respectivas soberanias a um órgão comum, admitindo que as decisões tomadas por esse órgão se tornem de obediência interna obrigatória, independentemente de qualquer outra manifestação política ou legislativa interna. Em outras palavras, as decisões desse órgão *supranacional* passam a integrar automaticamente o ordenamento jurídico de cada Estado-membro.

O termo *supranacionalismo* ideologicamente se opõe ao nacionalismo, este último com o significado clássico de soberania absoluta de uma nação. O termo *supranacionalismo* ganhou relevância após a Segunda Guerra Mundial fundamentado no entendimento de que os direitos, deveres, condições sociais e econômicas de cada país não podem mais ser vistos como problemas isolados.

Na atualidade a União Europeia constitui a meta almejada, pelo menos em teoria, pelas demais Organizações Internacionais, por representar, de forma mais expressiva, o resultado do processo de globalização, e de integração política, em suas diversas concepções e formas de atuação.

A União Europeia é originada da Comunidade Econômica Europeia (CEE), fundada em 1957. Teve a eliminação das últimas barreiras alfandegárias entre os países-membros consolidada em 1992, e entrou em funcionamento em 1º de novembro de 1993, através do Tratado de Maastricht. É integrada por vinte e sete países soberanos: Alemanha, Áustria, Bélgica, Bulgária, Chipre, Croácia, Dinamarca, Eslováquia, Eslovênia, Espanha, Estônia, Finlândia, França, Grécia, Hungria, Irlanda, Itália, Letônia, Lituânia, Luxemburgo, Malta, Países Baixos (Holanda), Polônia, Portugal, Romênia, Suécia e República Tcheca.

Estão oficialmente em fase de negociação: Albânia, Macedônia do Norte, Montenegro e Turquia

A Inglaterra (Reino Unido formado pela união de Inglaterra, Escócia, Irlanda do Norte e País de Gales) retirou-se da União Europeia, aplicando a disposição do artigo 50 do Tratado da União Europeia, utilizado pela primeira vez desde a assinatura do Tratado. A saída ocorreu, formalmente, no dia 31 de janeiro de 2020 às 23:00 hs. (UTC). Nessa data iniciou-se um período de transição que terminou em 31 de dezembro de 2020, passando a vigorar, a partir de 1º de janeiro de 2021, um acordo provisório chamado de "Acordo de Comércio e de Cooperação", o qual prevê as novas regras de relacionamento entre a Inglaterra e a União Europeia, especialmente as questões relativas a circulação aérea e terrestre de bens e pessoas, cooperação policial e judicial, livre comércio, segurança e outros.

O órgão máximo da União Europeia é o Parlamento Europeu, eleito pelo voto direto dos cidadãos europeus, a cada cinco anos. Juntamente com o Conselho da União Europeia, constituído pelos ministros dos governos dos Estados-membros, é o responsável pela elaboração da legislação Europeia, mediante propostas oriundas da Comissão Europeia. Outros órgãos atuam também com poderes supranacionais: Tribunal de Justiça, Tribunal de Contas, Comitê Econômico e Social, Comitê das Regiões, Banco Central Europeu e Banco Europeu de Investimento.

A União Europeia caracteriza uma forma de cessão, mesmo que parcial, da soberania, critério também chamado eufemisticamente de "agrupamento de soberania". Na observação de Ives Gandra Martins, "o direito comunitário prevalece sobre o Direito local, e os poderes comunitários (Tribunal de Luxemburgo, Parlamento Europeu) têm mais força que os poderes locais. Embora no exercício da soberania, as nações aderiram a tal espaço plurinacional, mas, ao fazê-lo, abriram mão de sua soberania ampla para submeterem-se a regras e comandos normativos da comunidade. Perderam, de rigor, sua soberania para manter uma autonomia maior do que nas Federações clássicas, criando uma autêntica Federação de países" (*O Estado do futuro*, São Paulo, Thomson Pioneira, 1998, p. 15).

IX

NASCIMENTO E EXTINÇÃO
DOS ESTADOS – I

1. Nascimento. 2. Modo originário. 3. Modos secundários. 4. Confederação. 5. Federação. 6. União pessoal. 7. União real. 8. Divisão nacional. 9. Divisão sucessoral. 10. Modos derivados. 11. Colonização. 12. Concessão dos direitos de sobera- nia. 13. Ato de governo. 14. Desenvolvimento e de- clínio. 15. Extinção. 16. Conquista. 17. Emigração. 18. Expulsão. 19. Renúncia dos direitos de soberania.

1. NASCIMENTO

Concorrendo os três elementos necessários – população, território e governo – *nasce* um Estado.

Resta saber, porém, *como* esses elementos se reúnem ou de que *forma* nasce o Estado.

Neste ponto não indagamos das causas genéticas da formação social, mas, sim, do ato formal do nascimento ou de criação de um Estado, confor- me com o depoimento da história, o consenso dos povos e os princípios de direito internacional.

O conhecimento dos fatores determinantes do surgimento e do pere- cimento dos Estados mais antigos perdeu-se na poeira dos tempos. Mesmo em relação aos que chegaram aos tempos atuais, como a Índia, a China e o Egito, a história da sua origem permanece embuçada nas brumas de um passado muito remoto.

Os primeiros Estados, ao que se tem apurado por indução dos sábios, teriam surgido, *originariamente*, como decorrência natural da evolução das sociedades humanas. Emergiram do seio das primitivas comunidades e caminharam, paulatinamente, para a instauração de forma política específica.

E, se mais nos adentramos procurando desvendar na nebulosidade das priscas eras a gênese da ordem civil, veremos que se nos impõe, ainda pelo

56 TEORIA GERAL DO ESTADO

critério indutivo, a conclusão de que, antes do aparecimento do fenômeno que hoje chamamos *Estado*, já existiam regras de comportamento social ditadas pelo direito natural, e que este gerou o Estado erigindo-o em órgão da sua positivação.

Extinguiram-se os Estados primitivos oriundos dessa ordem natural primitiva, e sobre os seus escombros ergueram-se os Estados do mundo atual. Na sua maioria, representam estes o renascimento ou a reformação dos velhos impérios extintos, conservando, muitas vezes, o nome e as tradições, porém ostentando nova configuração geográfica e política.

Como o desaparecimento da organização estatal não implica, geralmente, o desaparecimento dos agrupamentos étnicos, conservam-se estes mantendo a sua continuidade histórica. A comunidade romana, por exemplo, sobreviveu ao aniquilamento do Império ocasionado pelas invasões dos bárbaros, assim como a comunidade judaica, depois da destruição de Jerusalém, se conservou coesa até restabelecer, na Palestina, as vetustas tradições do velho Estado de Israel.

É oportuno ressaltar aqui, mais uma vez, a nítida diferença que existe entre Nação e Estado. A Nação é uma entidade de direito natural. O Estado, ao revés, é um fenômeno jurídico; é obra do homem, portanto, contingente e falível. Sua estrutura pode desintegrar-se num dado momento, desaparecer e reaparecer.

Tal como um ser vivo – disse Montaigne –, o Estado nasce, floresce e morre. Essa interpretação mística do fenômeno estatal, desenvolvida por Hegel, Schelling, Krause e outros corifeus da chamada *escola orgânica*, fundada, aliás, na filosofia platônica, não convém à objetividade com que devemos encarar os fatos do nascimento e da extinção dos Estados.

Se o Estado em si, na sua estrutura morfológica e na sua realidade vital, se compara ao ritmo da vida orgânica, tal não ocorre em relação à comunidade nacional, pois esta, independentemente daquele, se eterniza na sucessividade das gerações.

O Estado não morre por completar um determinado ciclo orgânico. A perpetuidade, aliás, é um dos pressupostos jurídicos da sua condição, e, contrariamente às leis naturais que regem a vida dos seres, a sua *velhice* é um penhor de vigorosa durabilidade. Um dos fatores que levam o Estado à morte está em que a sua estrutura, de certo modo, se apoia na força, e esta gera a resistência. Sujeita-se a sua estrutura às mutações do poder que são imperativos necessários da evolução humana.

Feitos estes esclarecimentos preliminares, vamos analisar aqui os fatos que assinalam o nascimento, o crescimento ou declínio e o desaparecimento dos Estados.

A condição de Estado, como já vimos, requer a presença simultânea dos seus três elementos constitutivos – população, território e governo –, sendo, entretanto, diversos os modos como se realiza a combinação desses elementos e como se explica o surgimento da entidade estatal.

Três são os modos de nascimento dos Estados: originário, secundários e derivados. Desdobram-se, cada um deles, em vários casos específicos. Para bem estudá-los faremos primeiro o seguinte enquadramento sinótico:

2. MODO ORIGINÁRIO

Pode surgir o Estado, *originariamente*, do próprio meio nacional, sem dependência de qualquer fator externo. Um agrupamento humano mais ou menos homogêneo, estabelecendo-se num determinado território, organiza o seu governo e passa a apresentar as condições universais da ordem política e jurídica. Roma e Atenas são exemplos típicos da formação originária.

Esse núcleo inicial, via de regra, é *homogêneo*, isto é, uma comunidade identificada por vínculos de raça, língua, religião, usos, costumes, sentimentos e aspirações comuns, e que, atingindo lentamente certas e determinadas condições, adota um sistema de organização social e administrativa tendente a facilitar a concretização dos anseios comuns.

Os Estados primitivos, sem dúvida, foram precedidos de uma lenta preparação nacional, mas nos tempos atuais tivemos exemplos de criação de Estados originariamente, sem o estágio preparatório a que nos referimos, ou seja, sem que o núcleo humano inicial apresentasse esse aspecto de homogeneidade próprio dos chamados *Estados Nacionais*. Assim ocorreu, por exemplo, no caso já citado do Estado da Califórnia, na América do Norte, onde legiões de indivíduos de todas as origens formaram uma população numerosa e reuniram-se, em 1849, numa assembleia constituinte, organizando o seu governo próprio e proclamando ao mundo a fundação do seu Estado, posteriormente incorporado à federação dos Estados Unidos da América do Norte.

Deixando de lado maior indagação sobre a formação dos Estados antigos para fixarmos a sociedade humana no momento exato em que ela, por força de variadas circunstâncias, se organiza em Estado, constatamos que no mundo moderno inúmeras são as circunstâncias que cercam e determinam o nascimento de novas unidades políticas. Queiroz Lima assim enumera essas circunstâncias: "Irredutibilidade de interesses; necessidade de autonomia econômica e política; divergências de raças, índoles e aspirações, ou coligação de povos unidos pela identidade de raça ou por um forte laço de interesse comum; influência dissolvente de uma guerra infeliz ou imposição de um inimigo vencedor; e, finalmente, combinações políticas das grandes potências em congresso internacional".

Diante desse panorama realmente verídico, perde muito do seu valor a regra geral da formação originária e se avultam em importância os modos secundários e derivados.

3. MODOS SECUNDÁRIOS

Uma nova unidade política pode nascer da união ou da divisão de Estados.

São casos de *união*: *a*) confederação; *b*) federação; *c*) união pessoal; e *d*) *união real*.

4. CONFEDERAÇÃO

É uma união convencional de países independentes, objetivando a realização de grandes empreendimentos de interesse comum ou o fortalecimento da defesa de todos contra a eventualidade de uma agressão externa.

São exemplos dessa forma de união, nos tempos antigos, as confederações gregas dos Beócios, dos Arcádios, dos Acheus e dos Estólios. Os antigos cantões da Suíça uniram-se formando a Confederação Helvética, que ainda subsiste, agora com feição própria de uma união federal. Mais recentemente, tivemos a Confederação dos Estados Unidos da América do Norte (1776-1787) e a Confederação Germânica (1815).

A atual Comunidade dos Estados Independentes (CEI) é um exemplo da união sob a forma confederativa. A partir de um manifesto lançado pela Rússia, Ucrânia e Bielorrússia, outras nove repúblicas também ex-integrantes da extinta URSS formalizaram sua adesão, dando início a um processo de unificação política e econômica cujas bases definitivas ainda hoje estão sendo processadas.

5. FEDERAÇÃO

É uma união nacional mais íntima, perpétua e indissolúvel, de províncias que passam a constituir uma só pessoa de direito público internacional. Exemplo clássico de união federal é a América do Norte. Temos, ainda, no continente americano, México, Brasil, Argentina e República Bolivariana da Venezuela.

6. UNIÃO PESSOAL

É o governo de dois ou mais países por um só monarca. É uma união de natureza precária, transitória, porque decorre exclusivamente de eventuais direitos sucessórios ou convencionais de um determinado príncipe. Registra a história, entre outros, os seguintes exemplos de união pessoal: *a*) Alemanha e Espanha sob o poder de Carlos V; *b*) Inglaterra e Hanover sob o governo de George IV; *c*) Polônia e Sarre, sob o reinado de Augusto etc.

7. UNIÃO REAL

É a união efetiva, com caráter permanente, de dois ou mais países formando uma só pessoa de direito público internacional. Exemplos: *a*) Suécia e Noruega; *b*) Áustria e Hungria; *c*) Inglaterra, Escócia e Irlanda, que se juntaram para a formação da Grã-Bretanha.

São casos de *divisão*: *a*) divisão nacional, e *b*) divisão sucessoral.

8. DIVISÃO NACIONAL

É a que se dá quando uma determinada região ou província integrante de um Estado obtém a sua independência e forma uma nova unidade política. Há os exemplos da divisão da monarquia de Alexandre, do retalhamento do primeiro império napoleônico e da separação dos chamados Países Baixos em 1830. Na reorganização da Europa, depois da primeira guerra mundial, vários casos de divisão nacional se verificaram por conveniência e imposição dos vencedores.

9. DIVISÃO SUCESSORAL

É uma forma típica das monarquias medievais: o Estado, considerado como propriedade do monarca, era dividido entre os seus parentes e sucessores, desdobrando-se, assim, em reinos menores autônomos. O direito público moderno não dá agasalho a essa antiquada forma de criação de Estado.

10. MODOS DERIVADOS

Segundo estas hipóteses, o Estado surge em consequência de movimentos exteriores, quais sejam: *a*) colonização; *b*) concessão dos direitos de soberania; e *c*) ato de governo.

11. COLONIZAÇÃO

Foi a forma primeiramente utilizada pelos gregos que povoaram as terras e criaram Estados ao longo do Mediterrâneo. Modernamente, temos os exemplos do Brasil e das demais antigas colônias americanas povoadas pelos ingleses, espanhóis e portugueses, as quais se transformaram posteriormente em Estados livres.

12. CONCESSÃO DOS DIREITOS DE SOBERANIA

Ocorria frequentemente na Idade Média, quando os monarcas, por sua livre vontade pessoal, outorgavam os direitos de autodeterminação aos seus principados, ducados, condados etc. Nos tempos atuais, a Irlanda, o Canadá e outras "colônias autônomas" da *British Commonwealth of Nations* caminham progressivamente para a sua completa independência, através de concessões feitas pelo governo inglês.

13. ATO DE GOVERNO

É a forma pela qual o nascimento de um novo Estado decorre da simples vontade de um eventual conquistador ou de um governante absoluto.

Napoleão I criou assim diversos Estados, tão somente pela manifestação da sua vontade incontestável.

14. DESENVOLVIMENTO E DECLÍNIO

O Estado se desenvolve, em sentido progressivo, quando fortalece e sublima a sua ordem social, jurídica e econômica, em consonância com a civilização nacional.

O seu eventual declínio, ao revés, provém da corrupção dos costumes, do amortecimento da consciência cívica, do abastardamento da raça, do relaxamento do sistema educacional, da perversão da justiça etc. Em tais contingências entra o Estado num processo de *depauperamento orgânico* – como dizem os teóricos da escola organicista –, tornando-se presa fácil aos conquistadores estrangeiros.

Quando não consegue o Estado reagir no sentido de restabelecer em bases seguras a normalidade da sua vida, poderá sofrer o colapso geral e a morte. Assim desapareceram: Cartago pelas dissensões internas; Roma pela incapacidade de organizar a resistência contra as hordas bárbaras; o Império de Carlos Magno pelo esfacelamento feudal; o Império Grego do Oriente pela sua desastrosa indolência bizantina; e a Polônia (três vezes) pela debilidade das suas forças internas e pela inconstância da sua nobreza.

15. EXTINÇÃO

Causas gerais ou específicas ocasionam a extinção (morte) dos Estados, como resumimos no seguinte quadro:

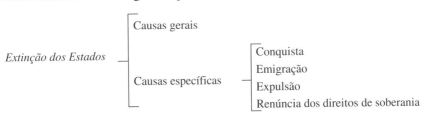

Em geral, ocorre o desaparecimento do Estado como unidade de direito público sempre que, por qualquer motivo, faltar um dos seus elementos morfológicos (população, território e governo).

As uniões e divisões de Estados, que ensejam a formação de novas entidades estatais, determinam, *ipso facto*, o desaparecimento dos Estados que se uniram ou daquele que se dividiu.

16. CONQUISTA

Quando o Estado, desorganizado, enfraquecido, sem amparo de um órgão internacional de justiça e segurança, é invadido por forças estrangeiras, ou dividido violentamente por um movimento separatista insuflado por interesses externos.

Por essa forma ocorreu três vezes o eclipse da Polônia na órbita internacional, em 1772, em 1793 e no decurso da primeira guerra mundial.

17. EMIGRAÇÃO

Quando, sob a pressão de qualquer acontecimento imprevisto, toda a população nacional abandona o país, como se deu com os helvéticos ao tempo de César.

18. EXPULSÃO

Quando as forças conquistadoras, ocupando plenamente o território do Estado invadido, obrigam a população vencida a se deslocar para outra região. Foi o que ocorreu em diversos países da Europa por ocasião das invasões bárbaras.

19. RENÚNCIA DOS DIREITOS DE SOBERANIA

É forma de desaparecimento espontâneo. Uma comunidade nacional pode renunciar aos seus direitos de autodeterminação, em benefício de outro Estado mais próspero, ao qual se incorpora, formando um novo e maior Estado. Várias unidades feudais com prerrogativas de Estado, na Idade Média, desapareceram por este modo, passando a integrar a poderosa monarquia francesa de Luiz XI.

Mais recentemente tivemos o exemplo do Estado mexicano do Texas, o qual, tendo proclamado a sua independência em 1837, deliberou posteriormente, em 1845, abrir mão da sua soberania para ingressar na federação norte-americana.

A Baviera, o Wurtenberg e o Grão-Ducado de Bade também desapareceram por renúncia dos direitos de soberania, passando a integrar o Império Alemão.

X

NASCIMENTO E EXTINÇÃO
DOS ESTADOS – II

*1. Justificação. 2. Princípio das nacionalidades.
3. Teoria das fronteiras naturais. 4. Teoria do equilíbrio internacional. 5. Teoria do livre-arbítrio dos
povos.*

1. JUSTIFICAÇÃO

O nascimento e a extinção de Estados, como fatos que alteram sensivelmente a situação geográfica e política de uma determinada região ou
mesmo de um Continente, revestem-se de importância transcendental,
pois envolvem, direta ou indiretamente, os interesses comuns de todos os
povos. Na antiguidade esses fatos eram inteiramente arbitrários, sujeitos
apenas às imposições da força. Com o advento do *jus gentium*, porém,
passaram a subordinar-se aos princípios estabelecidos com o consenso
geral das nações civilizadas.

A soberania política de uma comunidade nacional exclui a interferência estrangeira no campo do direito público interno, porém, no âmbito maior
do direito público internacional, há o limite imposto naturalmente pelo interesse de convivência das soberanias. Não há mesmo como repelir, no
plano ético, o primado do direito internacional, que preside, no mundo
moderno, a existência de uma sociedade de Estados. Impõe o direito internacional, consequentemente, que a criação ou a supressão de um Estado
seja aprovada prévia ou posteriormente pelas outras potências, particularmente por aquelas que se situam no mesmo Continente, para que a integração de um fato político de interesse da *sociedade de Estados* se harmonize
com o princípio da coexistência pacífica de soberanias internas sobre uma
base normal de paridade jurídica.

Procurando dar a esses fatos a juridicidade de que carecem para que
se imponham ao respeito e ao acatamento de todos os povos, no jogo de
interesses legítimos ou ilegítimos das maiores potências, a política internacional tem adotado, desde o século passado, as seguintes teorias:

a) princípio das nacionalidades;

b) teoria das fronteiras naturais;

c) teoria do equilíbrio internacional; e

d) teoria de livre-arbítrio dos povos.

2. PRINCÍPIO DAS NACIONALIDADES

Com a vitória da revolução francesa verificou-se a transposição do poder de governo do rei para a nação. Mas, acima da nação como realidade política – observa Pedro Calmon –, surgiu com a reação contra a Santa Aliança (1815-1830) um novo princípio de direito natural e histórico, calcado no conceito de nacionalidade.

A divisão arbitrária dos povos, como vinha sendo feita pela diplomacia de Viena, S. Petersburgo e Paris, estabelecera um clima de inquietação no panorama europeu, prejudicando os esforços tendentes à consolidação da paz. O conceito de nacionalidade veio impor uma nova fórmula baseada na liberdade que deve ter cada nação de organizar-se segundo suas tradições: *consistindo o Estado na organização política de uma nação, a cada nacionalidade diferenciada deverá corresponder uma composição política autônoma.*

Em outros termos: os grupos humanos, diferenciados por vínculos de raça, língua, usos e costumes, tradições etc., constituem grupos nacionais e devem formar, cada um, o seu próprio Estado.

Foi essa teoria formulada por Mancini em 1851 e defendida com entusiasmo por muitos autores e estadistas. Era praticamente a doutrina da *não intervenção* e nela se apoiaram, sobretudo, as pequenas nações subjugadas e transformadas em *moedas de troca* nos negócios das grandes potências.

O princípio das nacionalidades, nos termos em que foi formulado – observou Queiroz Lima –, tanto se presta para o bem como para o mal; tanto serve às reivindicações legítimas como às mais injustas espoliações. Sob a égide dessa teoria realizaram-se movimentos benéficos, como a independência da Grécia (1829), a separação entre a Holanda e a Bélgica (1830), a unificação da Itália (1859), a unificação da Alemanha (1867-1871) e a independência dos países balcânicos (Rumânia, Sérvia, Bulgária e Montenegro), que se desligaram do jugo otomano.

Por outro lado, realizaram-se violentas usurpações, como as anexações de Alsácia, Lorena e Hanover à Alemanha, e bem assim as de outros pequenos Estados reivindicados pelo racismo germânico. Também a Rússia procurou estender a sua hegemonia sobre as pequenas nações de raça eslava, com a criação da União das Repúblicas Socialistas Soviéticas (URSS), extinta em 1991.

3. TEORIA DAS FRONTEIRAS NATURAIS

Esta teoria é um desvirtuamento, uma excrescência do princípio das nacionalidades, senão mesmo uma caricatura da salutar doutrina formulada pelo Professor Mancini, da Universidade de Turim.

Surgiu a teoria das fronteiras naturais como instrumento a ser utilizado pelos países militarmente fortes, os quais alegaram que a nação deveria ter o seu território (complemento natural) delimitado pelos grandes acidentes geográficos naturais. A geografia indica em relevos naturais os justos contornos das nações. Não é razoável que sejam traçados limites arbitrários quando há um rio navegável, uma cordilheira, um mar, como *fronteira natural...* e a tendência dos Estados é procurar esses limites e adotá-los.

Muito mais do que o princípio das nacionalidades tornou-se a teoria das fronteiras naturais uma espada de dois gumes: a França procurou divisar-se com a Espanha pelos Pirineus e com a Alemanha pelo Reno. A Alemanha, por sua vez, reivindicou contra a França a sua divisa pelo Vosgues...

Dissidências dessa natureza contribuíram para a conflagração do mundo, levando os estadistas à procura de outros princípios capazes de assegurar uma harmonia efetiva e duradoura no campo áspero das relações internacionais.

4. TEORIA DO EQUILÍBRIO INTERNACIONAL

Esta teoria foi formulada visando particularmente o equilíbrio europeu. Parte do princípio de que a paz decorre do equilíbrio que se possa estabelecer entre as forças das várias potências.

Chamaram-na também *teoria da paz armada*. Correspondia ela, como lembra o Professor Machado Paupério, com o rifão popular – *lobo não come lobo*. Entre as principais potências deveria haver uma igualdade de domínios territoriais, porque o fortalecimento desproporcional de uma redundaria em ameaça à segurança das outras.

Esboçada por Richelieu, essa teoria teve aceitação entre os estadistas europeus. Não obstante, a mística desse equilíbrio ideal não evitou fosse a Europa mergulhada na imensa catástrofe de 1914.

O Brasil mesmo chegou a sustentar essa teoria, invocando a conveniência de um equilíbrio sul-americano, quando defendeu a soberania do Uruguai, reconheceu a do Paraguai e impediu que, sob o governo despótico de Rosas, fosse reorganizado o vice-reinado do Prata.

Na Partilha da Polônia, nos tratados de Viena e sempre que se procurou reformar a configuração do mapa europeu, essa doutrina foi objeto de considerações e debates. Ponderável corrente de doutrinadores e estadistas continua a entender que a força deve ser contida pela força, por isso que o desenvolvimento do poderio bélico é um dos mais respeitáveis fatores da paz.

Não condiz esta teoria com os ideais democráticos nem com os naturais anseios de justiça da maioria das nações.

5. TEORIA DO LIVRE-ARBÍTRIO DOS POVOS

Semelhante, na sua essência, ao princípio das nacionalidades, esta teoria defende a vontade nacional como razão de Estado. Preceitua que só o livre consentimento de cada povo justifica e preside a vida do Estado.

Lançando as suas raízes na filosofia liberal do século XVIII, inspirando-se principalmente nas pregações de Rousseau e nos postulados da revolução francesa, defendeu esta teoria a plena liberdade de autodeterminação dos povos. Como afirmou Condorcet, em 1792, cada nação tem o direito de dispor sobre o seu destino e de se dar as próprias leis. Em tais condições diz textualmente esta doutrina: *"nenhuma potência tem o direito de submeter um Estado contra a vontade soberana da respectiva população"*.

Não obstante, como frisa Queiroz Lima, a república implantada pela revolução francesa e o primeiro império foram a negação prática dessa teoria. E o próprio Congresso de Viena, em 1815, ao refundir o mapa da Europa, negou reconhecimento à teoria do livre-arbítrio dos povos.

Em 1919 voltou o Presidente Wilson a proclamar que "cada povo deve formar a sua nacionalidade, não se admitindo a intervenção de outros Estados nos negócios internos de cada um". Mas a própria América do Norte negou a aplicação dos princípios de Wilson em favor dos Estados do Sul quando quiseram estes formar a sua própria federação.

A esta acusação, aliás, retrucaram os teóricos do sistema federativo que os princípios básicos da doutrina do livre-arbítrio não autorizam a desunião nacional. São válidos os princípios para a União Federal; nunca para as unidades federadas.

NASCIMENTO E EXTINÇÃO DOS ESTADOS – II

Em nome da teoria do livre-arbítrio dos povos foram feitas a restauração da Polônia, a independência da Iugoslávia, a criação da Checoslováquia, a integração da Grécia, a unificação da Itália e a devolução da Alsácia Lorena à França. Solucionaram-se as questões da Bacia do Sarre, Alta Silésia, Prússia Oriental, Nice, Bélgica, e de outros pequenos Estados e territórios contestados, nos quais foram realizados plebiscitos para a apuração da vontade de cada povo.

Nem todas as pequenas nações, porém, tiveram respeitados os seus direitos de autodeterminação, notadamente depois da segunda guerra mundial. Continuaram as grandes potências, no jogo dos seus interesses, a fazer *tábula rasa* da teoria do livre-arbítrio dos povos, a qual, sem dúvida, teoricamente, é uma alta expressão dos ideais democráticos.

Todavia, a negação do "livre-arbítrio" dos povos, sem dúvida uma alta expressão dos ideais democráticos, dificilmente prevalece; quando negado, mesmo a médio ou longo prazo, acarreta sempre a reação do povo oprimido. Exemplo disso é a recente extinção da URSS, provocada pelas declarações de independência dos Estados que a ela eram submetidos, e a criação da CEI que, embora signifique uma união de Estados, conserva e mantém sua independência sob a forma confederativa, respeitando o "livre-arbítrio" dos povos que a compõem.

Teorias que justificam as transformações (criação ou extinção de Estados)

- Princípio das nacionalidades
- Teoria das fronteiras naturais
- Teoria do equilíbrio internacional
- Teoria do livre-arbítrio dos povos

XI

ORIGEM DOS ESTADOS

1. Generalidades. 2. Teoria da origem familiar. 3. Teoria patriarcal. 4. Teoria matriarcal. 5. Teoria da origem patrimonial. 6. Teoria da força.

1. GENERALIDADES

Numerosas e variadas teorias tentam explicar a origem do Estado, e todas elas se contradizem nas suas premissas e nas suas conclusões. O problema é dos mais difíceis, porquanto a ciência não dispõe de elementos seguros para reconstituir a história e os meios de vida das primeiras associações humanas. Basta ter em vista que o homem apareceu na face da terra há cem mil anos, pelo menos, enquanto os mais antigos elementos históricos de que dispomos remontam apenas a seis mil anos.

Assim é que todas as teorias são baseadas em meras hipóteses. A verdade, sem embargo dos subsídios que nos fornecem as ciências particulares, permanece envolta nas brumas da era pré-histórica. Escassos são os informes que temos, por exemplo, da formação do Estado egípcio, que é um dos mais antigos. Nem mesmo o bramanismo nos esclarece com dados objetivos os pródromos do Estado hindu.

Com esta nota preliminar fica a advertência de que as teorias sobre a origem do Estado, que vamos resumir, são meramente conjecturais, isto é, resultantes de raciocínios hipotéticos.

Mencionaremos, resumidamente, as principais, que assim se agrupam:

a) teorias da origem familiar;

b) teorias da origem patrimonial; e

c) teorias da força.

Nestas teorias o problema da origem do Estado é equacionado sob o ponto de vista histórico-sociológico. Mais adiante, ao tratarmos da justificação do Estado, o problema será examinado objetivamente, sob o ponto de vista racional.

2. TEORIA DA ORIGEM FAMILIAR

Esta teoria, de todas a mais antiga, apoia-se na derivação da humanidade de um casal originário. Portanto, é de fundo bíblico.

Compreende duas correntes principais:

a) teoria patriarcal (ou patriarcalística); e

b) teoria matriarcal (ou matriarcalística).

3. TEORIA PATRIARCAL

Sustenta esta teoria que o Estado deriva de um núcleo familiar, cuja autoridade suprema pertenceria ao ascendente varão mais velho (patriarca). O Estado seria, assim, uma ampliação da família patriarcal. Grécia e Roma tiveram essa origem, segundo a tradição. O Estado de Israel (exemplo típico) originou-se da família de Jacob, conforme o relato bíblico.

Conta esta teoria com a tríplice autoridade da Bíblia, de Aristóteles e do Direito Romano.

Seus principais divulgadores foram Summer Maine, Westermack e Starke.

Na Inglaterra deu-lhe notável vulgarização Robert Filmer, que defendeu o absolutismo de Carlos I perante o Parlamento.

Os pregoeiros da teoria patriarcal encontram na organização do Estado os elementos básicos da família antiga: unidade do poder, direito de primogenitura, inalienabilidade do domínio territorial etc. Seus argumentos, porém, se ajustam mais às monarquias, especialmente às antigas monarquias centralizadas, nas quais o monarca representava, efetivamente, a autoridade do *pater familias*.

É ponto quase pacífico, em sociologia, a origem familiar dos primeiros agrupamentos humanos. Entretanto, se esta teoria explica de maneira aceitável a gênese da sociedade, certo é que não encontra a mesma aceitação quando procura explicar a origem do Estado como organização política. Como observa La Bigne de Villeneuve, uma família fecunda pode ser o ponto de partida de um Estado – e disso há muitos exemplos históricos. Mas, em regra, o Estado se forma pela reunião de várias famílias. Os primitivos Estados gregos foram grupos de clãs. Estes grupos formavam as *gens*; um grupo de *gens* formava a *fratria*; um grupo de *fratrias* formava a *tribu*; e esta se constituía em Estado-Cidade (*polis*). O Estado-Cidade evoluiu para o Estado nacional ou plurinacional.

ORIGEM DOS ESTADOS

Bem afirmou Rousseau, em harmonia com a doutrina de Aristóteles, que a família é o primeiro modelo da sociedade política. Mas é preciso não perder de vista que a família é mais unidade social do que propriamente política. E o Estado é mais um desenvolvimento da *tribu*, unidade mais ampla, composta de uma reunião de diversas famílias.

4. TEORIA MATRIARCAL

Dentre as diversas correntes teóricas da origem familiar do Estado e em oposição formal ao patriarcalismo, destaca-se a teoria matriarcal ou matriarcalística.

Bachofen foi o principal defensor desta teoria, seguido por Morgan, Grosse, Köhler e Durkheim.

A primeira organização familiar teria sido baseada na autoridade da mãe. De uma primitiva convivência em estado de completa promiscuidade, teria surgido a família matrilínea, naturalmente, por razões de natureza fisiológica – *mater semper certa*. Assim, como era geralmente incerta a paternidade, teria sido a mãe a dirigente e autoridade suprema das primitivas famílias, de maneira que o *clã matronímico*, sendo a mais antiga forma de organização familiar, seria o *fundamento* da sociedade civil.

O matriarcado, que não deve ser confundido com a *ginecocracia* ou hegemonia política da mulher, precedeu realmente ao patriarcado, na evolução social. Entretanto, foi a família patriarcal a que exerceu crescente influência, em todas as fases da evolução histórica dos povos.

5. TEORIA DA ORIGEM PATRIMONIAL

A teoria patrimonial tem as raízes, segundo alguns autores, na filosofia de Platão, que admitiu, no Livro II de sua *República*, originar-se o Estado da união das profissões econômicas.

Também Cícero explicava o Estado como uma organização destinada a proteger a propriedade e regulamentar as relações de ordem patrimonial.

Decorre desta teoria, de certo modo, a afirmação de que o direito de propriedade é um direito natural, anterior ao Estado.

O Estado feudal, da Idade Média, ajustava-se perfeitamente a esta concepção: era uma organização essencialmente de ordem patrimonial. Entretanto, como instituição anômala, não pôde fornecer elementos seguros à determinação das leis sociológicas.

Haller, que foi o principal corifeu da teoria patrimonial, afirmava que a posse da terra gerou o poder público e deu origem à organização estatal.

Modernamente esta teoria foi acolhida pelo socialismo, doutrina política que considera o fator econômico como determinante dos fenômenos sociais.

6. TEORIA DA FORÇA

A *teoria da força*, também chamada da *origem violenta do Estado*, afirma que a organização política resultou do poder de dominação dos mais fortes sobre os mais fracos. Dizia Bodin que *o que dá origem ao Estado é a violência dos mais fortes.*

Glumplowicz e Oppenheimer desenvolveram amplos estudos a respeito das primitivas organizações sociais, concluindo que foram elas resultantes das lutas travadas entre os indivíduos, sendo o poder público uma instituição que surgiu com a finalidade de regulamentar a dominação dos vencedores e a submissão dos vencidos. Franz Oppenheimer, médico, filósofo e professor de ciência política em Frankfurt, escreveu textualmente: "o Estado é inteiramente, quanto à sua origem, e quase inteiramente, quanto à sua natureza, durante os primeiros tempos da sua existência, uma organização social imposta por um grupo vencedor a um grupo vencido, destinada a manter esse domínio internamente e a proteger-se contra ataques exteriores".

Thomas Hobbes, discípulo de Bacon, foi o principal sistematizador dessa doutrina no começo dos tempos modernos. Afirma este autor que os homens, no estado de natureza, eram inimigos uns dos outros e viviam em guerra permanente – *bellum omnium contra omnes*. E como toda guerra termina com a vitória dos mais fortes, o Estado surgiu como resultado dessa vitória, sendo uma organização do grupo dominante para manter o poder de domínio sobre os vencidos.

Note-se que Hobbes distinguiu duas categorias de Estados: *real* e *racional*. O Estado que se forma por imposição da força é o Estado *real*, enquanto o Estado *racional* provém da razão, segundo a fórmula contratualista.

Essa teoria da força, disse Jellinek, "apoia-se aparentemente nos fatos históricos: no processo da formação originária dos Estados quase sempre houve luta; a guerra foi, em geral, o princípio criador dos povos. Ademais, essa doutrina parece encontrar confirmação no fato incontestável de que todo Estado representa, por sua natureza, uma organização de força e dominação.

ORIGEM DOS ESTADOS

Entretanto, como afirma Queiroz Lima, o conceito de força como origem da autoridade é insuficiente para dar a justificação, a base de legitimidade e a explicação jurídica dos fenômenos que constituem o Estado.

Ressalta à evidência que, sem força protetora e atuante, muitas sociedades não teriam podido organizar-se em Estado. Todos os poderes, inicialmente, foram protetores. Para refrear a tirania das inclinações individuais e conter as pretensões opostas recorreu-se, a princípio, à criação de um poder coercitivo, religioso, patriarcal ou guerreiro. E tal poder teria sido o primeiro esboço do Estado.

Segundo um entendimento mais racional, porém, a força que dá origem ao Estado não poderia ser a força bruta, por si só, sem outra finalidade que não fosse a de dominação, mas, sim, a força que promove a unidade, estabelece o direito e realiza a justiça. Neste sentido é magnífica a lição de Fustel de Coulanges: as gerações modernas, em suas ideias sobre a formação dos governos, são levadas a crer ora que eles são resultantes exclusivamente da força e da violência, ora que são uma criação da razão. É um duplo erro: a origem das instituições sociais não deve ser procurada tão alto nem tão baixo. A força bruta não poderia estabelecê-las; as regras da razão são impotentes para criá-las. Entre a violência e as vãs utopias, na região média em que o homem se move e vive, encontram-se os interesses. São eles que fazem as instituições e que decidem sobre a maneira pela qual uma comunidade se organiza politicamente.

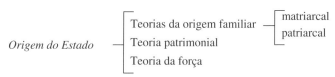

Passaremos, a seguir, ao estudo das teorias que *justificam* o Estado, as quais envolvem e englobam mesmo, necessariamente, o problema da *origem*.

XII

JUSTIFICAÇÃO DO ESTADO – I

1. Justificações teológico-religiosas. 2. Teoria do direito divino sobrenatural. 3. Teoria do direito divino providencial.

1. JUSTIFICAÇÕES TEOLÓGICO-RELIGIOSAS

O poder de governo, sob o ponto de vista social, político ou jurídico, precisou sempre de crenças ou doutrinas que o justificassem, tanto para legitimar o comando quanto para legitimar a obediência.

A princípio, o poder de governo era exercido em nome e sob a influência dos deuses, contando, assim, pacificamente com uma justificação natural, de ordem carismática, aceitável de pronto pela simples crença religiosa. Mas, desde os primeiros esboços do governo como organização da soberania popular, a necessidade de uma firme justificação doutrinária do poder foi se tornando cada vez mais imperiosa, até apresentar-se, na atualidade, como problema crucial da ciência política.

Todas as doutrinas que se propõem justificar a organização, social ou política, remontam à origem da sociedade, aos primeiros agrupamentos humanos, e, assim, invariavelmente, envolvem o problema da *origem* do Estado, razão por que, como já foi acentuado, não imprimimos maior desenvoltura ao ponto anterior. Como observou o Prof. Pedro Calmon, as teorias que procuram justificar o Estado têm o mesmo valor especulativo daquelas que explicam o direito na sua gênese. Refletem elas o pensamento político dominante nas diversas fases da evolução da humanidade e procuram explicar a derivação do Estado: *a)* do sobrenatural (*Estado divino*); *b)* da lei ou da razão (*Estado humano*); e *c)* da história ou da evolução (*Estado social*).

Essas diversas doutrinas ou correntes filosóficas assinalam, precisamente, a marcha da evolução estatal no tempo, da antiguidade remota à atualidade, ou seja, a partir do Estado fundado no direito divino, entendido como expressão sobrenatural da vontade de Deus, ao Estado moderno, entendido como expressão concreta da vontade popular.

Repetimos, pois, que é problema dos mais difíceis na teoria política o da justificação doutrinária do poder. E dos mais delicados, porque conduz aos conflitos ideológicos que acabam sempre por solapar os alicerces da paz universal.

Nosso programa não comporta senão um resumo dessas crenças e doutrinas, como passaremos a demonstrar, partindo do seguinte quadro sinótico:

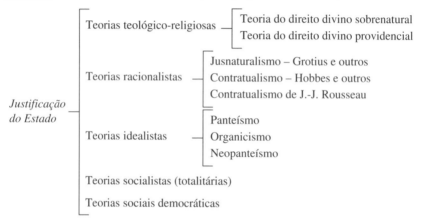

As mais antigas teorias, aquelas que atribuem ao Estado uma contextura mística, isto é, uma origem sagrada, têm maior importância histórica porque predominaram no mundo inteiro, durante alguns milênios, até ao limiar da Idade Moderna. São as chamadas *teorias teológico-religiosas*, as quais se dividem em várias correntes, dentro de dois grupos principais: do *direito divino sobrenatural* e do *direito divino providencial*.

2. TEORIA DO DIREITO DIVINO SOBRENATURAL

Segundo esta teoria, o Estado foi fundado por Deus, através de um ato concreto de manifestação da sua vontade. O Rei é ao mesmo tempo sumo sacerdote, representante de Deus na ordem temporal e governador civil.

Nas remotas civilizações da Índia e da Pérsia, os soberanos coroados eram *delegados* de Deus, porquanto se acreditava que eles haviam recebido o poder diretamente de Deus, por uma manifestação sobrenatural da sua vontade. Os Faraós do Egito eram *descendentes* das divindades que reinaram no Vale do Nilo. O Imperador da China era possuidor de *Mandado do Céu*. O Imperador do Japão era *parente próximo dos deuses*. Os reis assírios diziam-se *vigários dos deuses*. Cada povo possuía (e muitos deles conservam

JUSTIFICAÇÃO DO ESTADO – I

ainda) a sua concepção tradicional sobre a origem do poder, na qual repousa o *princípio de legitimidade* da autoridade soberana.

Vamos explicar aqui apenas um exemplo dessas concepções: no Tibete o soberano é considerado como o próprio deus, isto é, uma reencarnação de Buda. Cada vez que morre um soberano, cabe a um conselho de sacerdotes descobrir imediatamente, entre os meninos recém-nascidos, a nova encarnação de Buda. Esses sacerdotes percorrem o país, examinam todas as crianças, e, logo que descobrem o menino em que reencarnou o espírito de Buda, se apoderam dele e o preparam para o exercício da missão soberana.

Em todas as monarquias orientais, fundadas na crença do direito divino sobrenatural, cada uma a seu título e a seu modo, o Estado não é apenas de fundamento teológico; é o Estado *teocrático*, governado pelo *Rei-Deus*.

Essa concepção teocrática do poder, que dominou todo o panorama político da antiguidade, não continuou no mundo medieval submetido à influência do cristianismo, mas ressurgiu no fim da Idade Média, com o absolutismo monárquico, que foi uma reação do poder temporal contra o Papado. Sua personificação realizou-se integralmente na majestade de Luiz XIV, o *Rei-Sol*, que declarou textualmente: "a autoridade em que os reis são investidos é uma delegação de Deus. Está em Deus e não no povo a fonte de todo poder, e somente a Deus é que os reis têm de dar contas do poder que lhes foi confiado". O soberano era a fonte única e exclusiva do direito. Sua pessoa confundia-se com o Estado. Daí a afirmação que constantemente fazia Luiz XIV: *L'État c'est moi.*

Foi Jacques Bossuet, Bispo de Condom, 1627-1704, o mais extremado defensor dessa teoria absolutista. Preceptor do Delfim, de 1670 a 1679, escreveu *A política*, obra em dez volumes, dos quais os seis primeiros, inspirados em Aristóteles e Hobbes, são dedicados à instrução do herdeiro real, e, os demais, ao estudo da origem e do fundamento divino do poder. A autoridade real, disse Bossuet, é invencível, sendo-lhe único contrapeso o temor de Deus. É devida a obediência ao Rei ainda quando seja este injusto e infiel. Só no caso de agir o Rei contra Deus é que pode cessar o dever de obediência, mas, ainda assim, "nenhum pretexto, nenhuma causa, qualquer que seja", deve diminuir o respeito integral. A pessoa do Rei é sagrada, e em face das suas violências devem os súditos opor apenas advertências respeitosas, orando pela sua conversão.

Essa doutrina teve ampla divulgação na Europa, inclusive na Inglaterra, onde Carlos I (1600-1649) pretendeu implantar o absolutismo monárquico. O Parlamento inglês, porém, fez valer o princípio da monarquia de direito legal. O Rei foi preso na revolução popular de Cromwell, acusado de traição e condenado à morte. Carlos I subiu ao cadafalso reafirmando o caráter divino e absoluto da sua autoridade – *kingship exist by divine right...*

A doutrina da divindade do poder temporal foi também o fundamento do Estado imperial romano. César não se apresentava apenas como um mandatário de Deus, mas como a personificação mesma de Deus. Essa concepção foi combatida pelos cristãos até quando se deu a queda do Império Romano, no século V.

Na Idade Média, a teoria do direito divino sobrenatural teve o beneplácito de muitos cristãos proeminentes e poderosos, mas não do Cristianismo, tanto que a Igreja Romana a rejeitou formalmente, havendo-a por herética.

3. TEORIA DO DIREITO DIVINO PROVIDENCIAL

Esta teoria, dominante na Idade Média e nos tempos modernos, é mais racional. Admite que o Estado é de origem divina, porém por manifestação *providencial* da vontade de Deus.

Deus dirige providencialmente o mundo, guiando a vida dos povos e determinando os acontecimentos históricos. Dessa direção suprema resulta a formação do Estado; o poder vem de Deus, mas não por manifestação visível e concreta da sua vontade. O poder vem de Deus através do povo – *per populum* –, como doutrinou Santo Tomás de Aquino. Em outras palavras: todo poder vem de Deus, *in abstracto*, não *in concreto*. Os homens, conformando-se com a vontade divina, devem reconhecer e acatar a vontade do Estado. Dotados de livre-arbítrio no seu procedimento, como ensina Queiroz Lima, os homens organizam os governos, estabelecem as leis e confirmam as autoridades nos cargos e ofícios, sob a direção invisível da providência divina sempre presente.

A doutrina do direito divino providencial fez-se doutrina da Igreja, por estar conforme com os ensinamentos de Cristo e dos Apóstolos. Afirmou Cristo que o *seu reino não era deste mundo* e, ao ser tentado pelos fariseus que lhe perguntavam se deviam pagar tributos ao Imperador romano, respondeu: *Dai a César o que é de César e a Deus o que é de Deus.* Nessas palavras o Divino Mestre traçou a linha divisória entre os dois poderes: ao poder temporal, o governo do corpo e dos bens terrenos; ao poder espiritual, o governo da alma. O poder temporal, doutrinou São Paulo, é uma criação da lei divina – *omnis potestas a Deo.* Tinham esta significação as palavras de Cristo quando retrucou a Pilatos que este exercia um poder que lhe era dado *lá de cima.*

Remonta a teoria do direito divino providencial aos teóricos da justificação teológica do poder civil, São João Crisóstomo, Santo Agostinho e Santo Tomás de Aquino, sendo defendida e sistematizada por Suarez, Soto, Molina, Mariana e outros integrantes da Escola Espanhola. Na mesma esteira doutrinária destacaram-se posteriormente Joseph de Maistre e De Bonald. Foi uma doutrina de franca reação ao absolutismo monárquico.

Santo Agostinho (354-430), cujas pregações doutrinárias foram continuadas por Santo Tomás de Aquino (1225-1274), sustentou que o poder temporal é uma decorrência do poder divino. O poder temporal, na sua obra, é figurado como a *Civitas Terrena*, subordinada à *Civitas Dei*, assim como os destinos humanos estão subordinados à ordem divina.

Nestes termos, a teoria do direito divino providencial pregou a separação dos dois poderes – temporal e espiritual – sob o dogma de que o poder divino é originário e superior, devendo o Estado respeitar as leis eternas e imutáveis do Criador na ordem temporal. Comentando esta doutrina observou Loysseau que o Rei é senhor e servo ao mesmo tempo, tanto aos olhos de Deus como aos olhos do povo.

De conformidade com esta teoria, somente as instituições que repousam sobre uma base histórica legítima e respeitam as leis incontingentes do direito natural são harmoniosas com a ordem estabelecida por Deus e devem ser acatadas pelos homens. O princípio de que todo poder provém de Deus não conduz a uma determinada forma de governo, porque, como argumentou Santo Tomás, *Deus quis que houvesse governo na ordem civil, mas deixou aos homens a forma e o modo de sua realização.* E foi este o entendimento que levou o Papa Leão XIII, na Encíclica *Libertas* (1888) a afirmar: *das diversas formas de governo, contanto que sejam aptas à segurança do bem--estar dos cidadãos, a Igreja não rejeita nenhuma, mas quer, e a natureza está de acordo com ela em o exigir, que sua instituição não viole o direito de ninguém, e, principalmente, guarde respeito absoluto aos direitos da Igreja.* E na Encíclica *Immortale Dei*, que trata da "constituição cristã dos Estados", reafirmou a mesma prescrição, definindo a distinção entre os poderes espiritual e temporal, bem como a soberania de cada um deles, no seu gênero e na sua finalidade. Encareceu Leão XIII a necessidade de se estabelecer um meio, um processo, para fazer desaparecer as causas de contestações e firmar um acordo, na prática, para a convivência harmônica das duas soberanias distintas, cada uma no seu gênero e na sua finalidade.

XIII

JUSTIFICAÇÃO DO ESTADO – II

1. Teorias racionalistas (jusnaturalismo). 2. Hugo Grotius. 3. Kant. 4. Hobbes. 5. Spinoza. 6. Locke.

1. TEORIAS RACIONALISTAS (JUSNATURALISMO)

Sob a denominação de teorias racionalistas, agrupam-se todas aquelas que justificam o Estado como de origem convencional, isto é, como produto da razão humana. São as chamadas teorias contratualistas ou pactistas. Partem de um estudo das primitivas comunidades, em estado de natureza, e, através de uma concepção metafísica do direito natural, chegam à conclusão de que a sociedade civil (o Estado organizado) nasceu de um acordo utilitário e consciente entre os indivíduos.

Essas teorias foram corporificadas e ganharam maior evidência com a Reforma religiosa, a qual foi uma autêntica *rebelião racionalista* contra a Igreja Romana, que culminou com a revisão das Sagradas Escrituras. Fazendo coro com a filosofia de Descartes, delineada em *Discursos sobre o método*, filosofia esta que ensinou o raciocínio sistemático que conduz à dúvida completa, sustentou Lutero a supremacia da inteligência individual e pregou a liberdade de interpretação da lei religiosa revelada.

Depois de ter influído nas ciências econômicas, traçando-lhes novos rumos, o racionalismo religioso passou a orientar as ciências do Direito e do Estado. O homem, como Erasmo, Rabelais e Montaigne, deveria duvidar de tudo, para reconstruir a verdade, liberada dos dogmas, valendo-se, para isso, da razão, da liberdade de consciência e da sua inteligência livre. E foi assim que as teorias tradicionais sustentadas pelas escolas teológicas foram arguidas de falsidade. O direito divino dos reis cedeu lugar ao direito humano.

As teorias racionalistas de justificação do Estado, partindo, como partem, de um pressuposto a respeito do homem primitivo em estado de natureza, entrosam-se com os princípios de direito natural.

Lançam essas teorias as suas raízes na filosofia grega, tanto que é frequentemente citado Lucrécio (95-52 a.C.), que assim se expressou no *De*

Natura Rerum: Como cada qual quisesse mandar e erigir-se em soberano, escolheu-se entre eles um certo número de magistrados, instituíram-se as leis, às quais os homens se submeteram voluntariamente. É essa, aliás, uma das fontes da filosofia contratualista.

2. HUGO GROTIUS

Holandês (1583-1647), foi precursor da doutrina do direito natural e, de certo modo, do racionalismo na ciência do Estado. Em sua famosa obra *De Jure Belli et Pacis*, esboçou a divisão dicotômica do Direito em *positivo* e *natural*: acima do direito positivo, contingente, variável, estabelecido pela vontade dos homens, existe um direito natural, imutável, absoluto, independente do tempo e do espaço, decorrente da própria natureza humana, alheio e superior à vontade do soberano.

Hugo Grotius conceituou o Estado como *uma sociedade perfeita de homens livres que tem por finalidade a regulamentação do direito e a consecução do bem-estar coletivo.*

3. EMMANUEL KANT

Kant, Hobbes, Puffendorf, Thomazius, Leibnitz, Wolf, Rousseau, Blackstone e outros gênios luminosos do século XVII desenvolveram essa doutrina dando-lhe magno esplendor.

Emmanuel Kant, o grande filósofo de Koenigsberg (1724-1804), doutrinou o seguinte: O homem reconhece que é a causa necessária e livre das suas ações (*razão pura*) e que deve obedecer a uma regra de comportamento preexistente, ditada pela razão prática (*imperativo categórico*). O direito tem por fim garantir a liberdade, e por fundamento, um conceito geral, inato, inseparável do homem, fornecido *a priori* pela razão prática, sob a forma de um preceito absoluto: *conduze-te de modo tal que a tua liberdade possa coexistir com a liberdade de todos e de cada um.*

Conclui Kant que, ao saírem do estado de natureza para o de associação, submeteram-se os homens a uma limitação externa, livre e publicamente acordada, surgindo, assim, a autoridade civil, o Estado.

4. THOMAS HOBBES

Filósofo inglês (1588-1679), o mais reputado dentre os escritores do século XVII, foi o primeiro sistematizador do contratualismo como teoria

JUSTIFICAÇÃO DO ESTADO – II

justificativa do Estado. É havido também como teórico do absolutismo, embora não o tenha pregado à maneira de Filmer e Bossuet, com fundamento no direito divino. Seu absolutismo é racional e sua concepção do Estado tende a conformar-se com a natureza humana.

Para justificar o poder absoluto, Hobbes parte da descrição do estado de natureza: o homem não é naturalmente sociável como pretende a doutrina aristotélica. No estado de natureza o homem era inimigo feroz dos seus semelhantes. Cada um devia se defender contra a violência dos outros. Cada homem era um lobo para os outros homens – *homo homini lupus*. Por todos os lados havia a guerra mútua, a luta de cada um contra todos – *bellum omnium contra omnes*. E continua:

Cada homem alimenta em si a ambição do poder, a tendência para o domínio sobre os outros homens, que só cessa com a morte. Só triunfam a força e a astúcia. E, para saírem desse estado caótico, todos os indivíduos teriam cedido os seus direitos a um homem ou a uma assembleia de homens, que personifica a coletividade e que assume o encargo de conter o estado de guerra mútua. A fórmula se resumiria no seguinte: – *Autorizo e transfiro a este homem ou assembleia de homens o meu direito de governar-me a mim mesmo, com a condição de que vós outros transfirais também a ele o vosso direito, e autorizeis todos os seus atos nas mesmas condições como o faço.*

Ao se associarem, portanto, segundo Hobbes, procederam os homens por interesse e necessidade, reconhecendo a conveniência de se armar um poder forte, capaz de conter a fúria natural dos indivíduos. Esse poder, em vista da missão que lhe cabe, há de ser irresistível e ilimitado.

Assim, a sociedade civil é um produto artificial de um pacto voluntário, que se explica pelo cálculo egoísta.

Embora teórico do absolutismo e partidário do regime monárquico, Hobbes, admitindo a alienação dos direitos individuais em favor de uma assembleia de homens, não afastou das suas cogitações a forma republicana.

Hobbes admitia a existência de Deus, mas atribuía ao Estado a regulamentação dos cultos: o domínio do poder coativo há de estender-se ao espírito, para que nenhuma ação do homem escape ao poder de dominação livremente instituído e destinado a reprimir os maus instintos naturais de cada um. E, para isso, o Estado deve governar também a Igreja. O reino de Deus, na terra, é um reino civil. Cada Estado é um imediato de Deus, sendo que *Deus fala aos homens pela boca do Estado.*

Em sua obra *Elements of natural and political law* (1640) escreveu Hobbes: "considerando que a vontade de atacar é inata no homem; considerando que cada homem, atacando, está no seu direito, e o outro, resistindo, também está no seu direito; considerando que daí a desconfiança mútua está justificada e cada um medita sobre os meios de se defender, porque o Estado natural do homem é o estado de guerra...".

Em 1642 publicou o *De cive* em latim, em defesa do absolutismo de Carlos I.

Na sua velhice, publicou *História da guerra civil inglesa.*

Sua maior obra, porém, obra monumental que empolgou o mundo, foi *O Leviatã* (1651), escrita em inglês – *Leviathan, or the Matter, Form and Power of the Commonwealth, Eclesiastical and Civil.* Foi publicada essa obra na época e ao tempo dos triunfos de Cromwell.

Distinguiu Hobbes, em *O Leviatã*, duas categorias de Estados: o Estado real, formado historicamente e baseado sobre as relações da força, e o Estado racional (*Civitas institutiva*), deduzido da razão.

O título do livro foi escolhido para mostrar a onipotência que o governo devia possuir. *O Leviatã* é aquele peixe monstruoso de que fala a Bíblia, o qual, sendo o maior de todos os peixes, impedia os mais fortes de engolirem os menores. *O Leviatã* está assentado no trono de Deus. Por isso mesmo, no frontispício do livro estão as palavras de Job, XLI, 25: *non est potestas super terram quae comparetur ei.* O Estado (*Leviatã*) é o deus onipotente e mortal (*The mortal God*).

5. BENEDITO SPINOZA

Filósofo holandês (1632-1677), em sua obra principal, *Tractatus theologicus politicus*, defendeu as mesmas ideias de Hobbes, embora com conclusões diferentes: a razão ensina ao homem que a sociedade é útil, que a paz é preferível à guerra e que o amor deve prevalecer sobre o ódio. Os indivíduos cedem os seus direitos ao Estado para que este lhes assegure a paz e a justiça. Falhando nestes objetivos, o Estado deve ser dissolvido, formando-se outro. O indivíduo não transfere ao Estado a sua liberdade de pensar, por isso que o governo há de harmonizar-se com os ideais que ditaram a sua formação. Conclui, pois, por colocar a Nação acima do Estado. Desenvolveu ele o seu pensamento nas obras *Ética* e *De Deus e do homem.*

6. JOHN LOCKE

Filósofo inglês (1632-1704), desenvolveu o contratualismo em bases liberais, opondo-se ao absolutismo de Hobbes. Foi Locke o vanguardeiro do liberalismo na Inglaterra. Em sua obra *Ensaio sobre o governo civil* (1690), em que faz a justificação doutrinária da revolução inglesa de 1688, desenvolve os seguintes princípios: o homem não delegou ao Estado senão os poderes de regulamentação das relações externas na vida social, pois reservou para si uma parte de direitos que são indelegáveis. As liberdades fundamentais, o direito à vida, como todos os direitos inerentes à personalidade humana, são anteriores e superiores ao Estado.

Locke encara o governo como troca de serviços: os súditos obedecem e são protegidos; a autoridade dirige e promove justiça; o contrato é utilitário e sua moral é o bem comum.

No tocante à propriedade privada, afirma Locke que ela tem sua base no direito natural: o Estado não cria a propriedade, mas a reconhece e protege.

Pregou Locke a liberdade religiosa, sem dependência do Estado, embora tivesse recusado tolerância para com os ateus e combatido os católicos porque estes não toleravam as outras religiões.

Locke foi ainda o precursor da teoria dos três poderes fundamentais, desenvolvida posteriormente por Montesquieu.

Dentre as obras de John Locke, destacam-se, pela sua importância e larga influência no pensamento filosófico moderno, *Cartas de tolerância, Ensaios sobre o entendimento humano, A racionabilidade do Cristianismo, Tratado sobre governo* e *Algumas reflexões sobre a educação.*

Prosseguiremos, no capítulo seguinte, analisando a teoria contratualista, nos termos em que a colocou o gênio fulgurante de Rousseau, que foi o dínamo propulsor da Revolução Francesa.

XIV

JUSTIFICAÇÃO DO ESTADO – III

1. Teoria do contrato social. 2. Jean-Jacques Rousseau.

1. TEORIA DO CONTRATO SOCIAL

A teoria contratualista, da origem convencional da sociedade humana, teve sua gênese mais remota nas especulações filosóficas dos sofistas, desenvolvendo-se na Idade Média através da Escola Espanhola. Identificou-se com o jusnaturalismo a partir de Hugo Grotius, que deu as bases doutrinárias desenvolvidas pelos filósofos do século XVII. Em Emmanuel Kant atingiu o contratualismo uma sólida precisão científica.

No mundo moderno foi Hobbes o mais destacado expositor da ideia do pacto social. Mas, como já vimos no capítulo anterior, partia Hobbes do pressuposto de que o homem, em estado de natureza, era de uma ferocidade instintiva impeditiva da convivência pacífica. Vivia em estado de luta permanente. *O homem é o lobo do homem* – foi sua máxima. Consequentemente, os homens realizaram o pacto voluntário constitutivo do Estado, delegando cada um, ao governo organizado, a totalidade dos seus direitos naturais de liberdade e autodeterminação. Convencionaram todos a sua submissão física e espiritual ao poder diretivo, em benefício da paz social e da segurança de todos. Daí a sujeição total do homem ao Estado e o absolutismo necessário do poder soberano.

Essa concepção voluntarista do Estado foi desenvolvida de maneira mais humana e mais racional por Locke, precursor do liberalismo na Inglaterra, o qual limitava o poder de governo ao controle das relações externas do homem no meio social. Os homens não delegaram ao órgão diretivo da sociedade todos os seus direitos, mas somente aqueles necessários à manutenção da paz e da segurança de todos. O poder público é instituído por um pacto voluntário, artificial, porém de fundo utilitário, com o objetivo precípuo do bem comum. Ao Estado cabe regulamentar as condições externas da vida em sociedade e, ao mesmo tempo, respeitar e garantir aqueles direitos fundamentais da pessoa humana, que lhe são anteriores e superiores. Nestes termos, deu Locke o necessário respaldo de humanismo e liberalismo à doutrina contratualista. Dada a conservação, pelos pactuantes, dos seus direitos naturais e, consequentemente, do seu poder originário de deliberação, assiste-lhes a qualquer momento o *direito de insurreição*, isto é, de mudar a forma ou a composição do governo que se houver desviado da sua finalidade, que é a de promover a paz, a segurança e o bem-estar da sociedade.

2. JEAN-JACQUES ROUSSEAU

A esse genial filósofo coube a tarefa de dar à teoria contratualista a sua máxima expressão. Natural de Genebra (1712-1778), destacou-se, dentre todos os teóricos do voluntarismo, pela profundidade da sua construção filosófica e pela amplitude da sua influência em todo o panorama do mundo moderno. Seus livros a respeito da formação e da fundamentação dos Estados – *Discurso sobre as causas da desigualdade entre os homens* e *Contrato social* – tiveram a mais ampla divulgação em todos os tempos, sendo recebidos como evangelhos revolucionários da Europa e da América, no século XVIII.

No seu *Discurso* desenvolve Rousseau a parte crítica e, no *Contrato social*, a parte dogmática. Este último, que representa, na expressão de Bergson, *a mais poderosa das influências que jamais se exerceram sobre o espírito humano*, continua sendo objeto de discussões entre os mais altos representantes do pensamento político universal, quer pelos seus erros que a evolução do mundo trouxe à tona, quer pelo seu conteúdo respeitável de verdades imperecíveis.

O Estado é convencional, afirmou Rousseau. Resulta da vontade geral, que é uma soma da vontade manifestada pela maioria dos indivíduos. A nação (povo organizado) é superior ao rei. Não há direito divino da Coroa, mas, sim, direito legal decorrente da soberania nacional. A soberania nacional é ilimitada, ilimitável, total e inconstrangível. O governo é instituído para promover o bem comum, e só é suportável enquanto justo. Não correspondendo ele com os anseios populares que determinaram a sua organização, o povo tem o direito de substituí-lo, refazendo o contrato... (sustenta, pois, o *direito de revolução*).

Sob o martelar constante dessas máximas que empolgaram a alma da humanidade sofredora, ruíram-se os alicerces da construção milenária do Estado teológico e desencadeou-se a revolução francesa contra a ordem precária do absolutismo monárquico.

JUSTIFICAÇÃO DO ESTADO – III

No seu ponto de partida, a filosofia de Rousseau é diametralmente oposta à de Hobbes e Spinoza. Segundo a concepção destes, o estado natural primitivo era de guerra mútua: *status hominum naturalis bellum fuerit*.

Para Rousseau o estado de natureza era de felicidade perfeita: o homem, em estado de natureza, é sadio, ágil e robusto. Encontra facilmente o pouco de que precisa. Os únicos bens que conhece são os alimentos, a mulher e o repouso. Os únicos males que teme são a dor e a fome (*Discours sur l'origine de l'inegalité parmi les hommes*).

Entretanto, para sua felicidade, a princípio, e para sua desgraça, mais tarde, o homem adquiriu duas virtudes que o extremam dos outros animais e que, pouco a pouco, modificaram o seu estado primitivo: a primeira, a faculdade de aquiescer ou resistir; e a segunda, a faculdade de aperfeiçoar-se. Essas duas capacidades, auxiliadas por múltiplas circunstâncias fortuitas, sem as quais a humanidade teria ficado eternamente na sua condição primitiva, desenvolveram a inteligência, a linguagem, e todas as outras faculdades que os homens haviam recebido em potencial. Por outro lado, o surgimento da metalurgia e da agricultura veio engendrar a desigualdade. Os que acumulavam maiores posses passaram a dominar e submeter os mais pobres. A propriedade individual do solo, a riqueza, a miséria, as rivalidades, os sentimentos violentos, as usurpações dos ricos, os roubos dos pobres, desencadearam as paixões, abafaram a piedade e a justiça, tornando os homens avaros, licenciosos e perversos. Nesse período, que foi de transição do estado de natureza para a sociedade civil, os homens trataram de reunir suas forças, armando um poder supremo que a todos defenderia, mantendo o estado de coisas existente. Ao se associarem, porém, tinham necessidade de salvaguardar a liberdade, que é própria do homem e que, segundo o direito natural, é inalienável. O problema social consistia, assim, em encontrar uma forma de associação capaz de proporcionar os meios de defesa e proteção, com toda a força comum, às pessoas e aos seus bens, e pela qual cada um, unindo-se a todos, não tivesse de obedecer senão a si próprio, ficando tão livre como antes do pacto.

Esse convênio determinante da sociedade civil, isto é, esse *contrato social*, teria resultado, assim, das seguintes proposições essenciais: cada um põe em comum sua pessoa e todo o seu poder sob a suprema direção da vontade geral; e cada um, obedecendo a essa vontade geral, não obedece senão a si mesmo. A liberdade consiste, em última análise, em trocar cada um a sua vontade particular pela sua vontade geral. Ser livre é obedecer ao corpo social, o que equivale a obedecer a si próprio. O homem transfere o seu *eu* para a unidade comum, passando a ser parte do todo coletivo, do corpo social, que é a soma de vontades da maioria dos homens. O povo, organizado em corpo social, passa a ser o soberano único, enquanto a lei é, na realidade, uma manifestação positiva da vontade geral.

Com essa *volonté générale*, eixo de toda a construção filosófica de Rousseau, confunde-se a soberania, que é *inalienável, indivisível, infalível* e *absoluta*.

Inalienável porque, se o corpo social cedesse a sua vontade, deixaria de ser soberano. A nação não aliena, não transfere a sua vontade; apenas nomeia representantes, deputados, que devem ser denominados, mais exatamente, *comissários*, e devem executar a vontade nacional com *mandato imperativo*, isto é, mandato válido enquanto o mandatário bem servir. *Indivisível*, porque a vontade é geral ou não o é. Não sendo geral, a vontade é particular, e como vontade particular não pode obrigar a todos. *Infalível*, porque a vontade geral, por ser geral, encerra a verdade em si mesma. *Absoluta*, no sentido de que o corpo social não pode sujeitar-se à vontade particular no que tange às relações externas dos indivíduos em sociedade, nem à vontade de outras nações, embora deva respeitar e garantir os direitos naturais, personalíssimos, de cada um. Finalmente, por ser inalienável, indivisível, infalível e absoluta, a vontade geral é também sagrada e inviolável.

O *Contrato social* de Rousseau, embora inspirado em ideias democráticas, tem muito do absolutismo de Hobbes, diz Jacques Maritain, acrescentando que essa teoria "infundiu nas novas democracias uma noção antitética de soberania que veio abrir caminho para o Estado totalitário".

O Prof. Ataliba Nogueira entende que a teoria de Rousseau reduziu o homem à condição de escravo da coletividade, justificando toda espécie de opressão.

Contestando essa teoria nos seus fundamentos, observa o Prof. Machado Paupério que, "ensinando Rousseau que o estado natural do homem era o de isolamento, imaginou-se, daí por diante, que a sociedade e o Estado eram artificiais, o que não é absolutamente verdadeiro".

Mantendo-se rigorosamente dentro do terreno das abstrações racionalistas – escreveu Queiroz Lima –, a teoria de Rousseau mostrou bem cedo a inanidade do seu teorismo transcendente, servindo de alvo fácil às arremetidas do ecletismo oportunista e inconsequente.

O Prof. Duguit afirma que o pensamento de Rousseau inspirou a filosofia panteísta de Hegel, em que os juristas germânicos se abeberaram para a pregação da sua doutrina de absolutismo e violências.

Defensor brilhante da concepção aristotélico-tomista do Estado, acentua Alceu Amoroso Lima que a teoria do *Contrato social* é precursora da teoria do *distrato social* com que a revolução russa procura destruir violentamente a ordem burguesa e liberal, arrastando nas suas ondas os direitos da lei natural e da lei divina.

Essas e muitas outras críticas formuladas pelos pensadores modernos e pelos escritores positivistas, baseados em observações indutivas, ressalvam, entretanto, a importância transcendente da teoria contratualista como primeiro alicerce do Estado liberal. Foi ela a base filosófica da revolução francesa, que proclamou: os homens nascem e permanecem livres e iguais em direitos. O fim de toda associação política é a conservação dos direitos naturais do homem.

A maior vulnerabilidade do contratualismo está no seu profundo conteúdo metafísico e deontológico. Sem dúvida, a falência do Estado liberal e individualista, que não pôde dar solução aos problemas desconcertantes manifestados pela evolução social a partir da segunda metade do século XIX, trouxe à tona muitos erros dessa teoria. A estrutura mística revelou-se inadequada à solução dos problemas reais criados pela civilização industrial e muito bem retratados na famosa Encíclica *Rerum Novarum*, de Leão XIII.

Entretanto, encerra a teoria do *Contrato social* um conteúdo respeitável de verdades imperecíveis, que continuará dominando superiormente o pensamento democrático da atualidade e do futuro.

XV

JUSTIFICAÇÃO DO ESTADO – IV

1. Escola histórica. 2. Edmundo Burke.

1. ESCOLA HISTÓRICA

Opondo-se ao artificialismo da teoria contratualista, surgiu no cenário político a escola histórica, afirmando que o Estado não é uma organização convencional, não é uma instituição jurídica artificial, mas é o produto de um desenvolvimento natural de uma determinada comunidade estabelecida em determinado território.

Quando uma comunidade social alcança um certo grau de desenvolvimento, a organização estatal surge por um imperativo indeclinável da natureza humana, e se desenvolve demandando o seu aperfeiçoamento em consonância com os fatores telúricos e sociais que determinam fatalmente as leis da evolução. Os usos e costumes do agrupamento humano influem preponderantemente nesse desenvolvimento. Logo, o Estado é um fato social e uma realidade histórica; não uma manifestação formal de vontades apuradas num dado momento.

O Estado reflete a alma popular, o espírito da raça. A sua atuação, como poder político organizado, deve traduzir a vontade coletiva segundo a sua revelação no correr dos tempos.

Segundo esta concepção, as instituições sociais, políticas e jurídicas somente são legítimas quando condizentes com as tradições históricas.

Apoia-se esta escola nos ensinamentos de Aristóteles: o homem é um ser eminentemente político; sua tendência natural é para a vida em sociedade, para a realização das superiores formas associativas. No espírito associativo está a gênese da *Polis* (Estado-cidade da Grécia antiga). A *família* é a célula primária do Estado; a associação da família constitui o grupo político menor; a associação destes grupos constitui o grupo maior, que é o Estado. É o Estado uma união de famílias e de comunas, união bastante em si mesma, não apenas para viver, mas, ainda, para viver bem e feliz. O fim do Estado, em suma, é a prosperidade da vida.

Savigny e Gustavo Hugo, na Alemanha, adotaram e desenvolveram amplamente esta concepção realista do Estado como fato social, especialmente no campo do direito privado, mesmo porque, segundo observa Pedro Calmon, a doutrina histórica servia a duas ideias profundamente germânicas: o espírito da raça e a tendência a um progresso ilimitado.

Adam Muller, Ihering e Bluntschli foram outros corifeus desta mesma doutrina.

2. EDMUNDO BURKE

O principal expoente da escola histórica, no vasto campo do direito público, foi Edmundo Burke, notável orador e parlamentar inglês, membro da Câmara dos Comuns a partir de 1766 pelo partido *Whig*, e autor da monumental obra *Reflexões sobre a Revolução Francesa*.

Burke condenou corajosamente certos princípios da revolução francesa, notadamente *a noção dos direitos do homem na sua abstração e seu absoluto e a impessoalidade das instruções.*

Na teoria deste eminente pensador britânico, somente é natural e justo o que provém do desenvolvimento histórico, do longo hábito: a natureza e a história se identificam como determinantes e justificativas dos fenômenos sociais. E acrescenta: "deixadas a si mesmas, as coisas encontram geralmente a ordem que lhes convém".

Admite Queiroz Lima que a escola histórica é *profundamente racionalista*. Ao afirmar que o Estado é a forma por que se manifesta a nação, parte da concepção de que existe, para cada povo, uma *consciência psicológica*, ou seja, um senso íntimo coletivo, distinto da consciência de cada indivíduo.

O Estado inglês metropolitano, com o seu direito constitucional consuetudinário, é bem uma expressão real desta doutrina. Os usos e costumes seculares, formando princípios de direito público de natureza dogmática, alheios a todas as mutações da lógica abstrata, explicam a formação e o desenvolvimento daquele Estado.

A doutrina de Burke teve grande repercussão mundial. Sua obra alcançou onze edições em um ano. Como expressou-se Chevalier, as *Reflexões* foram recebidas na Europa como o *catecismo da reação contrarrevolucionária*.

As diversas correntes de exaltação nacionalista, que encheram o conturbado panorama político mundial no século XX, derivam da doutrina histórica, notadamente o fascismo, que trazia no seu bojo o ideal de restauração das glórias do antigo império romano.

XVI

JUSTIFICAÇÃO DO ESTADO – V

1. Panteísmo. 2. Escola orgânica. 3. Neopan-teísmo.

1. PANTEÍSMO

A escola orgânica é um ramo político da filosofia panteísta.

Vejamos primeiramente em que consiste o panteísmo.

A palavra *panteísmo* vem do grego: *pan*, todo, tudo; *théos*, Deus; mais o sufixo *ismo*.

O *panteísmo* é um sistema filosófico *monista* que integra em uma só realidade Deus e o mundo. Identifica o sujeito com o objeto no absoluto. O absoluto manifesta-se *na natureza*, pelos reinos animal, vegetal e mineral; e *na história*, através da família, da sociedade, do Estado. O Estado é uma das expressões do absoluto. Nega este sistema o livre-arbítrio e todas as formas de convencionalismo jurídico, para admitir em tudo um fatalismo cego, um determinismo invencível. Deus está presente em todas as manifestações da natureza; assim, no Direito e no Estado. Como resumiu Krause, Deus é infinito e contém em si todos os seres finitos; é o todo que contém em si todas as partes. O Direito é imanente a Deus, irradiando-se por todos os seres finitos; e para manifestá-lo é que existe o Estado. O poder do Estado é um poder absoluto, já que essa entidade é a suprema encarnação da ideia.

Ernesto Haeckel (1834-1919), sustentando a unidade de Deus e do mundo, afirma que "cada átomo é provido de alma, e assim o éter cósmico. Pode-se, portanto, definir Deus como a soma infinita de todas as forças naturais, ou a soma de todas as forças atômicas e de todas as vibrações do éter". Com efeito, Haeckel define Deus como *a lei suprema do mundo*, e o representa como *a obra do espaço geral*. O espírito de Deus encontra-se em todas as coisas. Não existe corpo, por mais pequeno que seja, que não contenha em si uma parcela da substância divina que o anima. Todos os fenômenos, por mais insignificantes que sejam, como a folha que cai da árvore, são manifestações de Deus.

São ainda afirmações de Haeckel: "Quer admiremos o esplendor das altas montanhas ou o mundo maravilhoso do mar, quer observemos com o telescópio as maravilhas infinitamente grandes do mundo estrelado, ou com o microscópio as maravilhas ainda mais estonteantes dos infinitamente pequenos, o *Deus-Natureza* oferece-nos por toda parte uma fonte inesgotável de gozos estéticos".

O objetivo do panteísmo é o conhecimento do verdadeiro; a sua moral, a prática do bem; e a sua estética, o culto do belo. Pela união natural e complemento recíproco desses três pontos é que obtém o monismo panteísta o conceito natural de Deus.

Como filosofia contemplativa, muito sedutora, o panteísmo serve à inspiração dos poetas, como inspirou Goethe na elaboração do seu *Fausto* e do seu maravilhoso poema *Deus e o mundo*; entretanto, não resiste às análises da ciência, menos ainda da lógica.

Sobretudo, o panteísmo é contraditório em si, porque encerra num todo íntegro, numa só ideia, os princípios opostos – o absoluto e o relativo, o espírito e a matéria, o infinito e o finito, o eterno e o efêmero, a perfeição e a imperfeição...

2. ESCOLA ORGÂNICA

A *Escola orgânica*, na ciência do Estado, é eminentemente panteísta. Floresceu na Alemanha, durante o século XIX, sob a liderança de Hegel e Schelling, seguidos por Herbhart, Krause, Roeder, Ahrens e muitos outros.

O Estado, segundo esta doutrina, é um organismo natural, semelhante aos organismos dos seres vivos, sujeito às mesmas leis biológicas. É um ser coletivo, um superser, dotado de membros, órgãos, unidade biológica e fisiologia própria, tal como os seres do reino animal. Elucidando o conteúdo dessa teoria organicista, o Prof. Pedro Calmon registrou o seguinte: "os indivíduos são os membros do Estado; sua alma, a religião e a cultura; seu órgão de discernimento, o governo; seus braços, o funcionalismo; seus pés, o comércio e o trabalho; seu aparelho digestivo, a economia; seu sistema circulatório, a produção e o consumo; a pátria é a sua entidade moral; o território, a sua estrutura física. A paz é a saúde do Estado; as crises e convulsões políticas correspondem aos processos mórbidos que podem levá-lo à perda da unidade vital e à morte".

Tal como os seres vivos, disse Montaigne, o Estado nasce, floresce e morre.

Os fundamentos dessa escola remontariam às obras de Platão, que considerava o Estado como *um homem em grande*; e ainda, segundo Jellinek, aos ensinamentos de São Paulo: *todos somos membros de um mesmo corpo.*

Discordam os autores da escola organicista quanto à justificação do Estado ou da sociedade pelo sistema comparativo. Spencer sustenta que o *organismo* é a sociedade, não o Estado, sendo este um órgão de discernimento da entidade orgânica coletiva.

3. NEOPANTEÍSMO

Bluntschli (1808-1881), jurisconsulto suíço (*Teoria do Estado Moderno*), seguido por Schaffle, Lilienfeld e outros, deu nova orientação ao organicismo, abandonando o paralelismo do Estado com os organismos biológicos para compará-lo com os organismos psicológicos ou éticos, por lhe parecer mais defensável esta segunda atitude.

A corrente *neopanteísta*, entretanto, continuou no mesmo campo da ficção.

A comparação do organismo estatal com os organismos físicos ou psíquicos, como observa Groppali, não tem outro valor que não seja o de metáfora. Serve para tornar mais inteligível a complexa estrutura jurídica do Estado, mas não a define na sua essência e na sua realidade.

XVII

JUSTIFICAÇÃO DO ESTADO – VI

1. Teoria da supremacia de classes. 2. Gumplo-wicz e Oppenheimer. 3. Fundamento doutrinário do Estado bolchevista.

1. TEORIA DA SUPREMACIA DE CLASSES

A escola sociológica alemã, coordenada por Gumplowicz e Oppenheimer, reunindo os princípios da força e do interesse patrimonial, formulou uma teoria justificativa do Estado baseada na supremacia de classes.

2. GUMPLOWICZ E OPPENHEIMER

Ludwig Gumplowicz (1838-1909), professor de ciência política em Graz, Alemanha, estabeleceu uma dupla noção de propriedade: a propriedade individual sobre bens móveis, resultante do trabalho do indivíduo, é um direito natural; mas a propriedade sobre a terra é ilegítima e inadmissível. O solo, por sua natureza, não comporta apropriação individual; pertence à coletividade.

Afirma esse autor que a propriedade da terra começou quando uma horda se assenhoreou de outra e obrigou os homens vencidos a cultivarem a terra em seu proveito. Em seguida, a horda vencedora armou o poder para manter a defesa das suas conquistas.

O Estado, como o definem ambos os autores citados, é a organização da supremacia da classe dominante. Textualmente: *é um conjunto de instituições que tem por finalidade assegurar o domínio de uma minoria vencedora sobre uma maioria vencida.*

Completa essa concepção doutrinária o *princípio do fato consumado*; o emprego da violência não é permanente e toda guerra chega a um fim, quando os mais fracos renunciam a continuar uma inútil resistência. Portanto, a natureza se encarrega de estabilizar uma situação criada pela força predominante. A ordem estabelecida produz o hábito, o costume e o direito.

Léon Duguit, professor de direito em Bordéus, cuja doutrina exporemos no capítulo seguinte, aderiu a esta escola, afirmando que o Estado é uma superposição de classes, sendo que a classe dos governantes, dispondo de uma maior força, impõe a sua vontade aos governados. Procurou Duguit racionalizar a teoria da força pelo princípio da preeminência do direito. O Estado, segundo a sua concepção, é a força a serviço do direito.

Duguit relegou a um plano secundário o problema de ordem sociológica da origem do Estado, para se preocupar com a justificação objetiva do poder estatal. Afirma que não há elementos de certeza para se determinar se a separação da sociedade em classes de governantes e governados apareceu na horda ou no clã ou nos agrupamentos segmentários à base do clã. Sua teoria limita-se a explicar o Estado como fato consumado: os fracos submeteram-se à autoridade dos fortes, para poderem contar com segurança e proteção. O poder político é o poder dos mais fortes, e, assim, o Estado consiste numa organização em que vontades individuais dominantes dirigem a massa dos governados.

Franz Oppenheimer, professor de ciência política da Universidade de Frankfurt, deu a essa teoria um sentido diretamente marxista: todo Estado é uma organização de classe; toda teoria política é uma teoria de classe. Somente por meio de uma pesquisa histórico-sociológica se pode chegar à compreensão do Estado como fato historicamente universal. O poder político é sempre a organização de uma classe vencedora, destinada a manter seu domínio no interior e a proteger-se contra ataques exteriores.

3. FUNDAMENTO DOUTRINÁRIO DO ESTADO BOLCHEVISTA

Marx e Engels deram ampla desenvoltura a esse pensamento, conceituando o Estado como instrumento de dominação da classe operária e, nessa base, construindo o arcabouço doutrinário do Estado comunista.

Lenin e Stalin conceituaram o Estado, precisamente, como instrumento de dominação da classe operária.

XVIII

JUSTIFICAÇÃO DO ESTADO – VII

> *1. O Estado como diferenciação entre governantes e governados. 2. Teoria de Léon Duguit.*

1. O ESTADO COMO DIFERENCIAÇÃO ENTRE GOVERNANTES E GOVERNADOS

Dentre as doutrinas que tendem a explicar e justificar o fenômeno estatal, destaca-se a de Léon Duguit, famoso mestre do direito social em França (1859-1928).

Essa doutrina, pela sua simplicidade, pela sua lógica aparente e pela sua consonância com os relevos superficiais da ordem constituída, empolgou a opinião pública universal e os meios culturais de todos os países, tornando-se objeto de comentários e polêmicas entre os mais categorizados expoentes da ciência política.

Em razão dessa importância é que lhe dedicamos aqui um capítulo especial. E o fazemos com a finalidade de refutá-la, porquanto não encontramos nessa teoria qualquer consistência científica.

2. TEORIA DE LÉON DUGUIT

Duguit reduz o Estado a uma expressão simplíssima, tanto que o define como "uma sociedade onde vontades individuais mais fortes se impõem às outras vontades". Perfilha, como se vê, a teoria da força, em sua essência, desenvolvendo o pensamento de Gumplowicz.

Sua doutrina acolhe um conceito encontrado na filosofia de Aristóteles, referindo-se a que o Estado é formado de governantes e governados. Partindo desse fato facilmente aceitável, chega Duguit a construir a sua teoria eminentemente subjetiva e profundamente impressionante, que pode ser condensada no seguinte resumo: *A organização política do Estado repousa na diferenciação entre governantes e governados; a classe dos governantes, dispondo de uma maior força, impõe a sua vontade aos governados.*

Não obstante haver certa aparência de verdade, não é juridicamente certo nem democraticamente admissível que o Estado seja formado por duas classes antagônicas, uma dirigente e outra dirigida.

Também não é exato que o fenômeno *governo* possa ser reduzido a uma simples manifestação de vontades pessoais. O poder de governo, em verdade, baseia-se na lei que é expressão da vontade geral.

O que distingue o regime democrático – diz Queiroz Lima – é a sistematização do equilíbrio das duas correntes de forças: a do governo, poder de mando, e a do povo, poder de resistência. Não há vontade individual nem grupal armada de maior força, mas um crescente automatismo de funções de disciplina tendendo idealmente para a completa supressão do arbítrio da autoridade. O direito superintende a organização administrativa, regula as funções de governo e define as normas de conduta dos agentes do poder público.

A *maior força* é o poder de soberania, proveniente da nação. Ora, a nação não delega inteiramente essa *suprema potesta* aos seus representantes. Não delega, não aliena, não transfere a sua vontade. A soberania (vontade nacional), sendo inalienável segundo o judicioso conceito da escola clássica francesa, é indelegável e intransferível. A população nacional transfere aos seus representantes o exercício do poder de soberania, mas o conserva na sua substância. O poder de soberania (maior força) é da nação e se distribui pelas diversas funções criadas e definidas por leis. Os órgãos (pessoas) incumbidos do desempenho dessas funções são instrumentos de execução da vontade da lei. Não têm eles nenhuma autoridade, pelo menos no sistema democrático, para substituírem a vontade da lei pela sua vontade própria.

É natural que os indivíduos ou colegiados que exercem funções de mando tenham destacada preeminência no meio social. São eles envolvidos por uma evidente auréola de prestígio público. Mas essa preeminência, esse prestígio dos governantes, é mais um reflexo das funções públicas que eles exercem. O respeito, o acatamento e a reverência são devidos diretamente à função e só indiretamente à pessoa que a exerce. Os que assim não entendem igualam-se ao asno da fábula de La Fontaine, que se empertigava ante as reverências públicas sem se aperceber de que eram elas dirigidas à imagem do santo que lhe vinha nos costados.

No Estado democrático, acresce notar, as funções de mando são sistematizadas, hierarquizadas e subordinadas a um sistema de *freios e contrapesos*. *Um ato discricionário* e ilegal pode ser anulado pela autoridade superior. O *governado* não está obrigado a obedecer a ordens ilegais. No

JUSTIFICAÇÃO DO ESTADO – VII

próprio Código Penal se lhe reconhece o direito de resistir. O funcionário não age validamente senão em nome e nos termos da lei. Quando ele pretender substituir a vontade da lei pela sua vontade individual, já não terá a couraça da função pública.

De acordo com este entendimento, o conceito de uma classe dotada de poder de mando, que age em função do seu arbítrio, é absurdo. Ademais, é contra a natureza do Estado democrático a existência de classes superpostas.

O poder de governo, repetimos, é puramente funcional. A autoridade não se delega ao governante – diz Queiroz Lima –, porque não é prerrogativa de ninguém que a possa delegar. A autoridade é inseparável da própria função, que representa um aspecto particular, variável na medida das forças que se combinam e conforme se apresenta, no meio nacional, o sistema de equilíbrio necessário à preservação da ordem jurídica.

Para a boa ordem do Estado, inegavelmente, é necessário que haja uma força material à disposição dos agentes da autoridade pública – a força de coação. Essa força, porém, só é legítima, só é justa, quando satisfaz a estas duas condições: *a*) exato enquadramento nos preceitos do direito objetivo; e *b*) aceitação voluntária e pacífica por parte da massa dos governados.

Ora, o povo (massa de governados) não aceita voluntária e pacificamente aquilo que não condiz com o direito. As imposições da força, da tirania, podem submeter o povo num dado momento, mas receberão, cedo ou tarde, os efeitos de uma reação própria da contingência humana.

O Prof. Sampaio Dória, comentando a teoria subjetivista de Duguit, chega a admitir a existência de uma classe de predestinados para o governo: "Também há os mais aptos para o governo dos homens. As qualidades primaciais de estadista não se encontram a granel: discernimento rápido em ver, com acerto, no emaranhado das ambições; certa perspicácia em prever os acontecimentos; o senso realista de transigência e de firmeza; cultura social; uma intuição segura da psicologia do indivíduo e das multidões; até resistência física para os esforços prolongados. Pois nem todos nascem, senão bem poucos, com tendências aprimoráveis para o governo dos homens. Ninguém duvida da predestinação de homens para o exercício do governo, ou pelo menos, de grandes aptidões para dirigir os destinos coletivos".

Não negamos a conveniência ou necessidade mesmo de uma elite coordenadora das forças opinativas no Estado democrático. Essa elite é até imprescindível para a vitalidade da democracia. Porém, daí a aceitar a existência de uma *classe de governantes* armada de *maior força* por direito próprio, submetendo à sua vontade a massa de governados, vai longa distância.

A existência de uma classe dotada de poder de mando por direito próprio só se coaduna com o sistema monárquico, talvez com a república aristocrática, nunca com a república democrática. Nesta, convém repetir: o poder de governo é puramente funcional. A atividade dos governantes não se prende, absolutamente, às vontades individuais, mas, sim, a um sistema de funções traçado objetivamente pelas leis. No ato de governo ou de administração, o poder se exerce precisamente em função dos princípios universais de equilíbrio e harmonia entre o Estado e o povo.

Como síntese do arbítrio e da prepotência dos homens, o Estado seria a opressão organizada. Como primado do direito, é um instrumento de realização dos ideais de liberdade e justiça.

Completando esta noção da famosa teoria de Duguit, cumpre observar que esse autor, por considerar o governo como um simples *fato social* e não como um fato jurídico, desenvolve a teoria do direito independentemente da teoria do Estado: "uma regra econômica ou moral torna-se norma jurídica quando, na consciência da massa dos indivíduos que integram um certo grupo social, penetra a ideia de que os detentores da maior força podem intervir para reprimir a violação dessa regra. Antes, portanto, de receber a sanção do Estado, a lei existe na consciência do povo. Forma-se o direito espontaneamente, da própria natureza das coisas".

Essa teoria do eminente professor de Bordéus, particularmente no que concerne à formação mecânica do direito, tem sido refutada com veemência pelos mais autorizados expoentes do pensamento jurídico universal. O Prof. Miguel Reale, na sua monumental obra *Teoria do Direito e do Estado*, demonstra com firmeza a inconsistência de tal doutrina, fulminando-a com esta imperiosa conclusão: "Em verdade, a teoria de Duguit, por ser a negação da soberania como princípio jurídico, é também uma teoria essencialmente antiestatal uma vez que ele confunde o Estado com o governo, usando estas expressões como sinônimos".

Efetivamente, para Duguit a soberania é apenas um *fato do poder*. Ele a reduz a uma simples noção de serviço público. Tanto assim que, ao ser acusado por Hauriou como "anarquista de cátedra", respondeu: "eu somente nego que o poder governamental seja de direito; afirmo que aqueles que detêm esse poder, detêm um poder de fato, não um poder de direito".

O direito é independente – disse mais –, sendo insuscetível de qualificação jurídica o fato do poder público.

Claudicando, pois, no seu ponto de partida, segue a teoria de Duguit demandando conclusões insustentáveis. Como bem observou Queiroz Lima, é somente pela simplicidade da sua fórmula e pela exatidão aparente do seu conceito que essa teoria tem adquirido muita vulgarização, chegando a conquistar os próprios juristas clássicos filiados na tradicional corrente da soberania nacional.

À inconsistente concepção realista de Duguit respondem as teorias objetivas: a única vontade que comanda a organização do Estado e o exercício do poder do governo é a vontade nacional, manifestada através dos poderes constituinte e legislativo. Não há classe de governantes em oposição à massa dos governados, nem os atos de governo resultam da vontade arbitrária dos detentores eventuais do poder de mando. O poder de governo, se bem que exercido por meio de pessoas, reside no sistema de funções criado e mantido pelo direito objetivo. Os indivíduos investidos nos cargos de governo são apenas órgãos de realização das funções governamentais, ou melhor, instrumentos de realização da vontade da lei.

XIX

EVOLUÇÃO HISTÓRICA DO ESTADO – I

1. A "lei dos três estados", de Augusto Comte. 2. Classificação. 3. O Estado antigo. 4. O Estado de Israel.

1. A "LEI DOS TRÊS ESTADOS", DE AUGUSTO COMTE

Desde o seu aparecimento como organização do *meio nacional*, desde as mais primitivas formas de associação política, o Estado, elemento dinâmico por excelência, vem evoluindo sempre, e refletindo, nessa evolução, a trajetória ascensional da civilização humana. O seu desenvolvimento não segue, naturalmente, uma progressão retilínea: avanços arrojados, retrocessos profundos, longas estagnações e até mesmo eclipses duradouros assinalam a sua marcha no tempo e no espaço.

Um estudo completo e detalhado sobre a evolução histórica de Estado é matéria própria do curso de sociologia. Nosso programa limita-se à compreensão do assunto nas suas linhas gerais.

Como esquema que facilita o estudo é conveniente invocar, de início, a chamada *lei dos três estados*, formulada por Augusto Comte: "cada manifestação do pensamento humano passa sucessivamente por três graus teóricos diferentes – o estado teológico ou fictício, o estado metafísico ou abstrato e o estado positivo ou científico".

Valendo-se dessa lei da filosofia positivista para reconstituir a rota do desenvolvimento das ideias sobre o Estado através das diversas ordens de civilização, Queiroz Lima adotou para a sua exposição doutrinária a seguinte fórmula: 1º) o Estado primitivo foi teocrático, explicado pelas teorias do direito divino sobrenatural; 2º) vem, a seguir, a noção metafísica do Estado, deslocando para a vontade do povo a origem do poder soberano; 3º) segue-se a noção positiva do Estado, segundo a qual a soberania decorre das próprias circunstâncias objetivas, do império da lei ou da concepção realista do Estado como *força a serviço do direito*.

A fórmula não é rigorosamente exata, pois não houve uma sucessão cronológica das diversas noções de Estado: nos tempos modernos reaparecem as monarquias de direito divino, ao passo que, na antiguidade clássica, floresceram as concepções modernas de Estado, nas teorias racionalistas de Aristóteles e Cícero. São os avanços e recuos acima referidos.

2. CLASSIFICAÇÃO

Sem embargo deste reparo, tem destacado valor metodológico a classificação de Queiroz Lima, seguida pela maioria dos autores, no estudo da evolução histórica do Estado, porque coloca em conveniente relevo os traços característicos dominantes da organização estatal em cada um dos grandes estágios da civilização. Adotamos, portanto, a sua ordem de exposição:

1º) O *Estado oriental*, teocrático e politeísta, destacando-se, pelo seu feitio mais humano e mais racional, o Estado de Israel.

2º) O *Estado grego*, que se caracteriza por uma nítida separação entre a religião e a política.

3º) O *Estado romano*, expressão máxima da concentração política e econômica.

4º) O *Estado feudal*, consequente da invasão dos bárbaros, que foi a expressão máxima da descentralização política, administrativa e econômica.

5º) O *Estado medieval*, a partir do século XI, que foi uma nova expressão da centralização do poder, com a preeminência do Papado sobre o governo temporal.

6º) O *Estado moderno*, que reagiu contra a descentralização feudal da Idade Média e contra o controle da Igreja Romana, revestindo a forma do absolutismo monárquico.

7º) O *Estado liberal*, implantado pela revolução francesa e baseado no princípio da soberania nacional.

8º) O *Estado social* – acrescentamos –, com as suas diversas variantes, a partir da primeira guerra mundial.

Podemos traçar aqui o seguinte quadro sinótico:

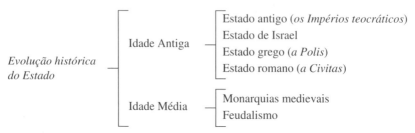

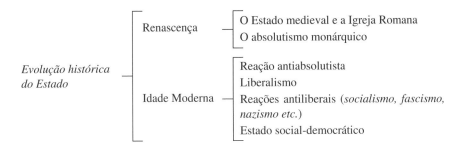

3. O ESTADO ANTIGO

Os Estados mais antigos que a história relata foram os grandes impérios que se formaram no Oriente desde 3.000 anos antes da era cristã. Os maiores e mais antigos foram os que se formaram na Baixa Mesopotâmia, banhada pelas águas do Tigre e do Eufrates, e no Egito, banhado pelo Nilo.

É comprovado que houve anteriormente outras civilizações. A ciência do Estado, porém, estudando a evolução do poder político com base em elementos históricos, embora deficientes, tem como *Idade Antiga* o período que vem desde 3.000 a.C. até o século V da era cristã, quando o império romano desmoronou ante a invasão dos bárbaros, época em que tem início a *Idade Média*.

Cerca de 2.800 a.C., na Mesopotâmia, um rei de Uruk teria conquistado todas as cidades das regiões dos rios Tigre e Eufrates, criando um grande império, que se estendia do Golfo da Pérsia ao Mediterrâneo. Outros grandes impérios surgiram na Ásia central e meridional. Ao norte da Babilônia formaram-se os impérios dos Mitâneos e dos Hititas. Na Índia e na China ergueram-se outros impérios, resultantes de novas civilizações.

Em geral, nas antigas civilizações orientais não existiam doutrinas políticas, mas, sim, uma única forma de governo, que era a monarquia absoluta, exercida em nome dos deuses tutelares dos povos.

Os impérios orientais apresentavam cada um suas características formais, seus traços peculiares; porém, tinham muito de comum nas suas linhas gerais. Não comporta o nosso programa um estudo particular de cada império. Nosso objetivo, neste ponto, é destacar as características comuns dos Estados antigos, definindo em linhas gerais o seu padrão.

O primeiro traço comum que devemos colocar em relevo é o que se refere à estrutura heterogênea daqueles Estados: eram formados e mantidos pela força das armas. Os povos viviam constantemente em guerra. O imperador que triunfasse em maior número de batalhas anexava os territórios conquistados e escravizava as populações vencidas, formando um grande império com plena hegemonia sobre vastas e determinadas regiões.

Em decorrência dessa origem pelo triunfo das armas, os impérios não tinham uma base física definida. Seus territórios ora diminuíam em consequência de derrotas militares, ora aumentavam em decorrência de novas conquistas. Eram, portanto, *instáveis*, sujeitos às modificações que resultavam tanto de dissenções internas como de agressões externas.

Pelas mesmas razões, os impérios antigos não eram Estados *nacionais*: reuniam povos de diferentes raças, conquistados e escravizados. Eram, em regra, agrupamentos humanos heterogêneos.

A diferenciação de classes e castas era outro traço comum. Os nobres, os chefes militares e os sacerdotes do culto nacional gozavam de largas regalias, enquanto os párias e os escravos viviam à margem das leis. A diferenciação de castas, aliás, persiste ainda atualmente na Índia, embora com menor intensidade.

Outro de seus caracteres gerais era a concentração de poderes numa mesma pessoa, que acumulava as funções militar, judicial, sacerdotal e de coleta de impostos. Essa acumulação de funções, principalmente nas províncias longínquas, tornava o chefe local praticamente independente do poder central, a tal ponto que o *emprego* se transmitia hereditariamente.

As monarquias orientais eram todas de feitio teocrático: o monarca era *representante das divindades, descendente dos deuses.* O poder do monarca era absoluto, e, sendo equivalente ao poder divino, não encontrava possibilidade de limitação na ordem temporal. No Egito, por exemplo, o Faraó era a encarnação do próprio Deus ou descendente direto das divindades que reinavam no Vale do Nilo. Os terríveis reis assírios chamavam-se *vigários dos deuses*. O rei persa era *sacerdote magno*. Amon, no Egito, Barduk ou Shamasch, na Babilônia, eram deuses nacionais. O califa, vigário do profeta, titulava-se *príncipe dos crentes* (Emir El Mumenin) e governava pelos princípios constantes do Alcorão.

Em geral, os povos orientais eram politeístas, e, por isso, como nos relata Bigne de Villeneuve, o poder real só encontrava uma limitação de fato imposta pelos privilégios de outras divindades, sempre defendidas por poderosos colégios sacerdotais.

Politicamente, os antigos impérios orientais, fundados no poder das armas e no regime de escravidão, não possuindo um conceito de liberdade como tiveram os gregos e os romanos, nada legaram ao Estado moderno.

EVOLUÇÃO HISTÓRICA DO ESTADO – I

No entanto, no que tange ao progresso cultural, não se deve perder de vista que no Egito e na Mesopotâmia nasceram a matemática e a astronomia. A contribuição dos antigos impérios orientais ao progresso moral da humanidade é também digna de nota: no antigo Código Hamurabi, que vigorou na Babilônia por volta de 2.200 a.C., encontram-se os princípios basilares da ordem social e que foram as fontes luminosas da legislação moderna. O mesmo se pode dizer do *Livro dos Mortos* dos antigos egípcios. Além disso, foi no Oriente que se formaram as grandes religiões educadoras dos povos, como o budismo, o cristianismo e o islamismo, estas duas últimas, ramos do vigoroso tronco judaico.

4. O ESTADO DE ISRAEL

Constituía uma exceção entre os Estados antigos do Oriente o Estado de Israel, que era caracteristicamente democrático, no sentido de que todos os indivíduos tinham a proteção da lei, inclusive contra o poder público. O povo não tinha participação efetiva nos negócios do Estado; entretanto, o governo dava proteção aos fracos e desamparados, fossem cidadãos ou escravos, nacionais ou estrangeiros.

Embora desconhecesse qualquer limitação jurídica, o governo israelita, em verdade, conceituava-se como um poder limitado pelas leis de Jeová. As Tábuas do Sinai, *Constituição* do Estado de Israel, teriam sido ditadas por Jeová a Moisés quando este salvara o povo do cativeiro no Egito. Segundo a crença geral, Deus dirigia o povo hebraico pela voz dos chefes e patriarcas cheios de sabedoria.

O rei de Israel era apenas chefe civil e militar, *escolhido por Deus através de uma manifestação providencial da vontade divina.* E, em razão dessa origem do seu poder, o rei era, na ordem temporal, o intérprete e o executor da vontade de Deus.

Toda a legislação judia era impregnada de profundo sentido humano e democrático. Suas instituições, descritas na Bíblia, influíram preponderantemente na configuração da Igreja primitiva, na formação do pensamento político da Idade Média e, até mesmo, nos rumos do direito público dos tempos modernos.

Uma das instituições próprias do povo israelita foi o profetismo. Os profetas eram homens que recebiam inspiração de Deus, e, por essa razão, a sua palavra era respeitada e acatada por todos, inclusive pelos próprios reis. E como pregassem os princípios eternos das leis de Deus puderam eles impedir, nos seus domínios, a tirania dos monarcas absolutos, imprimindo ao Estado de Israel uma orientação mais humana, mais condizente com o direito natural e que hoje poderia receber o qualificativo de *democrática*.

Extinguiu-se o Estado antigo de Israel, com a expulsão de Jerusalém. Mas a nação israelita subsistiu nestes dois mil anos, sem Estado, conservando a sua unidade étnica, religiosa e histórica. E ressurgiu em 1948, no novo Estado de Israel, criado pela divisão da Palestina, sob a liderança de Ben-Gurion – o novo Moisés da eterna nação judaica.

XX

EVOLUÇÃO HISTÓRICA DO ESTADO – II

1. O Estado grego. 2. "Polis". 3. Platão. 4. Aristóteles.

1. O ESTADO GREGO

Para se esboçar os traços definidores do Estado grego não se poderia seguir à risca os modelos ideais de Platão e Aristóteles, expostos em divagações metafísicas de filosofia e de ética, à margem da realidade e em sentido programático. Nem se poderia tomar como modelo o Estado lacedemônico, de feitio ímpar, ou a república militarista de Esparta, como a descreveram Platão e Xenofonte.

O Estado helênico típico, que exerceu larga influência no evolver da civilização clássica, encontra-se nas magníficas instituições atenienses do *Século de Péricles*.

Este período de maior esplendor da civilização grega se coloca entre os séculos VI e IV a.C., e Péricles viveu precisamente nos anos de 490-429 a.C., tendo projetado Atenas ao apogeu do seu poderio militar, do seu prestígio e das suas glórias imorredouras.

Primeiramente, a partir do século IX a.C., o Estado grego era monárquico e tipicamente patriarcal. Cada Cidade tinha o seu Rei e o seu Conselho de Anciãos. Só em casos de maior importância se convocavam as Assembleias Gerais dos Cidadãos. Os dirigentes daqueles pequenos Estados monárquicos apoiavam-se na classe aristocrática, a qual, na realidade, tanto na monarquia quanto na república, se manteve como classe dominante.

O Estado grego antigo, geralmente apontado como fonte da democracia, nunca chegou a ser um Estado democrático na acepção do direito público moderno. O próprio Estado ateniense, no auge da sua glória, sob a liderança de Péricles, apresentava, na sua população de meio milhão de habitantes, cerca de 60% de escravos, sem direitos políticos de qualquer espécie, além de cerca de 20.000 estrangeiros. Resumiam-se a pouco mais de 40.000 os *cidadãos* que governavam Atenas e constituíam a soberania do Estado.

2. "POLIS"

O Estado grego antigo, monárquico ou republicano, foi sempre o Estado-Cidade, denominado *Polis*, circunscrito aos limites da comunidade urbana ou cantonal.

A *Polis* começou a evoluir, a partir do século VIII ou IX a.c., da monarquia patriarcal para a república democrática direta, de fundo aristocrático. Todavia, mesmo no tempo dos reis, não chegou a ser um regime de tirania ou de desenfreado despotismo monárquico, pois havia já a contenção do poder real pelo Conselho dos Anciãos e pela Assembleia dos Cidadãos. Por isso mesmo, fácil foi o caminhamento da evolução para a forma republicana.

Em fins do século IV a.c. completou-se essa evolução, surgindo a constituição clássica da Cidade helênica. O Estado ateniense, com seu magnífico corpo de leis, foi, sem dúvida, a mais bela expressão da democracia grega.

O Conselho dos Anciãos deixara de ser o órgão principal do Estado: tornara-se eletivo e subordinado à Assembleia dos Cidadãos. As magistraturas tornaram-se temporárias; as pessoas eram escolhidas e nomeadas pela Assembleia Geral com mandato por um ano. Os cidadãos investidos em funções públicas eram obrigados a prestar contas periódicas, e, quando assim não procedessem, eram citados diante da Assembleia popular.

A *Polis* era uma associação política e ao mesmo tempo uma comunidade religiosa, mas não se confundiam Estado e Religião nas mesmas instituições. As divindades gregas não conferiam caráter místico à autoridade, como ocorria nas monarquias orientais.

Não obstante, a *Polis* era de certo modo onipotente, e seu poder só encontrava limites na intervenção do povo – *demos* – nos negócios estatais e na distribuição da justiça.

Os Estados-Cidades eram numerosos e, consequentemente, contavam com reduzida capacidade de expansão. Por esse motivo, instituíram o sistema de hegemonia, formando Confederações de Estados. Instituiu-se o Senado em cada *Polis*, Assembleias Regionais para as ligas ou confederações, e Assembleia Geral de representação dos Estados gregos, como a anfitriônica, de caráter confederal amplo.

3. PLATÃO

A Grécia, no seu período clássico, destacou-se não apenas como pioneira no desenvolvimento das artes e da filosofia, mas, principalmente, da ciência política. Perseguindo sempre um ideal ético-estético, como diz Pedro Calmon, os atenienses entendiam que a verdade (filosofia) do Estado consistia na *boa opinião*. A República de Platão, por isso considerada *ideal*, é o Estado justo, que realiza a unidade possível e está nas mãos dos filósofos.

Segundo o ideal platônico, incumbe aos sábios reinar, aos guerreiros proteger, e às classes obreiras obedecer. O Estado é a mais alta revelação da virtude humana; e só no Estado pode o homem atingir a sua perfeição e realizar a plena satisfação do seu destino.

Na *República*, sua grande obra, Platão limita a 1.000 o número de guerreiros, e afirma que, se o número de sábios é o mesmo, o número de cidadãos não pode ultrapassar de 2.000. Posteriormente, no *Diálogo das Leis*, admitiu que o número de cidadãos poderia atingir 5.000.

Admitia a propriedade privada, com a condição de que dela não resultassem sensíveis desigualdades de fortuna entre os cidadãos. A cada cidadão deve ser dado um trecho de terra, clausulado de inalienabilidade e transmissível a um só dos filhos herdeiros.

Manteve a instituição da família, mas preceituou que os jovens devem contrair matrimônio de acordo com os conselhos dos sábios. Em decorrência do princípio de limitação populacional da *Polis*, prescreve limites à procriação e determina a necessidade de serem eliminados os filhos que se apresentem com defeitos físicos ou psíquicos, sob a supervisão do Estado.

Conquanto revelasse profunda intuição política, relativamente à doutrina do Estado-Cidade, certo é que Platão se extremou como teórico do Estado forte, onipotente, totalitário. Tanto assim que reclamou para as classes dirigentes dos sábios e guerreiros a comunidade das mulheres e dos bens, rompendo, de certo modo, com os liames invioláveis da família e com o princípio tradicional da propriedade privada.

4. ARISTÓTELES

Aristóteles, menos imaginoso e mais realista, defende a manutenção da família e da propriedade privada. Considera o homem como um ser eminentemente político, com tendência inata para a vida em sociedade, e encara o Estado como uma *instituição natural, necessária, decorrente da própria natureza humana*.

O Estado, na doutrina sempre nova do grande filósofo estagirita, é resultante dos movimentos naturais de coordenação e harmonia. Sua finalidade primeira seria a segurança da vida social, a regulamentação da convivência entre os homens e, em seguida, a promoção do bem-estar coletivo.

Afirma Aristóteles que o Estado deve bastar-se a si mesmo, isto é, deve ser *autossuficiente*. Observe-se que nessa ideia de *autarquia* encontram muitos autores a gênese da soberania nacional.

Em sua monumental obra *Política* chega Aristóteles a *conclusões* diferentes daquelas que Platão consignou na sua República. Enquanto o seu mestre idealizou o futuro alteando-se muito além da realidade palpitante da vida, o estagirita encarou a realidade corajosamente, procurando solucionar praticamente os problemas atuais por aplicação imediata dos princípios de justiça social. Muito embora defendesse a escravidão por contingências do momento histórico, estabeleceu que o supremo poder da cidade deve caber à multidão. Encaminhando a sua doutrina, seguramente, em direção do ideal democrático, ensinou que, nas manifestações populares, a expressão *qualitativa* deve ser levada em conta justamente com a expressão *quantitativa*.

As experiências do mundo moderno, diga-se de passagem, confirmaram plenamente esta assertiva: a maioria que delibera não deve ser apenas uma expressão numérica, mas também uma expressão das qualidades morais e cívicas da comunidade nacional. Afinam com a doutrina aristotélica os autores modernos quando asseveram que a *educação é a alma da democracia*.

XXI

EVOLUÇÃO HISTÓRICA DO ESTADO – III

1. O Estado romano. 2. Origem. 3. Conceito de "Civitas". 4. Poder de "Imperium". 5. Consulado. 6. Magistraturas e pró-magistraturas. 7. Ditadura. 8. Colegialidade das magistraturas. 9. Principado.

1. O ESTADO ROMANO

O Estado romano que vamos focalizar é o Estado-Cidade, chamado *Civitas*, paritário da *Polis* grega. A semelhança morfológica de ambos se explica por um certo *parentesco étnico* entre gregos e romanos antigos. Na formação da *Civitas* exerceram preponderante influência as colônias helênicas estabelecidas ao longo da Itália meridional.

Primitivamente o Estado romano era monárquico, do tipo patriarcal. Sua evolução se operou da realeza hereditária para a república, tal como se deu com a *Polis* grega.

2. ORIGEM

O Estado romano tinha a sua origem, efetivamente, na ampliação da família. A família era constituída pelo *pater*, seus parentes agnados, os parentes destes, os escravos (*servus*) e mais os estranhos que se associavam ao grupo (*famulus*). A autoridade do *pater familia* era absoluta: pontífice, censor dos costumes, juiz e senhor, com poder de vida e morte sobre todos os componentes do grupo (*jus vitae et necis*).

Esse poder incontrastável do *pater familia* chamou-se *manus*, a princípio, e depois *majestas*.

Posteriormente a família assim constituída se dividiu em *família* propriamente dita, conservada sob o poder soberano do *pater*, e gentes (*gens*), colocada sob o poder público, e que foi o núcleo inicial do Estado.

Daí a existência das duas classes em que se dividiu a incipiente população romana: dos *patrícios*, que eram os próprios *paters* e seus descendentes, formando a nobreza dotada de privilégios e amplas liberdades, e dos

118 TEORIA GERAL DO ESTADO

clientes, que eram os servidores das famílias, que tinham a posse e o uso das terras que cultivavam mas não o domínio, reservado este ao *patrono* (*da classe dos patrícios*). Também no tocante à religião, somente os patrícios podiam cumprir as cerimônias do *culto do lar*, ou *culto da família*.

Os elementos das *gens* deveriam ser obrigatoriamente ligados às famílias. Ainda que fossem ex-escravos ou estrangeiros, tinham de obter a sua ligação a uma família, para que pudessem, como membros de uma *gens*, participar da sociedade romana.

O primitivo Estado-Cidade dos romanos, portanto, era uma reunião de *gens*. As gentes reunidas formavam a *Curia*; várias *Curias* formavam a *Tribu*; e diversas *Tribus* constituíam a *Civitas*. Esta possuía um Senado cujos membros eram os *pater familias*. Por isso mesmo, ainda no decorrer do Império, os senadores conservaram o título tradicional de *pater*.

Mais tarde, quando dividida a sociedade em cinco classes distintas, foram estas agrupadas em centúrias.

Inferior à classe dos *clientes* e inteiramente fora da comunidade romana, existiu a *plebe*, formada por elementos provenientes de outras plagas, desgarrados das famílias, até mesmo patrícios decaídos, os quais não tinham família, nem pátria, nem religião. Viviam à margem de vida social, *sem lei e sem Deus. Eram os párias*.

Roma, a primeira das cidades itálicas, fundada por Rômulo no platô do Monte Paladino, era a cidade dos patrícios e dos clientes. Dela não participava, nem mesmo se aproximava, a plebe, cujo alojamento se fez no *Asilo*, que se situava no outro lado, na encosta do Monte Capitolino.

Outros numerosos plebeus, que mais tarde chegaram às imediações de Roma, se fixaram no Monte Aventino, onde permaneciam inteiramente isolados da *urbe religiosa*.

Os plebeus, multiplicando-se cada vez mais, passaram a exercer certa influência, como força preponderante e necessária na defesa da cidade. E, tendo Sérvio Túlio reformado fundamentalmente o sistema de divisão social, admitiu a plebe ao convívio dos romanos, embora a mantivesse afastada de qualquer participação na vida política e religiosa. Foi então que se dividiram os elementos sociais em cinco classes, mas a nenhuma delas foram admitidos os plebeus.

Com a queda da realeza primitiva, desmembraram-se as *gens*, libertaram-se os *clientes*, e nem a classe aristocrática dos patrícios conseguiu evitar que a plebe numerosa conquistasse os seus primeiros direitos de cidadania. Foi essa transformação que alguns escritores denominaram *revolução social da Roma republicana*.

O Estado romano, muito semelhante ao Estado grego, tinha suas características peculiares: distinguia o direito da moral, limitando-se à segurança da ordem pública; a propriedade privada era um direito *quiritário* que o Estado tinha empenho em garantir; o homem gozava de relativa liberdade em face do poder estatal, não sendo obrigado, praticamente, a fazer ou deixar de fazer alguma coisa senão em virtude de lei; o Estado era havido como *nação organizada*; a vontade nacional era a fonte legítima do Direito. Tais características são expostas em interessantes detalhes, nas obras de Cícero.

A conquista do mundo, sonho dos imperadores, era a diretriz suprema de sua história. Roma, a cidade eterna, seria a capital do universo.

3. CONCEITO DE "CIVITAS"

Não se deve perder de vista, escreveu Queiroz Lima, que Roma se conservou como Estado-municipal (*Civitas*) ainda quando se estendeu chegando quase a realizar seu supremo *desideratum*, que era o domínio do mundo. O número de cidadãos com a plenitude dos seus direitos (*cives optimo jure*) se estende sobre a totalidade dos habitantes do Império, mas as eleições se realizam somente em Roma, no Campo Marte, única *seção de voto*. Os que ali não comparecessem não poderiam exercer o direito de voto (*jus sufragii*) nem o de ser votado (*jus honorum*).

4. PODER DE "IMPERIUM"

Na época republicana, o poder supremo – *imperium* – pertencia ao povo, que o exercia nos comícios. É interessante observar que no Estado romano se harmonizavam, num complexo sistema de governo, as três formas clássicas de Aristóteles: a realeza com os cônsules, a aristocracia com o senado, e a democracia com os comícios.

As funções legislativas dos comícios, de maior importância na fase áurea da República, foram posteriormente restringidas, passando ao Imperador e ao Senado. Do Senado emanavam *senatus consulta*, com força de lei. Perderam os comícios, principalmente, a competência sobre questões financeiras e política externa. Embora o Imperador Augusto admitisse ainda as funções legislativas dos comícios, fazendo-os aprovar a lei *Papia Poppea de maritandis ordinibus* e a lei *Julia de adulteriis*, destinada a

120 TEORIA GERAL DO ESTADO

proteger a família, certo é que, na fase imperial, aquelas assembleias populares perderam a participação ativa na formação das leis. Como observa G. Mosca, a última lei aprovada pelos comícios foi uma lei agrária de Nerva, no ano de 97 a.C.

Distinguiam-se no Estado romano três espécies de poderes: *dominium* era o poder menor, restrito ao âmbito das relações familiares; *potestas*, era o poder maior, próprio dos magistrados com funções civis determinadas; *imperium* era o poder supremo, poder político, de soberania, de comando interno e externo. O poder de *imperium* era exercido pelos cônsules.

5. CONSULADO

Os primeiros cônsules foram eleitos pelas centúrias, no ano de 510 a.C., quando, depois da expulsão de Tarquinio, o *Soberbo*, quiseram os *paters* eliminar a tirania. Foi então que Lucrécio, à vista das consultas que os áugures fizeram a Júpiter, instituiu o Consulado.

Como os plebeus participassem das centúrias sem que possuíssem qualidades para deliberar em assuntos pertinentes às relações do Estado com os seus deuses protetores, foi preciso separar o poder de *sacerdotium* do poder de *imperium*; as *curias* patrícias elegeram um sumo pontífice (*pontifex maximus*) que exercia o sacerdócio, em caráter vitalício, enquanto os cônsules tinham investidura por um ano.

Os dois cônsules, formando um comando único do Estado, repartiam entre si o poder, sendo que, em tempo de guerra, um deles ficava na cidade (*consul togatus*) e o outro assumia o comando militar (*consul armatus*).

6. MAGISTRATURAS E PRÓ-MAGISTRATURAS

A autoridade dos cônsules foi posteriormente limitada em decorrência da criação das diversas magistraturas, destacando-se, pela ordem:

a) *Questura* – Escolhidos pelos próprios cônsules e como seus auxiliares imediatos, foram nomeados dois questores. Eram os questores juízes de superior alçada na ordem civil.

b) *Pretura* – Eleitos mediante prévia consulta aos deuses, exerciam os dois pretores plena jurisdição de fato. Em matéria de direito público suas decisões estavam sujeitas ao veto consular. Porém, em matéria de direito privado, a competência dessa grande magistratura era absoluta. Pronunciavam os pretores as suas decisões sentados na *curul*, ditavam posturas, ex-

EVOLUÇÃO HISTÓRICA DO ESTADO – III 121

pediam regulamentos e publicavam editais. O conjunto desses atos formou o chamado *direito pretoriano*, base de toda a maravilhosa estrutura do direito romano.

c) Censura – Os censores, também em número de dois, tinham a administração dos domínios e rendas do Estado; exerciam a vigilância da moralidade pública e privada; procediam à *purificação* do povo etc. Eram, por isso mesmo, os mais temidos e respeitados dentre os magistrados romanos.

d) Tribunato – Os tribunos eram eleitos entre os plebeus, nos comícios das *tribus*. Essa magistratura foi criada por uma *lex sacrata*. Os tribunos eram defensores do povo, pessoas invioláveis, acreditando-se que estavam eles colocados sob a salvaguarda da cólera invencível dos deuses.

No exercício da sua função protetora dos direitos individuais, os tribunos recorriam das decisões dos magistrados, interpondo a chamada *apelatio*. Por esse ato vetavam a decisão tornando-a, de pronto, inoperante.

Além do direito de veto, conquistaram os tribunos, posteriormente, o direito de iniciativa da plebe sobre questões de interesse coletivo (*plebiscitum*).

e) Edilidade – Os edis eram quatro, sendo dois eleitos pela centúria, mediante consultas simbólicas aos deuses, e dois escolhidos pelas tribus, entre os plebeus, por via de manifestação plebiscitária. Conjuntamente os edis formavam o *Colegium*. Suas funções eram equivalentes às dos vereadores dos tempos modernos, com jurisdição administrativa no âmbito municipal.

f) Pró-magistraturas – Com o grande desenvolvimento do Estado, criando-se novas províncias a ser administradas, já no fim do período republicano e início do período imperial, foi instituído o pré-consulado. Em consequência, desdobraram-se as demais magistraturas, instituindo-se a pró-questura, a pró-pretura etc.

7. DITADURA

Nos casos de perigo interno ou externo, proclamado o estado de *tumultus* (equivalente ao "estado de sítio" dos tempos modernos), ficavam suspensas todas as garantias públicas, colocando-se todas as classes à disposição do Estado. Em tal emergência, cabia a qualquer dos cônsules nomear um *ditador*, pelo prazo máximo de seis meses; nomeação esta que, normalmente, recaía no outro cônsul.

O ditador ficava investido do poder de *imperium*, com autoridade ilimitada, inteiramente irresponsável, sobrepondo-se de maneira absoluta a todas as magistraturas – respeitadas apenas as prerrogativas sagradas dos tribunos da plebe. A instituição da ditadura, como magistratura excepcional, justificava-se em nome da salvação pública: *salus publica suprema lex est.*

8. COLEGIALIDADE DAS MAGISTRATURAS

O sistema de magistratura colegiada no Estado romano (dualidade de magistrados numa função única) foi uma garantia efetiva contra os abusos de autoridade, notadamente pelo direito de veto que um magistrado podia exercer contra a decisão do magistrado par. O cônsul, o questor, o pretor, o censor, por exemplo, anulava a decisão do seu par pela simples declaração: *eu me oponho.*

Cada magistrado era soberano por si só na esfera de ação de ambos, mas a decisão definitiva devia resultar do consenso das duas inteligências, o que limitava, de certo modo, o arbítrio de cada um.

Esse *veto* do magistrado par não se confunde com o veto do tribuno da plebe, que podia entravar a ação da magistratura dual em nome da soberania popular. O veto do magistrado à decisão do seu par equivalia a um embargo judicial, com a finalidade de suscitar um reexame do caso em conjunto e assegurar, por esse meio, uma certa uniformidade das decisões. Por isso mesmo, o veto era oposto contra a decisão inovadora, para que prevalecesse o princípio tradicional.

Seria esse engenhoso sistema de contenção do poder pelo poder, idealizado e praticado pelos romanos, a gênese do sistema democrático moderno de tripartição do poder do Estado.

Temos aqui, em linhas gerais, um resumo dos princípios basilares do Estado romano, no período da velha república, sobre o qual escreveu Cícero: "eu o sinto, eu o declaro, eu o afirmo, não há nenhuma forma de governo que, por sua constituição, por sua organização e por suas regras, possa ser comparada a esta que nossos antepassados estabeleceram e nossos pais nos transmitiram" (*De Republica*, 1, 46, 70).

9. PRINCIPADO

Depois das ditaduras militares e das guerras civis, desmoronaram-se as velhas e pujantes instituições republicanas, implantando-se o principado. Depois da batalha de *Actium*, disse Tácito, o governo de um só apresentou-se como condição necessária à manutenção da paz, mesmo porque, acrescenta Dion Cassius (*História Romana LIII*, 19), era de todo impossível para os romanos salvarem-se com a república.

O regime imperial espezinhou os direitos públicos dos indivíduos, embora possibilitasse o mais amplo desenvolvimento do *jus privatum*. Até mesmo a liberdade de religião foi suprimida pela onipotência dos césares, pela vontade omnímoda do soberano que se dizia a personificação da divindade.

A fase imperial, efetivamente, se distanciou muito das instituições tradicionais. O imperador concentrou em suas mãos a totalidade dos poderes, tornando-se a fonte única do direito, aureolado por uma completa irresponsabilidade: *principis legibus solutus est*, sentenciou no *De Legibus* o próprio Ulpiano.

XXII

EVOLUÇÃO HISTÓRICA DO ESTADO – IV

1. O Estado medieval e suas características. 2. O feudalismo.

1. O ESTADO MEDIEVAL E SUAS CARACTERÍSTICAS

O império romano foi o último dos grandes impérios da antiguidade. O seu desmoronamento, em consequência das invasões bárbaras, assinala o fim da idade antiga e o início da Idade Média.

Embora não haja termo inicial certo, é geralmente admitido que a Idade Média começa no século V da era cristã, a partir da queda do império romano no ocidente (ano de 476), e termina no século XV, com o descobrimento da América (ano de 1492). Depois do século XV começa a Renascença, com as grandes descobertas.

Com a decadência do império romano deu-se o eclipse do Estado na Europa ocidental. Os bárbaros, pelas suas invasões demolidoras, apagaram todo o esplendor do cesarismo e fizeram erguer sobre os escombros do paganismo dissoluto de Roma uma nova ordem estatal, segundo o estilo germânico-oriental.

Nessa nova ordem os costumes germânicos substituíram completamente as tradições romanas. Se alguma coisa sobreviveu ou ressurgiu da velha Roma, ostentando um caráter vigoroso de eternidade, foi o direito romano, não sem passar pelo crivo dos glosadores germânicos.

A noção de Estado, inclusive, desapareceu na voragem daquela violência arrasadora, para ressurgir depois, moldada em uma nova concepção de vida mais compatível com a dignidade humana. Efetivamente, possuíam os germânicos uma cultura política mais sadia, embora rudimentar, pois se baseava no respeito aos princípios de direito natural, na dignidade do homem, na liberdade individual, na inviolabilidade da família e no direito de livre associação. Os germânicos desconheciam o conceito de personalidade do Estado, e, assim, todas as situações eram encaradas e solucionadas como relações de ordem individual, no plano do direito natural.

Embora a princípio as hordas invasoras empregassem uma violência extremada, espoliando e massacrando as populações vencidas, inclusive no período de transição quando procuravam situar-se como *exército de ocupação*, é inegável que implantaram no ocidente o primado da lei e da razão, contribuindo assim para a nova configuração do Estado medieval.

O Estado medieval é uma afirmação solene da supremacia da lei, segundo a afirmação de Carlyle. Os usos e costumes foram as fontes principais do direito, em consonância com as regras superiores do direito natural, de fundo eminentemente cristão, prescrevendo como deveres do homem a união com Deus e a fraternidade com os seus semelhantes. O direito natural é a própria lei eterna, incontingente, imutável, que Deus inseriu na consciência de todos, tendo como preceito basilar que o homem não deve fazer aos outros o que não quer que lhe façam.

De conformidade com esse pensamento dominante, o Rei ou legislador na Idade Média, é antes de tudo um servo da lei. Não da lei como manifestação sobrenatural da vontade de Deus, nem como obra arbitrária da vontade humana, mas, sim, como obra integral da razão – *sciencia rectrix* de todas as ciências sociais. A Idade Média, aliás, não conheceu o absolutismo monárquico com as características que assumiu essa forma de governo na renascença e no início da idade moderna. O absolutismo monárquico apareceu no declínio da civilização medieval.

Tal circunstância levou Montesquieu a considerar como originários das florestas da Germânia os germes das Constituições democráticas.

O Estado medieval caracteriza-se ainda pela confusão que se fazia entre os direitos público e privado. Dessa confusão resultava que o proprietário de terras se investia de direitos soberanos sobre todas as pessoas residentes nos seus domínios. O direito patrimonial das grandes famílias foi pouco a pouco assimilando o poder administrativo do Estado, surgindo daí uma entidade intermediária entre o Rei e o indivíduo: o feudo ou comuna.

Resumindo: são características fundamentais do Estado medieval: *a)* forma monárquica de governo; *b)* supremacia do direito natural; *c)* confusão entre os direitos público e privado; *d)* descentralização feudal; *e)* submissão do Estado ao poder espiritual representado pela Igreja romana.

Passaremos a analisar o sistema feudal, deixando para o capítulo seguinte as relações entre o Estado medieval e a Igreja romana.

2. O FEUDALISMO

A descentralização feudal foi uma das mais notáveis características do Estado na Idade Média.

EVOLUÇÃO HISTÓRICA DO ESTADO – IV

Para alguns autores foi uma continuação da fase de desaparecimento ou quase desaparecimento do Estado. Quando assim não seja encarado, não resta dúvida que o feudalismo assinalou uma longa fase de acentuada decadência da organização política.

O Estado medieval, que se ergueu sobre os escombros das invasões bárbaras, como já foi dito, recebeu a influência preponderante dos costumes germânicos. As tradições romanas pouco ou nada influíram. Os reis bárbaros, francos, godos, lombardos e vândalos, uma vez completada a dominação dos vastos territórios que integravam a órbita de hegemonia do extinto império cesarista, passaram a distribuir cargos, vantagens e privilégios aos seus chefes guerreiros, resultando daí a fragmentação do poder. E como fossem imensos os territórios e impossível a manutenção da sua unidade sob um comando central único, criaram uma hierarquia imperial de condes, marqueses, barões e duques, os quais dominavam determinadas zonas territoriais, como concessionários do poder jurisdicional do Rei. Em compensação, tais concessionários se comprometiam a defender o território, prestar ajuda militar, pagar tributos e manter o princípio da fidelidade de todos os súditos ao Rei.

O senhor feudal era o proprietário exclusivo das terras, sendo todos os habitantes seus vassalos. Exercia o senhor feudal as atribuições de chefe de Estado, decretava e arrecadava tributos, administrava a justiça, expedia regulamentos e promovia a guerra. Era uma espécie de rei nos seus domínios. Seu reinado, porém, repousava sobre um conceito de direito privado, não de direito público. Desse fato resultaram anomalias tais como a jurisdição privada, a cunhagem privada, a guerra privada etc.

A posse das terras era vitalícia e hereditária, operando-se a sucessão *causa mortis* pelo direito de primogenitura: a senhoria feudal passava automaticamente ao mais velho herdeiro varão do feudatário falecido. Idêntica era a instituição do *morgadio* no direito português.

O regime feudal generalizou-se inclusive entre o Clero, o qual, pelos seus altos dignatários, adquiria vastos latifúndios, adotando idêntica ordem hierárquica e instituindo o sistema dominial como condição de vida.

A crescente multiplicação dos feudos, a reação das populações escravizadas, o desenvolvimento da indústria e do comércio e as pregações das novas ideias racionalistas minaram os alicerces e abriram profundas brechas na estrutura da velha construção feudal, dando lugar ao surgimento das nacionalidades e à restauração do Estado sobre a base do direito público.

As próprias populações sacrificadas por aquele longo regime de vassalagem procuraram refúgio na unidade do Estado, na centralização do poder e no fortalecimento do governo.

Suprimidas as autonomias feudais, no fim da Idade Média, iniciou-se uma nova fase de grandeza do Estado monárquico, sob a forma absolutista.

XXIII

EVOLUÇÃO HISTÓRICA DO ESTADO – V

1. O Estado medieval e a Igreja romana. 2. Santo Agostinho, Santo Tomás de Aquino e outros doutrinadores.

1. O ESTADO MEDIEVAL E A IGREJA ROMANA

O Estado medieval que emergiu das invasões bárbaras cristalizou-se em torno da Igreja romana. Sobreviveu esta à ruína do poder temporal, ostentando, vigorosa, a força do seu prestígio, como refúgio para o espírito dos homens nos momentos mais graves da história da humanidade. Como acentua Pedro Calmon, a Igreja cristã, "pelo batismo dos bárbaros, pelo poder dos Bispos e pela influência da fé sobre os guerreiros convertidos, contrapôs ao Estado marcial o religioso, à força bruta a teologia, à violência heroica dos invasores a disciplina moral do clero ascético".

E, assim, toda a história política da Idade Média gira em torno das relações entre o Estado e a Igreja Romana.

Nos seus primeiros tempos os cristãos não se interessaram pelo poder temporal. Esse desinteresse, em verdade, resultava dos ensinamentos de Jesus Cristo, quando disse que seu reino não era deste mundo, bem assim quando estabeleceu a nítida distinção entre os dois poderes, dizendo que se devia dar a César o que é de César e a Deus o que é de Deus, isto é, ao Estado o governo do corpo e a Deus o governo do espírito.

Durante os primeiros cinco séculos os Imperadores detinham o poder temporal e o poder espiritual, mas este era um poder anticristão. Consolidado o Estado medieval, depois das invasões bárbaras, o Papa São Gelásio I formulou a teoria da separação e coexistência dos dois poderes, nos fins do século V. Sustentou esse Pontífice que Deus quis separar o poder espiritual do poder temporal para evitar os abusos que decorreriam fatalmente da acumulação dos dois poderes. E acentuou que, no domínio eclesiástico, o Bispo é superior ao Imperador, e, no domínio das coisas laicas, o Imperador é superior ao Bispo.

No ano de 590, o Papa Gregório I assumiu o governo civil de Roma, que a Igreja conservaria até 1870, época em que se deu a unificação dos Estados italianos, com a incorporação de Roma, estabelecendo-se o dissídio que terminou com a concordata de 1929, instituindo-se dentro da antiga Santa Sé o Estado do Vaticano.

A partir do século VII, começou a desenvolver-se a doutrina da supremacia do poder espiritual sobre o poder temporal. O trono de São Pedro passou a exercer larga influência sobre os reis medievais, convertidos ao cristianismo, não obstante se mantivesse a separação teórica entre os dois domínios, entre o poder da espada e o poder da cruz.

A superioridade do Bispo no domínio espiritual adquiriu foros de dogma depois que Santo Ambrósio, resolutamente, impediu que o Imperador Teodósio entrasse no Domo de Milão para comemorar a Páscoa. Alegou o Papa que, por haver ordenado os massacres de Salônica, o Imperador tinha as mãos manchadas de sangue humano.

O entendimento predominante era o de que o poder espiritual governa as almas e o poder laico, o corpo, mas, como a alma é superior ao corpo, a autoridade eclesiástica é superior à autoridade laica. Demais, o poder temporal provém de Deus – *omnis potestas a Deo* –, como doutrinara São Paulo.

A preeminência do Papado sobre os monarcas medievais era de ordem espiritual. O Estado era de fundamento teológico, mas não se confundia com o feitio teocrático das monarquias orientais, isto é, com o sistema dos reis-deuses da antiguidade. O rei-cristão da Idade Média recebia o poder das mãos do Bispo, era consagrado no ato de sua investidura e ungido ao pé do altar. Daí a sua subordinação ao poder espiritual, considerado originário e superior.

A partir do século XI a Igreja firmou uma completa supremacia do poder espiritual sobre o poder temporal, pela ação vigorosa de Hildebrando, o Papa Gregório VII, que foi o maior Pontífice em toda a Idade Média. Essa supremacia positivou-se a partir do famoso episódio de Canossa. Obstinado e tirano, o Imperador Henrique IV recusou-se a reconhecer os direitos da Igreja no tocante à nomeação dos Bispos, insistindo em manter o processo de *investidura secular* que vigorava há dois séculos. Hildebrando o excomungou e o declarou deposto do trono. Henrique IV resistiu mas, premido pela crescente revolta dos nobres, teve que se submeter ao Papa. Tentando livrar-se da excomunhão, empreendeu longa e penosa viagem, com a rainha e o filho menor, atravessando os Alpes nevados num rigoroso inverno, até o castelo de Canossa, na Lombárdia, para implorar o perdão do Papa. Assim mesmo, Hildebrando recusou-se a recebê-lo durante três dias. Finalmente, o Impera-

EVOLUÇÃO HISTÓRICA DO ESTADO – V

dor sujeitou-se a uma extrema humilhação: numa madrugada foi descalço até o portão do castelo, onde continuou batendo durante todo o dia e implorando misericórdia. Só depois de dois dias o Papa aquiesceu em discutir as condições do perdão. Ficou estabelecido que o monarca do Santo Império Romano submeteria a sua coroa à decisão dos nobres e, se permanecesse com ela, submeter-se-ia ao Papa em tudo o que fosse de interesse da Igreja.

Com essa vitória do Papa sobre o poderoso Imperador ficou firmado o princípio de que a investidura dos monarcas dependeria sempre do exame e da confirmação da Igreja. Hildebrando destituiu e nomeou Imperadores, exercendo inteira soberania sobre o poder civil, o que perdurou durante cerca de três séculos, ou seja, até o fim da Idade Média.

2. SANTO AGOSTINHO, SANTO TOMÁS DE AQUINO E OUTROS DOUTRINADORES

No campo doutrinário prevaleceu a interpretação de Santo Agostinho, coerente com a teoria do Papa São Gelásio I, estabelecendo que a autoridade temporal tem sua origem em Deus e está subordinada à autoridade espiritual, que se enfeixa nas mãos do Papa, Vigário de Deus na terra. Essa doutrina foi amplamente desenvolvida por um dos maiores escritores da Idade Média, Santo Tomás de Aquino (1225-1274). A sua doutrina da separação dos poderes e da preeminência do Papa em relação aos governos temporais foi consubstanciada na obra *De regimine principium*, sendo posteriormente ratificada em concílio da Igreja. Alguns autores contestam a autenticidade dessa obra, não pelo seu conteúdo, mas pela sua forma, que não corresponde com o estilo elevado daquele grande escritor. Outros afirmam que ela reproduz um curso de ciência política que Santo Tomás deu na Universidade de Nápoles, não tendo passado pela revisão do mestre. Não se deve confundir o *De regimine principium* com outra obra de igual título, escrita pelo seu contemporâneo Egídio, professor de Felipe, o Belo.

A principal obra de Santo Tomás de Aquino, porém, é a *Summa Theologica*, que trata da política, dos assuntos de ordem social e das relações entre a Igreja e o Estado. Neste particular afirma o doutor angélico que à Igreja incumbe a direção das almas e ao Estado a dos corpos. Cada uma destas instituições tem plena autonomia no seu domínio, não devendo invadir a área própria da outra. Porém, sempre que ocorrer conflito, deve prevalecer a autoridade do Papa, que é originária e superior.

A doutrina da separação e coexistência harmônica dos dois poderes, com o princípio da supremacia da autoridade espiritual, nos casos de conflito, sem embargo de alguns desvirtuamentos ou exorbitâncias da autoridade papal, foi sempre mantida pela Igreja, mesmo porque encontra ressonâncias nas próprias palavras de Cristo, quando disse a Pilatos: *Nenhum poder terias sobre mim se te não fora dado lá de cima* (Joan. XIX, II). No mesmo sentido foi a afirmação de São Paulo: *non est enim potestas, nisi a Deo* (não há autoridade que não venha de Deus).

Como já foi referido, a partir do século XI o princípio da *supremacia* do poder espiritual foi levado às suas extremas consequências. O Papado revestiu-se da onipotência do antigo império universal romano. Como afirmou o Prof. Machado Paupério, o esplendor do Papado passou a eclipsar o esplendor das monarquias. A Igreja seria como o sol, enquanto o Estado espalhava tão somente a luz refletida. Em outra comparação, o Papa seria o sol, enquanto o Imperador representava a lua, que recebia do sol a sua luz. Essa doutrina foi refutada por Dante Alighieri, na sua obra *De monarchia* (1308), onde sustentou a tese de que o Imperador tinha a plenitude do poder temporal e devia exercer esse poder de conformidade com as leis de Deus, porém independentemente de obediência ao Papa. Na sua argumentação referiu-se o poeta ao sistema de Ptolomeu, muito em voga naquela época, segundo o qual a lua recebia realmente do sol a sua luz, mas não o seu movimento.

Guilherme de Ockam, cognominado *doctor invincibilis et subtilissimus*, foi outro escritor medieval que sustentou igual tese, quando tomou partido em favor do Imperador Luiz da Baviera.

No mesmo sentido de defesa da autoridade civil, destacou-se, pela sua pujança intelectual e pela sua influência, o escritor Marsílio de Padua, autor da famosa obra *Defensor pacis* (1324), escrita em defesa do mesmo Imperador Luiz da Baviera, que se encontrava em luta acirrada com o Papa João XXII. Sustentou Marsílio o princípio da soberania popular que deveria representar-se numa câmara legislativa; pregou a independência recíproca entre a Igreja e o Estado; profligou a perseguição dos hereges porque a conversão deles competia à Igreja, devendo ser obtida pela argumentação dos teólogos e não pela força do braço secular; e, na sua obra *De causis matrimonialibus*, defendeu o ponto de vista de que a anulação dos casamentos competia exclusivamente à autoridade civil.

No fim da Idade Média, com a queda de Constantinopla, o domínio do islamismo sobre todo o oriente, a reforma religiosa e a influência das doutrinas anticlericais, as monarquias se desvencilharam do domínio papal, caminhando para a forma absolutista que assinala o período de transição para os tempos modernos.

XXIV

EVOLUÇÃO HISTÓRICA DO ESTADO – VI

*1. Das monarquias medievais às monarquias
absolutas. 2. A doutrina de Maquiavel.*

1. DAS MONARQUIAS MEDIEVAIS ÀS MONARQUIAS ABSOLUTAS

Quando a Igreja romana, já no ocaso da Idade Média, começou a sofrer os ataques do liberalismo religioso e da filosofia racionalista, reagiu de maneira vigorosa, enquanto o governo temporal, por sua vez, entrou em luta aberta contra o Papado. Um dos episódios que assinalam o termo inicial dessa luta foi a prisão do Papa Bonifácio VIII por Felipe, o Belo, Rei da França, no século XIV. O Papado deslocou-se de Roma para Avinhão, no Reno, em território francês, permanecendo nesse *Cativeiro Babilônico* durante sessenta e oito anos. A volta do Papado com Gregório XI a Roma, em 1377, não restaurou o prestígio da Santa Sé, dado o advento do *Grande Cisma*, com a existência de dois Papas, um em Roma e outro em Avinhão, durante mais trinta anos aproximadamente. Liberadas do poder de Roma e fortalecidas pela dissolução do feudalismo, as monarquias medievais caminharam para a centralização absoluta do poder, chegando a suplantar a própria autoridade eclesiástica.

Um dos primeiros expoentes do absolutismo monárquico que se inicia no século XV foi Luiz XI, Rei da França, o qual anexou à coroa os feudos, subjugou a nobreza guerreira e pôs em prática uma violenta política unificadora que seria sustentada por Richelieu e Mazarin, até atingir o seu apogeu com Luiz XIV.

O absolutismo monárquico que compõe o período de transição para os tempos modernos teve as suas fulgurações produzidas pelo verniz teórico dos humanistas da Renascença, os quais, afastando os fundamentos teológicos do Estado, passaram a encarar a ciência política por um novo prisma, exageradamente realista.

Ao mesmo tempo em que a Renascença restaurou e aperfeiçoou a majestade das artes antigas restabeleceu, no seu panorama político, os costumes pagãos e a prepotência estatal das cidades gregas e romanas.

2. A DOUTRINA DE MAQUIAVEL

Nicolau Maquiavel, nascido em Florença em 1469, foi o mais avançado e influente entre os escritores da Renascença. Foi secretário da segunda chancelaria do *Domínio senhorial* e do *Ofício dos dez da liberdade e da paz* até 1512.

Escreveu Maquiavel a obra *Discursos sobre Tito Lívio*, em que glorifica a república romana e, baseado nos exemplos tirados da sua história, deduz os meios pelos quais podem as repúblicas expandir-se e durar.

Sua obra principal, denominada *O príncipe*, foi publicada em 1531, quatro anos depois da sua morte. Afirma-se que foi com o *imprimatur* da autoridade eclesiástica. Maquiavel tinha dedicado a obra a Juliano de Medicis, mas, em razão do falecimento deste, outra dedicatória foi feita a Lourenço de Medicis, sobrinho do Cardeal Giovani de Medicis, que seria logo depois o Papa Leão X. Ao que tudo indica, Maquiavel teria destinado a sua obra a todos os componentes da Casa dos Medicis, detentora do Domínio Senhorial de Florença, prestigiada pelo Papado e uma das mais poderosas oligarquias da Itália. Através da Casa dos Medicis esperava Maquiavel que fosse realizado o seu sonho de unificar os Estados italianos, formando uma nação poderosa capaz de restaurar as glórias do cesarismo.

Entretanto, essa ligação direta ou indireta com o Cardeal Giovani de Medicis, posteriormente elevado ao sumo pontificado romano, não envolve a Igreja na publicação da obra, pois a Casa dos Medicis era antes de tudo uma oligarquia política e guerreira, dominadora de Florença e uma das mais influentes entre as de todos os Estados italianos. Aliás, a Igreja romana, pelo pronunciamento do Arcebispo de Cantuária, desde logo considerou *O príncipe* como obra escrita *pela mão do diabo*. O escritor foi denunciado em 1557, como *impuro e celerado*, pelo Papa Paulo IV, e em seguida o Concílio de Trento o condenou *post mortem*, colocando o seu nome no *Índex*.

Nessa obra Maquiavel se desliga de todos os valores morais, tradições e princípios éticos, para pregar o oportunismo desenfreado e o cinismo como arte de governar. Analisando friamente as qualidades que devem orientar a ação do Príncipe, aconselha-o a mentir, a praticar toda sorte de crueldade, e ao mesmo tempo dissimular e fazer crer que a sua conduta é virtuosa. E acrescenta: *o cuidado maior de um Príncipe deve ser o da manutenção do seu Estado; os meios que ele utilizar para esse fim serão sempre justificados e terão o louvor de todos, porque o vulgo se deixa impressionar pelas aparências e pelos efeitos – e o vulgo é quem faz o mundo.*

O Príncipe, diz Maquiavel, *deve ser ao mesmo tempo amado e temido.* Mas, como isso não é sempre possível, é melhor que se faça temido, *isto porque,*

EVOLUÇÃO HISTÓRICA DO ESTADO – VI

dos homens em geral, se pode dizer que são ingratos, volúveis, falsos, tementes do perigo e ambiciosos de ganho. Enquanto se lhes fazem benefícios são todos fidelíssimos: oferecem seu sangue, seu dinheiro, sua vida, seus filhos, contanto que a necessidade esteja longe, mas quando esta chega, então se revoltam. O Príncipe que confia nas palavras dos homens sem procurar se garantir por outro lado, está perdido; porque as amizades que se conseguem, não por grandeza d' alma, mas por dinheiro ou favores, são, embora merecidas, amizades falsas que não podem ser levadas em conta na hora da adversidade.

... acima de tudo deve-se evitar despojar as pessoas dos seus bens, pois o homem esquece mais depressa a morte de seu pai do que a perda do seu dinheiro.

... se é preciso ofender alguém, que a ofensa seja de tal forma que não possibilite vingança.

... quando um Príncipe está à frente do seu exército, com uma multidão de soldados às suas ordens, então é absolutamente necessário que ele não dê a menor importância à pecha de cruel.

É bom que se saiba que existem dois modos de combater: pela lei ou pela força; o primeiro é próprio dos homens; o segundo, das feras; mas como sucede que o primeiro muitas vezes não basta, convém recorrer ao segundo.

Em suma: ao Príncipe tudo é permitido, até mesmo a infâmia, a hipocrisia, a crueldade, a mentira, contanto que atinja o seu escopo. Todos os meios que forem por ele utilizados no exercício do poder são admissíveis e justificados. A natureza humana e as circunstâncias de cada momento indicam os meios e os instrumentos de que o Príncipe deve lançar mão.

Uma das finalidades que Maquiavel tinha em vista, como já nos referimos, era a de libertar o seu país do domínio externo, porque, diz ele, *ad ognuno puzza questo barbaro dominio*. Com o pensamento voltado para esse fim, sugeriu o florentino meios imorais, baixos, repugnantes, mas possivelmente adequados ao momento histórico. Sobretudo, condizentes com a natureza humana, pois o próprio escritor afirmou que os seus conselhos perderiam a razão de ser, se porventura todos os homens fossem bons.

O brilhante sociólogo e publicista cearense, Abelardo Montenegro, em sua monografia *Maquiavel e o Estado*, focalizando a obra de Maquiavel pelo ângulo acima referido, observa, com razão, que "ele não firmou princípios para todos os séculos e para todos os homens. A generalidade dos seus princípios subordinava-se à permanência daqueles fatores que o levaram a fazer tal inferência. Enquanto os homens forem maus, quem quiser conservar o Estado terá que agir conforme sua preconização. E os séculos posteriores deram razão ao escritor florentino".

Sem embargo de ter sido o teórico do absolutismo monárquico, Maquiavel é considerado o fundador da ciência política moderna, pois as suas obras contêm os princípios doutrinários sobre os quais o Estado moderno assentou as suas bases.

Para Maquiavel toda organização política tem que partir do fato de que todos os homens são fundamentalmente maus; e essa é a razão por que a sua doutrina escandaliza os coevos quando liberta o Príncipe dos laços morais, desde que esteja em jogo o interesse do Estado – acentua Abelardo Montenegro.

Com efeito, entre as filosofias de Hobbes e Rousseau, diametralmente opostas no tocante à natureza humana, o pensamento político moderno inclina-se indisfarçavelmente para a teoria do *homo homini lupus...* que parece mais conforme com a realidade e também com os pressupostos legais que orientam a estrutura jurídica do Estado moderno. Repelem-se o *Leviatã* e *O príncipe*, pelo seu realismo chocante, no plano doutrinário, quando é certo que por eles se orientam os próprios Estados democráticos. É que nestes a prepotência se exerce em nome da liberdade. Talvez haja razão no que foi dito por Maquiavel: *o vulgo só se impressiona com as aparências; e o vulgo é quem faz o mundo.*

Essa verdade, aliás, foi desprezada pelo escritor, em relação à sua obra. Se ela teve acolhida nos meios científicos, pelo seu conteúdo, a ponto de ser considerada como marco inicial do direito público moderno, o vulgo a condenou pelas *aparências*, pelos exageros da linguagem e pelo seu acentuado teor de cinismo. Se os mesmos princípios fossem enunciados com um certo eufemismo o autor não seria tão *maquiavélico* como parece...

No que tange à atuação do Príncipe ou governante para defender e conservar a vida do Estado, onde a linguagem do escritor florentino é mais revoltante, os princípios traçados correspondem com a realidade. Já diziam os romanos que *salus publica suprema lex est*. E o Padre Antônio Vieira, em uma das fulgurações do seu gênio, pronunciou esta frase lapidar: *os reinos, não os pesa a Justiça na balança; mede-os na espada.*

Muitos escritores, finalmente, exaltam a doutrina de Maquiavel como "a mais bela e a mais plena afirmação da moralidade política", como vemos em Carlo Curcio (*La modernità de Machiavelli*). Essa doutrina não foi somente o sustentáculo do absolutismo monárquico que surgiu no limiar do mundo moderno. Em pleno século XX refloriu nos Estados autoritários. O próprio Mussolini, escrevendo *Prelúdios a Maquiavel*, em 1924, disse que no Estado fascista o maquiavelismo estava mais vivo do que na época do seu aparecimento.

XXV

EVOLUÇÃO HISTÓRICA DO ESTADO – VII

*1. O absolutismo monárquico. 2. Escritores da
Renascença. 3. John Locke e a reação antiabsolutista.*

1. O ABSOLUTISMO MONÁRQUICO

A supremacia do Papado sobre os monarcas, que marcou uma das principais características do Estado medieval, atingiu as raias do absolutismo, provocando a reação violenta do poder temporal. Aliás, no seio da própria cristandade formou-se a corrente reacionária, de fundo liberal-religioso, cristalizado na *Reforma*, sob inspiração e liderança de Luthero e Calvino. No campo propriamente político, principalmente, as pregações racionalistas dos escritores da Renascença levaram os titulares coroados dos grandes impérios a uma solução extremada, consistente na concentração de todos os poderes, de modo absoluto, nas mãos do monarca.

Terminada, assim, a Idade Média, instituiu-se, por força das circunstâncias, o monarquismo absolutista, que corresponde a uma época de transição para os tempos modernos.

Enquanto o velho edifício feudal se vai desmoronando aos poucos, surgem as monarquias absolutistas em Espanha, França, Prússia, Áustria etc. Mesmo nos países de mais firmes tradições católicas, ganha terreno o monarquismo absolutista. Na própria Rússia forma-se a monarquia absoluta com a dinastia dos Romanofs.

O fortalecimento do poder central era o único meio de se restabelecer a unidade territorial dos reinos. Sem a concentração de poderes, ou seja, fora da ideia do absolutismo monárquico, não havia possibilidade de se promover a unidade nacional dentro do Estado moderno. Tanto assim que onde tal fenômeno não se positivou o Estado se dividiu, como ocorreu, por exemplo, na Alemanha e na Polônia.

A Monarquia absoluta assentava-se sobre o fundamento teórico do direito divino dos reis, com evidentes resquícios das concepções monárquicas assírias e hebraicas. A autoridade do soberano era considerada como de natureza divina e proveniente diretamente de Deus. O poder de *imperium*

138 TEORIA GERAL DO ESTADO

era exercido exclusivamente pelo Rei, cuja pessoa era sagrada e desligada de qualquer liame de sujeição pessoal: "sua soberania é perpétua, originária e irresponsável em face de qualquer outro poder terreno, ainda que espiritual" – doutrinara Bodin.

2. ESCRITORES DA RENASCENÇA

Jean Bodin, francês, e Giovanni Botero, italiano, foram os grandes doutrinadores do absolutismo monárquico, no século XVI. Escreveu Bodin uma obra em seis livros intitulada *De la République*, e Botero escreveu várias obras de destaque, entre as quais *Raison d'État*, *Relations universalles* e *Des causes de la grandeur et de la magnificence des cités*, obras essas consoantes com as prédicas de Maquiavel e que exerceram grande influência no pensamento político da primeira metade do século XVII. Aliás, sem embargo de ter sido membro da ordem dos jesuítas, secretário de São Carlos Borromeu, Arcebispo de Milão, doutrinou Botero, seguindo as pegadas de Maquiavel, que o Príncipe deve adotar meios que não estão sempre de acordo com a moral evangélica, principalmente quando se trata de combater os hereges. E acrescenta: *o Príncipe deve conduzi-los à verdadeira religião, seduzindo-os com favores, e deverá empregar meios violentos quando o favor não der resultado.*

Tais escritores, partidários do poder absoluto dos reis, são chamados *monarcolatros.* Nessa corrente, merecem menção Jerônimo Vita, italiano, autor de *De optimo statu republicae* (1550), François Hotman, francês, autor de *Franco Gallia* (1573), Buchanan, escocês, autor de *De jure regni apud scotos* (1600), e Althusius, alemão, autor de *Politica metodice digesta* (1602). Mesmo entre os jesuítas, além de Botero, existiram monarcolatros, como Suarez, autor de um tratado intitulado *De gebus*, e Mariana, autor de *De rege.*

As monarquias absolutas, desconhecendo qualquer limitação do poder, chegaram a reduzir a ideia de soberania a um conceito simplista de *senhoria real*, próprio do mundo feudal (o Rei, individualmente, é o proprietário do Estado). Assim como a propriedade é direito exclusivo do dono sobre a coisa, o poder de *imperium* é direito absoluto do Rei sobre o Estado. A partir da segunda metade do século XVI, o poder real assume, desta forma, o duplo conceito: de *senhoriagem*, próprio do feudalismo, e de *imperium* na significação extremada que lhe davam os antigos imperadores romanos.

EVOLUÇÃO HISTÓRICA DO ESTADO – VII

É o que nos ensina Pedro Calmon, citando Léon Duguit: a realeza que funda o Estado moderno associa as concepções latina e feudal da autoridade – *imperium* e *senhoriagem.*

Luiz XIV, cognominado Rei Sol, que foi o paradigma dos monarcas absolutos, dizia-se a personificação do Estado – *L'Etat c'est moi.* E Luiz XV, que o sucedeu, declarou textualmente: *nós não temos a nossa coroa senão de Deus e o direito de fazer as leis nos pertence sem coparticipação ou dependência.*

Idêntica afirmação fizera Carlos I quando levado ao patíbulo pelas forças vitoriosas da revolução de Cromwell: "a liberdade do povo consiste nas leis que lhe assegurem a vida e bens próprios, nunca no direito de se governar por si mesmo. Este direito é do soberano".

3. JOHN LOCKE E A REAÇÃO ANTIABSOLUTISTA

As pregações racionalistas, porém, incutiram no espírito das populações sofredoras e escravizadas uma clara consciência da noção de liberdade, dos direitos intangíveis dos indivíduos, abalando profundamente a estrutura do monarquismo absolutista.

Na formação dessa nova mentalidade se destacou a figura gigantesca de John Locke, que prega o antiabsolutismo, a limitação da autoridade real pela soberania do povo, a eliminação dos riscos da prepotência e do arbítrio.

Em sua obra *Segundo tratado do governo civil*, baseada nos princípios liberais da teoria contratualista, prega a distinção entre os poderes Legislativo e Executivo, bem como o *direito de insurreição dos súditos.* Em caso de conflito entre o poder governante e o povo, deve prevalecer a vontade soberana da comunidade nacional, que é a fonte única do poder.

A obra de Locke é a justificação doutrinária da revolução de 1688, e, ao mesmo tempo, o alicerce do magnífico sistema parlamentarista que vigora na Inglaterra desde 1695.

O Estado, segundo a doutrina de Locke, resulta de um contrato entre o Rei e o Povo, contrato esse que se rompe quando uma das partes lhe viola as cláusulas. Os direitos naturais do homem são anteriores e superiores ao Estado, por isso que o respeito a esses direitos é uma das cláusulas principais do contrato social. A monarquia absoluta, como forma de governo, desconhecendo limitações de qualquer natureza, é incompatível com os justos fundamentos da sociedade civil. Se os homens adotaram a forma de vida em sociedade e organizaram o Estado, fizeram-no em seu próprio benefício, e não é possível, dentro dessa ordem, que o poder se afirme com mais intensidade do que o bem público o exige.

Em sua obra *Ensaios sobre o governo civil*, considerada como o "catecismo protestante antiabsolutista", Locke refuta o absolutismo de Filmer, na primeira parte, e na segunda desenvolve a teoria contratualista de Hobbes. Parte das mesmas hipóteses de Hobbes, no tocante ao estado de natureza, porém contesta o princípio *bellum omnium contra omnes,* chegando, assim, a conclusões diversas. Sustenta que o homem, no estado de natureza, possuía razão e era refreado por sentimentos de equidade. De tal forma, cada homem poderia, se o quisesse, conservar a sua liberdade. Mas, como faltasse uma autoridade capaz de garantir o exercício dos direitos de liberdade, os indivíduos consentiram em se despojar de uma parte dos seus direitos, outorgando ao Estado as faculdades de superintender a ordem civil, julgar e punir os transgressores da lei e promover a defesa externa. Isso foi estabelecido por meio de um contrato social. Consequentemente, os órgãos investidos de autoridade pública não podem abusar dela, uma vez que essa autoridade lhes foi confiada para o fim de proteção dos direitos individuais. Se o governo abusa dessa autoridade, viola o contrato, e, neste caso, o povo reassume a sua soberania originária. Vale dizer que o povo, por conservar a sua vontade, que é intransferível, tem o direito à sublevação.

Para Locke a propriedade privada é um direito natural: o Estado não cria a propriedade, mas a reconhece e protege.

Em *Cartas sobre a tolerância* prega Locke a laicização completa do Estado moderno, afirmando que a escolha de uma religião deve ser livre, sem dependência do Estado. O poder civil deve limitar-se às coisas temporais, nada tendo a ver com as religiões.

Essa doutrina liberalista, profundamente dignificadora da espécie humana, foi sustentada por inúmeros filósofos, juristas e publicistas dos séculos XVII e XVIII, notadamente por Montesquieu e pelo gênio fulgurante de Rousseau. Estava preparada a resistência invencível, impulsionada pela vontade transcendente das massas sacrificadas, que viria culminar com a revolução francesa, abrindo uma nova era na história da civilização humana.

XXVI

EVOLUÇÃO HISTÓRICA DO ESTADO – VIII

1. O liberalismo na Inglaterra. 2. América do Norte. 3. França. 4. Declaração dos Direitos Fundamentais do Homem.

1. O LIBERALISMO NA INGLATERRA

O liberalismo teve o seu berço na Inglaterra, e, assim, é na história desse país que vamos encontrar as suas origens.

O próprio termo *liberalismo* tem a seguinte origem: O segundo *Bill of Rights* que o Parlamento impôs à Coroa, em 1689, em um dos seus treze artigos que estabeleciam os princípios de liberdade individual, especialmente de ordem religiosa, autorizava o porte de armas pelos cidadãos ingleses que professavam a religião protestante, para que pudessem defender as suas franquias constitucionais. Foi precisamente esse sistema de liberdade defendida pelas armas que recebeu, na época, a denominação de liberalismo.

O absolutismo monárquico, que surgiu no fim da Idade Média e triunfou em todo o continente europeu, procurou instalar-se na Inglaterra com Carlos I, mas ali encontrou a reação de uma consciência liberal já amadurecida, cujo processo de evolução se iniciara com a revolta das baronias em 1215.

O sistema inglês era de uma monarquia constitucional, limitada pelo Parlamento como expressão da soberania do povo. Quando Carlos I pretendeu instalar o absolutismo e chegou ao ponto de entrar no Parlamento e prender os líderes da oposição, o movimento revolucionário de Cromwell, que vinha da Escócia, marchou sobre Londres e destronou o Rei. Julgado por um conselho de oficiais, Carlos I foi condenado à morte e executado em 30 de janeiro de 1649.

Embora em regime nominalmente republicano, o próprio Cromwell se transformou em ditador absoluto, durante dez anos, tendo dissolvido o Parlamento pela força policial. Em seguida, formou novo Parlamento, que também se opôs ao absolutismo e foi igualmente dissolvido. O terceiro Parlamento continuou a mesma luta do espírito liberal contra as pretensões absolutistas de Cromwell e dos seus sucessores.

142 TEORIA GERAL DO ESTADO

Três *Declarações de Direitos*, em 1679, 1689 e 1701, incorporadas ao sistema constitucional inglês, assinalam as principais vitórias do Parlamento, nessa luta de quase um século para refrear os ímpetos absolutistas dos monarcas que pretenderam sustentar o velho princípio da origem divina do poder.

Finalmente, no limiar do século XVIII, consolidou-se naquele país o princípio da monarquia de direito legal, com os seus corolários: tripartição do poder, sistema representativo, preeminência da opinião nacional e intangibilidade dos direitos fundamentais do homem.

Especificando certos direitos essenciais, o *Bill of Rights* de 1689 firmou os seguintes princípios: o Rei não pode, sem consentimento do Parlamento, cobrar impostos, ainda que sob a forma de empréstimos ou contribuições voluntárias; ninguém poderá ser perseguido por haver-se recusado ao pagamento de impostos não autorizados pelo Parlamento; ninguém poderá ser subtraído aos seus juízes naturais; o Rei não instituirá, em hipótese alguma, jurisdições excepcionais ou extraordinárias, civis ou militares; o Rei não poderá, em caso algum, fazer alojar em casas particulares soldados de terra ou mar etc.

2. AMÉRICA DO NORTE

Tais princípios, que mais tarde passariam a figurar nas Constituições de todos os Estados liberais, refletiram-se primeiramente na América do Norte, sendo proclamados na Declaração de Virgínia, em 1776, na Constituição Federal de 1787 e em todas as Constituições estaduais das antigas colônias inglesas que compuseram a federação norte-americana.

Foi sob a influência das ideias liberais irradiadas da metrópole que os povos norte-americanos, na declaração conjunta de independência, em data de 4 de julho de 1776, consignaram esta magnífica súmula dos ideais que nortearam a sua arrancada heroica pela independência e pela liberdade:

> *Cremos axiomáticas as seguintes verdades: que os homens foram criados iguais; que lhes conferiu o Criador certos direitos inalienáveis, entre os quais o de vida, o de liberdade e o de procurarem a própria felicidade; que para a segurança desses direitos se constituíram entre os homens governos, cujos justos poderes emanam do consentimento dos governados; que sempre que qualquer forma de governo tenda a destruir esses fins assiste ao povo o direito de mudá-la ou aboli-la, instituindo um novo governo cujos princípios básicos e organização de poderes obedeçam às normas*

*que lhe pareçam mais próprias a promover a segurança e a felici-
dade gerais.*

Precisamente quando o governo, desnaturado pelos arroubos absolutistas de Jorge III, espezinhava os direitos dos seus súditos americanos,
impondo tributos escorchantes e exercendo violências policiais, o povo das
treze colônias, já entusiasmado pelas ideias republicanas que Lafayette
viera pregar no novo mundo, valeu-se do *direito de rebelião* proclamado
na doutrina de John Locke: quando um governo se desvia dos fins que
inspiraram a sua organização, assiste ao povo o direito de substituí-lo por
outro condizente com a vontade nacional. A justificação doutrinária da
guerra pela emancipação, redigida por Jefferson, contém os fundamentos
da filosofia política norte-americana.

3. FRANÇA

O liberalismo ganhava terreno, ao mesmo tempo, na França, sob a
liderança de Montesquieu, Voltaire, D'Argenson e outros que formariam a
famosa corrente dos enciclopedistas. Helvetius, Holbach, Mably, Condorcet
e inúmeros outros revolucionários, empolgados principalmente pelo gênio
fulgurante de Rousseau, abriram ao homem a estrada larga da democracia
que deveria levar o povo escravizado a um mundo novo e melhor.

A França, que era a caldeira fervente das ideias liberais, estava destinada a conseguir a vitória das ideias democráticas para si e para o mundo
inteiro.

A monarquia absolutista dos Bourbons mantinha a divisão social em
três classes – Nobreza, Clero e Povo – ou *Três Estados*, cada qual com as
suas leis, a sua justiça e o seu sistema tributário. A nobreza e o alto clero,
somando menos de dez por cento da população francesa, desfrutavam de
todos os privilégios e eram os sustentáculos ativos da legitimidade *aristo-
crático-monárquica*, enquanto o povo se arrastava na escravidão e na miséria, ao lado do fabuloso esplendor das Cortes. A monarquia absolutista
deixara de convocar a Assembleia dos Três Estados, desde 1614, suprimindo, assim, qualquer participação ou ação fiscalizadora do Terceiro Estado
no plano governamental. A partir de 1750, intensificou-se a luta subterrânea
do princípio democrático contra o regime dominante. Em 1786 o Rei transigiu em parte, convocando a *Assembleia dos Notáveis* para uma reforma
fiscal. Já então Luiz XVI reconhecia que a sua posição se tornara insustentável, e o seu ato foi motivo de *blague* entre o povo: dizia-se abertamente
nas ruas que *le roi donne sa demission...*

144 TEORIA GERAL DO ESTADO

A convocação da Assembleia dos Notáveis não produziu efeito no espírito público, porque esse órgão não representava o povo, e porque a reforma fiscal só podia ser consentida pelos Três Estados. Em 17 de junho de 1789 a Assembleia do Terceiro Estado decidiu chamar-se Assembleia Nacional, enfrentando corajosamente o poder real. Era o início da revolução. A 14 de julho o povo apoderou-se da Bastilha, que era considerada como símbolo do absolutismo. Em seguida, a Assembleia Nacional assumiu o poder constituinte, empenhando-se na elaboração da Carta Constitucional da República.

A revolução popular de 1789, baseada nas ideias liberais do século XVIII, nivelou os *Três Estados*, suprimiu todos os privilégios e proclamou o princípio de soberania nacional. Foram estas as máximas da revolução: todo governo que não provém da vontade nacional é tirania; a nação é soberana e sua soberania é una, indivisível, inalienável e imprescritível; o Estado é uma organização artificial, precária, resultante de um pacto nacional voluntário, sendo o seu destino o de servir ao homem; o pacto social se rompe quando uma parte lhe viola as cláusulas; não há governo legítimo sem o consentimento popular; a Assembleia Nacional representa a vontade da maioria que equivale à vontade geral; a lei é a expressão da vontade geral; o homem é livre, podendo fazer ou deixar de fazer o que quiser, contanto que a sua ação ou omissão não seja legalmente definida como crime; a liberdade de cada um limita-se pela igual liberdade dos outros indivíduos; todos os homens são iguais perante a lei; o governo destina-se à manutenção da ordem jurídica e não intervirá no campo das relações privadas; o governo é limitado por uma Constituição escrita, tendo esta como partes essenciais a tripartição do poder estatal e a declaração dos direitos fundamentais do homem etc.

Instituía-se assim o Estado liberal, baseado na concepção individualista.

4. DECLARAÇÃO DOS DIREITOS FUNDAMENTAIS DO HOMEM

Com tal orientação político-filosófica, a Assembleia Nacional proclamou imediatamente a célebre *Declaração dos Direitos do Homem e do Cidadão*, encimada pelo seguinte preâmbulo:

> *Os representantes do povo francês, constituídos em Assembleia Nacional, considerando que a ignorância, o esquecimento ou o desprezo dos direitos do homem são as únicas causas das desgraças*

públicas e da corrupção dos governos, resolveram expor, numa declaração solene, os direitos naturais, inalienáveis, e sagrados do homem...

O povo, que constituía o Terceiro Estado no *ancien regime*, assumiu o poder, representado pela Assembleia Nacional que elaborou e promulgou a primeira Constituição da República em 1791. Em decorrência das contrarrevoluções que se registraram no conturbado panorama francês, no fim do século XVIII e começo do século XIX, outras Constituições foram promulgadas, sendo a segunda a Constituição girondina de 1793.

Todas as Cartas Magnas do Estado liberal implantado pela revolução francesa inseriram com destaque o conceito altissonante do primeiro dos direitos naturais e sagrados do homem, o direito de liberdade, que consiste em *poder fazer tudo o que não for contrário aos direitos de outrem*. Não cogitaram essas Constituições dos direitos sociais, nem dos deveres dos indivíduos para com a sociedade. Essa preocupação individualista, como adiante veremos, levaria o Estado liberal à decadência.

A partir da Constituição de 4 de junho de 1814, os direitos do homem passaram a receber definições mais racionais e objetivas, de modo que foi esse diploma político o modelo mais adequado das Constituições de todos os Estados liberais. Os direitos do homem – inatos, inalienáveis, irrenunciáveis e imprescritíveis, anteriores e superiores ao próprio Estado – foram catalogados sob uma tríplice divisão: *a*) direitos políticos (de cidadania); *b*) direitos públicos, propriamente ditos (civis positivos); e *c*) direitos de liberdade (civis negativos). Esses últimos são exatamente os direitos *fundamentais* do homem, que justificam a sua livre atividade no mundo exterior, sem limites outros que não sejam as justas restrições consignadas na Constituição e nas leis ordinárias complementares.

O governo da Assembleia Nacional, convivendo com a Coroa, não logrou consolidar-se nem estabelecer a paz interna. A Convenção, que sucedeu a Assembleia, levou a feito a execução dos soberanos destronados e, praticamente, implantou o terror, temendo a reação que se esboçava no seio da Nobreza e do Clero, pois estes desfrutavam ainda de largo prestígio e ameaçavam a sobrevivência da ordem liberal. Foi assim que o governo sanguinário da Convenção, *em nome da liberdade*, cometeu toda sorte de injustiças e violências, as quais levaram de roldão as cabeças dos próprios líderes proeminentes como Danton, Saint Just, Herbert, Camile Desmolins e muitos outros, inclusive o próprio Robespierre.

A Constituição do Ano III criou o governo do Diretório, com o Conselho dos 500 e o Conselho dos Anciãos, este à maneira do antigo Senado Romano. Foi esse o governo de uma *oligarquia mascarada*, na expressão de Albert Vandal. A violência da revolução e das contrarrevoluções impedia a consolidação da ordem republicana. Em curtos intervalos o Estado liberal francês modificou várias vezes as ideias místicas que lhe serviram de fomento doutrinário. Thiers assim resume os primeiros estágios dessa evolução: 1789, liberdade; 1800, grandeza; 1815, paz e ordem. Nesse período, entre 1791 e 1814, teve a França dez Constituições.

O governo do Diretório foi dissolvido pelo exército, que impôs um Triunvirato de Cônsules. Napoleão Bonaparte, primeiro Cônsul, fez-se Cônsul decenal, depois vitalício, e, afinal, imperador, restabelecendo, assim, o absolutismo de Luiz XIV, com apenas a diferença de que o *Rei Sol* proclamava que a sua majestade provinha de Deus, enquanto Napoleão se dizia investido da realeza pelo povo. Embora repelindo qualquer limitação do poder, Napoleão insistia em dar ao seu império o aspecto constitucional.

A derrota de Napoleão e a consequente invasão da França pelas tropas de Wellington e Blutcher ocasionaram a restauração dos Bourbons: Luiz XVIII assume o poder, porém como rei constitucional, sendo sucedido por Carlos X (Conde de Artois). A nova revolução popular de 1830 elevou ao poder o Duque de Orleans, sucedido pelo inteligente e magnânimo Luiz Felipe até que, em 1848, foi instaurada a Segunda República, cabendo a presidência ao Príncipe Luiz Napoleão, que governou durante vinte e dois anos, embora com acentuada prepotência.

A república de 1848 caminhou desde logo para a formação do Segundo Império, reeditando as aventuras guerreiras de Bonaparte e levando o país à catástrofe militar de Sedan (1870), quando o povo, a grande massa espoliada, já se empenhava em nova luta pela liberdade, agora contra as forças escravizadoras geradas pelo próprio liberalismo.

XXVII

A DECADÊNCIA DO LIBERALISMO

1. O Estado liberal, seus erros e sua decadência. 2. A encíclica "Rerum Novarum" – Doutrina Social da Igreja. 3. O Estado evolucionista.

1. O ESTADO LIBERAL, SEUS ERROS E SUA DECADÊNCIA

O Estado liberal, marcando o advento dos tempos modernos, correspondia nos seus lineamentos básicos com as ideias então dominantes. Era a realização plena do conceito de direito natural, do humanismo, do igualitarismo político que os escritores do século XVIII deduziram da natureza racional do homem, segundo a fórmula conclusiva de que "os homens nascem livres e iguais em direitos; a única forma de poder que se reveste de legitimidade é a que for estabelecida e reconhecida pela vontade dos cidadãos".

Quer sob a forma de monarquia constitucional, quer sob a forma republicana, a organização traduzia os ideais que empolgaram o mundo ao tempo das revoluções populares inglesa, norte-americana e francesa: soberania nacional, exercida através do sistema representativo de governo; regime constitucional, limitando o poder de mando e assegurando a supremacia da lei; divisão do poder em três órgãos distintos (Legislativo, Executivo e Judiciário) com limitações recíprocas garantidoras das liberdades públicas; separação nítida entre o direito público e o direito privado; neutralidade do Estado em matéria de fé religiosa; liberdade, no sentido de não ser o homem obrigado a fazer ou deixar de fazer alguma coisa senão em virtude de lei; igualdade jurídica, sem distinção de classe, raça, cor, sexo, ou crença; igual oportunidade de enriquecimento e de acesso aos cargos públicos, às conquistas da ciência e à cultura universitária; não intervenção do poder público na economia particular...

Era esse, pelo menos, o arcabouço teórico do Estado liberal. Entretanto, estava muito longe de corresponder essa teoria com a realidade. Assim como a República de Platão, que fora arquitetada no mundo das ideias, o Estado liberal seria realizável, como se disse algures, numa coletividade de deuses, nunca numa coletividade de homens.

148 TEORIA GERAL DO ESTADO

Empolgados pelas novas ideias racionalistas, fortemente sedutoras, mas impregnadas de misticismo, os construtores do Estado liberal perderam de vista a realidade. Desconheceram (e isto foi o seu maior erro) uma das mais importantes revoluções que a história política do mundo registra – *a revolução industrial* –, que se iniciara na Inglaterra em 1770 e que modificaria fatalmente a realidade social em todos os países, criando problemas até então desconhecidos, mas perfeitamente previsíveis. Processada à ilharga da revolução popular francesa, continuaria pelos tempos modernos a hostilizar cada vez mais o Estado liberal, minando os alicerces da sua estrutura.

Em verdade, o liberalismo que se apresentara perfeito na teoria bem cedo se revelou irrealizável por inadequado à solução dos problemas reais da sociedade. Converteu-se no reino da ficção, *com cidadãos teoricamente livres e materialmente escravizados*.

A revolução industrial apresentara ao mundo um novo tipo de homem até então desconhecido: o operário de fábrica. O aparecimento das máquinas produziu o desemprego em massa. Cada nova máquina introduzida na organização industrial jogava à rua centenas de milhares de empregados. O trabalho humano passa a ser negociado como mercadoria, sujeito *à lei da oferta e da procura*. O operário se vê compelido a aceitar salários ínfimos e a trabalhar quinze ou mais horas por dia para ganhar o mínimo necessário à sua subsistência. A mulher deixa o lar e procura no trabalho das fábricas um reforço ao salário insuficiente do marido. As crianças não podem frequentar as escolas e são atiradas ao trabalho impróprio, prejudicial à sua formação física e moral, na luta pela subsistência que o pai não pode prover. E, assim, o liberalismo trazia mais no seu bojo, inconscientemente, a desintegração da família.

Quando colhido pela doença ou pela velhice quase sempre precoce, outra alternativa não restava ao operário senão estender a mão à caridade pública.

Por outro lado, o contraste era chocante: fortunas imensas se acumulavam nas mãos dos dirigentes do poder econômico; o luxo, a ostentação, a ânsia irrefreada de ganhar cada vez mais criaram o conflito entre as classes patronais e assalariadas. Organizaram-se as grandes empresas, os *trusts*, os cartéis, os monopólios e todas as formas de abuso do poder econômico, acentuando-se cada vez mais o desequilíbrio social. E o Estado liberal a tudo assiste de braços cruzados, limitando-se *a policiar* a ordem pública. É o Estado-Polícia (*L'Etat Gendarme*). Indiferente ao drama doloroso da imensa maioria espoliada, deixa que o forte esmague o fraco, enquanto a igualdade se torna uma ficção e a liberdade uma utopia.

A DECADÊNCIA DO LIBERALISMO

Sem dúvida, eram anti-humanos os conceitos liberais de igualdade e liberdade. Era como se o Estado reunisse num vasto anfiteatro lobos e cordeiros, declarando-os livres e iguais perante a lei, e propondo-se a dirigir a luta como árbitro, completamente neutro. Perante o Estado não havia fortes ou fracos, poderosos ou humildes, ricos ou pobres. A todos, ele assegurava os mesmos direitos e as mesmas oportunidades...

Ressalta à evidência a desumanidade daqueles conceitos, porque os indivíduos são naturalmente desiguais, social e economicamente desiguais, devendo, por isso, ser tratados desigualmente, em função do justo objetivo de igualizá-los no plano jurídico. Além disso, não basta que o Estado proclame o direito de liberdade, é preciso que ele proporcione aos cidadãos a possibilidade de serem livres.

Em menos de meio século, tudo o que o liberalismo havia prometido ao povo redundou em conquistas e privilégios das classes economicamente dominantes.

As multidões espoliadas, oprimidas, sem lar, sem agasalhos, sem pão, sem a fé em Deus, que o infortúnio faz desaparecer do coração dos homens, começam a reagir violentamente contra as injustiças sociais, já agora arregimentadas sob a bandeira do socialismo materialista, levando o Estado liberal ao dilema de reformar-se ou perecer.

2. A ENCÍCLICA "RERUM NOVARUM" – DOUTRINA SOCIAL DA IGREJA

Foi nessa gravíssima situação, nessa perigosa encruzilhada dos destinos humanos, que surgiu uma manifestação formal, clara e positiva, da Igreja Romana, através da encíclica *Rerum Novarum*, de Leão XIII, em 15 de maio de 1891, traduzida literalmente como *Das Coisas Novas*. Essa encíclica, na prática, iniciou a sistematização do pensamento social católico recebendo o título de Doutrina Social da Igreja. Traçou o Sumo Pontífice um quadro fiel da angustiante situação, analisou as suas causas determinantes e apontou, com segurança e descortínio, os rumos pelos quais se salvaria a nau do Estado democrático prestes a naufragar em mar tempestuoso.

Refutando os princípios do coletivismo materialista e colocando a pessoa humana no lugar que lhe compete como criatura de Deus, verberou o Santo Papa o fato de se apresentarem *de um lado a onipotência na opulência, uma facção que, senhora absoluta da indústria e do comércio, torce o curso das riquezas e faz correr para o seu lado todos os mananciais;*

facção que, aliás, tem nas mãos mais de um motor da administração pública; de outro lado, a fraqueza na indigência, uma multidão com a alma ulcerada, sempre pronta para a desordem.

Acentua-se que *pouco a pouco os trabalhadores, isolados e sem defesa, têm-se visto, com o decorrer do tempo, entregues à mercê de senhores desumanos e à cupidez de uma desenfreada concorrência.*

Deve-se acrescentar o monopólio do trabalho e dos papéis de crédito, que se tornam o quinhão de um pequeno número de ricos e de opulentos, os quais exercem um jugo quase servil sobre a imensa multidão dos proletários.

Depois de condenar fundamentalmente o extremismo marxista, propõe o Santo Papa as medidas necessárias ao restabelecimento do equilíbrio social, tais como: fixação de um salário mínimo compatível com a dignidade humana, limitação das horas de trabalho, regulamentação do trabalho da mulher e dos menores, amparo à gestação e à maternidade, direito de férias, indenização por acidentes, amparo à velhice, assistência nos casos de doenças, organização da previdência social etc.

O que é vergonhoso e desumano – acentua Leão XIII – *é usar dos homens como vis instrumentos de lucro e não os estimar senão na proporção do vigor de seus braços.*

Ninguém certamente é obrigado a aliviar o próximo privando-se do seu necessário, ou do de sua família, nem mesmo a nada suprimir do que as conveniências impõem à sua pessoa. Mas desde que haja suficientemente satisfeito à necessidade e ao decoro, é um dever lançar o supérfluo no seio dos pobres.

Inegavelmente, foi a encíclica *Rerum Novarum* um farol luminoso a dissipar as trevas que envolviam a realidade social. Alertado por esse valioso documento histórico, o Estado liberal passou a intervir no setor econômico, procurando conjurar o perigo que o ameaçava.

Depois de quarenta anos foi a grande encíclica reafirmada e atualizada pela *Quadragesimo Anno* (*No Quadragésimo Ano*), de Pio XI, e, depois de 80 anos, pela *Octogesima Adveniens* (*Chegando a Octogésima*), de Paulo VI, continuando pelos tempos presentes e vindouros como eterno luzeiro da humanidade.

A Doutrina Social da Igreja, embora não tenha finalidade política, constitui importante fonte de inspiração para os cristãos, abordando o pensamento católico sobre os mais importantes temas que afligem atualmente o mundo globalizado, como trabalho e família, função social do Estado,

A DECADÊNCIA DO LIBERALISMO   151

iniciativa privada, participação na vida social e política, democracia, respeito humano, entre outros.

Compõem a Doutrina Social da Igreja, além das encíclicas já citadas, numerosos outros documentos papais, destacando-se, na atualidade, a encíclica do Papa Francisco *Laudato si*, onde faz um apelo global combatendo a degradação ambiental, as alterações climáticas e critica o consumismo e o desenvolvimento irresponsável, e as Encíclicas de Bento XVI: *Deus Caritas Est*, de 2005, dirigida aos bispos, aos presbíteros e aos diáconos, e *Caritas in Veritate*, de 2009, tratando de temas socioeconômicos no mundo globalizado. Destacam-se, também: *Mater et Magistra*, de 1961, e *Populorum Progressio*, de 1967, ambas de João XXIII; *Laborem Exercens*, de 1981, e *Centesimus Annus*, de 1991, ambas de João Paulo II, esta última logo após a Queda do Muro de Berlim.

3. O ESTADO EVOLUCIONISTA

Se a função primordial do Estado consiste em assegurar condições gerais de paz social e prosperidade pública, cumpre-lhe, efetivamente, intervir na ordem socioeconômica, impor restrições ao capital, prevenir os litígios, remover as injustiças, edificar um mundo melhor onde a felicidade seja possível a todos os homens e o império da justiça seja uma realidade. Cumpre-lhe substituir o lema ortodoxo *fiat justitia pereat mundus* por uma divisa mais consentânea com o mundo moderno: *fiat mundus, pereat justitia.*

A crítica demonstrou sempre, e com exuberante evidência, a inconsistência dos princípios teóricos do liberalismo, mas não chegou ainda a uma conclusão definitiva quanto à solução do problema. O socialismo comunista, de um lado, o fascismo e o nazismo, de outro lado, foram as mais destacadas tentativas de reestruturação básica do Estado moderno. O comunismo russo surgiu como uma solução extremista, diametralmente oposta ao liberalismo, enquanto o fascismo e o nazismo foram movimentos de dupla reação, contra a decadência liberal e contra os excessos do monismo estatal russo. Todos esses movimentos reacionários, entretanto, importam, praticamente, numa transposição dos erros do liberalismo para o plano coletivista. Não resolvem os inconvenientes do regime capitalista, que apenas se deslocam para a direção estatal, como se observa no mundo soviético.

De qualquer forma, ameaçado pelas duas extremas totalitárias, o Estado liberal foi colocado ante o dilema de reformar-se ou perecer. Efetivamente, onde ele permaneceu fraco e inerte, ocorreu a transformação violenta, surgindo o Estado revolucionário, como na Rússia, na Itália, na Alemanha, na Polônia e em vários países, como analisaremos nos capítulos seguintes. Quando não, o Estado liberal se transformou de maneira pacífica evoluindo para a forma social-democrática, através de reformas constitucionais e medidas legislativas. Tornou-se evolucionista, intervindo na ordem econômica, colocando-se como árbitro nos conflitos entre o capital e o trabalho, superintendendo a produção, a distribuição e o consumo.

Como veremos oportunamente, o Estado social-democrático, evolucionista, procura harmonizar as verdades parciais e inegáveis que existem tanto no individualismo como no socialismo. É o Estado-eclético, o Estado-composição entre as verdades eternas do individualismo e os imperativos da realidade sócio-ético-econômica do mundo moderno.

XXVIII

REAÇÃO ANTILIBERAL

1. O socialismo e a revolução russa. 2. O Estado soviético. 3. Observações. 4. Criação da CEI.

1. O SOCIALISMO E A REVOLUÇÃO RUSSA

A primeira reação antiliberal organizada foi o socialismo. Sua doutrinação começou no campo literário, no século XVIII, intensificando-se logo depois da implantação do Estado liberal, a par com a crítica da revolução francesa, até atingir o seu *clímax* com o *Manifesto comunista* de Marx e Engels, em 1848.

Até então, as ideias socialistas ou comunistas (ambas tinham o mesmo sentido) permaneciam no plano literário. Era o *socialismo utópico*, como agora se denomina. No terreno político, confundiam-se socialistas e anarquistas, por esposarem a mesma ideia da extinção do Estado, tanto que os principais líderes socialistas que doutrinaram em Paris nos meados do século XIX foram Louis Blanc, Joseph Proudhon, Miguel Bakunin, Natal Babeuf e outros qualificados por alguns autores como expoentes do anarquismo. Desse mesmo grupo heterogêneo, aliás, saíram Marx e Engels.

A partir da segunda metade do século XIX as correntes socialistas se cristalizaram no marxismo, que dá início ao chamado *socialismo científico*.

A obra de Marx, intitulada *O Capital*, condensa a doutrina marxista, enquanto o *Manifesto comunista*, assinado por Marx e Engels, foi o grito de guerra que ecoou pelo mundo inteiro, inspirando o socialismo revolucionário, e com este o socialismo de Estado.

As ideias marxistas proliferaram como sementeira lançada em terreno fértil. O Estado liberal, eivado de erros doutrinários, superado pelas realidades sociais, se tornara impotente para resolver o conflito, cada vez mais grave, entre as classes obreiras e patronais. Tal situação se agravara de maneira alarmante nos primeiros anos do século XX, ameaçando a estabilidade dos governos democráticos, os quais passaram a adotar medidas excepcionais de autodefesa.

154 TEORIA GERAL DO ESTADO

A guerra de 1914-1918, chamando aos setores da defesa externa as forças militares e as atenções dos estadistas, criou ambiente propício à transformação violenta da ordem constituída. Foi o que ocorreu na Rússia: enquanto o grosso do exército se desviara para as frentes de batalha, sofrendo os reveses impostos pelas armas alemãs, encontrando-se o país desorganizado, debatendo-se numa tremenda crise social e econômica, valeu-se a corrente socialista da confusão reinante, para suprimir a velha autocracia dos Czares.

A revolução que se desencadeia nos centros industriais de Petrogrado e Moscou é inspirada no *Manifesto comunista*, tendo por objetivo a inversão fundamental da ordem política, com a destruição da sociedade burguesa, a abolição da propriedade privada, a nacionalização das fontes de produção e a instauração da ditadura do proletariado.

Vitoriosa a revolução, abdicou o Czar em 15 de março de 1917. De acordo com o Comitê Executivo, a Duma nomeou o governo provisório, composto de representantes de todos os partidos. Tal solução de emergência, porém, não contentou o *Conselho de Operários e Soldados*, o que levou a assumir o poder o chefe do *Partido Socialista Revolucionário*, Kerenski, que foi um dos vultos mais proeminentes e de real mérito em toda a história da revolução russa.

A princípio a revolução socialista caminhava num sentido mais ou menos horizontal, tendendo para a estruturação de um *Estado liberal proletarista*, mas o governo provisório era idealista e fraco, o que permitiu que as correntes extremistas desfechassem a contrarrevolução e organizassem o *sovietismo*.

Contra o *Partido Socialista Revolucionário* levantara-se o *Partido Operário Russo Social-Democrático*, que desde logo se viu dividido em duas facções: *Menchevique* e *Bolchevique*.

O grupo *Bolchevique* (maioria), dirigido por Wladimir Ilitch Ulianov, conhecido mundialmente pelo nome de Lenin, apoderou-se do governo através da sua *Guarda Vermelha*, sob o comando de Trotsky, em novembro de 1917. Assumiu o poder o *Conselho de Operários*, sob a denominação *Congresso Nacional de Operários, Camponeses e Soldados*, confiando-se o poder executivo a um *Conselho de Comissários do Povo*, sob a presidência de Lenin.

O Estado, que se diz *comunista*, anuncia a nova ordem como *ditadura do proletariado*. Em verdade, porém, é a ditadura do Partido Bolchevista que se instaura, inaugurando o reino do terror: eliminação sumária dos adversários, luta feroz pelo extermínio da religião, estatização da economia, subordinação da justiça ao controle do executivo, concentração de poderes nas mãos do Presidente do Conselho e um simulacro de representação, consistente em conselhos, comitês, comissariados etc., cujos membros são eleitos segundo a vontade do partido único.

A convocação de uma Assembleia Constituinte, prevista e anunciada pela revolução bolchevista, realizou-se efetivamente, logo em dezembro de 1917, mas como Kerensky obtivesse esmagadora maioria, a Constituinte foi dissolvida por decreto de Lenin, em 18 de janeiro de 1918.

O *comunismo de guerra*, que se instaura, passa por sucessivas modificações, para dar lugar à chamada *Nova Política Econômica*, cujo arcabouço vem delineado nas Leis Fundamentais de 1918, 1925 e 1936. Sucederam-se as medidas governamentais de alcance econômico, tais como a abolição da propriedade da terra, a nacionalização dos bancos, a organização do comércio privado etc.

Em fevereiro de 1918 foi criado o Exército Vermelho de Operários e Camponeses. Em março foi transladada a capital, de Petrogrado para Moscou. Em julho o Partido Bolchevista determinou a execução do Czar e de toda a família imperial. Durante o período do *comunismo de guerra*, Lenin enfrentou com pulso de aço a guerra civil, o bloqueio estrangeiro, a desarticulação completa da indústria, do comércio, da lavoura, de todas as fontes de produção, sobretudo a calamidade da fome.

Depois de 1921 entra o país numa fase de recuperação nacional, com o renascimento da indústria, a organização dos sindicatos, a fundação do Banco do Estado etc. Na ordem jurídica, foi promulgada a *Declaração de Direitos do Povo Operário e Explorado*, publicado o Código Civil, sendo ainda elaboradas diversas leis fundamentais.

2. O ESTADO SOVIÉTICO

Segundo a Lei Fundamental de 1923, a URSS (União das Repúblicas Socialistas Soviéticas) era um tipo *sui generis* de confederação ou federação de Estados, visando uma cooperação efetiva de nações diversas para a manutenção da ordem socialista. A sua configuração política compreendia vários círculos autônomos, hierarquizados, tendo como órgão supremo o Congresso dos Soviets, composto de duas câmaras: o Soviet Federal e o Soviet das Nacionalidades.

O Soviet Federal (ou Soviet da União) era composto de representantes do povo, eleitos por quatro anos, na proporção de 1 por 25.000 habi-

156 TEORIA GERAL DO ESTADO

tantes. O Soviet das Nacionalidades, equivalente ao Senado dos Estados democráticos federativos, era composto de representantes das Repúblicas soviéticas unidas.

O Partido Bolchevista, ou Comunista, partido único, era o supervisor máximo de toda a organização política, social, econômica, administrativa e jurídica. A lei, em última análise, era uma expressão da vontade do partido. O mais alto posto de todos os departamentos estatais era ocupado pelo chefe do partido dominante.

Em resumo, eram características essenciais do Estado socialista russo: *a*) partido único; *b*) ditadura classista; *c*) governo coletivista integral e materialista; *d*) concentração de poderes no órgão executivo; *e*) eliminação da propriedade privada; *f*) estatização integral da economia; *g*) nacionalização das fontes de produção; *h*) imperialismo internacionalista.

3. OBSERVAÇÕES

Segundo o ideal *comunista*, o Estado seria um *mal necessário*, uma organização transitória, devendo extinguir-se por etapas. Atingido o estágio superior da ordem comunista, extinguir-se-ia o governo de pessoas, para dar lugar a um sistema de simples administração das coisas comuns.

Até 1936, pelos menos, essa era a doutrina. O Estado desapareceria como consequência do nivelamento das classes. Suprimidas estas, ao ser atingido o estágio superior da ordem comunista, cessariam as lutas, e com elas, a razão de ser do Estado.

Posteriormente, porém, o bolchevismo resolveu cancelar essa parte programática, mandando liquidar sumariamente os que a defendiam, notadamente o líder Pashunkanis, que foi um dos mais destacados teóricos do comunismo.

Assim, o *sovietismo*, firmando-se como uma ditadura classista, é uma negação do ideal comunista.

Tornou-se ainda uma negação do marxismo, desde que se degenerou num sistema de *capitalismo de Estado* e numa ditadura que Marx só previa como período de transição para a implantação da ordem socialista ideal.

A ideologia soviética se diz essencialmente dinâmica; seria uma *Revolução em marcha*. Por isso mesmo estaria sujeita a contínuas transformações, para atender aos novos fatores e adaptar-se aos novos fenômenos sociais. A *tática de recuos*, disse Lenin, faz parte dessa revolução em marcha para a conquista do mundo.

O Estado soviético era essencialmente ecumênico, transcendendo do campo interno para o internacional; pregava a união dos trabalhadores do mundo inteiro, açulando as reivindicações proletárias além das suas fronteiras e criando uma atmosfera de instabilidade e de agitação social, como convinha aos seus objetivos de expansão.

Nos últimos anos, porém, a história registrou a falência do modelo marxista corporificado pela extinta URSS.

Mikhail Gorbachev assumiu em março de 1985 a secretaria geral do Partido Comunista, disposto a modernizar o modelo então vigente, cujos sinais de exaustão já eram mais do que visíveis. Lançou, logo nos meses seguintes, o programa da "Perestroika" (reestruturação) e da "Glasnost" (transparência), compromissos de reforma da economia e das estruturas políticas. Em outubro de 1988, ampliou o seu poder político e foi eleito Presidente da URSS, cargo que em maio de 1989 acumulou com a presidência do novo Parlamento Soviético.

Em fevereiro de 1990, o Partido Comunista da União Soviética (PCUS) renuncia ao monopólio do poder, ao mesmo tempo em que começam a cair governos comunistas de países vizinhos do Leste Europeu.

Em 19 de agosto de 1991 ocorre uma tentativa frustrada de golpe por parte dos setores militaristas ortodoxos da URSS. Esse golpe frustrado acaba por consolidar os poderes políticos dos reformistas mais radicais, liderados por Boris Yeltsin, primeiro presidente da Rússia eleito por voto direto em junho de 1991, e precipita irremediavelmente o fim do modelo marxista então praticado e da própria URSS.

4. CRIAÇÃO DA CEI

Uma das primeiras manifestações da desintegração da URSS aconteceu em 11 de março de 1990, com a declaração de independência da Lituânia, seguida em 1991 pelas da Geórgia, Estônia, Letônia, Ucrânia e demais Estados. Em 8 de dezembro, os Presidentes da Rússia, Ucrânia e Bielorrússia, reunidos nos arredores da cidade bielorussa de Brest, firmaram o documento de criação da Comunidade dos Estados Independentes – CEI, no modelo confederativo, oferecendo-o para a adesão das demais repúblicas, numa ação direta e decisiva contra a estrutura da URSS, ainda comandada por Mikhail Gorbachev.

Com a adesão de mais nove Estados aos princípios ali expostos, consolidando a nova Confederação, e sem outra alternativa, a 25 de dezembro de 1991 Gorbachev renuncia e a bandeira soviética no Kremlim é arriada, marcando o fim da União das Repúblicas Socialistas Soviéticas.

Em seu discurso de renúncia e despedida, Gorbachev encontrou espaço para reafirmar sua fé comunista, dizendo que o PCUS não poderia ser responsabilizado pelos pecados de seus líderes. Registrou que a CEI nascia da dissolução de um Estado que ele tentara preservar a qualquer custo, e que as reformas haviam nascido do próprio Partido: "Foi no Partido que essas mudanças nasceram, e foram líderes do Partido que tiveram a coragem de lançar suas plataformas".

XXIX

REAÇÃO ANTILIBERAL
E ANTIMARXISTA

1. O fascismo e sua doutrina. 2. Organização do Estado fascista. 3. O sistema corporativo.

1. O FASCISMO E SUA DOUTRINA

O fascismo italiano, depois do comunismo russo, foi a mais notável tentativa levada a efeito no sentido de reformar as bases do Estado moderno. Apresentou-se como um movimento de dupla reação: contra a desintegração socioeconômica do liberalismo decadente e contra a infiltração do comunismo internacionalista.

No campo da filosofia política situou-se numa posição intermediária, entre o coletivismo e o individualismo, formulando a concepção de que o Estado é união de grupos ou corporações.

Eminentemente nacionalista, apresentou-se com as características do velho cesarismo romano, sonhando com o restabelecimento das glórias do passado imperial. Mais radical do que o bonapartismo, amparou-se na teoria do poder absoluto, segundo a fórmula do *Leviatã* de Hobbes. Não obstante tivesse antecedido ao nazismo, abeberou-se na fonte da filosofia alemã para deduzir uma ideologia própria, um sistema político especialíssimo, e, sobretudo, uma teoria original de soberania e de justificação do Estado, que Mussolini e Rocco assim enunciaram: *la dottrina fascista nega il dogma della sovranitá populare, che é ogni giorno smentito della realtá, e proclama in sua vece il dogma della sovranitá dello Stato* (A doutrina fascista nega o dogma da soberania popular, que é desmentido todos os dias pela realidade, e proclama em seu lugar o dogma da soberania do Estado).

Embora surgisse do oportunismo, sem doutrina, o fascismo, depois de consolidado no poder, passou a teorizar um sistema peculiar: o Estado é criador exclusivo do direito e da moral; os homens não têm mais do que o direito que o Estado lhes concede; o Estado é personificado no partido fascista, e este não encontra limites morais ou materiais à sua autoridade; todos os cidadãos e seus bens lhe pertencem; os opositores são considerados como traidores e sujeitos à justiça que é controlada pelo órgão executivo.

A nação, segundo a *Carta del Lavoro*, de 1927, "é a unidade moral, política e econômica, que se realiza integralmente no Estado fascista". E o Estado "é a unidade formada pela série infinita de gerações passadas, presentes e futuras, superando os indivíduos, com vida, fins e meios de ação, superiores, no poder e na duração, aos das pessoas que o compõem".

Colocando-se, portanto, em posição diametralmente oposta à concepção liberal proclama Mussolini que a nação não é elemento integrante do Estado. Ao revés, é criada pelo Estado, cabendo a este dar ao povo, consciente da sua unidade moral, uma vontade, consequentemente, uma existência efetiva. Nos termos da filosofia alemã hegeliana, afirmou que o Estado é o *absoluto*, diante do qual, indivíduos e grupos são o *relativo*. Daí a sua célebre divisa: *Tudo dentro do Estado, nada fora do Estado, nada contra o Estado*. A esse extremismo monista Pio XI deu a denominação de *estatolatria* – endeusamento do Estado.

É evidente a afinidade entre o fascismo e a doutrina do famoso secretário florentino, exposta no livro *O príncipe*, tanto que o próprio Mussolini, escrevendo *Prelúdios a Maquiavel*, em 1924, mencionou que na atualidade italiana o maquiavelismo estava mais vivo do que na época do seu aparecimento.

Na ordem econômica o fascismo condenou formalmente o liberalismo e o socialismo marxista. Pretendeu pôr fim à luta de classes pela organização sindicalista, agrupando nas mesmas *corporações* todos os membros de cada ramo da produção, sem distinção entre patrões e operários. Esse corporativismo mussoliniano lançava suas raízes nas antigas corporações medievais e seguia, particularmente, a teoria de Georges Sorel, de quem Mussolini se dizia discípulo. O sistema permitia um rígido controle partidário, pois as corporações funcionavam como órgãos do partido único e ninguém poderia exercer uma atividade qualquer sem prévia autorização corporativa. Entretanto, não correspondia a uma doutrina preestabelecida: o sistema corporativo fascista foi idealizado e posto em prática posteriormente, isto é, no período de adaptação e consolidação da ordem revolucionária.

O Partido Nacional Fascista, que uma vez vitorioso se tornaria partido único de estilo jacobino, estava organizado militarmente e contava com uma forte milícia de *Camisas Negras*. Foi quando Benito Mussolini, à frente dessa milícia, empreendeu a célebre marcha sobre Roma, em 1922. Reconhecendo a inutilidade de qualquer reação, o Rei entregou a Mussolini o leme do Estado, nomeando-o presidente do Conselho de Ministros.

O Partido que então assume o poder não é um órgão de representação política, mas depositário único da confiança nacional e o intérprete exclusivo da vontade do povo. É a própria nação italiana que se integra no Partido e se deixa dirigir pela vontade incontrastável do *homem providencial*. Por isso mesmo, o fascismo não admitia a existência de outros partidos e procurava impor a sua ideologia a qualquer preço. O Partido Nacional Fascista era ao mesmo tempo Estado, nação, governo e organização produtiva, como acentuou Olivetti. Ou, como no dizer de Agostinho Sisto, um *Órgão de educação e unificação política da nação, por isso, uma instituição integrativa da ação do Estado*. Verdadeiro *instituto de direito público*.

2. ORGANIZAÇÃO DO ESTADO FASCISTA

Mantém o fascismo como órgãos constitucionais a Coroa, o Chefe do Governo, o Grande Conselho do Fascismo, o Senado, a Câmara e os Ministros.

A Câmara de representação nacional, que aceitara a nova ordem fascista, transforma-se em Câmara Corporativa, órgão técnico e consultivo, constituído de 400 membros eleitos pelas associações profissionais.

Toda a organização estatal, porém, se apoiava na milícia civil e voluntária, mantida pelo Partido, que lhe deu a denominação *ORDEM* pela lei de 9 de dezembro de 1928. Aliás, como cita Pedro Calmon, quando em 1924 se falou na Câmara sobre a conveniência de dissolver a milícia de *Camisas Negras*, advertiu o *Duce* em tom enérgico: *quem tocar nas milícias receberá chumbo*.

No tocante ao Rei, agiu o fascismo com inteligência e perspicácia. Não convinha ao Partido, certamente, romper de pronto com as tradições monárquicas imanentes na consciência do povo. Por isso, a exemplo do Parlamento inglês que se harmonizou perfeitamente com a monarquia segundo o princípio de que *o rei reina mas não governa*, o Estado fascista manteve a Coroa como um símbolo, fato que lhe valeu, sem dúvida, o apoio da população italiana e lhe possibilitou a realização pacífica de uma notável obra social e econômica.

3. O SISTEMA CORPORATIVO

Em face dos conflitos entre o capital e o trabalho, conseguiu o Estado fascista, inegavelmente, estabelecer uma paz duradoura, lançando mão dos contratos coletivos de trabalho e de uma completa organização corporativa das categorias profissionais. Manteve a iniciativa privada e a livre concorrência, subordinadas, porém, aos superiores interesses sociais. O trabalho foi considerado como dever social. O direito de greve foi abolido, e considerado qualquer movimento paredista como crime contra a organização corporativa estatal. A liberdade do trabalhador – doutrina Chimienti – *realiza-se de uma maneira certa e institucional na igualdade de todos os trabalhadores perante a lei e na proteção e assistência social que o Estado lhes assegura.*

A Carta do Trabalho, organizada pelo Grande Conselho do Fascismo, é o documento fundamental do regime corporativo italiano, que estudaremos em outra parte do nosso programa. Desbravou esse documento básico do fascismo largos caminhos, pelos quais a humanidade procurou e vem procurando encontrar a solução dos seus problemas, tanto assim que serviu de modelo a muitos códigos trabalhistas de outros países.

Conquanto sejam realmente inegáveis as vantagens apresentadas pelo corporativismo orgânico, no campo da economia, certo é que o regime político fascista foi funesto como todas as ditaduras. De mãos dadas com as forças dominantes do capitalismo, entronizou a violência, internamente como método de governo, e, no plano internacional, como programa de conquista, arrastando o povo heroico da Itália a uma autêntica catástrofe nacional.

XXX

O ESTADO NAZISTA ALEMÃO

1. O nazismo. 2. O racismo alemão.

1. O NAZISMO

Assim como o fascismo italiano, surgiu o nazismo na Alemanha com o duplo objetivo de combater o liberalismo democrático decadente e de reagir contra a infiltração comunista.

Duas outras finalidades integravam o programa de ação do Partido Nacional Socialista: desvencilhar a Alemanha das cláusulas asfixiantes do Tratado de Versalhes e impor a supremacia da raça ariana.

Desenvolveu-se o nazismo à sombra das instituições democráticas, sob a égide da Constituição de Weimar, ascendendo ao poder através das eleições de maio de 1933. A república alemã de Weimar era excessivamente liberal, o que propiciou o rápido desenvolvimento de um partido declaradamente subversivo, totalitarista e revestido de caráter militar. Aliás, a corrente nazista exaltava as tradições e reunia os expoentes do antigo militarismo prussiano.

Por decreto de 6 de fevereiro de 1933, o governo da federação alemã dissolveu o *Landtag* (câmara de deputados) da Prússia, província que já se encontrava sob intervenção federal. Consequentemente, o Comissário do Reich foi investido de plenos poderes para realizar ali novas eleições, conjuntamente com as do *Reichtag*. Na renovação de ambas as assembleias o Partido Nacional Socialista, liderado por Adolph Hitler, obteve esmagadora vitória.

Diante do triunfo dos nacional-socialistas, o Presidente Hindenburg nomeou Hitler *Chanceler do Reich*, iniciando-se uma profunda transformação política.

Foram desde logo elaboradas pelo novo governo diversas leis *de uniformização*, pelas quais se extinguiram os laços da antiga federação, tornando-se os Estados-Membros simples províncias diretamente subordinadas ao governo central. O sistema republicano parlamentarista, regido pela famosa Constituição de Weimar, de 1919, foi abolido por etapas, rapidamen-

164 TEORIA GERAL DO ESTADO

te, caminhando o Estado a passos largos para a plena integração da ditadura hitleriana.

Com o falecimento do Presidente Hindenburg deu-se a sucessão nos termos do art. 1º da lei de 1º de agosto de 1934, *verbis*: *O cargo de presidente do Reich fica unido ao de Chanceler do Reich. Os poderes do Presidente do Reich, consequentemente, passam ao Führer e Chanceler do Reich, Adolph Hitler. Ele designará o seu substituto.*

Investido de poderes ditatoriais, Hitler extinguiu os demais partidos políticos, dissolveu todos os grupos nacionais considerados perigosos, subordinando-os à disciplina férrea do Partido Nacional Socialista e lançou as bases estruturais do *Terceiro Reich*, que iria reconstruir a Grande Alemanha sobre os escombros da primeira grande guerra mundial.

Adolph Hitler, antigo oficial subalterno, de nacionalidade austríaca, iniciara a luta pela posse do governo fundando um partido militarizado à maneira fascista com a sua milícia de *Camisas Pardas*. Possuindo extraordinário poder de domínio sobre as massas, adquiriu imenso prestígio e tornou-se um semideus, aureolado pela pretensão de um destino místico, qual fosse o de realizar o *pangermanismo* pregado pelas teorias caducas de Chamberlain e Gobineau.

O Partido Nacional Socialista tornou-se a personificação do próprio Estado. Era o poder mais alto e incontrastável, ao qual se subordinavam todas as atividades públicas e privadas. Procurou o Partido reeducar as massas e formar uma *juventude hitlerista* semelhante a um exército de autômatos. Realizou gigantescas obras públicas e desenvolveu intensivamente a preparação bélica do país. Desenvolveu no plano internacional uma atividade diplomática agressiva, procurando libertar a Alemanha dos tratados humilhantes que lhe foram impostos pelos vencedores da grande guerra de 1914-1918, levando esse programa de ação à provocação da segunda guerra.

2. O RACISMO ALEMÃO

A parte construtiva do seu programa no plano interno tinha por objetivo principal a exaltação dos vínculos nacionais, como resume Queiroz Lima: proteção aos símbolos nacionais e dignificação da história alemã segundo a interpretação nacional-socialista; e depuração da nacionalidade com o fim de realizar uma Alemanha isenta da influência dos não arianos. Com esta finalidade, aliás, foi elaborada a *lei sobre esterilização*, em vigor a partir de 1º de janeiro de 1934.

O ESTADO NAZISTA ALEMÃO

A ideia racial trouxe a separação entre alemães e não alemães, especialmente entre alemães e judeus, afirmando os nazistas que *a luta contra os judeus é questão de vida ou morte*. Assim, as teorias racistas foram dirigidas com ferocidade particular aos judeus, condenados ao extermínio nos terríveis campos de concentração.

O racismo alemão, em última análise, era um *racismo político*, fundado sobre o estado civil e o vínculo de religião. Se o fosse sobre as mesurações somáticas, observa G. Mosca, teria esse racismo o inconveniente de fazer aparecer o fato de que Hitler pertencia à raça inferior dos braquicéfalos morenos e que Goebbels tinha um tipo judaico característico.

Fazendo reviver os velhos mitos germânicos e procurando impor ao mundo o domínio da *raça superior* ariana, o regime nazista apresentava um nítido contraste em cotejo com o regime fascista, como observa Pedro Calmon – a moral do fascismo era clássica: sonhava com o império romano; a do nazismo era romântica (*romantismo de aço* de Goebbels): reavivava as origens germânicas. O fascismo considerava a raça uma comunidade de sentimentos; o nazismo, um laço de sangue. O fascismo considerava o império como uma tendência política: é o fim dominador do Estado; o nazismo, como uma predominância racial: o destino superior dos arianos. A Itália deu à conquista da Etiópia a justificação de um objetivo civilizador-colonial; a Alemanha explicou a incorporação da Áustria como sentido unitarista da raça germânica na luta contra os não arianos. O fascismo era um movimento de romanidade; o nazismo, estendendo-se aos países onde havia minorias étnicas alemãs, era um movimento de consanguinidade.

No que tange à sua organização econômica declarou o nazismo que *a totalidade dos alemães forma uma comunidade econômica, os atentados à economia nacional devem ser castigados com a pena de morte. O estabelecimento de um ano de trabalho obrigatório gratuito para a pátria, dado como serviço militar, tem um alto valor educativo e econômico.*

O princípio da igualdade perante a lei, no Estado nazista, foi substituído pelo da igualdade de deveres e pelo de prevalência do bem comum sobre o bem individual. Sectário e intolerante como todas as ditaduras, a ditadura nazista absorveu inteiramente a personalidade humana e anulou todos os valores individuais.

Mais ainda do que o fascismo, personificou-se o nazismo no seu chefe, e, com este, desapareceu nas ruínas da imensa hecatombe que o seu desvario fez desencadear sobre o mundo mal refeito das desastrosas consequências da primeira guerra.

XXXI

OS ESTADOS NOVOS

1. O totalitarismo do tipo fascista. 2. Turquia.
3. Polônia. 4. Portugal. 5. Brasil. 6. Argentina.

1. O TOTALITARISMO DO TIPO FASCISTA

O Estado fascista criado por Benito Mussolini, na Itália, em 1922, foi o ponto de partida do chamado *totalitarismo da direita*, que teve notável incremento na Europa depois da primeira guerra mundial (1914-1918) e atingiu a América Latina a par dos movimentos de exaltação nacionalista.

A liberal democracia, em franca decomposição, não podia fazer face à terrível crise social que assolava o mundo, nem podia oferecer resistência eficaz à ameaça do imperialismo russo. Nessa conjuntura perigosa para a liberdade dos povos e para a sobrevivência da civilização ocidental, foi que se deu o aparecimento dos *homens providenciais*, ousados condutores das massas que sabiam explorar não só o descontentamento do proletariado como também os sentimentos nacionalistas, arvorando-se em salvadores das nações. Como bem acentuou Pedro Calmon, *em todas as épocas a ruptura do equilíbrio entre um método clássico de governo e a inquietação social que impõe outras formas políticas, proporcionou o advento de homens providenciais.*

As novas organizações políticas que surgem, inspiradas pela vontade onipotente desses líderes ou detentores eventuais do poder, constituem esse conjunto heterogêneo de *Estados Novos*, no panorama confuso do após-guerra, todos eles adaptados arbitrariamente, em cada país, às contingências transitórias de um dado momento histórico. São todos galhos de um mesmo tronco, que é o fascismo, do qual recebem a seiva de que precisam para a sua floração doutrinária.

Não obstante essa diversidade resultante da adaptação sistemática ao meio nacional, apresentam tais Estados certas características invariáveis e comuns, quais sejam: *a*) concentração de toda a autoridade nas mãos de um chefe supremo; *b*) restrições às liberdades públicas e regime de censura; *c*) prevalecimento do interesse coletivo sobre o individual; *d*) partido único;

168 TEORIA GERAL DO ESTADO

e) dirigismo econômico; *f*) estatismo, nacionalismo ou racismo, como objetivo moral do Estado.

Valeram-se os ditadores de ideias-forças (unificação e grandeza da pátria, culto das tradições etc.) para galvanizar os espíritos e polarizar os sentimentos cívicos da comunidade nacional. No setor econômico, postergaram a livre concorrência, o *laissez-faire*, *laissez-passer* do liberalismo, estabelecendo o primado da coletividade sobre o *indivíduo*.

Afastando formalmente a concepção abstrata do *homem soberano* criado pelo liberalismo da revolução francesa, os *Estados Novos* só admitiam como sujeito de direito público a totalidade dos cidadãos – por isso que eram Estados *totalitários* ou *coletivistas*. As leis e atos governamentais objetivavam a população no seu todo, pouco importando o sacrifício ou a negação de interesses ou direitos individuais.

A segunda guerra mundial (1939-1945), pelo lado ideológico, foi o choque inevitável entre as duas concepções filosóficas extremadas (o individualismo e o totalitarismo) que jamais poderão coexistir sem perigo para a paz internacional.

Já analisados em suas linhas gerais os dois principais Estados Novos (o italiano e o alemão), passaremos em revista, neste capítulo, sumariamente, outros tipos de totalitarismo fascista que apresentam um mais acentuado teor de originalidade.

2. O ESTADO TURCO – KEMALISMO

A Turquia organizou também o seu governo de após-guerra à maneira fascista. Sua Constituição republicana, de 20 de abril de 1924, não é propriamente, literalmente, um código característico de Estado totalitário. Revela, antes, um certo arremedo de parlamentarismo à inglesa, pois preceitua a supremacia da Assembleia Legislativa eleita mediante sufrágio popular. O seu art. 7º estabelece que *A Assembleia exerce o Poder Executivo por intermédio de um Presidente da República e de um Conselho de Ministros nomeado por ela.*

O Presidente da República é escolhido pela Assembleia, para o prazo de uma legislatura; podendo ser exonerado, e não tem o direito de dissolvê-la.

Uma coisa, porém, é a Constituição, e outra a realidade. O Presidente Mustafá Kemal, valendo-se do direito de reeleição consignado no art. 31, manteve-se no poder, como ditador, enfeixando em suas mãos a totalidade dos poderes de Estado. Revestiu-se de poder pessoal incontrastável. Suprimiu as oposições, dentro e fora da Assembleia, e fazia eleger os deputados pela lista de nomes adrede organizada pelo partido único do qual era o presidente.

Sob as aparências de uma democracia que só existia na letra da Constituição, governou ditatorialmente, chegando a afirmar, em 1932: *No momento, é preciso que o povo não se imiscua em política. Deve interessar-se apenas no seu campo ou no seu negócio. Durante 10 ou 12 anos, farei eu a lei. Depois poderei, talvez, permitir-lhe que diga o que pensa.*

O califado de Kemal, entretanto, foi altamente benéfico ao país: dominou a anarquia resultante da extinção do sultanato, aboliu os velhos costumes islâmicos, restabeleceu a ordem econômica em bases sólidas, reorganizou a força militar dotando-a de moderno equipamento bélico, desenvolveu o comércio e a indústria, incentivou a cultura e as artes, e, sobretudo, criou uma nova civilização de estilo europeu. Tão profundas foram as transformações que introduziu no campo social que, sob esse aspecto, realizou a maior obra de governo de que se tem notícia na história de todos os povos.

3. O ESTADO POLONÊS – PILSUDSKISMO

A Polônia, pela sua Constituição de 1921, firmara o princípio da supremacia do poder legislativo, com franca tendência para o sistema parlamentarista, que dominava o pensamento político na Europa.

Entretanto, a nova República, que se desligara da Rússia pelo valoroso feito das armas comandadas pelo Marechal Pilsudski, em 1920, passava por um tremendo período de crise interna, além de correr sérios perigos. A situação interna era gravíssima, tanto mais pela constante agitação das forças conservadoras da extinta monarquia. Isso tudo impossibilitava uma resistência coesa contra as ameaças e a infiltração do comunismo russo.

Compreendendo a gravidade do momento nacional, o Presidente e fundador da República, Marechal Pilsudski, desfechou o golpe de Estado, a 12 de maio de 1926, assumindo a plenitude dos poderes e determinando a reforma constitucional no sentido de estabelecer a supremacia do executivo.

Pela Constituição de 23 de abril de 1935 (que teria inspirado a Constituição brasileira de 1937) tornou-se a Polônia uma *República espiritualista, nacional e autoritária.*

O Parlamento ficou submetido à autoridade suprema do Chefe de Estado e sujeito à dissolução, cessando ainda a sua competência para nomear ou destituir o órgão do poder executivo.

Estabeleceu ainda a Constituição de 1935 os seguintes princípios: o Presidente da República está à frente do Estado, e não responde senão perante Deus e a história pelos destinos do Estado; a autoridade única e indivisível do Estado está concentrada em sua pessoa; seu dever supremo é velar pelos interesses do Estado. São órgãos do Estado o Governo, a Dieta, o Senado, as Forças Armadas, os Tribunais e o Controle de Estado, colocados todos sob a autoridade do Presidente da República; as liberdades públicas são limitadas pelo interesse social e nada se permitirá contra ele.

Instituiu-se, assim, um governo ditatorial *regulado num sistema orgânico e integrativo.*

O *pilsudskismo* procurou harmonizar os imperativos do momento com o clássico maquinismo estatal, opondo-se à desintegração democrática por meio de uma ditadura orgânica, eminentemente nacionalista.

4. O ESTADO PORTUGUÊS – SALAZARISMO

O Estado Novo português é um contubérnio de República representativa, parlamentarismo, corporativismo e ditadura orgânica... *Uma República "sui generis"*, definiu o Prof. Fézas Vidal da Universidade de Lisboa em 1937.

Como reação ao liberalismo impotente e à agressão comunista traduzida em frequentes comoções intestinas, foi imposto pelo exército, sob a chefia do General Carmona, o qual, imediatamente, entregou a direção do governo a um professor catedrático da Universidade de Coimbra, economista emérito e um dos espíritos mais lúcidos da atualidade portuguesa.

Garantido pela espada de Carmona, que assumiu a Presidência da República como símbolo vivo da nova ordem nacional, Antônio Oliveira Salazar, como Presidente do Conselho de Ministros, iniciou a tarefa de promover a nova estruturação política, social e econômica do país.

A Constituição portuguesa, aprovada pelo plebiscito nacional de 19 de março de 1933, que entrou em vigor em data de 11 de abril do mesmo ano, declara no seu art. 5º o seguinte: "O Estado Português é uma República unitária e corporativa, baseada na igualdade dos cidadãos perante a lei, no livre acesso de todas as classes sociais aos benefícios da civilização e na interferência de todos os elementos estruturais da nação na vida administrativa e na feitura das leis".

O Chefe de Estado é o Presidente da República, eleito pela nação (art. 72). Mas o governo (como nos sistemas parlamentaristas) é exercido pelo Ministério (art. 107). A autoridade do Presidente do Conselho é envolvente e domina toda a vida política, social e econômica do país. Os próprios Ministros são politicamente responsáveis *perante o Presidente do Conselho* (art. 108), podendo este nomear e demitir os titulares das diversas pastas. Poderá o Presidente do Conselho, querendo, acumular em suas mãos todas as funções ministeriais. Em última análise, todos os poderes se concentram nas mãos do Presidente do Conselho, que é, realmente, o Chefe do Governo.

A Assembleia Nacional, que é composta de 120 deputados eleitos por sufrágio direto, por 4 anos, tem o poder de votar as leis, mas estas devem restringir-se à aprovação das bases gerais dos regimes jurídicos (art. 92). A competência legislativa da Assembleia, nesses casos, é cumulativa, dependendo sempre da sanção do Chefe do Governo, e, em geral, compartível, pois tem o Governo plena competência para expedir Decretos-leis.

Ao lado da Assembleia Nacional funciona uma Câmara Corporativa, composta de representantes das autarquias locais e dos interesses sociais.

Essa Câmara Corporativa, de natureza sindical, é apenas um órgão consultivo que age em estreita e necessária colaboração com a Assembleia. Todos os assuntos de ordem econômica são estudados e resolvidos preliminarmente na Câmara Corporativa.

A função judicial é exercida por tribunais ordinários e especiais (art. 116).

Na realidade, o Estado Novo de Portugal não se afasta muito do regime fascista, chegando mesmo a um excessivo cerceamento da liberdade humana.

Entretanto, segundo as próprias palavras de Salazar (*Discursos*, Coimbra, 1935) "a ditadura deve resolver o problema político português como um meio, não como um fim em si. Há que contrapor a um e outro extremo do Estado forte, mas limitado pela moral e pelos princípios de direito das gentes, pelas garantias e liberdades individuais que são a exigência superior da solidariedade social. Esse conceito deve informar a organização e movimento do Estado português na realização de sua finalidade histórica".

Por outro lado, afirmou Salazar que "é preciso afastar de nós o impulso tendente à formação do que poderia chamar-se o Estado totalitário...". E acrescenta: "a nação é para nós uma e eterna; nela não existem classes privilegiadas nem classes diminuídas. O povo somos nós todos, mas a igualdade não se opõe e a justiça exige que onde há maior necessidade aí seja maior a solicitude: não se é justo quando se não é humano".

172 TEORIA GERAL DO ESTADO

Salazar governou até 1968, quando adoeceu gravemente e foi substituído no cargo por Marcelo Caetano, que manteve a mesma política ditatorial do regime salazarista, até que, em 25 de abril de 1974, um movimento liderado pelos militares jovens depõe o Primeiro-Ministro Marcelo Caetano e o Presidente Américo Tomás. Assumiu a presidência o General Antônio Sebastião Ribeiro de Spínola, inaugurando o regime socialista, que passou a viger, pondo fim a quase cinquenta anos do regime salazarista.

5. O ESTADO NOVO BRASILEIRO – GETULISMO

O Brasil teve também o seu *Estado Novo*, imposto por um golpe de Estado do próprio Presidente da República, Getúlio Vargas, *com o apoio das forças armadas e cedendo às aspirações da opinião nacional.*

Antecipando-se ao Partido Integralista, que pregava uma doutrina totalitária e nacionalista e pugnava pelo Estado forte, Getúlio Vargas elaborou e outorgou ao País a Constituição de 10 de novembro de 1937, que continha os seguintes princípios básicos: fortalecimento do Executivo; competência para expedir Decretos-leis; eliminação das lutas internas e dos dissídios partidários; orientação e coordenação da economia nacional pelo Estado; limitação dos direitos individuais pelo bem público; proteção efetiva ao trabalho; nacionalização de certas atividades e fontes de riqueza etc.

Sob a vigência da Carta de 1937 não funcionou o sistema representativo. Não havia partidos políticos. A função legislativa foi exercida exclusivamente pelo Chefe do Governo. Os Estados componentes da federação perderam a sua autonomia, sendo governados por *interventores federais* nomeados pelo ditador. Os municípios foram administrados por prefeitos nomeados pelo interventor, sob a supervisão de um departamento estadual. A imprensa escrita e falada foi submetida a rigorosa censura. A ordem econômica foi controlada e policiada por agentes civis e militares.

O que de mais odioso apresentou o Estado autoritário de 1937 foi a instituição de uma justiça de exceção, exercida por um *Tribunal de Segurança Nacional*, que estava encarregado da aplicação das leis de emergência, que definiam os chamados *crimes políticos*, assim considerados os de abuso da liberdade de manifestação do pensamento e os atos que atentavam contra a ordem política e econômica.

Embora enquadrado no modelo fascista, manteve-se o *Estado Novo* brasileiro fiel ao sentido humano da tradição nacional e aos princípios orientadores da nossa civilização cristã.

OS ESTADOS NOVOS   173

Como todos os Estados fortes e autoritários, surgidos para disciplinar os espíritos, compor os interesses, assegurar a unidade nacional, repelir a ameaça comunista e firmar a paz interna, o Estado brasileiro de 1937 encontrou justificativa razoável no imperativo da salvação pública.

Foi uma organização estatal necessariamente forte para enfrentar a borrasca que a crise internacional provocou e, ao mesmo tempo, para resolver os gravíssimos problemas que vieram à tona e que ameaçavam subverter a paz e a segurança da nação brasileira.

Em verdade, foi uma ditadura absorvente, usurpadora das tradições liberais do povo brasileiro, mas teria sido um mal necessário. Se trouxe muitos malefícios, próprios das ditaduras, por outro lado prestou assinalados serviços, conduzindo a nau do Estado, num mar encapelado, a um porto de salvação.

6. O ESTADO ARGENTINO – JUSTICIALISMO

A Argentina se desviou do liberalismo clássico, tomando posição entre os *Estados fortes* do após-guerra, sendo de se notar que assimilou mais os princípios do socialismo alemão do que os do corporativismo fascista.

A solução adotada por este país sul-americano é tipicamente nacionalista, equivalente a uma terceira posição entre os extremos revolucionários do individualismo e do coletivismo.

A *Primeira Constituição da Nação Argentina*, republicana e presidencialista, promulgada a 1º de maio de 1853, passou pelas reformas de 1860, 1866, 1898 e 1949, continuando ainda em vigor. Esta última reforma introduziu-lhe substancial modificação, para incluir na estrutura constitucional os princípios da nova política social-trabalhista que definem o chamado sistema *justicialista* do General Perón.

A exemplo da Turquia de Mustafá Kemal, manteve a Argentina, sob a égide de uma Constituição aparentemente democrática, um governo forte e autoritário, cuja atuação, ao tempo, foi benéfica no sentido de fortalecer o país, no plano internacional, e estabelecer, na ordem interna, um razoável equilíbrio entre o capital e o trabalho. Efetivamente, criou um ambiente de segurança e de prosperidade econômica, numa atmosfera edificante de justiça social.

O *justicialismo*, como proclamaram os argentinos, é uma solução intermediária, não extrema, do problema político da humanidade. Sem se definir pelo espiritualismo ou pelo materialismo, procura harmonizar o espírito e a matéria na pessoa humana. Igualmente, sem se definir pelo individualismo ou pelo coletivismo, tende a conciliar a unidade e a totalidade no meio social. Adota o justicialismo uma *terceira posição*, variável, que "não está sempre a igual distância dos extremos". Em cada caso, ao considerar o problema do homem ou da sociedade, elege um determinado ponto de equilíbrio.

O primeiro objetivo do justicialismo, diz Raul A. Mende, é a felicidade do homem na sociedade humana, pelo equilíbrio das forças materiais e espirituais, individuais e coletivas, cristãmente valorizadas.

O trabalho é considerado "meio indispensável para satisfazer as necessidades espirituais e materiais do indivíduo e da comunidade, a causa de todas as conquistas da civilização e o fundamento da prosperidade geral".

Assim, considerada a riqueza como *fruto exclusivo do trabalho humano*, compete ao Estado intervir nas fontes de produção para "possibilitar e garantir ao trabalhador uma retribuição moral e material que satisfaça as suas necessidades vitais e corresponda ao rendimento obtido e ao esforço empregado". O trabalho é um direito, mas também tem uma função social, constituindo, portanto, um dever de cada membro da sociedade. Esse direito e esse dever recebem a mais ampla proteção do Estado. Os abusos que importem em exploração do homem são punidos pelas leis.

A propriedade tem também uma função eminentemente social ou coletiva, pelo que está submetida às restrições legais em razão do interesse comum. Pelo mesmo motivo, "o capital deve estar a serviço da economia nacional e ter como principal objeto o bem-estar social", isto é, não pode ser empregado senão em benefício da comunidade nacional.

No tocante ao problema da liberdade individual, diz o art. 15 da Constituição que "o Estado não reconhece liberdade para atentar contra a liberdade". Impõe assim aos indivíduos as limitações ditadas pelo interesse superior da sociedade, em benefício mesmo da liberdade individual, que, para ser permanente, não pode ser absoluta.

Pelo fortalecimento da ordem econômica e pela garantia de um alto nível de justiça social, a doutrina *peronista* criou uma resistência eficaz às infiltrações comunistas, com o que, na ausência de outros valores, deu um magnífico exemplo e prestou inegável contribuição à causa da humanidade.

Entretanto, não se despiu o Estado *peronista* das roupagens de uma ditadura do tipo fascista, pois todo o seu sistema gira em torno da doutrina ditada por um *homem providencial*.

Não obstante o seu caráter ditatorial, o justicialismo realizou na Argentina uma grande obra social e econômica, lançando profundas raízes no seio das massas obreiras.

Destituído pelas Forças Armadas e exilado durante 18 anos, Perón pôde conservar o prestígio da sua pessoa e da sua doutrina, sendo reconduzido ao poder em 1973, por via eleitoral, tendo governado até 29 de junho de 1974, quando afastou-se do poder por doença, tendo assumido a presidência sua mulher, Maria Estela Martínez de Perón, então vice-presidente eleita. Em março de 1976, entretanto, as Forças Armadas Argentinas reassumiram o poder, pondo fim, definitivamente, ao *justicialismo* de Perón, que a esse tempo já falecera.

Em 1982, a aventura do governo militar nas Ilhas Malvinas, ou "Falklands", contra a Inglaterra, precipitou sua derrocada e provocou a volta da democracia na Argentina, com o restabelecimento das eleições livres e diretas.

XXXII

FORMAS DE ESTADO

1. Classificações. 2. Estados perfeitos e imperfeitos. 3. Estados simples e compostos. 4. União pessoal. 5. União real. 6. União incorporada. 7. Confederação. 8. Outras formas. 9. Império britânico.

1. CLASSIFICAÇÕES

Como *fato social* o Estado caracteriza-se pela reunião dos seus três elementos morfológicos – *população, território* e *governo*.

As variações típicas de cada um desses elementos sugerem diversas classificações do Estado. Assim, quanto ao seu primeiro elemento – população –, o Estado pode ser *nacional*, como o Japão, ou *plurinacional*, como a Grã-Bretanha. Quanto ao seu segundo elemento – território –, levando em conta a sua posição geográfica, o Estado pode ser *central*, como o Paraguai, ou *marítimo*, como o Chile. Mas as classificações sob tais aspectos, adotadas por Schvartz, são destituídas de maior interesse para o nosso programa. Somente no que tange ao terceiro elemento – governo – as classificações se avultam em importância, tanto que as deixamos para o capítulo seguinte, quando trataremos das *formas de governo*.

Neste ponto examinaremos as variações que se apresentam na combinação dos três elementos morfológicos, cujas variações determinam a *forma* do Estado.

Em outras palavras, estudaremos aqui a formação material do Estado, sua estrutura, sua morfologia, não a sua organização política (não confundir *formas de Estado* com *formas de governo*).

2. ESTADOS PERFEITOS E IMPERFEITOS

Primeiramente, cumpre-nos avisar que afastamos de cogitação a classificação dos Estados em *soberanos* e *semissoberanos*, precisamente porque não admitimos a existência de *semissoberania*. O conceito de soberania, já exposto, não admite meio-termo: a soberania é ou não é soberania. O Estado *semissoberano*, admitido por muitos autores, provavelmente pela maioria, equivale a Estado *não soberano*. E chegamos à conclusão de que essa figura esdrúxula de *Semiestado* entra como *cavalo de Troia* no recinto do direito público para provocar sérias confusões.

Para que se enquadre como objeto de estudo esse Estado não soberano, criado para servir como moeda de troca nos negócios das grandes potências, abrimos aqui uma classificação de Estados em *perfeitos* e *imperfeitos*.

ESTADO PERFEITO é aquele que reúne os três elementos constitutivos – população, território e governo –, cada um na sua integridade. O elemento *governo* entende-se como poder soberano irrestrito. É característica do Estado perfeito, sobretudo, a plena personalidade jurídica de direito público internacional.

ESTADO IMPERFEITO é aquele que, embora possuindo os três elementos constitutivos, sofre restrição em qualquer deles. Essa restrição se verifica, com maior frequência, sobre o elemento *governo*. O Estado imperfeito pode ter administração própria, poder de auto-organização, mas não é Estado na exata acepção do termo enquanto estiver sujeito à influência tutelar de uma potência estrangeira. Não sendo soberano, não é pessoa jurídica de direito público internacional. Logo, não é Estado perfeito.

São tipos de Estados imperfeitos os *vassalos* e os *protegidos*. Os *Estados-vassalos* existiram em toda a Idade Média, principalmente sob o império turco.

Os *Estados protegidos*, chamados *protetorados*, foram criados pela diplomacia de após-guerra, no jogo das grandes potências vitoriosas. O *Pacto da Sociedade das Nações*, de 1919, criou diversos protetorados, notadamente a Síria e a Palestina. Foi a França o país que mais se valeu desse processo para manter o seu vasto império colonial, abrangendo Taiti, Madagascar, Tunísia, Marrocos, Tonkin etc.

Estado imperfeito é também aquele que, num dado momento, perde o seu território, mas subsiste pelo reconhecimento do direito internacional. Essa figura de Estado *sui generis* foi criada pela diplomacia do século XX, principalmente nos casos da Abissínia e dos outros Estados invadidos pelo chamado *eixo Roma-Berlim*, cujos governos se refugiaram em Londres, onde continuaram a exercer as suas prerrogativas de Estado soberano.

3. ESTADOS SIMPLES E COMPOSTOS

No plano do direito público internacional os Estados se dividem em *simples* e *compostos*.

FORMAS DE ESTADO

Note-se que o direito público interno dá outra divisão (unitários e federais) porque vê o Estado *por dentro*, na sua estrutura interna, enquanto o direito público internacional vê o *sujeito* como unidade ou pluralidade, isto é, como Estado único ou como união de Estados.

ESTADO SIMPLES é aquele que corresponde a um grupo populacional homogêneo, com o seu território tradicional e seu poder público constituído por uma única expressão, que é o governo nacional. Exemplos: França, Portugal, Itália, Peru etc.

ESTADO COMPOSTO é uma união de dois ou mais Estados, apresentando duas esferas distintas de poder governamental, e obedecendo a um regime jurídico especial, variável em cada caso, sempre com a predominância do governo da união como sujeito de direito público internacional. É uma pluralidade de Estados, perante o direito público interno, mas no exterior se projeta como uma unidade.

São tipos característicos de Estado composto: *a) união pessoal; b) união real; c) união incorporada; d) confederação.*

Resume-se o que foi enunciado no seguinte esquema:

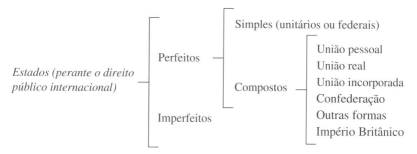

A federação é Estado simples perante o direito público internacional. Seu estudo será iniciado no capítulo seguinte, quando estudaremos o Estado sob o ponto de vista do direito público interno.

Aqui estamos focalizando o Estado no campo do direito público internacional, e vamos definir as suas formas compostas:

4. UNIÃO PESSOAL

UNIÃO PESSOAL é uma forma própria da monarquia, que ocorre quando dois ou mais Estados são submetidos ao governo de um só monarca. Resulta esse fato, em regra geral, do direito de sucessão hereditária, pois um mesmo Príncipe, descendente de duas ou mais dinastias, poderá herdar duas ou mais Coroas. Entretanto, pode resultar também de eleição ou de acordo internacional.

Na união pessoal os Estados conservam a sua autonomia interna e internacional, esta última personificada no Rei. Ligam-se apenas pela pessoa física do imperante. Como ensina Pedro Calmon, a união pessoal é um acidente de ordem dinástica: segue a sorte das famílias reais. Cessada a razão política ou jurídica que determinou a união, cessa o fato.

Foram exemplos deste tipo de união: Espanha e Portugal, sob Felipe d'Áustria; Inglaterra e Hanover, sob Jorge I; Inglaterra e Escócia, sob Jayme I; Castela e Aragão, sob D. Joana, *a louca*.

5. UNIÃO REAL

UNIÃO REAL é também uma forma tipicamente monárquica. Consiste na união íntima e definitiva de dois ou mais Estados, conservando cada um a sua autonomia administrativa, a sua existência própria, mas formando uma só pessoa jurídica de direito público internacional.

Foram exemplos de união real: Escócia, Irlanda e Inglaterra, até 1707; Suécia e Noruega; Áustria e Hungria.

6. UNIÃO INCORPORADA

UNIÃO INCORPORADA é uma união de dois ou mais Estados distintos para a formação de uma nova unidade. Neste caso, os Estados se extinguem; são completamente absorvidos pela nova entidade resultante da incorporação. A Grã-Bretanha é exemplo clássico de união incorporada. Os reinos, outrora independentes, Inglaterra, Escócia e Irlanda do Norte, formaram união pessoal, depois união real, e, finalmente, fundiram-se formando um só Estado com a denominação de Grã-Bretanha.

7. CONFEDERAÇÃO

CONFEDERAÇÃO é uma reunião permanente e contratual de Estados independentes que se ligam para fins de defesa externa e paz interna (Jellinek).

Esta forma de Estado composto requer maior explicação.

Na união confederativa os Estados confederados não sofrem qualquer restrição à sua soberania interna, nem perdem a personalidade jurídica de direito público internacional. A par dos Estados soberanos, unidos pelos laços

FORMAS DE ESTADO 181

da união contratual, surge a Confederação, como entidade supraestatal, com as suas instituições e as suas autoridades constituídas. No plano do *Jus Gentium* é uma nova unidade, representativa de uma pluralidade de Estados.

Não se limita a *União Confederal* a determinados *casus foederis*, mas promove amplamente todas as medidas conducentes ao alcance do seu duplo objetivo: assegurar a defesa externa de todos e a paz interna de cada um dos Estados confederados. No que respeita a esses objetivos de interesse comum, obrigam-se os Estados a não proceder *ut singuli*: delegam a maior competência ao supergoverno da união confederal.

Como acentua Jellinek, citado por Queiroz Lima, "a confederação é uma forma instável da união política; a união só pode existir enquanto aos Estados componentes convier; os Estados guardam como corolário natural de sua soberania política a possibilidade de, a todo tempo, se desligarem da união, segundo a fórmula *os Estados não foram feitos para o acordo, mas o acordo para os Estados*".

Nos tempos antigos, existiram as Confederações dos pequenos Estados gregos – Alianças pan-helênicas, Ligas Anfitionais, Ligas Hanseáticas etc. – com os objetivos de realizarem conjuntamente o culto dos deuses ou jogos olímpicos. Tais confederações, porém, eram provisórias; faltava-lhes o requisito de durabilidade por tempo indeterminado, que caracteriza os contratos dessa natureza no direito público atual.

Conquanto fossem as uniões confederativas contratadas em caráter permanente, eram instáveis, de fato, notadamente pela inconstância dos motivos que determinavam a união.

A Suíça foi uma das mais antigas Confederações. Conserva ainda a denominação histórica de *Confederação Helvética*, mas evoluiu para a estrutura federativa. O mesmo fato ocorreu nos Estados Unidos da América do Norte e na Alemanha, o que vem confirmar que a tendência da Confederação é caminhar para uma penetração mais íntima, sob a forma federativa, ou dissolver-se.

A Comunidade dos Estados Independentes – CEI é o exemplo mais recente da união de Estados sob a forma confederativa (*vide* Capítulo XXVIII-4).

8. OUTRAS FORMAS

Enquanto existiu, a URSS, sob a liderança exclusiva da Rússia, que confundia sua identidade como Estado dominante com a própria URSS, apresentava-se como Estado federal, sendo, entretanto, uma forma especial de Confederação.

Na opinião de Esmein a URSS se enquadrava exatamente na forma federativa. Queiroz Lima, estudando as leis fundamentais da URSS, não encontra as características essenciais de federação ou confederação. Trata-se de "uma cooperação efetiva de nações, com o fim de estabelecer a paz, de forma duradoura, dentro da ordem comunista".

As unidades que integravam a união russa eram classificadas como Repúblicas e gozavam de soberania nos limites da Constituição (Lei Fundamental de 6-7-1923).

O art. 4º da Lei Fundamental, embora contivesse expressa referência ao sistema federativo, consignava o princípio característico da confederação: cada uma das Repúblicas federadas conserva o direito de abandonar livremente a união. Esse princípio de livre associação é negativo do sistema federal e tende mais para a natureza da confederação.

O enunciado teórico, porém, não correspondia à realidade; as unidades que anteriormente procuraram desligar-se foram submetidas pelas armas do exército russo, o qual procurou ainda reincorporar a Polônia, heroicamente defendida pelo Marechal Pilsudski.

A Espanha republicana adotou também um sistema federativo especialíssimo: a autonomia provincial é semelhante à autonomia municipal nos Estados Unidos da América do Norte, onde as comunas gozam de pleno direito de auto-organização administrativa, com um acentuado teor de autonomia política. O sistema espanhol *franquista* é uma deturpação do federalismo, isto é, como se expressa Pedro Calmon, "uma adaptação empírica, oportunista, do princípio da desintegração autonômica, como recurso de equilíbrio estatal".

9. IMPÉRIO BRITÂNICO (*Commonwealth of Nations*)

O antigo Imperio Britânico, atualmente denominado "Comunidade das Nações" ou, em inglês, *Commonwealth of Nations,* é uma forma de Estado *sui generis*, que desafia qualquer classificação – disse Lord Balfour.

É realmente uma gigantesca construção política que se estende pelas cinco partes do Mundo, abrange quase um quarto da superfície habitável da terra, reúne perto de meio bilhão de almas e compreende mais de cinquenta governos.

FORMAS DE ESTADO   183

O Império Britânico não é confederação, nem federação, nem união pessoal ou real. É uma interessante combinação de *Colônias da Coroa*, *Domínios* e outras unidades que formam a *British Commonwealth* – "um grupo de nações livres", segundo a definição de Ware.

As unidades que integram esse vasto Império dividem-se em quatro classes distintas: *a*) Colônias da Coroa; *b*) Colônias com instituições representativas, mas sem governo responsável; *c*) Colônias autônomas; e *d*) Federações coloniais.

As colônias da Coroa são integralmente submetidas ao governo inglês e diretamente administradas pelas autoridades da metrópole.

Outras Colônias possuem suas próprias instituições legislativas, mas sem governo responsável: a função executiva subordina-se ao governo central, não à assembleia local. Essa combinação de dois governos – local e metropolitano – nunca produziu bons resultados. A repetição dos conflitos entre as duas competências paralelas tem levado essas possessões a regredirem para a simples condição de Colônia da Coroa, ou a evoluírem para a forma de Colônia autônoma.

Uma vez constatado o desenvolvimento social, político e econômico de uma Colônia, adquire ela maior soma de autonomia, organizando-se nos moldes do regime parlamentar inglês, com executivo colegiado e responsável perante a própria assembleia dos representantes nacionais.

O regime de autonomia colonial foi outorgado a partir de 1848 às seguintes unidades: Nova Escócia, Nova Brunswick, Canadá, Nova Zelândia, Nova Gales do Sul, Vitória, Tasmânia, Austrália do Sul, Terra Nova, Queensland, Colônia do Cabo, Transvaal, Orange e outras.

O regime de autonomia, na sua constante evolução, caminhou ainda para a formação das Federações coloniais – Austrália, Canadá e União Sul-Africana –, que desfrutam de amplas prerrogativas, até mesmo no campo do direito público internacional. Essas federações, que reuniram cerca de vinte comunidades menores, possuem certos atributos de soberania: mantêm representantes diplomáticos nos países estrangeiros e firmam tratados. Vários países da *Commonwealth* faziam parte da ONU como membros originários.

Três princípios foram expressamente fixados em 1926, como garantia das boas relações entre os domínios e a metrópole: *a*) o reconhecimento de um só Rei; *b*) a igualdade de estatutos; e *c*) a livre associação.

Todos os membros do agregado britânico prestam obediência à Coroa, que é o símbolo vivente da união. O espírito prático dos ingleses, a sua

184 TEORIA GERAL DO ESTADO

elevada cultura democrática, o seu profundo senso de compreensão e tolerância, a sagacidade e a prudência dos seus estadistas são fatores que explicam a permanência dessa vasta estrutura política no correr dos tempos. Mesmo nos momentos mais difíceis da sua história, como na última guerra mundial, os Domínios votaram livremente a sua solidariedade à metrópole, sendo-lhes respeitada a faculdade de se conservarem neutros, como ocorreu em relação à Irlanda.

A evolução das comunidades é contínua: de Colônias da Coroa chegam à categoria de nações livres, adquirindo, progressivamente, os direitos de soberania, como se verificou, depois da guerra de 1939-1945, com referência à Índia e à Malásia. Caminham, do mesmo modo, para a sua completa emancipação o Canadá, a Austrália e a África do Sul.

A *British Commonwealth* está integrada pelas seguintes nações: **na África:** África do Sul, Botsuana. Camarões, Gâmbia, Gana, Quênia, Lesoto, Malawi, Maurício, Moçambique, Namíbia, Nigéria, Ruanda, Seychelles, Serra Leoa, Essuatíni, Tanzânia, Uganda e Zâmbia; **na América:** Antígua e Barbuda, Bahamas, Barbados, Belize, Canadá, Dominica, Granada, Guiana, Jamaica, Santa Lúcia, São Cristóvão e Neves, São Vicente, Granadinas e Trinidad e Tobago; **na Ásia:** Bangladesh, Brunei, Índia, Malásia, Maldivas, Paquistão, Singapura e Sri Lanka; **na Europa:** Chipre, Malta e Reino Unido; **na Oceania:** Austrália, Fiji ,Kiribati, Nauru, Nova Zelândia, Papua, Nova Guiné, Samoa, Ilhas Salomão, Tonga, Tuvalu e Vanuatu.

XXXIII

ESTADO FEDERAL

1. Estado unitário. 2. Estado federal. 3. Características essenciais do Estado federal. 4. O federalismo nos EEUU da América do Norte. 5. O problema da soberania no Estado federal. 6. O federalismo no Brasil. 7. Federalismo orgânico. 8. Resumo.

Sob o ponto de vista do direito público interno, mais precisamente do Direito Constitucional, os Estados dividem-se em *unitários* e *federais*.

1. ESTADO UNITÁRIO

ESTADO UNITÁRIO é aquele que apresenta uma organização política singular, com um governo único de plena jurisdição nacional, sem divisões internas que não sejam simplesmente de ordem administrativa. O Estado unitário é o tipo normal, o Estado padrão. A França é um Estado unitário. Portugal, Bélgica, Holanda, Uruguai, Panamá, Peru são Estados unitários. Embora descentralizados em municípios, distritos ou departamentos, tais divisões são de direito administrativo. Não têm esses organismos menores uma autonomia política.

2. ESTADO FEDERAL

ESTADO FEDERAL é aquele que se divide em províncias politicamente autônomas, possuindo duas fontes paralelas de direito público, uma nacional e outra provincial. Brasil, Estados Unidos da América do Norte, México, Argentina e República Bolivariana da Venezuela são Estados federais.

O que caracteriza o Estado federal é justamente o fato de, sobre o mesmo território e sobre as mesmas pessoas, se exercer, harmônica e simultaneamente, a ação pública de dois governos distintos: o federal e o estadual (J. Bryce, *The American Commonwealth*).

O Estado federal – define Queiroz Lima – é um Estado formado pela união de vários Estados; é um Estado de Estados. Denominam-no os alemães *staatenstaat*.

Esta definição se ajusta a um conceito de direito público interno, o qual tem por objetivo o estudo das unidades estatais na sua estrutura íntima. No plano internacional, porém, já o dissemos, o Estado federal se projeta como unidade, não como pluralidade. Como observa Pontes de Miranda o adjetivo *federal* não interessa ao direito internacional, nem dele emana.

O Prof. Pinto Ferreira, da Universidade de Recife, formulou a seguinte definição: "O Estado federal é uma organização formada sob a base de uma repartição de competências entre o governo nacional e os governos estaduais, de sorte que a União tenha supremacia sobre os Estados-membros e estes sejam entidades dotadas de autonomia constitucional perante a mesma união".

A forma federativa moderna não se estruturou sobre bases teóricas. Ela é produto de uma experiência bem-sucedida – a experiência norte-americana.

As federações ensaiadas na antiguidade, todas elas, foram instáveis e efêmeras. Extinguiram-se antes que pudessem comprovar resultados positivos em função dos problemas que as inspiraram. Apenas a Suíça manteve-se até agora, conservando, em linhas gerais, os princípios básicos da antiga *Confederação Helvética*, de natureza federativa, o que se explica pela sua geografia e pela presença constante de um inimigo temível à sua ilharga.

Os exemplos históricos foram experiências de descentralização administrativa, não de descentralização política, que é característica primacial do sistema federativo. A simples descentralização administrativa consistente na autonomia de circunscrições locais (províncias, comunas, conselhos, municípios, cantões, departamentos ou distritos), como ocorria na Grécia antiga e ocorre na Espanha atual, é sistema *municipalista*, e não federativo.

A forma federativa consiste essencialmente na descentralização política: as unidades federadas elegem os seus próprios governantes e elaboram as leis relativas ao seu peculiar interesse, agindo com autonomia predefinida, ou seja, dentro dos limites que elas mesmas estipularam no pacto federativo.

A autonomia administrativa das unidades federadas é consequência lógica da autonomia política de direito público interno.

3. CARACTERÍSTICAS ESSENCIAIS DO ESTADO FEDERAL

São características fundamentais do sistema federativo, segundo o modelo norte-americano:

a) Distribuição do poder de governo em dois planos harmônicos: federal e provincial (ou central e local). O governo federal exerce todos os poderes que expressamente lhe foram reservados na Constituição Federal, poderes esses que dizem respeito às relações internacionais da união ou aos interesses comuns das unidades federadas. Os Estados-Membros exercem todos os poderes que não foram expressa ou implicitamente reservados à União, e que lhes não foram vedados na Constituição Federal. Somente nos casos definidos de poderes concorrentes, prevalece o princípio da superioridade hierárquica do Governo Federal.

b) Sistema judiciarista, consistente na maior amplitude de competência do Poder Judiciário, tendo este, na sua cúpula, um Supremo Tribunal Federal, que é órgão de equilíbrio federativo e de segurança da ordem constitucional.

c) Composição bicameral do Poder Legislativo, realizando-se a representação nacional na Câmara dos Deputados e a representação dos Estados-membros no Senado, sendo esta última representação rigorosamente igualitária.

d) Constância dos princípios fundamentais da Federação e da República, sob as garantias da imutabilidade desses princípios, da rigidez constitucional e do instituto da intervenção federal.

4. O FEDERALISMO NOS EEUU DA AMÉRICA DO NORTE

Para melhor compreensão do mecanismo federativo, é preciso ter em vista a origem histórica dessa forma de Estado. E a Constituição norte-americana de 1787 é o marco inicial do moderno federalismo.

As treze colônias que rejeitaram a dominação britânica, em 1776, constituíram-se em outros tantos Estados livres. E sustentando a luta pela sua independência, ante a reação da Inglaterra, uniram-se, em prol da defesa comum, sob a forma contratual da Confederação de Estados, em 1781, visando ao fortalecimento da defesa comum. Verificou-se que o governo resultante dessa união confederal, instável e precário como era, não solucionava os problemas internos, notadamente os de ordem econômica e militar. As legislações conflitantes, as desconfianças mútuas, as rivalidades regionais ocasionavam o enfraquecimento dos ideais nacionalistas e dificultavam sobremaneira o êxito da guerra de libertação.

Discutidos amplamente os problemas sociais, jurídicos, econômicos, militares, políticos e diplomáticos, de interesse comum, durante noventa dias, na Convenção de Filadélfia, decidiram os convencionais, sob a presidência de George Washington, transformar a Confederação em uma forma de união mais íntima e definitiva. Enfrentados os problemas comuns à luz da realidade, concertaram-se as soluções que o bom senso indicava diante das vicissitudes do momento histórico, e, afinal, os resultados da Convenção foram consubstanciados na Constituição Federal de 1787. Assim, foi essa Constituição elaborada *empiricamente*, adaptando-se aos problemas imperiosos, aplainando divergências, procurando resguardar, tanto quanto possível, os princípios do *self-government* defendidos intransigentemente pelos Estados pactuantes.

Foi assim que a Constituição norte-americana, de caráter experimental, espírito prático e acomodativo, estruturou o federalismo, *como era possível e não como era desejável.*

Uma das *acomodações* consistiu na conservação do nome *Estado*, quando os países livres, ciosos da sua independência, relutavam em sujeitar-se à condição de província. Ao que depois se acrescentou uma qualificação restritiva – Estado-Membro.

5. O PROBLEMA DA SOBERANIA NO ESTADO FEDERAL

Surgiram inúmeras controvérsias doutrinárias, que ainda persistem, notadamente quanto à harmonização do sistema federativo com o conceito clássico da soberania una e indivisível. Destacaram-se as teorias de Le Fur, Duguit, Kelsen, Jellinek, Mouskholi, Verdross, Carré de Malberg, e tantos outros, notadamente a do escritor norte-americano Calhoun, divulgada na Europa por Seydel, sustentando que a soberania, sendo indivisível, permanece com os Estados federados, por isso que, sendo a união resultante de simples relação contratual, poderá ser desfeita como os acordos em geral. E, baseados nesta teoria, os Estados do Sul, essencialmente agrícolas, discordando da libertação dos escravos, insurgiram-se contra os do Norte e declararam extinta a União. O triunfo das armas do Norte, porém, consagrou definitivamente o princípio da soberania exclusiva da União.

A soberania é *nacional*, e a nação é uma só. Logo, o exercício do poder de soberania compete ao governo federal e não aos governos regionais.

ESTADO FEDERAL 189

Ademais, a federação não resulta de uma simples relação contratual, como ocorre com a confederação. As unidades federadas são divisões histórico-geográficas e político-administrativas de uma só nação. Unem-se pelo pacto federativo que expressa a vontade nacional, que é permanente e indissolúvel. Daí a inadmissibilidade da teoria de Calhoun.

É certo que a autonomia política das unidades federadas sofre limitações, mas estas limitações são determinadas na Constituição Federal, que não é outorgada arbitrariamente pelo governo central, mas elaborada livremente pela nação, através dos seus Deputados, e pelos Estados pactuantes, representados por seus Senadores. Em suma o que ocorre é uma *autolimitação*, e esta significa, em última análise, uma reafirmação da autonomia política.

Nos Estados Unidos da América do Norte a autonomia estadual é ampla. Variam os Estados-Membros norte-americanos quanto à forma unicameral ou bicameral, quanto às linhas gerais do sistema presidencialista, quanto aos sistemas de organização e governo municipais, quanto à estruturação do sistema judiciário, e até mesmo chegam a adotar institutos de democracia direta, como o *referendum*, o *recall*, a iniciativa ou veto popular das leis e a revogação do mandato por um pronunciamento extraordinário do eleitorado. As próprias leis penais, civis, comerciais e processuais são da competência estadual. Como exemplos, podemos mencionar que alguns Estados da união norte-americana adotam a pena de morte e outros não, alguns adotam o divórcio e outros não. Exige a ordem federal, tão somente, que sejam respeitados os *princípios fundamentais*, *as vigas mestras* da Federação, da República e do regime democrático.

6. O FEDERALISMO NO BRASIL

O federalismo brasileiro é diferente; é muito mais rígido. O nosso sistema é de *federalismo orgânico*. Essa diversidade tem um fundamento histórico.

O Brasil-Império era um Estado juridicamente unitário, mas, na realidade, era dividido em províncias. O ideal da descentralização política, no Brasil, vem desde os primórdios da nossa existência, desde os tempos coloniais. Os primeiros sistemas administrativos adotados por Portugal, as governadorias gerais, as feitorias, as capitanias, traçaram os rumos pelos quais a nação brasileira caminharia fatalmente para a forma federativa. A enormidade do território, as variações climáticas, a diferenciação dos grupos étnicos, toda uma série imensa de fatores naturais ou sociológicos tornaram

190 TEORIA GERAL DO ESTADO

a descentralização política um imperativo indeclinável da realidade social, geográfica e histórica. E quando o centralismo artificial do primeiro Império procurou violentar essa realidade, a nação forçou a abdicação de D. Pedro I, impondo a reforma da Carta Imperial de 1824, o que se realizou pelo Ato Adicional de 1834, concessivo da autonomia provincial.

Contrariamente ao exemplo norte-americano, o federalismo brasileiro surgiu como resultado fatal de um movimento *de dentro para fora* e não *de fora para dentro*; de força centrífuga e não centrípeta; de origem natural- -histórica e não artificial. De certo modo, deve-se a queda do Império mais ao ideal federativo do que ao ideal republicano. Tanto assim que o *Manifesto Republicano de Itu*, em 1870, justificava-se combatendo o centralismo imperial, proclamando, em resumo, que *no Brasil, antes ainda da ideia democrática, encarregou-se a natureza de estabelecer o princípio federativo*. Acresce observar que o último e desesperado esforço do Gabinete Ouro Preto no sentido de salvar a monarquia agonizante consistiu em desfraldar a bandeira do federalismo. Mas já era tarde; poucos meses depois proclamava-se a República Federal.

A Constituição de 1891 estruturou o federalismo brasileiro segundo o modelo norte-americano. Ajustou a um sistema jurídico-constitucional estrangeiro uma realidade completamente diversa. Daí resultou que a Constituição escrita não pôde reproduzir, como não reproduziu, a *Constituição real do país*.

7. FEDERALISMO ORGÂNICO

Tornou-se a federação brasileira, cada vez mais, uma federação orgânica, de poderes superpostos, na qual os Estados-Membros devem organizar-se à imagem e semelhança da União; suas Constituições particulares devem espelhar a Constituição Federal, inclusive nos seus detalhes de ordem secundária; e suas leis acabaram subordinadas, praticamente, ao princípio da hierarquia.

Já em 1898, exclamava Rui Barbosa, num profundo desalento: "Eis o que vem a ser a federação do Brasil; eis em que dá, por fim, a autonomia dos Estados, esse princípio retumbante, mentiroso, vazio de vida como um sepulcro, a cuja superstição se está sacrificando a existência do país e o princípio da nossa nacionalidade". Com igual veemência manifestaram-se Amaro Cavalcanti, Assis Brasil, Aureliano Leal, Alberto Tôrres, Levi Carneiro e tantos outros. E na Constituinte de 1946 levantou-se a voz autoriza-

ESTADO FEDERAL   191

da do Prof. Mário Mazagão, afirmando que "caminhamos, infelizmente, para uma centralização tão categórica que, nesta marcha, dentro de pouco tempo, os últimos resquícios da federação estarão extintos". Secundou-o o Prof. Ataliba Nogueira: "Estamos a cada passo reduzindo o país a Estado unitário. A esfera de competência da União foi alargando-se de tal jeito que contribuiu para esse inconveniente a desnaturante centralização. A União é aqui o Estado-Providência. Acham-no capaz de resolver, milagrosamente, todos os problemas, e lhe entregam, de mãos atadas, a federação".

A lição clássica de João Barbalho – *A União nada pode fora da Constituição*; *os Estados só não podem o que for contra a Constituição* – tornou-se um princípio teórico sem nenhuma correspondência com a realidade.

A Constituição de 1891 procurou ser fiel ao modelo norte-americano, e sobre ela ensinou João Barbalho que os Estados-Membros ficaram obrigados a observar os "princípios constitucionais", não a Constituição mesma, formalmente. E Rui Barbosa, com a sua soberana autoridade acrescentou ser bastante que a Constituição Estadual não contradiga as bases essenciais da Constituição Federal. Aliás, a Constituição do Rio Grande do Sul divergia profundamente da Constituição Federal de 1891, a ponto de manter um regime semiparlamentarista, e nem por isso deixou de vigorar, sem contestação judicial, até 1930. Mas ultimamente o Supremo Tribunal Federal tem fulminado de inconstitucionalidade preceitos de ordem secundária, como aquele que subordina à aprovação da Assembleia Legislativa a nomeação dos secretários de Estado. Basta conferir as decisões de 1947, que cancelaram vários dispositivos das Constituições de São Paulo, Ceará, Rio Grande do Norte, Piauí e outras.

Assim é que o sistema federativo brasileiro vem se distanciando cada vez mais do modelo norte-americano, a ponto de configurar uma nova forma, que denominamos *federalismo orgânico*.

8. RESUMO

Finalmente, resumindo o que foi exposto e para afastar confusões, vamos deixar claro o seguinte:

a) As unidades federadas não são *Estados* na exata acepção do termo; são *Províncias*, como no Brasil-Império, na Argentina e em outras federações. Segundo a doutrina norte-americana, denominam-se *Estados-Membros*.

b) O poder de autodeterminação dos Estados-Membros denomina-se *autonomia*, não soberania. Os Estados-Membros só têm personalidade jurídica de direito público interno, não internacional. Não possuem representações diplomáticas nem firmam tratados.

c) Perante o direito público internacional a Federação é Estado simples, isto é, uma unidade. Só a União é sujeito de *Direito Internacional*.

d) No sistema congressual, bicameral, próprio da forma federativa, a Câmara dos Deputados representa *a população nacional*, e o Senado é composto de *delegados dos Estados-Membros*, embora sejam estes eleitos pelo voto popular, em cada unidade.

Outros pontos a esclarecer: o governo federal não dispõe de *poder de domínio* sobre os territórios estaduais; dispõe de *poder de jurisdição*, nos limites da sua competência.

Além das unidades federadas, são partes integrantes da Federação os *Territórios*, sem autonomia política, colocados sob administração direta do governo central.

O *Distrito Federal* é a sede do governo da União. É também uma das unidades integrantes da Federação e goza de relativa autonomia, devendo necessariamente possuir assembleia legislativa própria. Entretanto, isso não ocorre na federação brasileira atual.

No Continente Americano contam-se cinco Repúblicas federativas: EEUU, México, Brasil, Argentina e República Bolivariana da Venezuela.

A Federação brasileira, de fundo eminentemente orgânico, com crescente ampliação do poder central, é analisada em nossa obra "Direito Constitucional".

XXXIV

FORMAS DE GOVERNO

1. Classificações secundárias. 2. Classificação essencial de Aristóteles. 3. Monarquia e República. 4. Subdivisões. 5. "Referendum". 6. Plebiscito. 7. Outros institutos.

1. CLASSIFICAÇÕES SECUNDÁRIAS

Governo é o conjunto das funções pelas quais, no Estado, é assegurada a ordem jurídica (Queiroz Lima). Este elemento estatal apresenta-se sob várias modalidades, quanto à sua origem, natureza e composição, do que resultam as diversas *formas de governo*.

Preliminarmente, há três aspectos de direito público interno a considerar: *a*) segundo a origem do poder, o governo pode ser *de direito* ou *de fato*; *b*) pela natureza das suas relações com os governados, pode ser *legal* ou *despótico*; e *c*) quanto à extensão do poder, classifica-se como *constitucional* ou *absolutista*.

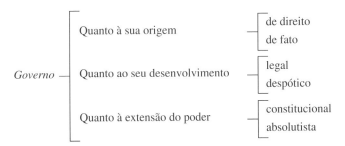

Governo de direito é aquele que foi constituído de conformidade com a lei fundamental do Estado, sendo, por isso, considerado como *legítimo* perante a consciência jurídica da nação.

Governo de fato é aquele implantado ou mantido por via de fraude ou violência.

Governo Legal é aquele que, seja qual for a sua origem, se desenvolve em estrita conformidade com as normas vigentes de direito positivo. Subordina-se ele próprio aos preceitos jurídicos, como condição de harmonia e equilíbrio sociais.

Governo Despótico (ao contrário do governo legal) é aquele que se conduz pelo arbítrio dos detentores eventuais do poder, oscilando ao sabor dos interesses e caprichos pessoais.

Governo Constitucional é aquele que se forma e se desenvolve sob a égide de uma Constituição, instituindo a divisão do poder em três órgãos distintos e assegurando a todos os cidadãos a garantia dos direitos fundamentais, expressamente declarados.

Governo Absolutista é o que concentra todos os poderes num só órgão. O regime absolutista tem suas raízes nas monarquias de direito divino e se explicam pela máxima do cesarismo romano que dava a vontade do príncipe como fonte da lei – *voluntas principis suprema lex est; quod principi placuit legis habet vigorem; sic volo, sic jubeo, sit pro ratione voluntas...*

2. CLASSIFICAÇÃO ESSENCIAL DE ARISTÓTELES

Na antiguidade, já Aristóteles enquadrava em dois grupos as formas de governo: *normais* (aquelas que têm por objeto o bem da comunidade) e *anormais* (aquelas que visam somente vantagens para os governantes).

As formas *normais*, também denominadas *formas puras*, segundo a classificação de Aristóteles, ainda geralmente aceita, são as seguintes:

   a) Monarquia – governo de uma só pessoa;
   b) Aristocracia – governo de uma classe restrita;
   c) Democracia – governo de todos os cidadãos.

A essas formas normais de governo correspondem, respectivamente, as três seguintes formas anormais: *tirania, oligarquia* e *demagogia*. São as chamadas *formas degeneradas*.

A classificação de Aristóteles, portanto, resume-se no seguinte esquema:

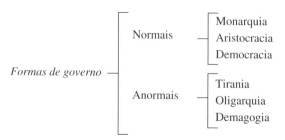

FORMAS DE GOVERNO

Para se saber se a forma de governo é normal ou anormal o critério proposto pelo Estagirita é essencialmente ético, ou seja, de ordem moral: se o monarca ou os governantes atendem ao interesse geral, a forma de governo é normal; se procuram só a satisfação dos seus próprios interesses e a obtenção de vantagens pessoais, a forma é anormal.

Coube a Montesquieu trazer à doutrina aristotélica os retoques da metafísica: a monarquia caracteriza-se pela *Honra*, a aristocracia pela *Moderação* e a democracia pela *Virtude*. Faltando a qualquer das formas normais de governo o respectivo princípio básico, ela se degenera, caindo na forma anormal correspondente.

Alguns escritores acrescentaram à tríade aristotélica uma quarta expressão: a *Teocracia*, tendo por forma anormal correspondente a *Clerocracia* (governo despótico dos sacerdotes).

Entendemos, porém, que a teocracia é simplesmente uma modalidade de aristocracia ou oligarquia, assim como a chamada plutocracia. A classe governante pode ser formada por nobres, sacerdotes, detentores do poder econômico ou qualquer outro grupo social privilegiado, formando uma aristocracia dominante (*v.* adiante o conceito "aristocracia").

Qual a melhor forma de governo? Esta pergunta, formulada em todos os tempos, jamais terá uma resposta definitiva e satisfatória. Fenelon sintetizou nesta sentença lapidar o pensamento dominante no espaço e no tempo: "a corrupção pode ser idêntica em todas as formas de governo; o principal não é o regime em si, mas a virtude na execução dele".

3. MONARQUIA E REPÚBLICA

Maquiavel, consagrado como fundador da ciência política moderna, substituiu a divisão tríplice do filósofo grego pela divisão dualista das formas de governo: *Monarquia* e *República* (governo da minoria ou da maioria).

Colocou o problema nos seus exatos termos o sábio secretário florentino, pois aristocracia e democracia não são propriamente formas de governo, mas, sim, modalidades intrínsecas de qualquer das duas formas.

Em poucas e incisivas palavras dá Maquiavel a distinção fundamental: o governo renova-se mediante eleições periódicas – estamos diante da forma republicana; o governo é hereditário e vitalício – está caracterizada a monarquia.

Queiroz Lima enumera as seguintes características da forma monárquica: *a)* autoridade unipessoal; *b)* vitaliciedade; *c)* hereditariedade; *d)* ilimitabilidade do poder e indivisibilidade das supremas funções de mando; *e)* irresponsabilidade legal, inviolabilidade corporal e sua dignidade. Evidentemente, essas são as características das *monarquias absolutas*; mas há também as monarquias limitadas, como adiante veremos. Características essenciais comuns, das monarquias, são apenas duas: *a)* hereditariedade; *b)* vitaliciedade.

A forma monárquica não se refere apenas aos soberanos coroados; nela se enquadram os consulados e as ditaduras (governo de uma só pessoa).

Por outro lado, as características essenciais da forma republicana são: *a)* eletividade; *b)* temporariedade.

4. SUBDIVISÕES

Passaremos agora a estudar as modalidades, isto é, as subdivisões das duas formas de governo, dentro do seguinte quadro sinótico:

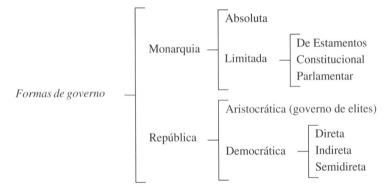

MONARQUIA ABSOLUTA é aquela em que todo o poder se concentra na pessoa do monarca. Exerce ele, por direito próprio, as funções de legislador, administrador e supremo aplicador da justiça. Age por seu próprio e exclusivo arbítrio, não tendo que prestar contas dos seus atos senão a Deus. O monarca absolutista justifica-se pela origem divina do seu poder. O Faraó do Egito, o Tzar da Rússia, o Sultão da Turquia, o Imperador da China diziam-se representantes ou descendentes dos deuses. Na crença popular da origem sobrenatural do poder exercido pelos soberanos coroados repousou a estabilidade das instituições monárquicas desde a mais remota antiguidade até ao limiar da Idade Moderna. Entre as monarquias absolutistas se incluem o cesarismo romano, o consulado napoleônico e certas ditaduras latino-americanas.

FORMAS DE GOVERNO

São *limitadas* as monarquias onde o poder central se reparte admitindo órgãos autônomos de função paralela, ou se submete esse poder às manifestações da soberania nacional.

Destacam-se três tipos de Monarquias Limitadas: *a*) *de estamentos*; *b*) *constitucional*; *c*) *parlamentar*.

MONARQUIA DE ESTAMENTOS, também denominada por alguns autores *monarquia de braços*, é aquela onde o Rei descentraliza certas funções que são delegadas a elementos da nobreza reunidos em *Cortes*, ou órgãos semelhantes que funcionam como desdobramento do poder real. Geralmente, eram delegadas a tais órgãos estamentários funções de ordem tributativa... A monarquia de estamentos é forma antiga, típica do regime feudal. Os exemplos mais recentes foram a Suécia e o Mecklemburgo, tendo esta última perdurado até 1918.

MONARQUIA CONSTITUCIONAL é aquela em que o Rei só exerce o poder executivo, ao lado dos poderes legislativo e judiciário, nos termos de uma Constituição escrita. Exemplos: Bélgica, Holanda, Suécia, Brasil-Império.

MONARQUIA PARLAMENTAR é aquela em que o Rei não exerce função de governo – *o Rei reina, mas não governa*, segundo a fórmula dos ingleses. O poder executivo é exercido por um Conselho de Ministros (Gabinete) responsável perante o Parlamento.

Ao Rei se atribui um quarto poder – *Poder Moderador* – com ascendência moral sobre o povo e sobre os próprios órgãos governamentais, um "símbolo vivo da nação", porém sem participação ativa no funcionamento da máquina estatal. É exatamente a forma decorrente da adoção do sistema parlamentarista no Estado monárquico. O Rei preside a Nação; não propriamente o Governo.

REPÚBLICA é o governo temporário e eletivo.

"Existirá República toda vez que o poder, em esferas essenciais do Estado, pertencer ao povo ou a um Parlamento que o represente" (Prof. Machado Paupério).

A República pode ser *aristocrática* ou *democrática*.

REPÚBLICA ARISTOCRÁTICA é o governo de uma classe privilegiada por direitos de nascimento ou de conquista. É o *governo dos melhores*, no exato sentido do termo, pois a palavra *aristoi* não corresponde, especificamente, a *nobreza*, mas a *escol social*, isto é, os *melhores* da sociedade. Atenas e Veneza foram Repúblicas aristocráticas.

A República Aristocrática pode ser *direta* ou *indireta*, conforme seja o poder de governo exercido diretamente pela classe dominante, em assembleias gerais, ou por delegados eleitos, em assembleia representativa. Teoricamente, admite-se também a forma semidireta.

REPÚBLICA DEMOCRÁTICA é aquela em que todo poder emana do povo. Pode ser *direta*, *indireta* ou *semidireta*.

Na República Democrática Direta governa a totalidade dos cidadãos, deliberando em assembleias populares, como faziam os gregos no antigo Estado ateniense.

O governo popular direto se reduz atualmente a uma simples reminiscência histórica. Está completamente abandonado, em face da evolução social e da crescente complexidade dos problemas governamentais.

A *REPÚBLICA DEMOCRÁTICA INDIRETA*, ou *REPRESENTATIVA*, é a solução racional, apregoada pelos filósofos dos séculos XVII e XVIII e concretizada pela Revolução Francesa. Firmado o princípio da soberania nacional e admitida a impraticabilidade do governo direto, apresentou-se a necessidade irrecusável de se conferir, por via do processo eleitoral, o poder de governo aos representantes ou delegados da comunidade. É o que se denomina *sistema representativo*, que estudaremos nos pontos seguintes, quanto às suas diversas modalidades.

Na República Democrática Indireta (ou Representativa) o poder público se concentra nas mãos de magistrados eletivos, com investidura temporária e atribuições predeterminadas. Sob este ponto de vista, definiu Rui Barbosa: "República não é coexistência de três poderes, mas a condição que, sobre existirem os três poderes constitucionais, o Legislativo, o Executivo e o Judiciário, os dois primeiros derivam, realmente, de eleição popular". Efetivamente, os órgãos componentes dos Poderes Legislativo e Executivo devem ser eleitos pelo povo, por via de sufrágio universal. No tocante ao Poder Judiciário, sua composição tem obedecido ao princípio da nomeação, pelos dois outros poderes de natureza eletiva, sob o fundamento, de certo modo razoável, de que os atos desse poder, mais do que os dos dois outros, são essencialmente funcionais, isto é, decorrem da vontade da lei e não do arbítrio dos magistrados.

Não obstante, o provimento das magistraturas componentes do poder judiciário é assunto que merece destaque. A eletividade é a regra, em face da verdadeira doutrina republicana democrática. As mais adiantadas democracias do mundo adotam, pelo menos em parte, o princípio da eletividade. Isso ocorreu aqui mesmo no Brasil, ao tempo do segundo Império, contribuindo para o conceito de que o Império foi mais democrático do que a República. A eletividade dos magistrados implica a temporariedade das funções. A temporariedade, por sua vez, leva a uma eficiência constante, afastando em grande parte os inegáveis inconvenientes da vitaliciedade.

REPÚBLICA DEMOCRÁTICA SEMIDIRETA. Entre a solução originária da democracia direta e o regime representativo, surge uma terceira expressão denominada *democracia semidireta* ou *mista.* Consiste esse sistema em restringir o poder da assembleia representativa, reservando-se ao pronunciamento direto da assembleia geral dos cidadãos os assuntos de maior importância, particularmente os de ordem constitucional.

Esse sistema é adotado atualmente na Suíça e em alguns Estados da federação norte-americana. A Constituição da República alemã de Weimar, de 11 de agosto de 1919, que foi imitada pela Prússia, Áustria e Checoslováquia, antes do advento dos "Estados Novos" de feição autocrática, foi um modelo do sistema semidireto.

A delegação de poderes, neste sistema, é feita com as devidas restrições, de tal sorte que os problemas considerados de vital importância nacional são decididos pelo próprio povo por processos típicos de democracia direta, como o *referendum,* a *iniciativa popular,* o *veto popular* etc.

Em todos os casos de conflito entre os poderes do Estado, reforma constitucional, ratificação de tratados ou convenções internacionais, empréstimos externos, modificações territoriais, declaração de guerra ou tratado de paz, leis de magno interesse nacional etc. decide o povo em última instância.

Sem embargo das objeções de ordem técnica que pesam em contrário, o sistema misto se apresenta na atualidade qual porto de salvação no mar encapelado em que navega o barco da democracia representativa. Os Estados Unidos da América do Norte introduzem cada vez mais no sistema institutos de democracia direta. O Brasil mesmo, pela Constituição de 1946, adotou o *plebiscito,* em tudo semelhante ao *referendum,* para a solução dos casos de divisas internas, administrativas ou judiciárias, subordinando as decisões das câmaras representativas ao pronunciamento das populações interessadas. E a excelência teórica da medida foi confirmada pela prática.

Para melhor compreensão deste e de outros pontos seguintes, passaremos a analisar, de modo sucinto (com exceção dos sistemas eleitorais, que serão objetos de outro capítulo), os institutos de manifestação da soberania nacional, que integram a doutrina republicana.

5. "REFERENDUM"

O *referendum* é a fórmula moderna da *Landsgemeinde*, a tradicional assembleia do povo na Suíça, desde os primórdios da Confederação Helvética.

Como nos informa Curti, na sua esplêndida monografia *O Referendum*, denominaram-se essas assembleias populares, em francês, *Les Plaids Généraux* ou *Les Grands Plaids*, e, em latim, *Placitum Generale*. Nos escritos antigos, segundo Ryffel, citado pelo mesmo Curti, foram chamados *Conventus, Comitia, Communitas, Communs* etc.

Relata-nos Queiroz Lima que "o processo dessas assembleias populares era impregnado de arcaísmo e sujeito a um minucioso cerimonial. A abertura do *Landsgemeinde* é precedida de uma procissão semicívica, semirreligiosa, na qual os trajes medievais de certos personagens e o lugar de cada um são cuidadosamente fixados em regulamento. Os trabalhos da assembleia começam por uma prece e pelo cântico *Veni Creatur Spiritus*. Em seguida, o *Landmmann* expõe aos seus concidadãos os acontecimentos mais notáveis do ano, na Suíça e no estrangeiro. Passa-se depois à *ordem do dia* (votação e eleições) e os funcionários e juízes eleitos submetem-se à cerimônia do juramento, elevando, segundo uso antigo, três dedos da mão direita como invocação da Santíssima Trindade. As votações se fazem por meio da mão erguida, triunfando a maioria absoluta de votos".

A *Landsgemeinde* funciona ainda com esse ritual em alguns Cantões da Suíça, como Uri, Glaris, Unterwald e Appenzell. De acordo com a tradição, os cidadãos comparecem de carabina a tiracolo, como símbolo de que a liberdade deve ser defendida pelas armas.

Em geral, porém, esse sistema complexo de assembleia popular vem cedendo lugar à fórmula simples e moderna do *referendum*.

As repúblicas modernas têm lançado mão do *referendum* como instrumento de limitação do poder das assembleias representativas. Na prática, o *referendum* não tem o mesmo alcance das assembleias populares: o povo não formula soluções; apenas se manifesta sobre o problema que lhe é submetido, aprovando ou desaprovando a solução proposta. A votação se dá por meio de cédulas com a palavra escrita *Sim* ou *Não*. Em se admitindo a participação dos cidadãos analfabetos, as cédulas usadas são de cores diversas – *brancas* ou *pretas*.

Queiroz Lima aponta as seguintes razões em prol desse instituto, como fator de equilíbrio democrático:

FORMAS DE GOVERNO

a) O regime de *referendum* está indiscutivelmente em harmonia com os mais puros princípios democráticos. Preuss, o sábio autor da Constituição alemã de 1919, considera o governo semidireto um postulado da democracia.

b) O *referendum* constitui um poderoso obstáculo ao despotismo possível das assembleias.

c) O *referendum* assegura perfeita concordância de vistas entre a maioria parlamentar e a opinião dominante no país.

d) O *referendum* é um valiosíssimo instrumento de pacificação e estabilidade.

É preciso notar que o *referendum* tem sido usado abusivamente para legitimar atos de usurpação da soberania nacional. Napoleão I recorreu várias vezes a esse meio para fazer aprovar seus atos constitucionais; Adolf Hitler valeu-se do mesmo meio para substituir a Constituição vigente pela sua carta outorgada; Salazar fez aprovar a sua Constituição pelo mesmo expediente; no Brasil, a Carta outorgada de 1937 previa a sua legitimação pelo *referendum*; e ainda recentemente De Gaulle, na França, obteve por via desse instituto a aprovação de reformas constitucionais profundamente antidemocráticas. Inúmeros são os exemplos semelhantes de desvirtuamento do *referendum* na sua natureza e na sua finalidade. Utilizado para legitimação *a posteriori* dos atos de força e de prepotência, perde o *referendum* a sua característica essencial de instituto democrático.

6. PLEBISCITO

As Constituições modernas vêm adotando o plebiscito, que é semelhante ao *referendum* no seu processamento. O plebiscito tem sido instituído, como na Constituição Brasileira de 1946, para os casos de alteração das divisas interestaduais ou intermunicipais, criação de Distritos, Municípios, Comarcas ou Estados, casos em que as deliberações das assembleias representativas ficavam condicionadas à aprovação das populações interessadas. Embora dependente de resolução das respectivas assembleias, o plebiscito é consulta feita *a priori*, e a solução obtida sobrepõe-se à vontade das assembleias representativas.

No plano internacional o plebiscito, fundado na *doutrina do livre-arbítrio dos povos*, tem sido adotado como meio eficiente para a solução de contendas, quer quanto à criação ou supressão de Estados por divisão ou união, quer quanto à fixação das linhas divisórias nas zonas contestadas.

202 TEORIA GERAL DO ESTADO

Como individualização do direito geral que tem cada povo de dispor de si mesmo, o plebiscito, tanto no direito internacional quanto no direito público interno, é uma afirmação solene do princípio da soberania nacional e um instrumento de contenção dos desmandos das assembleias representativas.

7. OUTROS INSTITUTOS

Além do *referendum* e do plebiscito, merecem destaque a *iniciativa popular*, o *veto popular* e o *recall*.

A INICIATIVA POPULAR consiste no direito assegurado à população de formular projetos de lei e submetê-los ao Parlamento. Esse instituto foi adotado pela Constituição alemã de 1919, sendo ainda admitido em alguns Estados da Federação norte-americana e no Brasil pela Constituição de 1988. O projeto de lei, uma vez assinado por determinado número de eleitores, será obrigatoriamente recebido e considerado como objeto de deliberação pela assembleia legislativa.

O VETO POPULAR, também adotado pela Constituição de Weimar, consiste na faculdade concedida ao povo de recusar uma lei emanada do Parlamento. Embora aprovada, sancionada e promulgada, a lei será anulada se contra ela manifestar-se a maioria do corpo eleitoral.

O *RECALL* é um instituto tipicamente norte-americano surgido nos últimos tempos, precisamente quando a Suprema Corte se arvorou em superpoder, passando a anular as leis que consubstanciavam a nova política social do Presidente Theodore Roosevelt. Pelo *recall*, que é um processo de pronunciamento popular, de natureza plebiscitária, dirigido pela assembleia representativa, o povo recusava a decisão judicial e fazia prevalecer a lei declarada inconstitucional. Reafirmou-se através desse instituto o princípio verdadeiramente democrático de que a vontade soberana do povo deve prevalecer, inclusive, sobre as decisões do poder judiciário.

Nos EEUU o *recall* tornou-se extensivo aos casos de cassação de mandatos. Mediante requerimento de determinado número de eleitores o mandato de deputado ou senador é submetido a um novo pronunciamento, para que seja ratificado ou cassado.

Como se vê, a *iniciativa popular*, o *veto popular* e o *recall* são institutos essencialmente democráticos.

XXXV

PODER CONSTITUINTE

1. Conceito e natureza. 2. Poder reformador. 3. Poder Constituinte institucional.

1. CONCEITO E NATUREZA

O Poder Constituinte é uma função da soberania nacional. É o poder de constituir e reconstituir ou reformular a ordem jurídica estatal.

A Constituição, lei fundamental do Estado, provém de um poder soberano (a nação ou o povo, nas democracias) que não podendo elaborá-la diretamente, em face da complexidade do Estado moderno, o faz através de representantes eleitos e reunidos em *Assembleia Constituinte*. Como pregou Sieyès, um dos líderes da Revolução Francesa, a nação tem o direito de organizar-se politicamente, como fonte do poder público. Esse poder que ela exerce em determinados momentos chama-se *Poder Constituinte*. Tanto pode ser exercido para a organização originária de um agrupamento nacional ou popular quanto para constituir, reconstituir ou reformular a ordem jurídica de um Estado já formado. Suprime, por exemplo, uma forma monárquica para estabelecer uma forma republicana; afasta uma organização republicana liberal para instituir uma república socialista; ou simplesmente revoga uma Constituição para elaborar outra. Frequentemente, surge o Poder Constituinte em função da derrogação da lei fundamental por um movimento revolucionário, impondo-se, consequentemente, a tarefa de reconstituir em novas bases o ordenamento jurídico estatal.

A Assembleia Constituinte exerce o poder soberano na sua plenitude. Difere das Assembleias Legislativas pela sua transitoriedade e pela ilimitabilidade do seu poder. As Assembleias Legislativas são *poderes constituídos*: limitam-se pela Constituição existente. As Constituintes, ao revés, não têm limitação: a elas se devolvem a totalidade do poder de soberania, com apenas o dever de respeito aos imperativos das *leis* de direito natural.

O Poder Constituinte, portanto, é um poder ilimitado, em regra. A influência de qualquer poder mais alto para lhe traçar linha de competência ou programa de ação tende a desfigurá-lo, por desfigurar a soberania no seu exato conceito. Só a própria Assembleia Constituinte, em deliberação preliminar, atenta aos princípios de direito natural e histórico, ou a um eventual condicionamento estabelecido na eleição dos seus componentes, poderá limitar o seu procedimento.

A limitação da soberania pelo direito natural, aliás, é indeclinável. Ato de governo, ainda que ditado em nome de uma soberania absoluta, pode revestir-se de ilegitimidade por contrapor-se à ordem natural. Assim o ato do Imperador Calígula que, ao reorganizar o Estado romano, nomeou para o cargo de primeiro cônsul o seu cavalo *Incitatus*. Não deixava de ser uma aberração tal ato de soberania, embora mantido pela força.

D. João VI, ao convocar a Constituinte portuguesa em 1821, determinou que a nova Constituição da monarquia, a ser elaborada, deveria *manter a religião católica, apostólica romana, e a dinastia da Casa de Bragança, bem como observar as bases da Constituição da monarquia espanhola...* Tornou-se a Assembleia, portanto, mero simulacro de Poder Constituinte.

No mesmo sentido foi o Decreto de 3 de janeiro de 1822, de D. Pedro I, convocando a Constituinte Brasileira, que se reuniu em 1823, *"para fazer a Constituição política do Império do Brasil e as reformas indispensáveis, mantidas, porém, a independência, a monarquia, a dinastia de D. Pedro I e a religião católica..."*. O Poder Constituinte tornou-se *coarctado*, como proclamou o então Deputado Antônio Carlos de Andrada e Silva na sessão preparatória. E tanto estava realmente coarctado que veio logo a seguir a ser dissolvido por ato de tirania e absolutismo pessoal do imperante.

Sendo a soberania inconstrangível, com ela não se coaduna ato algum de limitação que dela mesma não promane.

Reúne-se a Assembleia Constituinte para cumprir a missão de constituir ou reconstituir a ordem jurídica e política da sociedade civil. Cumprida essa missão, encerrados os seus trabalhos com a promulgação e a publicação da nova lei fundamental, ela se dissolve, ou passa a funcionar daí por diante como Assembleia Legislativa ordinária (poder constituído) se previsto no ato de sua convocação.

2. PODER REFORMADOR

Em geral, os poderes constituídos conservam uma parcela do Poder Constituinte, permanentemente, para reformas ou emendas da Constituição, no curso das legislaturas, dentro dos limites estabelecidos no próprio texto.

Essa função, chamada de *poder reformador*, *poder constituinte secundário* ou *poder constituinte derivado*, coloca-se numa posição intermediária entre o poder constituinte originário e o poder constituído ordinário. Consiste na competência para reformar parcialmente ou emendar a Constituição, que não é um código estático, mas dinâmico, devendo acompanhar a evolução da realidade social, econômica e ético-jurídica.

A esse poder secundário e limitado é vedado atingir a estrutura básica da ordem constitucional, como no sistema brasileiro, por exemplo, são inalteráveis a forma federativa do Estado, a forma republicana do governo e a ordem democrática na sua essência. Limites de tempo são também traçados à função reformadora: a Constituição não pode ser alterada durante o *estado de sítio*, ou em períodos predeterminados no seu texto.

Poder Constituinte *permanente* só se verifica na Inglaterra, país de Constituição inorgânica ou consuetudinária, onde o Parlamento edita normas de direito constitucional pelos mesmos trâmites das normas de direito ordinário.

3. PODER CONSTITUINTE INSTITUCIONAL

O Poder Constituinte, que até aqui expusemos no seu conceito clássico e tradicional, vem sendo *racionalizado* na atualidade, ao impacto das novas realidades sociais, para adquirir as características de *Poder Constituinte Institucional*, coincidente com a ideia de institucionalização da soberania. Segundo a observação de Machado Paupério, a *soberania não é propriamente um poder, mas a qualidade desse poder; a qualidade de supremacia que, em determinada esfera, cabe a qualquer poder*. Seria, assim, um atributo de que se reveste o poder de autodeterminação, uma vez institucionalizado. Conquanto originária da nação, a soberania institucionaliza-se no órgão estatal que a dirige e nele encontra o seu ordenamento jurídico-formal dinâmico.

Contrapondo-se ao voluntarismo radical, distinguem os teóricos do institucionalismo dois momentos na formação do poder soberano: o momento social ou genético e o momento jurídico ou funcional. Como fonte do poder, a soberania pertence originariamente à nação, mas o seu exercício é atribuído ao órgão estatal constituído. Nas linhas gerais desse realismo situa-se o novo ciclo constitucional, já distanciado do panorama carismático medieval e do liberalismo lírico do século passado.

O direito de revolução, como recurso extremo de resistência contra a opressão e os descaminhos governamentais, segundo o conceito clássico de Lautenbach, Salisbury, Santo Tomás de Aquino, Locke e outros, teria nessa doutrina a sua confirmação prática. A nação retoma, em dado momento histórico, o seu poder originário, por via de um movimento revolucionário, visando reconstituir em novas bases o ordenamento jurídico estatal. Como proclamaram os constituintes da federação norte-americana, *aos homens conferiu o Criador certos direitos inalienáveis, entre os quais o de vida, o de liberdade e o de procurarem a própria felicidade: para a segurança desses direitos se constituíram entre os homens governos, cujos justos poderes emanam do consentimento dos governados; e sempre que qualquer forma de governo tenda a destruir esses fins, assiste ao povo o direito de mudá-la ou aboli-la, instituindo outro governo cujos princípios básicos e organização de poderes obedeçam às normas que lhe pareçam mais próprias para promover a segurança e a felicidade gerais.*

No dia 31 de março de 1964 enquanto vigente a Constituição de 1946 o Estado Brasileiro sofreu um Golpe Militar que na ocasião foi chamado de Revolução Vitoriosa. No dia 9 de abril de 1964, os militares promulgaram o Ato Institucional n. 1, cujo preâmbulo constava:

> *A revolução vitoriosa se investe no exercício do Poder Constituinte. Este se manifesta pela eleição popular ou pela revolução. Esta é a forma mais expressiva e mais radical do Poder Constituinte. Assim, a revolução vitoriosa, como o Poder Constituinte, se legitima por si mesma. Ela destitui o governo anterior e tem a capacidade de constituir o novo governo. Nela se contém a força normativa, inerente ao Poder Constituinte. Ela edita normas jurídicas sem que nisto seja limitada pela normatividade anterior à sua vitória. Os Chefes da revolução vitoriosa, graças à ação das Forças Armadas e ao apoio inequívoco da nação, representam o povo e em seu nome exercem o Poder Constituinte, de que o povo é o único titular.*

O esboço doutrinário desse golpe comporta controvérsias e não poderia apartar-se do *princípio da legalidade revolucionária*. Controvertido é também o conceito de revolução no mundo das ideias políticas. Repele essa doutrina, necessariamente, o conceito simplista de revolução, reduzido a uma mera transformação política da ordem governamental. A verdadeira revolução há de ser interpretada, segundo um critério sociológico total, como movimento de profundidade nacional destinado a uma ampla reforma

PODER CONSTITUINTE

social, ética e jurídica. Como definiu Burdeau, *revolução é a substituição de uma ideia de direito por outra, enquanto princípio diretor da atividade social.* Não é apenas uma mudança ocasional do centro de dominação, mas uma transmutação da sociedade na sua estrutura total, legitimando-se principalmente pela sua consonância com o pensamento dominante e com as tradições históricas da nacionalidade.

Durante a vigência desse período chamado de ditadura militar, o Congresso Brasileiro, pelo voto dos parlamentares e mediante proposta elaborada pelo Poder Executivo, promulgou a Constituição de 1967, razão pela qual é chamada de Constituição Outorgada, pois não foi elaborada por uma Assembleia Constituinte. Após o término desse período de ditadura (1985), foi instalada uma Assembleia Constituinte nos moldes constitucionais, tendo sido promulgada a Constituição de 1988, vigente na atualidade. Doutrinariamente persiste controvérsia no sentido de classificar a Constituição de 1988 como a sétima ou a oitava Constituição Brasileira.

XXXVI

O PREÂMBULO NAS CONSTITUIÇÕES

1. Sua significação.

1. SUA SIGNIFICAÇÃO

O *preâmbulo* é um enunciado solene do espírito de uma Constituição, do seu conteúdo ideológico e do pensamento que orientou os trabalhos da Assembleia Constituinte.

É o pórtico da Constituição e chama-se também introdução ou *prólogo*.

Apresenta o preâmbulo uma relevante importância para o estudo das Constituições, como síntese inseparável da interpretação sistemática dos textos. Story considera o preâmbulo como verdadeira chave do pensamento das constituintes. Escreveu ele em *Comentários sobre a Constituição dos Estados Unidos* que a importância do exame do preâmbulo, para chegar-se à verdadeira interpretação das cláusulas da Constituição, foi sempre compreendida e conhecida em todas as decisões judiciais. "É uma máxima admitida no curso ordinário da Justiça que o preâmbulo de um estatuto revela a intenção do legislador, faz conhecer os males que quis remediar e o fim que quer alcançar. Encontramos essa máxima recomendada e posta em prática pelas nossas mais antigas autoridades em direito comum."

Relata-nos ainda Quincy Wright que foi através da interpretação do preâmbulo que Marshall, Story e Webster abriram o caminho para a exata interpretação da Constituição Federal na Corte Suprema norte-americana.

Idêntico relevo atribuem ao preâmbulo Black, Pomery, Cooley e outros eminentes constitucionalistas norte-americanos, bem como os juristas e comentadores das Constituições francesas.

Contém o preâmbulo, em geral, a declaração da origem do poder constituinte: Deus – nas teocracias; o povo, ou os representantes do povo – nas democracias clássicas; o Estado – nos regimes totalitários e autocráticos; a nobreza – nos regimes aristocráticos; os operários – no Estado comunista russo etc.

O preâmbulo enfático da Constituição Federal norte-americana, refletindo a declaração de direitos redigida por Jefferson em 1776, contém uma síntese de todas as aspirações nacionais, senão mesmo o enunciado de uma doutrina:

> *Nós, o povo dos Estados Unidos, com o objetivo de formar uma união mais perfeita, estabelecer a justiça, assegurar a tranquilidade doméstica, promover a defesa comum, promover o bem--estar geral e assegurar os benefícios da liberdade para nós e para a nossa posteridade, ordenamos e estabelecemos esta Constituição para os Estados Unidos da América.*

Nós, o povo dos Estados Unidos ... isto é, a própria nação, entidade soberana, organizada em poder constituinte, é quem elabora e promulga a Constituição. Essa declaração da origem do poder tem um sentido mais alto e fiel. Já a Constituição francesa – *nós, os representantes do povo ...* – dá a ideia de um agrupamento de políticos que age em nome próprio.

Também a Constituição Federal brasileira de 1946 começava o preâmbulo com a expressão *nós, os representantes do povo...*, o que se não harmoniza com a boa doutrina. Melhor redigido estava o preâmbulo da Constituição paulista: "O povo paulista, invocando a proteção de Deus, inspirado nos princípios da democracia e pelo ideal de a todos assegurar o bem-estar social e econômico, decreta e promulga, por seus representantes, a Constituição do Estado de São Paulo".

A Carta Constitucional brasileira de 1988 adotou o sistema da Constituição norte-americana. Mais extenso que o preâmbulo que constava da Constituição anterior, contém os princípios que serão encontrados no texto:

> *Nós, representantes do povo brasileiro, reunidos em Assembleia Nacional Constituinte para instituir um Estado Democrático, destinado a assegurar o exercício dos direitos sociais e individuais, a liberdade, a segurança, o bem-estar, o desenvolvimento, a igualdade e a justiça como valores supremos de uma sociedade fraterna, pluralista e sem preconceitos, fundada na harmonia social e comprometida, na ordem interna e internacional, com a solução pacífica das controvérsias, promulgamos, sob a proteção de Deus, a seguinte Constituição da República Federativa do Brasil.*

O preâmbulo não tem caráter normativo, mas é um instrumento para que o intérprete conheça a orientação seguida pelo texto constitucional no trato dos problemas internos e das relações internacionais.

Os constituintes, geralmente, invocam no preâmbulo o nome de Deus. Essa invocação, diz Pedro Calmon, tem a força de uma preferência religio-

O PREÂMBULO NAS CONSTITUIÇÕES

sa, na exaltação preliminar dos sentidos conservadores da assembleia afastada da indiferença laicista e da hostilidade ao culto abraçado pela maioria da população nacional.

Sem embargo do combate que lhe movem as correntes materialistas, essa praxe da invocação do nome de Deus, esse apelo solene à proteção divina, no pórtico da Constituição, é uma reafirmação da fé que o povo deposita em si mesmo. Corresponde com o pensamento da maioria da população nacional e de toda a humanidade sofredora, sempre voltada para o supremo Criador que orienta e dirige os acontecimentos e a própria vida dos povos.

XXXVII

CONSTITUIÇÃO

1. Conceito. 2. Resumo histórico do sistema constitucional. 3. Conteúdo substancial. 4. Divisão formal das Constituições. 5. Cartas dogmáticas e outorgadas.

1. CONCEITO

O termo *Constituição* deriva do prefixo *cum* e do verbo *stituire, stituto* – compor, organizar, constituir. No seu sentido comum indica o conjunto dos caracteres morfológicos, físicos ou psicológicos de cada indivíduo ou a formação material de cada coisa. Na Ciência do Estado essa palavra tem dupla acepção: *lato sensu*, é o conjunto dos elementos estruturais do Estado, sua composição geográfica, política, social, econômica, jurídica e administrativa; e, *stricto sensu, é a lei fundamental do Estado, ou seja*, segundo a definição de Pedro Calmon, *o corpo de leis que rege o Estado, limitando o poder de governo e determinando a sua realização.*

Neste sentido estrito e formal, como lei que define e regulamenta a estrutura jurídico-política de um Estado, a palavra *Constituição* implica, como afirmou Lassale, "um documento, sobre uma folha de papel, estabelecendo todas as instituições e princípios de governo de um país".

Sempre que a empregarmos no sentido de lei fundamental ou lei máxima do Estado, escreveremos com inicial maiúscula, assim como fazemos com a palavra *Estado* (entidade de direito público) em todos os pontos do nosso programa.

2. RESUMO HISTÓRICO DO SISTEMA CONSTITUCIONAL

A existência de um sistema constitucional calcado em leis básicas remonta aos tempos antigos, destacando-se as leis de Creta, elaboradas por Minos, e as leis de Licurgo e Solon. O regime jurídico de Atenas – diz Sánches Viamonte – repousava na existência de uma ordem constitucional, criada pela vontade popular, mediante leis.

Na história dos tempos medievais vamos encontrar referências a uma ordem constitucional, contidas no *Foral de Leão*, que foi aceito pelas Cortes, desde 1188, como *pacto político civil* entre os nobres e D. Afonso IX. Assegurava o Foral a boa administração de justiça, a inviolabilidade do domicílio, o direito de propriedade etc., além de conter a solene promessa do Rei de não promover a guerra nem fazer a paz "senão de acordo com o conselho dos bispos, nobres e homens bons, pelo qual devo reger-me".

A *Magna Carta* dos ingleses, de 1215, e a *Bula de Ouro* dos húngaros, de 1222, são outros marcos expressivos na história inicial do constitucionalismo.

É evidente, porém, que esses documentos antigos não tinham a significação específica que o direito público atual empresta às modernas Constituições como documentos que resumem a vontade soberana da população nacional. As *Cartas* antigas como as medievais, e como todos os documentos fundamentais anteriores ao movimento revolucionário liberal, eram simples tentativas de pacificação entre o príncipe e o povo; não chegavam a limitar efetivamente o absolutismo dos reis divinizados.

A Inglaterra, com a sua tradição liberal, com o seu direito público costumeiro, com o seu sistema típico de regras fundamentais não escritas, forma um primeiro capítulo, na história do constitucionalismo, com início no século XIII.

O segundo capítulo é o que chamamos de *Constitucionalismo moderno*. Este começa no último quartel do século XVIII, quando surgiram as primeiras *Constituições escritas*, como leis básicas das repúblicas liberais, registrando no seu texto as conquistas da filosofia liberal-individualista.

O Estado liberal deveria ser regido por uma Constituição, isto é, uma lei básica, um código supremo, espécie de *pacto* ou *contrato* entre o povo e o Estado, segundo a teoria rousseauniana. Destinar-se-ia esse documento, segundo o conceito técnico-jurídico de Jellinek, a registrar a formação e a limitação básica do Estado diante do indivíduo, ou, segundo o conceito de Rousseau, a expressar a vontade nacional, traçando as normas de ação do governo. De modo geral, como ensina Pedro Calmon, todas as Constituições são liberais, em tese, porque restritivas do poder público.

Com a guerra da independência dos Estados Unidos da América do Norte e a revolução francesa, ambas impulsionadas pelas pregações racionalistas dos séculos XVII e XVIII, surgiu o Estado liberal, *documentado* pela Constituição escrita (formalização *de um pacto social*), em cujo texto

CONSTITUIÇÃO

se declararam aqueles direitos fundamentais do homem, que foram postergados durante muitos séculos de absolutismo monárquico.

Há no século XVIII – disse Hauriou – uma verdadeira explosão de fé social, que se manifesta num duplo símbolo: 1º) nas *Constituições escritas*, expressões da crença numa ordem constitucional do Estado, distinta da sua atividade constitucional ordinária, superior a esta, e que não pode ser facilmente modificada; e 2º) nas *Declarações de Direitos*, expressões da crença numa nova ordem social profundamente individualista, e no dever que tem o Estado de respeitar as bases dessa ordem social.

3. CONTEÚDO SUBSTANCIAL

O Constitucionalismo, portanto, é a formalização da filosofia liberalista. O Estado é uma organização jurídica precária, mutável, destinada a realizar os fins do agrupamento nacional. E, como tal, deve reger-se pela vontade soberana da nação. A vontade nacional, resumida na vontade da maioria, manifesta-se através do poder constituinte. Este poder elabora o código fundamental do Estado, traçando os limites ao poder do governo. Esse código fundamental, chamado *Constituição*, há de ser escrito, para que não seja modificado senão pela própria soberania nacional organizada em poder constituinte. Há de conter a divisão do poder e a declaração dos direitos fundamentais do homem. Qualquer ato de governo, de manifestação do poder de mando, só pode encontrar legitimidade dentro dos princípios traçados pela Constituição. O governo é mandatário da nação e deve atuar como foi determinado por esta. Excedendo-se em arbítrio, torna-se ilegítimo e pode ser modificado por nova manifestação da soberania nacional.

A importância das Constituições escritas está principalmente no capítulo que lhes é essencial: o da *declaração e garantia dos direitos fundamentais do homem*. Substancialmente, diz o Prof. Cândido Motta Filho, a ideia de Constituição não se separa da ideia de declaração de direitos. Uma não pode existir sem a outra. Em abono dessa afirmação cita as palavras do líder liberal Conde de Mont-Morency: "o objeto de toda Constituição política, como de toda unidade social, tem que ser a conservação dos direitos do homem e do cidadão". Registra ainda as palavras de Monnier: "para que uma Constituição seja boa é necessário que ela se baseie sobre os direitos do homem". Acrescentamos a lição de Hauriou: "as declarações de direitos proporcionam, além do mais, outros excelentes argumentos jurídicos: por elas declara o Estado, solenemente, que a conservação dos direitos naturais e imprescritíveis do homem constitui o fim de toda associação política, e mais, que toda sociedade, na qual não está assegurada a garantia dos direitos do homem, não possui Constituição".

4. DIVISÃO FORMAL DAS CONSTITUIÇÕES

Tracemos o seguinte esquema da divisão formal das Constituições:

CONSTITUIÇÃO ESCRITA é aquela que consiste em um conjunto de normas de direito positivo. Esse conjunto de normas pode constar de um só código ou de diversas leis formalmente distintas. Vale dizer: a Constituição escrita tanto pode ser codificada como não codificada.

Em geral, as Constituições dos Estados modernos são escritas e codificadas. Consistem num corpo explícito de regras referentes à organização do Estado, ao exercício do poder de governo etc. A Constituição escrita recebe também as denominações de *lei fundamental, lei magna, lei das leis, lei máxima, lei suprema* etc.

CONSTITUIÇÃO NÃO ESCRITA é aquela que se baseia nos usos, costumes e tradições nacionais. Chama-se também *inorgânica, costumeira ou consuetudinária.*

A Inglaterra nos oferece o exemplo clássico da Constituição não escrita. O povo inglês não dispõe de um documento básico que contenha as regras do seu direito constitucional. Os princípios seculares desse direito são transmitidos de geração em geração e conservados pela doutrina dos autores, pela jurisprudência dos tribunais e pelas resoluções do Parlamento. Existem alguns pontos de referência, certos documentos de grande valor, como a *Carta Magna* de 1215, o *Bill* de 1688 e o *Act* de 1701. Como o Parlamento tem função constituinte permanente, os seus atos se revestem do valor de leis constitucionais. País conservador por excelência, fiel às suas tradições, a Inglaterra dá ao mundo um exemplo edificante de ordem constitucional, sem nunca ter sentido a necessidade de formalizar em um documento escrito os dogmas seculares que regem a vida política do país – fato explicável pelo alto nível da educação social, política e jurídica de seu povo.

CONSTITUIÇÃO 217

A Hungria nos oferece outro exemplo admirável de persistência do espírito liberal. A sua história constitucional remonta à célebre *Bula de Ouro* do Rei André II, a qual ratifica os princípios de liberdade instituídos pelo Rei Santo Estevão. Suprimida muitas vezes pelo despotismo de alguns monarcas, notadamente pela tirania da Casa d'Áustria, a Bula de Ouro, sete anos mais nova do que a Magna Carta dos ingleses, continuou até agora como pedra angular do sistema constitucional inorgânico da Hungria, desde o ano de 1222.

A filosofia política do século XVIII tinha como um dos seus pontos capitais a ideia da necessidade de uma Constituição escrita – escreve Queiroz Lima –, pelas seguintes razões: *a*) a doutrina metafísica então em voga fazia repousar toda a legislação do Estado nos elementos basilares de uma lei fundamental, ato inicial da soberania, à qual iam pedir orientação e legitimidade todos os demais princípios editados de direito; *b*) dadas as grandes vantagens de firmeza, estabilidade e segurança que a lei escrita oferece, em confronto com o direito costumeiro, foi unânime o acordo dos publicistas em que a lei fundamental do Estado devia revestir uma forma escrita rigorosa; *c*) uma Constituição formulada por uma assembleia expressamente investida nessa função especial, em consequência de um pacto político solene, constituía, no entender dos escritores do direito natural, uma renovação do *contrato social*, base primária de toda organização política; e *d*) a Constituição escrita, ao mesmo tempo que, com as suas prescrições rigorosas e insofismáveis, dificulta os abusos de autoridade, que encontram fácil escapatória na elasticidade e no indeterminado dos princípios de direito costumeiro, serve de elemento de educação do povo, ao qual se oferece como tábua sagrada em que são traçados os seus direitos e firmados os limites da ação do poder público.

As primeiras Constituições escritas, que surgiram em consequência dessa doutrina, foram a da Confederação dos Estados norte-americanos (*Articles of Confederation*), elaborada em Virgínia no ano de 1776, e a da Federação dos Estados Unidos da América do Norte, promulgada pela Convenção de Filadélfia no ano de 1787, ainda em vigor. Foram os norte-americanos, portanto, os predecessores da positivação do direito institucional.

Com a revolução francesa surgiu a primeira Constituição escrita da Europa: a Constituição francesa de 1791, substituída logo depois pela de 1793. Sob a inspiração dos mesmos princípios liberais, passaram a adotar Constituições escritas e codificadas, depois da revolução francesa, os demais Estados europeus e as antigas colônias americanas emancipadas de Espanha e Portugal.

As Constituições escritas classificam-se em *imutáveis, fixas, rígidas* e *flexíveis*.

As duas primeiras categorias (imutáveis e fixas) têm apenas valor histórico. Leis fundamentais antigas, como o Código Hamurabi e a Lei das XII Tábuas, surgiram com a pretensão de eternidade; não podiam ser modificadas, sob pena de maldição dos deuses. No mundo moderno as primeiras declarações de direito e as Constituições que vigoraram em França ao tempo de Napoleão I eram *fixas*, isto é, não podiam ser modificadas senão pelo mesmo *poder constituinte* que as elaborou, quando para esse fim especial fosse convocado.

Na atualidade todas as Constituições escritas comportam *reformas* ou *emendas* pela legislatura ordinária, observadas as dilações e as solenidades prescritas no seu próprio texto. Por isso, só apresenta interesse a divisão das Constituições escritas em *rígidas* e *flexíveis*.

CONSTITUIÇÃO RÍGIDA é aquela que não pode ser alterada pelo processo comum de elaboração das leis ordinárias. A reforma ou emenda, neste tipo de Constituição, exige a observância de solenidades especiais, debates mais amplos, prazos dilatados e *quorum* de dois terços, ou, em determinadas hipóteses, de maioria absoluta do Congresso.

A Constituição Federal norte-americana é tipicamente rígida. Exige para a reforma do seu texto o seguinte:

> *Sempre que dois terços dos membros de ambas as Câmaras julgarem necessário, proporá o Congresso emendas a esta Constituição, ou, se as legislaturas de dois terços dos Estados pedirem, convocará uma convenção para propor emendas que em um e outro caso serão válidas para todos os efeitos como parte desta Constituição, se forem ratificadas pelas legislaturas de três quartos dos Estados, ou por convenções reunidas para esse fim em três quartos deles, propondo o Congresso uma ou outra dessas maneiras de ratificação. Nenhuma emenda, todavia, feita antes do ano de 1808, afetará de qualquer forma as cláusulas primeira e quarta da seção 9 do artigo 1º e nenhum Estado poderá ser privado, sem seu consentimento, da igualdade de sufrágio no Senado.*

No Brasil as Constituições foram rígidas, desde a imperial de 1824 à republicana atual.

Mais ou menos rigoroso, portanto, é o processo de reforma ou emenda das Constituições rígidas, que assim se acobertam dos golpes de força das maiorias partidárias, das tendências oportunistas dos grupos políticos predominantes e da exaltação dos espíritos nos momentos de crise nacional. Pelo menos teoricamente, isto é, segundo a doutrina pura.

CONSTITUIÇÃO

As CONSTITUIÇÕES FLEXÍVEIS, também chamadas *plásticas*, podem ser modificadas por ato legislativo ordinário, ou seja, pelos mesmos trâmites da lei comum.

Diz Bryce que a rigidez é atributo necessário das Constituições escritas, enquanto a flexibilidade é própria das Constituições costumeiras. Esta afirmação, porém, não tem valor absoluto: as Constituições escritas do reino da Itália e da República do Transvaal foram flexíveis. Por outro lado, Duverger e Burdeau citam Constituições costumeiras rígidas, oferecendo como exemplos as leis fundamentais da monarquia francesa.

O que é certo, sobretudo, é que as Constituições *flexíveis* só servem às nações democraticamente evoluídas e de alto nível cultural.

5. CARTAS DOGMÁTICAS E OUTORGADAS

Finalmente, as Constituições escritas, no tocante à sua origem, classificam-se em *dogmáticas* e *outorgadas*.

CONSTITUIÇÃO DOGMÁTICA, também denominada *popular*, é aquela que o próprio povo elabora e promulga, por intermédio de uma assembleia especialmente eleita por sufrágio universal e direto, denominada *Assembleia Constituinte*. São exemplos de Constituições dogmáticas as brasileiras de 1891, 1934, 1946 e a atual, de 1988.

CONSTITUIÇÃO OUTORGADA é aquela que não resulta de uma manifestação da soberania nacional, mas provém da vontade pessoal e onipotente de um detentor eventual do poder. O Brasil teve duas Constituições outorgadas: as de 1824 e 1937. A primeira foi outorgada por D. Pedro I e submetida à aprovação das municipalidades. A segunda foi outorgada pelo Presidente Getúlio Vargas e previa uma aprovação plebiscitária *a posteriori* que, entretanto, não se realizou. Alguns governantes têm procurado revestir de legitimidade a sua outorga constitucional, por meio de *plebiscito* ou *referendum*, como fez Napoleão com a Carta francesa de 1799. Tal providência, porém, mal disfarça a usurpação da soberania nacional.

A outorga pode se dar também pelo Parlamento ou Congresso Nacional sem delegação constituinte, em função ordinária, o que igualmente não retira o caráter de outorga. É o caso da Carta Constitucional brasileira de 1967, decretada e promulgada pelo Congresso Nacional, em seu próprio nome, sem função constituinte conferida pela nação em eleições gerais.

XXXVIII

SUPREMACIA DA CONSTITUIÇÃO

> *1. Subordinação da lei ordinária aos princípios constitucionais. 2. O controle da constitucionalidade das leis. 3. Síncopes constitucionais (estado de sítio). 4. As síncopes constitucionais no Brasil.*

1. SUBORDINAÇÃO DA LEI ORDINÁRIA AOS PRINCÍPIOS CONSTITUCIONAIS

A Constituição, pela sua natureza superior, justifica bem o nome que se lhe dá de *lei das leis*. Ela contém os princípios basilares da ordem social, política, econômica e jurídica. Esses princípios, essencialmente dogmáticos, orientam e disciplinam a conduta dos governantes e dos particulares. A eles se subordinam necessariamente as leis e os atos de governo.

Surge então o princípio central do direito público constitucional, que é o da *constitucionalidade das leis e dos atos administrativos*.

A formulação desse princípio parte da classificação das leis em *constitucionais* e *ordinárias*. As primeiras têm supremacia absoluta sobre as segundas. A lei ordinária deve ajustar-se à letra e ao espírito da Constituição, como condição *sine qua non* de validade.

Dizemos *à letra e ao espírito* porque, como é óbvio, além dos princípios expressos, decorrem da Constituição princípios *implícitos*, isto é, princípios que não estão escritos, mas que se deduzem do regime adotado, da substância ideológica e das próprias normas expressas.

Pois bem. A lei ordinária ou o ato administrativo que colidir, no todo ou em parte, com um preceito constitucional expresso ou implícito considerar-se-á *inconstitucional*.

A lei ou artigo de lei ordinária, quando inconstitucional, não será aplicado; e o ato administrativo será anulado.

2. O CONTROLE DA CONSTITUCIONALIDADE DAS LEIS

Como se realiza o controle da constitucionalidade das leis ordinárias?

Primeiramente, há um *Controle Prévio* que incide sobre os projetos de lei. Na França, segundo a Constituição de 1945, esse controle compete a um "comitê constitucional". Na Irlanda, na Síria, na Colômbia e em outros países, há o controle prévio exercido pelo Judiciário. No sistema congressual norte-americano, mais generalizado e adotado no Brasil, o controle prévio se faz no próprio Poder Legislativo, por meio das comissões técnicas. Neste sistema ocorre ainda um segundo controle prévio, feito pelo órgão sancionador, o qual dispõe da faculdade de vetar o projeto por inconstitucionalidade.

O controle prévio, porém, visa ao projeto e não à lei mesma. O controle da lei, *a posteriori*, reveste-se de maior importância.

No sistema austríaco, constante da Constituição de 1920, criou-se a *Alta Corte Constitucional* com a função de examinar todas as leis ordinárias em face da lei suprema. Suas sentenças declaratórias de inconstitucionalidade acarretam a imediata nulidade da lei. Tal sistema foi imitado pelas Constituições de Espanha e Cuba.

A atual Constituição italiana instituiu também uma Corte especial, dispondo no seu art. 136 que, "quando a Corte declara a ilegitimidade constitucional de uma disposição de lei, ou que tenha força de lei, esta perde a sua eficácia no dia seguinte à publicação da decisão".

No sistema brasileiro, qualquer órgão judicante, sem exceção dos juízes singulares de primeira instância, pode deixar de aplicar a lei a um caso concreto, por considerá-la incompatível com os cânones constitucionais. Mas a *declaração de inconstitucionalidade* é função dos tribunais coletivos, por maioria absoluta dos seus membros ou dos membros do respectivo órgão especial. E quando essa *declaração* é feita pelo Supremo Tribunal Federal (suprema instância) cabe ao Senado suspender a execução da lei.

Isso tudo não importa em *anular* a lei. O princípio da separação dos poderes impede que o Judiciário anule a lei, que é ato essencial do Legislativo. Além disso, o Judiciário só julga casos concretos. Suas decisões não têm efeitos *erga omnes*, isto é, não vão além da solução de uma relação processual entre autores e réus.

Assim como uma sentença do Judiciário não pode ser anulada por uma lei, também a lei não pode ser anulada por uma sentença. O Judiciário declara a inconstitucionalidade e vai negando a validade da lei nos casos

SUPREMACIA DA CONSTITUIÇÃO

concretos que forem surgindo. E isto até que o Senado suspenda a execução da lei declarada inconstitucional. O ato suspensivo do Senado tem efeito *erga omnes*, mas ainda não anula a lei.

Uma lei só se anula por outra lei emanada do mesmo órgão legislativo. Se a lei é federal, só o Congresso Nacional pode anulá-la (revogação); se estadual, só a Assembleia Legislativa do mesmo Estado; e, se municipal, só a Câmara dos Vereadores. É o nosso sistema e o americano.

Assim não entendeu a Suprema Corte norte-americana, durante certo tempo, quando passou a anular as leis do Congresso, chegando a entravar a política social de Roosevelt, conhecida sob a denominação de *New Deal*. Em cinco anos foram anuladas 377 leis. Tais decisões eram tomadas por maioria precária de 5 contra 4 votos. O povo as chamou de decisões *five to four*, e Budin as escandalizou num violento panfleto intitulado *Government by Judiciary*. A generalização dessas decisões levou alguns Estados a modificar a própria Constituição, visando enfrentar o absolutismo do Judiciário. Uma das medidas de defesa adotadas foi a utilização do *recall*, pronunciamento plebiscitário pelo qual o povo vetava a declaração judicial de inconstitucionalidade e obrigava o juiz a aplicar a lei assim ratificada pela soberania popular. A partir de 1927, com as prudentes medidas tomadas pelos poderes Executivo e Legislativo, inclusive o aumento de Juízes da Suprema Corte, cessou essa preeminência do Judiciário, restabelecendo-se a independência e a harmonia dos três poderes.

Em verdade, ao Judiciário compete o controle da constitucionalidade das leis, porém, não com o alcance que a Suprema Corte norte-americana lhe quis dar. É o Judiciário um órgão técnico por excelência, não eleito, e não pode sobrepor-se ao Legislativo, que representa legitimamente a soberania nacional. Por outro lado, a jurisprudência dos tribunais resulta da aplicação de regras variáveis de hermenêutica e de opiniões doutrinárias mutáveis, oscilando, por isso, segundo o ponto de vista de cada magistrado e ao sabor de maiorias transitórias.

Como órgão que interpreta e aplica a lei, o Judiciário tem uma certa supremacia sobre todos os demais órgãos do Estado, o que não é mais do que um reflexo da supremacia do próprio Direito. Mas isso não significa que o Judiciário seja um "superpoder". É órgão técnico, especializado, e, como tal, as suas decisões devem ser desde logo acatadas pelos dois outros poderes, os quais deverão reconsiderar a lei, o decreto ou o ato administrativo, em face de uma sentença definitiva. Decorre esse dever da concepção do *Estado de direito*, onde a soberania, em última análise, é da lei.

3. SÍNCOPES CONSTITUCIONAIS

No regime constitucional o império da lei é o da normalidade. Nos períodos anormais, de perigo externo ou de alteração da ordem interna, têm lugar as chamadas *síncopes constitucionais*. Suspende-se a vigência da Constituição, transitoriamente, quanto aos princípios não considerados essenciais à sobrevivência do Estado e à defesa do regime.

Nos casos de guerra externa ou de comoção intestina grave, tem o governo, na própria Constituição, a faculdade de decretar o *estado de sítio*, com a suspensão de certas e determinadas garantias.

A ideia dessa faculdade que se dá ao governo – diz Pedro Calmon – de em casos extremos pôr de lado a Constituição, que lhe tolhe os movimentos, é um dos realismos jurídico-sociais que vieram do passado, antes das teorias racionais do Estado e do individualismo dos cidadãos. Lembra as épocas do Estado-cidade, do Estado-monarca, do Estado-orgânico. Por isso ainda chamamos estado de sítio (evocação dos plenos poderes nas praças *sitiadas* da Idade Média) à situação em que as garantias constitucionais são suspensas para que o poder de polícia se exerça sem embaraços, num âmbito de autoridade, em ditadura formal.

Na antiga República romana, nos casos de perigo externo ou interno, proclamava o Cônsul o estado de *tumultus*, determinando a suspensão da justiça e a mobilização de todos os cidadãos, os quais ficavam à disposição do Estado para a defesa comum. Nomeava-se um ditador, pelo prazo máximo de seis meses, o qual recebia a totalidade do poder de *imperium* por disposição de uma lei das Cúrias. Tais providências eram tomadas sempre em prol da salvação pública, suprema lei do Estado – *Salus publica suprema lex est.*

Semelhante e baseada na mesma razão de fato é a medida da decretação do *estado de sítio* prevista nas Constituições modernas. Chamam-na alguns autores *cláusula de ditadura legal.* É exatamente uma atitude de "legítima defesa do Estado", na expressão de Louis Trotabas (*Constitution et Gouvernement de la France*).

Como acentua Pedro Calmon, a legítima defesa da sociedade e do Estado tem de ser relativamente ilimitada, na proporção do ataque a que resiste. Não é admissível que se criem obstáculos à ação defensiva do governo, no momento em que estão em perigo a paz e a tranquilidade do povo, a continuidade das instituições e a própria sobrevivência da pátria, que é eterna.

SUPREMACIA DA CONSTITUIÇÃO

A Constituição dispõe, para os tempos de paz, de normalidade. Mas não pode deixar de prever aquelas situações anormais decorrentes das grandes crises. E, prevendo-as, consigna no seu texto os *remédios heroicos* de que o governo pode e deve lançar mão para salvar a vida do Estado.

Os poderes discricionários que o governo assume em tais ocasiões não são *inconstitucionais* porque não significam violência ou desrespeito à Constituição. Ao revés, são previstos, autorizados, regulamentados no corpo mesmo da Constituição, e podem ser restringidos ou ampliados segundo a menor ou maior intensidade do perigo que o Estado tenha de enfrentar num dado momento. São poderes extraconstitucionais, não inconstitucionais.

Os direitos individuais não desaparecem, não são revogados; apenas o exercício deles fica temporariamente suspenso. Assim, a Constituição, em parte, sofre um *colapso*, uma *síncope*, mas se restabelece depois: expirado o *estado de sítio*, com ele cessarão os seus efeitos.

4. AS SÍNCOPES CONSTITUCIONAIS NO BRASIL

No Brasil, as síncopes constitucionais podem ocorrer em duas hipóteses distintas: na decretação do *estado de defesa* e do *estado de sítio*.

Cada qual exige pressupostos diversos ou se aplica segundo a gravidade da ameaça constitucional ou da efetiva agressão à soberania nacional ou à ordem pública e à paz social. Basicamente, o *estado de defesa* se justifica pelo objetivo de manter a estabilidade institucional em locais geograficamente restritos, enquanto o *estado de sítio* pressupõe ameaça generalizada em âmbito nacional.

Essas medidas estão previstas no Capítulo I do Título V da Constituição.

XXXIX

DIVISÃO DO PODER

1. Noção. 2. A doutrina de Montesquieu. 3. Unidade do poder e pluralidade dos órgãos de sua manifestação.

1. NOÇÃO

A divisão do poder de Estado em três órgãos distintos (Legislativo, Executivo e Judiciário), independentes e harmônicos entre si, representa a essência do sistema constitucional. Uma Constituição que não contenha esse princípio não é Constituição, como afirmaram os teóricos do liberalismo.

Diga-se inicialmente, por conveniente dizê-lo, que se não trata aqui da divisão material do poder de governo em vários departamentos (Ministérios da Justiça, da Fazenda, da Agricultura etc.), pois tal divisão é de natureza burocrática e pertinente ao direito administrativo.

Objeto deste ponto é o princípio da *divisão funcional* do poder de soberania em três órgãos, pelos quais ela se manifesta na sua plenitude: um que elabora a lei (Poder Legislativo), outro que se encarrega da sua execução (Poder Executivo) e o terceiro (Poder Judiciário), que soluciona os conflitos, pronuncia o direito e assegura a realização da justiça.

Nos Estados monárquicos antigos, medievais, e até mesmo no começo da idade moderna, bem como nas primitivas repúblicas gregas e romanas, não havia, em regra, divisão funcional do poder de governo. Naquelas o monarca, e nestas as assembleias populares acumulavam as funções de *legislar*, *executar* as leis e *julgar* as controvérsias. Entretanto, já os filósofos antigos cogitaram da limitação do poder de governo. Platão, no *Diálogo das leis*, aplaudindo Licurgo por contrapor o poder da *Assembleia dos Anciãos* ao poder do Rei, doutrinou que "não se deve estabelecer jamais uma autoridade demasiado poderosa e sem freio nem paliativos". E Aristóteles, em sua obra *Política*, chegou a esboçar a tríplice divisão do poder em "legislativo, executivo e administrativo".

Na antiga república romana o consulado, a questura, a pretura e as magistraturas menores, todas elas, eram exercidas por dois magistrados com poderes iguais, o que constituiu, de certo modo, um sistema prático de limitação do poder pelo poder: dualidade de magistrados com poderes iguais, cabendo a cada um, qualquer deles, em iguais condições, a totalidade do poder. O direito de veto de um magistrado contra a decisão do seu par correspondia, embora de maneira empírica, ao moderno processo constitucional.

Continuando as elucubrações dos filósofos gregos, John Locke tratou do assunto com relativa amplitude, aconselhando a divisão do poder em quatro funções. Além desse líder inglês, outros pensadores, notadamente Bodin e Swift, desenvolveram a velha tese em função das teorias racionalistas.

A preocupação constante dos teóricos foi sempre de evitar a concentração de todo o poder numa só pessoa ou num só órgão.

2. A DOUTRINA DE MONTESQUIEU

Somente no século XVIII, porém, Montesquieu, autor da obra famosa *O Espírito das Leis* (1748), que alcançou 22 edições em 18 meses, sistematizou o princípio com profunda intuição. Coube-lhe a glória de erigir as divagações filosóficas dos seus predecessores em uma doutrina sólida, que foi desde logo acolhida como dogma dos Estados liberais e que permanece até hoje sem alterações substanciais. Antes mesmo dos Estados europeus, a América do Norte acolheu com entusiasmo a fórmula do genial escritor. A primeira Constituição escrita que adotou integralmente a doutrina de Montesquieu foi a de Virgínia, em 1776, seguida pelas Constituições de Massachussetts, Maryland, New Hampshire e pela própria Constituição Federal de 1787. Reafirmaram os constitucionalistas norte-americanos, de modo categórico, que a concentração dos três poderes num só órgão de governo representa a verdadeira definição de tirania:

> *Quando na mesma pessoa ou corporação, o poder legislativo se confunde com o executivo, não há mais liberdade. Os três poderes devem ser independentes entre si, para que se fiscalizem mutuamente, coíbam os próprios excessos e impeçam a usurpação dos direitos naturais inerentes aos governados. O Parlamento faz as leis, cumpre-as o executivo e julga as infrações delas o tribunal. Em última análise, os três poderes são os serventuários da norma jurídica emanada da soberania nacional.*

Assim, o princípio de Montesquieu, ratificado e adaptado por Hamilton, Madison e Jay, foi a essência da doutrina exposta no *Federalist*, de contenção do poder pelo poder, que os norte-americanos chamaram *sistema de freios e contrapesos*.

DIVISÃO DO PODER

A revolução francesa proclamou o princípio nos seguintes termos: "Toda sociedade na qual a garantia dos direitos não estiver assegurada, nem determinada a separação dos poderes, não tem Constituição" (*Declaração dos Direitos do Homem*, art. 16).

A Constituição francesa de 1848, como as anteriores, reafirmou o princípio de maneira incisiva: "a separação dos poderes é a primeira condição de um povo livre".

No Brasil, onde o constitucionalismo surgiu concomitantemente com a independência, foi sempre observada a divisão tríplice do poder. Aliás, a Constituição Imperial de 1824 anunciou o princípio de modo enfático, declarando no seu artigo 9º que "a divisão e harmonia dos poderes políticos é o princípio conservador dos direitos dos cidadãos, e o mais seguro meio de fazer efetivas as garantias que a Constituição oferece".

Essa *separação de poderes* não pode ser entendida da maneira absoluta como pretendiam, nos primeiros tempos, os teóricos do "presidencialismo puro" norte-americano. Nem decorre da doutrina de Montesquieu que cada um dos três clássicos poderes deva funcionar com plena independência e plena autonomia, fechado em departamento estanque. Melhor será falar-se em *separação de funções*. A divisão é formal, não substancial. O poder é um só; o que se triparte em órgãos distintos é o seu exercício.

3. UNIDADE DO PODER E PLURALIDADE DOS ÓRGÃOS DE SUA MANIFESTAÇÃO

Em verdade, o poder de soberania, intrinsecamente, substancialmente é *uno* e *indivisível*. Ele se manifesta através de três órgãos estatais formalmente separados. Dos três órgãos defluem três categorias diversas de manifestação típica do poder soberano. Como observa Kelsen, há unidade do poder estatal e pluralidade das suas formas de manifestação.

A soberania é realmente, necessariamente, *una* e *indivisível*. Ora, o Estado é a organização da soberania, e o governo é a própria soberania em ação. O poder, portanto, é um só, *uno* e *indivisível* na sua substância. Não pode haver duas ou mais soberanias dentro de um mesmo Estado, mas pode perfeitamente haver órgãos diversos de *manifestação* do poder de soberania. Cada órgão, *dentro da sua esfera de ação*, exerce a totalidade do poder soberano. Em outras palavras: cada ato de governo, manifestado por um dos três órgãos, representa uma manifestação completa do poder.

Explicando esse fato, Kant parodiou o dogma da Santíssima Trindade, dizendo que o Estado é uno e trino ao mesmo tempo... A aparente confusão, porém, pode ser facilmente desfeita, colocadas as coisas nos seus devidos termos: o Legislativo, o Executivo e o Judiciário são *poderes independentes* no sentido literal da palavra, já que devem ser harmônicos e coordenados entre si. São órgãos de manifestação do poder de soberania nacional, que é, na sua essência, *uno* e *indivisível*. Cada um, na esfera da sua função específica, exerce a totalidade desse poder. Como o corpo humano que dispõe de vários órgãos e sentidos (visão, audição, dicção etc.) sujeitos ao fulcro de uma só vontade, o Estado manifesta a sua vontade, o seu poder, através desses três órgãos que compõem a sua unidade. Cada um dos três poderes, isoladamente, sem a correlação e a integração dos dois outros, não chegaria a expressar o poder do Estado.

Por isso mesmo, a divisão formal e funcional (não substancial) do poder de Estado repele o significado literal do termo *independente*. Os três poderes só são independentes no sentido de que se organizam e funcionam separadamente, mas se entrosam e se subordinam mutuamente na finalidade essencial de compor os atos de manifestação da soberania nacional, mediante um *sistema de freios e contrapesos*, na expressão dos constitucionalistas norte-americanos, realizando o ideal de contenção do poder pelo poder – *Le pouvoir arrête le pouvoir*, doutrinou Montesquieu.

XL

DIREITOS FUNDAMENTAIS DO HOMEM

1. Generalidades. 2. Classificações. 3. Internacionalização dos direitos do homem. 4. Novos direitos fundamentais. 5. Direitos sociais. 6. Garantias dos direitos fundamentais.

1. GENERALIDADES

O constitucionalismo em que se cristaliza o humanismo político dos séculos XVII e XVIII trouxe no seu bojo, como programa essencial, o princípio da soberania nacional e o imperativo da existência de uma Constituição escrita como instrumento de definição e limitação da autoridade pública. E preconizou que a Constituição, para que seja como tal reconhecida e aceita, há de conter, necessariamente, dois princípios essenciais: a divisão do Poder em três órgãos (Legislativo, Executivo e Judiciário) e a declaração dos direitos fundamentais da pessoa humana. *Uma Constituição só é legítima quando se baseia sobre os direitos do homem*, doutrinou Monnier. No mesmo sentido foi o magistério de Hauriou: *pela declaração de direitos afirma o Estado, solenemente, que a conservação dos direitos naturais e imprescritíveis do homem é o fim de toda associação política; e toda sociedade na qual não está assegurada a garantia dos direitos fundamentais, não tem Constituição.* Essa doutrinação de todos os filósofos e humanistas do movimento liberal corporificou-se na *Declaração dos Direitos do Homem e do Cidadão*, elaborada pela Constituinte francesa de 1789, a qual, após consignar no seu artigo primeiro que "os homens nascem livres e iguais em direitos", acrescentou, textualmente, que *le but de toute association politique est la conservation des droits naturels et imprescritibles de l'homme*, direitos estes à liberdade, à propriedade, à segurança e à resistência contra a opressão.

Com efeito, a Declaração de Direitos é uma síntese do Estado democrático, um resumo da ciência política autêntica e a razão de ser do próprio Estado. Como observa Pontes de Miranda, *as declarações de direitos são partes mais importantes das Constituições; a história das declarações de direitos é a melhor história das regras de fundo; a história delas e de sua prática, a melhor história da liberdade. É uma espécie de proto-história da igualdade.*

A doutrina dos direitos individuais, conquanto lance as suas mais distanciadas raízes nos *Dez Mandamentos da Lei de Deus* revelados a Moisés no Monte Sinai, há trinta e sete séculos, foi desconhecida nos tempos antigos e medievos, como limitadora do poder de governo. As primitivas repúblicas gregas e romanas formularam apenas princípios de *liberdade política*, estes mesmos como privilégios de cidadania. Os cidadãos das *Polis* e das *Civitas* eram uma pequena minoria, enquanto a grande maioria era formada pelos escravos, plebeus ou párias, desassistidos de qualquer direito. E os próprios cidadãos que participavam das assembleias gerais e influíam no governo comunal não possuíam a liberdade civil nem a igualdade civil. O *princípio da isonomia*, formulado por Aristóteles, permanecia no campo teórico e na esfera restrita das configurações políticas.

É certo que se encontram os seus primeiros delineamentos na Inglaterra, no século XIII, com a luta sustentada pelos barões e prelados contra o rei João Sem Terra (1215) compelindo-o à promulgação da *Magna Carta Libertatum*, que continha 63 preceitos limitadores do poder monárquico. Eram preceitos típicos de liberdade civil, como o que se continha no art. 39: "nenhum homem livre poderá ser preso, detido, privado de seus bens, posto fora da lei ou exilado, sem julgamento de seus pares ou por disposição de lei". A Magna Carta de 1215, a Petição de Direitos de 1627, o *Bill of Rights* de 1668 e o Ato de Estabelecimento de 1701, entretanto, acobertavam principalmente a aristocracia, na sua reação contra a onipotência da Coroa que se transmudava em onipotência do Parlamento.

Com as revoluções liberais da América do Norte e da França foi que a doutrina dos direitos individuais, *uma espécie de Novo Evangelho*, segundo a expressão de Esmein, firmou-se em bases jusnaturalistas, tornando-se eixo diretor das estruturas constitucionais. E a partir do século XIX todas as Constituições democráticas passaram a inserir no seu texto a Declaração dos Direitos do Homem, vazada nos moldes clássicos, com força de limitação do poder do Estado.

2. CLASSIFICAÇÕES

As Declarações de Direito, em regra geral, vêm divididas em duas partes: a primeira trata dos *direitos políticos* (ou *direitos de cidadania*) e a segunda trata dos *direitos fundamentais* propriamente ditos, inerentes ao homem como pessoa humana.

Os direitos políticos referem-se à definição da qualidade de cidadão nacional e suas prerrogativas, aquisição e perda de nacionalidade, formação do corpo eleitoral, capacidade eleitoral ativa e passiva, acesso aos cargos públicos etc. Estes direitos, como é óbvio, variam no espaço e no tempo, segundo a ordem política e jurídica de cada Estado.

Os direitos fundamentais propriamente ditos referem-se aos atributos naturais da pessoa humana, invariáveis no espaço e no tempo, segundo a ordem natural estabelecida pelo Criador do mundo e partindo-se do princípio de que *todos os homens nascem livres e iguais em direitos*. Estendem-se, portanto, a todos os homens, sem distinção de nacionalidade, raça, sexo, ideologia, crença, condições econômicas ou quaisquer outras discriminações. São os direitos concernentes à vida, à liberdade, à segurança individual, à propriedade etc. O primeiro dentre estes é o *direito à vida*, de evidência axiomática porque pressupõe todos os demais direitos humanos.

Enquanto os direitos políticos são todos relativos, os fundamentais da pessoa humana diferenciam-se em *relativos* e *absolutos*. São relativos os que dizem respeito às relações externas dos homens na sociedade, como os de manifestação do pensamento, crença ou culto, de reunião ou associação, de propriedade etc. E absolutos aqueles direitos naturais da pessoa humana que, por sua própria natureza, são insuscetíveis de controle estatal, como os de pensamento e crença. O Estado pode disciplinar as relações externas do homem na vida social, mas não invadir-lhe o foro íntimo para impor convicções. Pode disciplinar os atos de manifestação do pensamento, mas não o pensamento em si mesmo; a manifestação pública do culto, mas não a crença em si mesma.

Classificam-se ainda os direitos fundamentais em *positivos* e *negativos*. São positivos os que consistem na faculdade de exigir e obter determinadas prestações assistenciais do Estado; e negativos os que efetivamente limitam o poder estatal impondo-lhe uma atitude de abstenção, de não intervenção. São estes os chamados direitos subjetivos do homem *contra o Estado*. O homem, desde os primórdios da humanidade, tem suas características personalíssimas, como *ser* criado à imagem e semelhança de Deus, com seus atributos próprios, de livre-arbítrio, de dignidade pessoal e de procurar a realização da sua própria felicidade terrena com vistas ao seu destino transcendental. Essas características pessoais entram no rol dos direitos naturais, invariáveis no espaço e no tempo, que não podem ser mudados por nenhuma lei humana. O Estado não as cria, não as outorga, e, portanto, não as pode alterar ou suprimir. O direito natural, com efeito, é anterior e superior ao Estado.

234 TEORIA GERAL DO ESTADO

Resulta daí a classificação, geralmente admitida, de direitos fundamentais *intraestatais* e *supraestatais*. Os primeiros são variáveis em cada Estado segundo a sua ordem sócio-ético-jurídica, enquanto os direitos considerados supraestatais transcendem para a órbita do *Jus Gentium*, impondo-se generalizadamente a todos os homens e a todos os povos.

3. INTERNACIONALIZAÇÃO DOS DIREITOS DO HOMEM

A doutrina dos direitos fundamentais do homem, violada ou postergada pelos Estados totalitários, projetou-se, depois das duas grandes conflagrações mundiais, para o campo internacional, a ponto de configurar o que Mandelstam chamou de *direito comum da humanidade*.

Assim, os direitos fundamentais da pessoa humana transcendem para o plano supraestatal, sob os auspícios da ONU, que elaborou a *Declaração Universal dos Direitos do Homem*, em 1948, com o caráter de *norma geral de ação para todos os povos e todas as nações*, estabelecendo que *todos os direitos e liberdades proclamados na presente declaração correspondem a toda pessoa, sem distinção de raça, cor, idioma, religião, opinião pública, índole econômica ou outra condição de nascimento, de origem nacional ou social*.

Especifica essa Declaração Universal o conteúdo mínimo dos direitos que devem ser reconhecidos e garantidos em cada Estado particularmente considerado, inclusive estabelecendo sanções, em função do objetivo comum de realizar a paz pelo direito.

4. NOVOS DIREITOS FUNDAMENTAIS

Além dos direitos fundamentais definidos nas declarações clássicas, novos direitos de personalidade vêm se configurando nos horizontes sociais conturbados pela crescente hipertrofia do poder estatal, assumindo configurações mais nítidas, no mundo jurídico atual, os seguintes: *a) direito à própria imagem*; *b) direito à intimidade pessoal*; e *c) direito à informação*.

O primeiro tende a desvencilhar o homem do seu condicionamento pelos estereótipos dos chamados *mass-media*. O direito à intimidade pessoal (*privacy*) dirige-se à preservação da vida íntima do indivíduo, ameaçada pelo emprego de dispositivos modernos de visão, audição e outros meios de controle a distância. O direito à informação se contrapõe, em nome da soberania nacional e da ordem democrática, aos interesses nem sempre

DIREITOS FUNDAMENTAIS DO HOMEM

legítimos da sociedade de consumo e aos exageros dos chamados "motivos de segurança nacional".

5. DIREITOS SOCIAIS

O Estado evolucionista, social-democrático, que se firma no século XX, procurando conciliar os erros do liberalismo individualista com as verdades parciais do socialismo, passou a inserir no seu texto constitucional, ao lado da Declaração dos Direitos Individuais de estilo clássico, outras declarações, que tratam das relações entre o capital e o trabalho, da Previdência Social, da nacionalização de certas fontes de produção da riqueza, da função social do direito de propriedade, da contenção dos abusos do poder econômico etc., disciplinando a ação intervencionista do Estado no campo socioeconômico em função dos princípios indeclináveis de justiça social. Sob o título *Da Família*, *Educação e Cultura*, define o Estado Moderno o seu programa mínimo no sentido de amparar, prestigiar e valorizar os grupos naturais que integram a sociedade civil – a família e a escola.

Os direitos sociais constantes destas declarações correspondem a obrigações positivas do Estado, configurando normas de ação governamental. São direitos individuais e grupais à prestação assistencial do Estado. São declarações programáticas que se completam e se efetivam através de regulamentação legislativa ordinária.

A Constituição brasileira de 1988 já incorporou grande parte dessas declarações no Capítulo II do Título II (Dos direitos sociais) e nos Títulos VII e VIII (Da ordem econômica e financeira, e Da ordem social).

6. GARANTIAS DOS DIREITOS FUNDAMENTAIS

As declarações de direitos não se limitam a definir as várias liberdades e prerrogativas do homem e do cidadão ou dos grupos e da comunidade social: consignam também as *garantias* necessárias à efetivação dos direitos declarados. Separam-se, portanto, como observou Rui Barbosa, *as disposições meramente declaratórias, que são as que imprimem existência legal aos direitos reconhecidos, e as disposições asseguratórias, que são as que, em defesa dos direitos, limitam o poder. Aquelas instituem os direitos; estas as garantias; ocorrendo não raro juntar-se, na mesma disposição constitucional ou legal, a fixação da garantia com a declaração do direito.*

O *"habeas corpus"*, o *mandado de segurança*, o *direito de petição* ou *de representação*, a *ação popular* e os criados pela Constituição brasileira de 1988, *"habeas data"*, *mandado de injunção* e *mandado de segurança coletivo*, constituem garantias individuais ou sociais, isto é, *instrumentos* de efetivação dos direitos reconhecidos e declarados, bem como de outros direitos que, embora não declarados expressamente, decorrem das prerrogativas naturais da pessoa humana e do regime político adotado na Constituição.

XLI

PRINCÍPIOS E SISTEMAS ELEITORAIS

1. Sufrágio universal. 2. Voto do analfabeto. 3. Sufrágio restrito e censo alto. 4. Sufrágio igualitário e voto de qualidade. 5. Sufrágio feminino. 6. Voto público e voto secreto. 7. Voto como direito ou função. 8. Eleição direta e indireta. 9. Sistemas eleitorais. 10. Sistema proporcional.

1. SUFRÁGIO UNIVERSAL

O sufrágio é o meio pelo qual se manifesta a vontade do povo na formação do governo democrático. É o processo legal de escolha das pessoas que irão representar o povo no exercício das funções eletivas. Na expressão de Hauriou, é a *organização política do assentimento.*

Por *sufrágio universal*, no exato sentido do termo, dever-se-ia entender a participação ativa da totalidade dos habitantes do país nas eleições. Entretanto, a *vontade geral* não é mais do que um artifício doutrinário e legal. O corpo eleitoral, que, convencionalmente, fala por todos, é sempre uma minoria. O Estado moderno afastou de cogitação o *sufrágio universal* absoluto por inconveniente e prejudicial ao aperfeiçoamento do sistema democrático.

Tornou-se princípio assente que a sociedade política deve ser dirigida pelos mais capazes. Em consequência, o Estado restringe a capacidade eleitoral, estabelecendo, em leis constitucionais e ordinárias, requisitos mínimos de instrução, idoneidade e independência para o exercício do direito de voto.

Assim, a expressão *sufrágio universal* corresponde a uma *universalidade de competências.* É a extensão do direito de voto à universalidade dos cidadãos habilitados para o seu exercício nos termos das leis de cada país.

No sistema constitucional brasileiro, por exemplo, estão excluídos dessa universalidade os estrangeiros, enquanto não naturalizados, os menores de 16 anos e os conscritos (recrutados) durante o período do serviço militar obrigatório.

2. VOTO DO ANALFABETO

A exclusão dos analfabetos não resiste à crítica nem condiz com a doutrina democrática. Analfabetismo não significa ausência de bom-senso, nem falta de discernimento para exercer o direito de escolha.

No Brasil, o voto dos analfabetos foi admitido no tempo do império, quando a votação se realizava publicamente. Proibido desde então, foi restabelecido pela Emenda Constitucional n. 25, de 15 de maio de 1985, e mantido com o caráter de facultativo na Constituição de 1988. Cabe à legislação ordinária estabelecer a forma pela qual o direito deverá ser exercido, garantindo-se os requisitos de votações pessoais e secretas.

3. SUFRÁGIO RESTRITO E CENSO ALTO

A capacidade para o exercício do voto sofre necessariamente, em todos os países, as restrições de ordem jurídica, mas, além dessas, podem ser adotadas restrições de caráter social, econômico ou religioso, como sempre ocorreu, por exemplo, na Inglaterra, que é um padrão de democracia.

Um dos mais frequentes sistemas de restrição do voto consiste na exigência de possuir o eleitor bens de fortuna. Na Inglaterra, durante vários séculos, só podiam ser eleitores proprietários de terras. No Brasil-Império vigorou a exigência de uma renda anual mínima.

Outro sistema de sufrágio restrito consiste na exigência de possuir o eleitor determinado grau de instrução, secundária ou superior. É o chamado *censo alto* ou *sufrágio de qualidade*, que vem sendo defendido por estadistas e publicistas, principalmente nos países onde é mais baixo o nível geral de cultura, como meio de preservação e defesa da democracia representativa.

A apuração meramente quantitativa dos sufrágios sofre a crítica de conduzir à *ditadura* das massas ignaras e no reino da demagogia, ao passo que a expressão qualitativa favorece o aperfeiçoamento da democracia – o que é uma tese bastante discutível.

4. SUFRÁGIO IGUALITÁRIO E VOTO DE QUALIDADE

O princípio da igualdade dos sufrágios seria um corolário do princípio da universalidade, como salientou Barthélemy-Duez ao demonstrar que o sufrágio universal provoca o sufrágio igualitário.

PRINCÍPIOS E SISTEMAS ELEITORAIS 239

Por sufrágio igualitário entende-se o mesmo valor unitário do voto, seja o votante um simples operário ou um cidadão de nomeada. Como resume Gladstone: *one man*, *one vote*.

As grandes democracias já adotaram nos tempos passados o sistema de voto plural ou *voto de qualidade*. Os sufrágios dos eleitores que se destacavam pelas posses territoriais, pelos encargos de família, pela posição social ou pelo grau de cultura, eram computados com valor 2, 3, 5 etc. Essa solução vem sendo preconizada e defendida por ponderáveis correntes de opinião, inclusive nos países americanos.

O sistema é originário da Inglaterra, onde subsiste na lei eleitoral de 1918, mediante concessão feita às universidades: o cidadão possuidor de um *degree* correspondente a certo nível de cultura é considerado *eleitor de universidade*, com direito ao voto duplo.

O sistema de voto de qualidade de valor múltiplo, especialmente com a sua modalidade típica de *voto familiar*, tem sido defendido por constitucionalistas de renome internacional, como Jouvenel, Lamire, Rouleaux-Dugage e Landrieu, sem perder, entretanto, a sua característica de privilégio aristocrático que o incompatibiliza com o princípio da igualdade formal no regime democrático.

5. SUFRÁGIO FEMININO

O voto feminino é conquista recente da civilização, corolário do princípio da igualdade jurídica dos sexos. O movimento de reivindicação dos direitos políticos pelo mundo feminino assumiu maiores proporções nos Estados Unidos da América do Norte, partindo de Wioming, no ano de 1869, mas foi na Inglaterra que logrou o seu primeiro êxito, pela lei de 6 de fevereiro de 1918, que estendeu o direito de voto às mulheres de idade mínima de 30 anos (os homens votavam desde a idade de 21 anos).

A inteira equiparação da capacidade eleitoral ativa dos dois sexos foi consagrada pelos Estados Unidos da América do Norte, e a seguir pela Noruega, Dinamarca, Suécia, Luxemburgo e Holanda. A Inglaterra retificou a sua lei de 1918, suprimindo as restrições, a partir de 1928, malgrado a relutância da velha *Câmara dos Lords*.

No Brasil venceu o sufrágio feminino com a Constituição Federal de 1934.

Entre as Repúblicas americanas, algumas negaram o direito de voto às mulheres (Colômbia, Honduras, Nicarágua e Paraguai) e outras permi-

240 TEORIA GERAL DO ESTADO

tiram o voto feminino apenas nas eleições municipais (Bolívia, Haiti, México e Peru).

6. VOTO PÚBLICO E VOTO SECRETO

O voto a descoberto está hoje completamente abandonado. É sistema considerado antidemocrático, porque possibilita a intimidação do eleitor, a corrupção, o alastramento da venalidade, a influência da demagogia, a perseguição dos poderosos sobre os economicamente fracos, e tudo o mais que conduz à desmoralização e à dissolução da democracia representativa.

O voto secreto e indevassável assegura melhor a liberdade do eleitor, evita o temor das perseguições, reduz ao mínimo (embora não suprima) as possibilidades de corrupção das consciências e permite mais segura apuração da verdade eleitoral, legitimando e fortalecendo o regime democrático.

7. VOTO COMO DIREITO OU FUNÇÃO

O voto foi considerado como um *direito* do cidadão, pelos teoristas da origem contratual do Estado. A escola clássica francesa conceituou o voto como ato de exercício da soberania nacional, portanto, como um direito de todos os cidadãos.

Outras correntes doutrinárias de oposição ao contratualismo interpretam o sufrágio como *função social*.

Como *direito*, o sufrágio deve ser universal; como *função social*, tende a ser *restrito* e *qualitativo*.

Modernamente, essa controvérsia doutrinária não oferece maior interesse. O voto é considerado como um direito individual e, ao mesmo tempo, como função social. Como doutrinou Duguit, o eleitor, ao mesmo tempo que é titular de um direito é investido em uma função pública. O direito decorre do poder de votar que assiste aos cidadãos, observadas as prescrições legais. O caráter de função social resulta, logicamente, da obrigatoriedade do voto.

8. ELEIÇÃO DIRETA E INDIRETA

O pronunciamento do eleitorado pode dar-se por votação direta ou indireta. Diz-se eleição direta quando os eleitores escolhem pessoalmente, sem intermediários, os candidatos aos cargos eletivos. A eleição é indireta

PRINCÍPIOS E SISTEMAS ELEITORAIS 241

quando os eleitores, então considerados de *primeiro grau*, limitam-se a eleger certas pessoas que, por seu turno, como *eleitores de segundo grau*, elegerão os governantes.

O sistema indireto é preferido por muitas das grandes democracias, pelo menos para a eleição do chefe do poder executivo, como acontece nos Estados Unidos da América do Norte.

No Brasil foi adotado o sistema indireto, durante o Império, para as eleições dos Deputados e Senadores: o povo elegia, em assembleias paroquiais, os chamados *Eleitores de Província*, e estes, em assembleias gerais, elegiam os Deputados e Senadores.

Durante a primeira fase republicana, quando os candidatos a Presidente e Vice-Presidente da República não alcançassem maioria absoluta na eleição direta, a eleição se fazia, a seguir, em segundo turno, pelo sistema indireto, cabendo ao Congresso Nacional escolher entre os candidatos.

As eleições indiretas tendem à negação da democracia. Como afirmou Assis Brasil, *o voto deve ser a voz do povo, não o eco.*

Verberando o sistema indireto, afirmou Rui Barbosa que o deputado que vem de uma eleição indireta não exerce o mandato do país real, da universalidade dos cidadãos, da soberania nacional, mas representa os colégios eleitorais, o país legal.

A Constituição brasileira de 1988 restabeleceu o sistema de eleição por *sufrágio universal direto e secreto*, na esteira da tradição brasileira, que havia sido rompida pela Constituição de 1967, e restabelecida pela Emenda Constitucional n. 25, de 1985. Para serem considerados eleitos, o Presidente e, com ele, o Vice-Presidente da República deverão obter maioria absoluta de votos na primeira votação. Se a maioria não for obtida, realizar-se-á nova eleição até vinte dias após a proclamação do resultado, concorrendo os dois candidatos mais votados, considerando-se eleito aquele que obtiver a maioria dos votos válidos.

9. SISTEMAS ELEITORAIS

Dentre muitos e complexos sistemas eleitorais merecem destaque os dois principais, que lograram acolhimento na maioria das legislações: o *majoritário* e o *proporcional.*

Pelo sistema majoritário os candidatos são individuais independentemente de partidos, e são considerados eleitos os mais votados, ou, dependendo da organização partidária, todas as vagas das assembleias legislativas são preenchidas pelo partido que vencer as eleições em cada circunscrição eleitoral, ficando os partidos minoritários sem representação, ainda quando derrotados por diferença mínima.

No início do regime representativo as eleições para Deputados faziam-se pelo sistema majoritário, de candidaturas individuais. As vagas das assembleias eram preenchidas pelos candidatos que, individualmente, obtivessem maioria de votos.

Alguns países, como a Inglaterra e a França, conservaram esse sistema, sob aplausos de autores de renome, como Bagehot e Esmein, mas o sistema proporcional, com suas diversas variantes, domina o cenário democrático do mundo moderno. Vamos analisá-lo mais detidamente.

10. SISTEMA PROPORCIONAL

No conceito de Léon Duguit o sistema proporcional é aquele que "assegura, em cada circunscrição eleitoral, aos diferentes partidos, contando um certo número de membros, um número de representantes, variando segundo a importância numérica de cada um". Refere-se às eleições para as Câmaras de Deputados.

Na definição de Harold Gosnell, "é o sistema que visa assegurar um corpo legislativo que reflita, com uma exatidão mais ou menos matemática, a força dos partidos no eleitorado". E, para Lastarria, este sistema "consiste em ser o único meio de representar todos os interesses, todas as opiniões, em proporção do número de votos com que contam".

O sistema proporcional apresenta-se sob várias modalidades técnicas, destacando-se: *a*) o *sistema de voto limitado*, formulado por Dobraniki, adotado na Inglaterra (1867-1885), na Itália (1882-1891) e em diversos outros países, inclusive no Brasil (1875-1889); *b*) o *sistema de voto cumulativo*, formulado por Barthélemy-Duez e Esmein; *c*) o *sistema preferencial*, de Hare e Andrae; *d*) o *sistema de concorrência de listas*, divulgado por Hagenbach, Esmein e outros; *e*) o *sistema automático*, de Kaisenberg; *f*) o *sistema de cociente eleitoral*, exposto por Duguit; e muitos outros.

Não cabe nos limites do nosso programa uma explanação de cada um desses sistemas, mas indicamos aos interessados o livro *Princípios gerais de direito constitucional moderno*, do Prof. Pinto Ferreira (v. 1, p. 402-13).

XLII

SISTEMA REPRESENTATIVO – I

1. Generalidades. 2. Origem e formação histórica. 3. O sistema representativo na Inglaterra. 4. Natureza do mandato. 5. Teorias. 6. Titularidade do mandato no sistema brasileiro. 7. Unicameralidade e bicameralidade. 8. O Senado no Estado federativo.

1. GENERALIDADES

A comunidade nacional é soberana, é a fonte do poder, e deve governar-se por si mesma. Nenhum poder pessoal pode sobrepor-se à vontade geral. Esta tese é o ponto de partida do ideal democrático. E, assim, a democracia pura seria o governo direto, levado a efeito pelo próprio povo, em comícios periódicos e assembleias públicas. Entretanto, como a democracia direta não é praticável no mundo moderno, a população, soberana, nomeia seus representantes, por via de eleições, para o exercício das funções de governo. É a solução denominada democracia indireta, ou democracia representativa, ou, ainda, *sistema representativo de governo.*

A ideia de que a soberania é poder do povo vem dos tempos antigos, do início do período histórico, ou seja, do século IX a.C., mais ou menos correspondente à época em que viveu Homero. As cidades gregas nessa época eram regidas por uma monarquia patriarcal, havendo ao lado do rei um Conselho de Anciãos. Nos casos de maior interesse geral convocava-se a assembleia de todos os cidadãos. Mais tarde, por volta do século V a.C., o Conselho dos Anciãos deixou de ser o órgão principal do governo, firmando-se a assembleia popular como autoridade máxima, depois como autoridade única. Nasceu então a Constituição clássica da Cidade helênica, sob a influência de Esparta, que era a Cidade preponderante, e nos moldes das leis fundamentais outorgadas por Sólon.

No campo doutrinário encontramos a ideia da soberania popular esboçada por Aristóteles em sua obra *Política.*

Se retrocedermos aos tempos mais remotos, ainda encontraremos, se bem que embrionária, a ideia de soberania popular na China, na Índia e no Estado hebraico.

TEORIA GERAL DO ESTADO

Nos tempos medievais foi essa mesma ideia desenvolvida por Santo Tomás de Aquino e por muitos outros escritores e filósofos. No alvorecer da Idade Moderna, ganhou terreno no campo político, aos impulsos da Reforma religiosa e do liberalismo econômico. Num sentido mais alto, sob o aspecto específico de uma ciência de Estado que se formava, adquiriu maior relevo através da corrente democrática espanhola, especialmente pelas pregações de João Altusio, que foi um iluminado precursor de Rousseau.

Depois desse longo processo evolutivo, cristalizou-se a ideia da soberania na doutrina do liberalismo liderada pela escola clássica francesa, doutrina esta que conceituou a nação como entidade sócio-ético-jurídica, possuidora de vontade própria e de direitos fundamentais, inalienáveis e imprescritíveis. Na escala desses direitos a soberania vem em primeiro lugar, por justificar o poder de auto-organização nacional, isto é, o poder de instituir e manter o Estado.

Segundo várias doutrinas de fundo absolutista, a nação *delega* a soberania a um órgão, ao Rei, por exemplo, que passa a ser o legítimo soberano. Mas as doutrinas verdadeiramente democráticas sustentam que a soberania é indelegável, ou seja, inalienável. Os órgãos nomeados, ou eleitos, são apenas instrumentos de execução do poder soberano ("todo poder emana do povo e em seu nome será exercido"). Este aspecto será examinado mais adiante, quando passaremos a estudar a natureza do mandato.

Assentado que a soberania não é um direito de origem divina pertencente ao Rei, nem um atributo da Coroa por direito próprio, mas, sim, uma prerrogativa natural, originária e permanente do povo, surge o primeiro grande problema: o povo é soberano, tem o poder de autodeterminação, mas não pode, por humanamente impossível, governar-se por si mesmo.

Na antiguidade clássica esforçaram-se os atenienses por praticar a democracia direta (democracia pura), repetindo-se a experiência em diversos Estados-Cidade da Grécia e Roma, e, particularmente, em alguns Cantões da Suíça. Os cidadãos reuniam-se em praça pública, discutiam os problemas de interesse coletivo, tomavam deliberações de ordem geral e nomeavam magistrados e funcionários, aos quais conferiam determinadas atribuições de ordem administrativa. O poder público, porém, era exercido diretamente pela assembleia de todos os cidadãos, sem necessidade de representação. Não se deve perder de vista que o Estado-Cidade era circunscrito aos pequenos limites de uma comunidade urbana.

Em alguns Cantões e Subcantões da Suíça ainda subsiste esse velho sistema, graças ao elevado nível de educação social e política do seu povo.

A Assembleia popular, que tem ali a denominação de *Landsgemeind*, é o supremo órgão legislativo.

Também nos Estados Unidos da América do Norte, em alguns Municípios e Condados, notadamente na antiga região de Nova Inglaterra, os eleitores se reúnem periodicamente e elaboram certas leis e regulamentos, aprovam o orçamento público, nomeiam magistrados e funcionários e determinam sobre a realização de obras e melhoramentos. É um exemplo típico de democracia direta em que o povo exerce por si mesmo o poder máximo.

A democracia direta, portanto, não é apenas uma reminiscência histórica. Mas, a despeito dos exemplos que se apresentam à admiração do mundo moderno como esplêndida demonstração de pureza democrática, o sistema é praticamente incompatível com o Estado atual, territorialmente vasto, demograficamente denso, política e administrativamente complexo. Não obstante, a manifestação direta da soberania pode e deve coexistir com a representação política, como adiante veremos.

Não podendo o povo governar-se pelo sistema direto, impõe-se que o faça pelo sistema indireto, isto é, *representativo*.

2. ORIGEM E FORMAÇÃO HISTÓRICA

Façamos agora um resumo histórico da representação política.

Assim como a ideia da soberania do povo, a ideia da representação vem de épocas remotas, ligando-se, possivelmente, aos primeiros ensaios de governação. Os que primeiro articularam o princípio da soberania do povo cogitaram, ao mesmo tempo, da representação, embora estivessem muito longe da concepção que emoldura este instituto no direito público atual.

Primitivamente foram os sacerdotes magnos, os patriarcas, os sábios, os anciãos e os chefes de família que, isoladamente ou reunidos em *Conselhos*, deliberavam e atuavam com força de obrigação sobre as comunidades que lhes eram subordinadas. Na Grécia do período clássico já se praticava o princípio da representação nas eleições por *demos*, em Atenas e em outros Estados-Cidades; e, ainda, segundo alguns autores, na votação das *Polis* perante as assembleias da *Liga Acheana*.

Outros encontram o germe da representação nos conselhos das comunidades pré-feudais, teutônicas e anglo-saxônicas. O direito germânico, sem dúvida, deu incremento ao princípio da representação política, que posteriormente se eclipsou no mundo feudal, para ressurgir no mundo moderno.

246 TEORIA GERAL DO ESTADO

O sistema de conselhos das monarquias medievais, contrariamente ao que afirmam alguns autores, não se incorpora ao instituto da representação política, mesmo porque tais conselhos eram meramente consultivos. Entretanto, contribuíram para o desenvolvimento do sistema representativo, como também contribuíram nesse sentido os *Estados-Gerais* da França, as *Dietas* da Alemanha e as *Cortes* de Portugal e Espanha. É preciso ressaltar, porém, que tais conselhos e assembleias não defendiam propriamente direitos do povo (mesmo porque o povo não tinha direitos reconhecidos no Estado medieval), defendiam direitos e prerrogativas das castas ou das corporações privilegiadas.

As opiniões divergem nessa interpretação. Bigne de Vileneuve, por exemplo, reportando-se a Carré de Malberg, diz que o sistema representativo é um rebento da monarquia e tem a sua gênese nos colégios antigos e medievais.

3. O SISTEMA REPRESENTATIVO NA INGLATERRA

O marco mais expressivo, na história do sistema representativo, sem dúvida, é a Câmara dos 25 Barões, formada na Inglaterra, no século XIII, e mantida até hoje. Não obstante o seu caráter de representação aristocrática, surgiu como uma *assembleia de súditos*, contrapondo-se aos excessos do poder real e impondo a observância de princípios essencialmente democráticos. Exigiram os cavaleiros ingleses, no ano 1215, que o Rei se abstivesse de lançar e cobrar tributos sobre a propriedade territorial sem prévia anuência dos contribuintes (*no taxation without representation*). Outros princípios de liberdade civil e religiosa foram consignados no texto da *Magna Carta*, ficando a cargo da comissão dos 25 Barões a fiscalização do seu cumprimento.

Mais tarde o Rei Henrique III procurou anular essa conquista, mas foi vencido pelos nobres, o que veio fortalecer sobremodo a posição daquele *colégio representativo*, que passou a reunir-se, normalmente, a partir de 1265, conservando-se até agora sob a denominação de *Câmara dos Lords*.

Posteriormente formou-se, ao lado dessa, a *Câmara dos Burgueses* ou *dos Comuns*, que se reuniu a partir de 1640, vindo a chamar-se *Parlamento Largo* (hoje, *Câmara dos Comuns*). Esse Parlamento passou a defender energicamente o princípio da soberania popular, opondo tenaz resistência às pretensões de absolutismo do Rei Carlos I. Chegou mesmo a prender e executar ministros do Rei. Depois de três anos de guerra civil, Oliverio

Cromwell, "Comandante em Chefe dos exércitos de Inglaterra, Escócia e Irlanda", agindo ao lado do povo, obteve completa vitória e destronou Carlos I. O Parlamento condenou o Rei destronado, como *tirano, traidor, assassino e inimigo do país*, e mandou decapitá-lo, em 1649. O Rei subiu ao patíbulo reafirmando que o seu poder era ilimitado e de origem divina, mas prevaleceu o princípio da soberania popular e foi implantada a República.

Em 1658 os excessos do Parlamento criaram novos conflitos, levando o exército a estabelecer a ditadura, quando Cromwell assumiu o poder supremo com o estranho título de *Lorde Protetor da República*. Com a sua morte passou o poder ao seu filho Ricardo Cromwell, que abdicou depois de oito meses, ressurgindo o Parlamento pela vontade do povo, já agora com o nome de *Parlamento-Convenção*, formado quase totalmente com elementos monarquistas. O novo Parlamento restabeleceu as tradições monárquicas do país, entregando a Coroa a Carlos II, filho de Carlos I, o qual se tinha refugiado na Holanda.

O novo Rei ainda tentou dissolver o Parlamento e instaurar o absolutismo monárquico, mas encontrou violenta reação e acabou por submeter-se à suprema autoridade da representação popular.

Finalmente, a revolução de 1688, pacífica, sem derramamento de sangue, fez suprimir de maneira definitiva a ideia da monarquia absoluta de direito divino, substituindo-a pelo conceito racionalista da monarquia de direito legal. A nação, soberana, governa-se daí por diante por intermédio dos seus legítimos representantes. Foram resolvidas todas questões políticas e religiosas. O Parlamento formulou uma *declaração de direitos*, que Guilherme II confirmou por decreto de 1689, estabelecendo os seguintes princípios, que foram incorporados à *Magna Carta*: o Rei não pode suspender a aplicação das leis, criar impostos, organizar e manter exércitos permanentes em tempo de paz, sem acordo do Parlamento. As eleições e debates no Parlamento são inteiramente livres. O Parlamento reúne-se com frequência, não podendo sofrer qualquer constrangimento por parte do Rei. A justiça deve ser pura e clemente.

Em seguida, promulgou-se o *Bill de Tolerância*, definindo as liberdades individuais, notadamente de ordem religiosa.

A partir de 1689 o Parlamento assumiu o caráter de órgão representativo da soberania popular, nos moldes do Senado da antiga República romana, mas só veio a revestir-se do caráter de verdadeira assembleia do povo a partir de 1832. Antes, vigorava, na realidade, o conceito aristocrático de *soberania territorial*: os membros do Parlamento eram eleitos pelos proprietários de terras, na proporção de dois representantes por vila ou conda-do. Quem não possuísse propriedade não podia ser eleitor. E o cidadão que possuísse propriedade em mais de uma circunscrição, tinha direito de voto em cada uma delas.

Sólido e vigoroso, cimentado em vários séculos de lutas constantes, o liberalismo inglês foi a fonte de inspiração da filosofia do século XVIII, da independência dos Estados Unidos e da revolução francesa; a matriz em que se configurou o sistema democrático representativo como se apresenta no direito público moderno.

4. NATUREZA DO MANDATO

O instituto da representação política reúne três elementos: *o mandante, o mandatário e o mandato.*

Mandante é quem elege as pessoas para o exercício do poder de governo. Na aristocracia é a classe aristocrática. Na democracia é o povo (*demos*).

Aqui vem novamente a distinção entre povo em sentido amplo (totalidade dos habitantes) e povo em sentido estrito (*povo nacional*), distinção esta correspondente às duas teorias chamadas de *soberania popular* e *soberania nacional.*

Em nosso sistema democrático predomina o princípio de que o mandante é o povo nacional. No conceito de *povo nacional* não entra a universalidade dos habitantes do país, mas somente aqueles que exercem os direitos de cidadania nos termos da Constituição. A *vontade política* da nação é manifestada pelos membros da nacionalidade e, extensivamente, por estrangeiros que forem incorporados ao grupo nacional mediante processo legal de naturalização.

Os naturais do país e os naturalizados formam o *corpo de eleitores*, de conformidade com as leis que regulam a capacidade eleitoral. No Brasil, por exemplo, são excluídos os estrangeiros e os conscritos, durante o período do serviço militar obrigatório. Os analfabetos, os maiores de 70 anos e os maiores de 16 e menores de 18 anos podem, facultativamente, compor o *corpo de eleitores.*

Fala-se impropriamente em *sufrágio universal*, que encerra a ideia da universalidade dos habitantes de um país, mas esse termo deve ser entendido na acepção jurídica de *universalidade das competências*, como já foi exposto no ponto anterior.

SISTEMA REPRESENTATIVO – I

Só teoricamente, convencionalmente, é que se tem por mandante a totalidade do grupo nacional. Em verdade, a vontade nacional é manifestada por uma minoria, visto que o corpo eleitoral sempre se reduz a uma minoria em relação ao todo nacional. Se a lei, por apego ao conceito de democracia, só se preocupasse com a quantidade e não com a qualidade de eleitores, o regime democrático tenderia fatalmente ao definhamento. Em última análise, a *vontade nacional* valoriza-se quando manifestada por consciências esclarecidas. E o mérito é sempre minoria, como se referiu Sismondi; ao que acrescentou Stuart Mill: e a massa, sempre uma mediocridade coletiva.

Mandatário é a pessoa nomeada ou eleita para o exercício do poder de governo. Deve o mandatário ser cidadão, titular de direitos políticos, possuindo capacidade eleitoral ativa e passiva.

O mandatário tem direitos e obrigações semelhantes aos do procurador nas relações de direito privado, com a diferença de que esses direitos e obrigações são prefixados de modo geral nas leis de ordem constitucional. Isso não impede, evidentemente, que tenha ele uma larga margem de ação pessoal, onde pode agir segundo o seu arbítrio, sua capacidade e sua técnica.

Da maior ou menor amplitude dos poderes que a lei confere ao mandatário para gerir os negócios públicos em nome e por conta do mandante, decorrem as diversas concepções do mandato. É o que passaremos a examinar mais detidamente.

O *Mandato político*, como observa Queiroz Lima, tira o seu fundamento teórico de dois institutos de direito civil: *a representação e o mandato procuratório.*

A representação, como instituto de direito privado, é o meio pelo qual uma pessoa, em nome de outra, pratica atos jurídicos cujos efeitos se produzem imediatamente em relação à pessoa representada. Pode ser *legal* ou *convencional*. A representação legal se exerce *ex vi legis*, porque incide sobre aqueles que, por incapacidade absoluta ou relativa, permanente ou temporária, não podem praticar por si mesmos os atos da vida civil. São formas de representação legal o pátrio poder, o poder marital, a tutela e a curatela. A representação convencional resulta dos contratos em geral. Sua forma particular consiste no mandato procuratório civil ou mercantil, pelo qual alguém recebe de outrem poderes para, em seu nome, praticar atos ou administrar interesses.

O instituto do mandato, portanto, é uma espécie de representação. A representação exprime a forma genérica da qual se destaca a espécie contratual.

250 TEORIA GERAL DO ESTADO

Tais institutos de direito privado, brotando no campo do direito público, formaram o tronco vigoroso por onde viria circular toda a seiva necessária à florescência democrática. A terminologia empregada por Locke, Rousseau e outros filósofos do racionalismo liberal (mandato legislativo, representação nacional, mandatários do povo etc.) é confirmativa deste conceito sobre a origem e o fundamento do mandato político.

5. TEORIAS

Em torno do mandato que o povo confere aos seus representantes se extremam diversas concepções:

A teoria originária do liberalismo clássico é a do *Mandato Imperativo*, a qual está mais intimamente ligada ao conceito de direito civil acima referido. O representante era eleito sob determinadas condições, e deveria proceder, nas assembleias, em estrita conformidade com as instruções dos seus eleitores, sob pena de revogação do mandato. Assim era nos primeiros Parlamentos ingleses e nas assembleias dos *Estados Gerais* franceses. A prática do mandato imperativo, porém, foi caindo em desuso e perdendo o seu prestígio em face do direito público moderno.

O mandato imperativo ajustava-se ao sistema de eleições por distritos. Os deputados representavam apenas as circunscrições pelas quais foram eleitos, e assim lhes era fácil receber instruções e cumprir as determinações dos seus eleitores.

O liberalismo, trazendo no seu bojo a doutrina da *soberania nacional una e indivisível*, condenou o sistema de mandato imperativo.

Sob a liderança de Sieyès e Rousseau formou-se a *Teoria Clássica da Representação Política Nacional*: o titular do mandato político representa o povo na sua totalidade, não os grupos populacionais de regiões ou distritos, e, assim, age livremente, como delegado da soberania nacional una e indivisível, sem necessidade de qualquer consulta. A eleição do candidato importa em aceitar o seu programa pessoal de ação.

Para esta escola clássica da soberania nacional, a nação é um ente coletivo, dotado de consciência e de vontade própria, *una* e *indivisível*. Logo, os seus representantes, embora eleitos por circunscrições eleitorais, ficam investidos do poder de soberania e passam a representar a nação integral.

No Estado federativo, principalmente, o preceito é axiomático e inarredável: os Deputados Federais, eleitos pelos Estados-Membros, são *representantes nacionais*.

De acordo com esta concepção ideológica o Deputado tem ampla autonomia de ação, como *delegado* da soberania nacional, o que, de certo modo, choca-se com o princípio de que a soberania é inalienável, portanto, indelegável, intransferível. Tal contradição, aliás, levou Rousseau a preferir que os representantes fossem denominados *Comissários* e seus mandatos fossem de natureza imperativa. Ao invés de manifestar-se a soberania nacional somente no ato da eleição, deveria ela ser exercida em caráter permanente, no sentido de poder desconstituir o mandato sempre que o mandatário se revelasse em conflito com a vontade geral.

Procurando cobrir essa evidente contradição, propôs Hauriou o entendimento de que o representante não exerce o poder por delegação da soberania, mas, sim, pelo princípio da investidura.

A *Teoria da Investidura*, formulada por Hauriou, eminente teórico do liberalismo clássico e professor catedrático da Universidade de Paris, estabelece que a representação política não implica nenhuma transmissão substancial do poder soberano: *"delegar alguém é enviá-lo, é conferir-lhe um poder, enquanto investir alguém é dizer-lhe: exercereis o vosso poder próprio, por uma capacidade que vos compete, mas o fareis em meu nome e no meu interesse..."*. O poder está na *função* que o mandatário exerce, ou seja, no *cargo* em que ele é investido; e, assim, embora podendo atuar com a autonomia do seu próprio poder, de acordo com a sua própria capacidade, não recebe o poder de soberania como atributo pessoal. A soberania está na função que é impessoal, e o seu exercício é que compete à pessoa investida na função e utilizada como instrumento humano de realização da vontade da lei...

Apenas uma variação de terminologia, como se vê. Na realidade, não há diferença substancial entre uma e outra teoria. Entendemos que a distinção entre *delegação* e *investidura* é especiosa, talvez mesmo uma simples figura de semântica. Ambas as teorias estão em desarmonia com o princípio da inalienabilidade da soberania, ou seja, da *liberdade de querer* como imperativo do direito natural.

Essa desarmonia se torna patente em face mesmo das próprias palavras de Rousseau, quando afirma que "a soberania não pode ser representada pela mesma razão de não poder ser alienada. Ela consiste essencialmente na vontade geral, e a vontade geral não se representa: ou ela é ela mesma ou é outra – não há meio-termo".

Sua lógica é eloquente: "o poder é possível transmitir-se, mas a vontade não. O soberano pode dizer: eu quero atualmente o que quer tal homem, ou, pelo menos, o que ele diz querer. Mas não pode dizer: o que este homem quiser amanhã eu quererei ainda; pois é absurdo que à vontade se dê cadeias para o futuro".

Realmente, se a vontade do homem é um atributo natural da pessoa humana, por isso mesmo inalienável, intransferível, e se a vontade geral é uma soma das vontades individuais, segue-se, logicamente, que a vontade geral (soberania) não pode ser alienada nem transferida a qualquer título. O que se há de conferir ao mandatário é o poder de exercício, não o poder mesmo em substância. E, neste caso, o poder de exercício há de sujeitar-se a condições permanentes de legitimidade, com a consequência de ser possível a *desconstituição* do mandato.

A *Teoria dos Órgãos de Representação*, da escola alemã, procura dar uma solução objetiva ao problema: conceitua o Estado como uma unidade corporativa, dotada de órgãos pelos quais a sua atividade se realiza. A vontade desses órgãos é a própria vontade do Estado. "Os corpos representativos são órgãos da vontade do povo", disse Jellinek. É claro que essa concepção se ajusta à teoria totalitária da soberania do Estado.

Inúmeras são as teorias sobre a natureza do mandato, e não poderíamos analisar todas elas. O Prof. Sampaio Dória resume as várias teorias em duas concepções simples e elucidativas: ou o representante *quer com o povo* ou *quer pelo povo*. Na primeira se alistam todas as teorias verdadeiramente democráticas, segundo as quais os representantes não substituem pela sua a vontade dos representados, mas refletem e procuram realizar fielmente a vontade nacional. Na segunda concepção os representantes substituem pela sua a vontade dos representados. É a *sub-rogação* da vontade dos governantes na vontade nacional. Só no ato da eleição é que se manifesta a soberania do povo; depois essa soberania sofre um *eclipse*, isto é, transfere-se completamente ao representante, por um determinado período...

O que ocorre generalizadamente, em verdade, é uma alarmante deturpação do sistema representativo no que ele tem de pureza doutrinária. A soberania popular tem sido confundida com a vontade arbitrária de uma classe – *a classe dos representantes políticos*. Não há como negar razão ao objetivismo prático do saudoso mestre Sampaio Dória quando afirma *que não deve o representante querer contra o povo, nem pelo povo, mas, sim, querer com o povo ou como o povo.*

A *vontade geral* é ainda evidentemente imperfeita e insegura, mas é suficientemente real para legitimar o poder de governo. As medidas cerceadoras ou restritivas dessa força originária do poder não conduzem absolutamente, à solução dos graves problemas que afetam a ordem política democrática. Ao revés, é preciso dar maior campo de ação ao povo, permitir-lhe que manifeste permanentemente a sua autoridade, para que se possa caminhar no sentido do aperfeiçoamento das instituições. Restringir a competência dos órgãos representativos, sem se chegar ao extremo do mandato imperativo, e manter a permanência da soberania nacional, como força atuante, fiscalizadora, superior à força da representação, é o ideal.

As medidas que vêm sendo adotadas nos Estados de mais adiantada cultura social e política, para refrear os abusos, a prepotência e irresponsabilidade das corporações representativas, compõem dois grupos distintos: o primeiro compreende a separação e a limitação dos poderes, a redução do tempo de duração do mandato e a institucionalização do mandato; o segundo, a coexistência, com a representação, de certos institutos da democracia pura, quais sejam o *referendum*, o plebiscito, a iniciativa popular das leis, o veto popular, e outros que tendem a assegurar, sem dúvida, o equilíbrio necessário entre o poder constituinte e o poder constituído.

6. TITULARIDADE DO MANDATO NO SISTEMA BRASILEIRO

Nos anos de 2006 e 2007 a população brasileira vivenciou acontecimentos que chamaram a atenção para uma visão crítica da estrutura política vigente. Escândalos envolvendo membros dos Poderes Executivo e Legislativo, julgamentos políticos colocados sob suspeita de corporativismo, renúncias de titulares de mandatos para escaparem de punições, entre outros, demonstraram a necessidade da urgente reforma política.

Nesse ambiente conturbado pelas denúncias e pelos julgamentos políticos, acirrou-se a cooptação de parlamentares por parte do Poder Executivo e de partidos governistas ou de oposição, fazendo com que diversos parlamentares mudassem de partido sem qualquer restrição e com relativa frequência.

A matéria foi inicialmente examinada pelo Tribunal Superior Eleitoral, que respondeu à Consulta n. 1.398/DF, declarando que os partidos políticos e as coligações partidárias têm o direito de preservar a vaga obtida pelo sistema eleitoral proporcional, se, não ocorrendo razão legítima que o justifique, registrar-se ou o cancelamento de filiação partidária ou a transferência para legenda diversa do candidato eleito por outro partido.

Levada a matéria a julgamento, mediante Mandado de Segurança, ao Supremo Tribunal Federal, em acórdão relatado pelo Ministro Celso de Mello, a tese do TSE foi confirmada.

Segundo o voto vencedor, ficaram ressaltadas a essencialidade dos partidos políticos no processo de poder e na conformação do regime democrático, a importância do postulado da fidelidade partidária, o alto significado das relações entre o mandatário eleito e o cidadão que o escolhe, o caráter eminentemente partidário do sistema proporcional e as relações de recíproca dependência entre o eleitor, o partido político e o representante eleito.

Com essas premissas, fica reconhecida a titularidade das vagas pelo partido político, o que se extrai diretamente da norma constitucional que prevê o sistema proporcional (CF, art. 45, *caput*: "A Câmara dos Deputados compõe-se de representantes do povo, eleitos, pelo sistema proporcional, em cada Estado, em cada Território e no Distrito Federal"). Nesse sistema, a vinculação entre candidato e partido político prolonga-se depois da eleição. O ato de infidelidade, seja ao partido político, seja ao próprio cidadão-eleitor, mais do que um desvio ético-político, representa, quando não precedido de justa razão, uma inadmissível ofensa ao princípio democrático e ao exercício legítimo do poder, na medida em que migrações inesperadas não apenas causam surpresa ao próprio corpo eleitoral e às agremiações partidárias de origem, privando-as da representatividade por elas conquistada nas urnas, mas acabam por acarretar um arbitrário desequilíbrio de forças no Parlamento, vindo, em fraude à vontade popular e afronta ao próprio sistema eleitoral proporcional, a tolher, em razão da súbita redução numérica, o exercício pleno da oposição política (MS 26603/DF, rel. Min. Celso de Mello, 3 e 4-10-2007). Essa matéria foi debatida no Supremo Tribunal Federal, também nos Mandados de Segurança ns. 26.602 e 26.604, e nas Ações Diretas de Inconstitucionalidade ns. 3.999 e 4.086.

Tal orientação, além de aplicar o disposto no supratranscrito art. 45, guarda coerência, também, com o disposto no art. 1º da Constituição Federal, que estabelece o pluralismo político como um dos fundamentos da República.

Os julgamentos citados são aplicáveis somente aos cargos preenchidos por meio da eleição *proporcional*. Como característica desse sistema, os eleitos se beneficiam não só dos próprios votos, mas também dos votos dados aos demais candidatos do mesmo partido. Poucos são os deputados eleitos que contam com votos suficientes para eleição, sem a ajuda do partido.

SISTEMA REPRESENTATIVO – I

Já no sistema majoritário, esse argumento não se aplica, pois os candidatos não precisam dos votos dos partidos para se elegerem. No caso dos senadores, eles representam os Estados e o Distrito Federal, e não o povo. Mesmo ocorrendo a desfiliação, o partido pode continuar tendo representatividade no Senado.

A situação dos titulares de mandatos eleitos pelo sistema majoritário que se desfiliam ainda não foi apreciada pelo Supremo Tribunal Federal. A permanecer a inércia do Poder Legislativo, a quem caberia a regulamentação da matéria, aguarda-se nova manifestação da Suprema Corte. A expectativa é de que a mesma orientação seja adotada, em nome da coerência e da valorização do sistema partidário.

7. UNICAMERALIDADE E BICAMERALIDADE

O sistema representativo, qualquer que seja a sua filiação teórica, divide-se formalmente em *unicameral* e *bicameral*, conforme seja o Poder Legislativo composto de uma só Câmara ou desdobrado em duas.

O bicameralismo teve origem na tradição parlamentar da Inglaterra, onde a função legislativa compete a duas câmaras conjugadas: a *Câmara Alta* ou *Câmara dos Lords*, que se conservou desde o século XIII como representação da aristocracia, e a *Câmara dos Comuns*, representante de todos os povos dos domínios britânicos.

A federação norte-americana se organizou sob o regime bicameral, em 1787, dada a existência de duas órbitas de direito público (federal e estadual). Ao lado da Câmara dos Deputados como representação do povo, criou o Senado, que representa as unidades federadas. As duas câmaras compõem o Congresso Nacional.

O bicameralismo norte-americano (Câmara e Senado), também denominado *sistema congressual*, serviu de modelo a quase todas as Repúblicas deste Continente. Quinze países americanos adotaram o sistema bicameral: Estados Unidos, Brasil, Argentina, Bolívia, Chile, Colômbia, Cuba, Dominicana, Haiti, Equador, Nicarágua, México, Venezuela, Uruguai e Peru. As outras seis ficaram com o regime unicameral. Após a reforma constitucional de 1999, a Venezuela, cujo nome oficial é República Bolivariana da Venezuela, passou a adotar o regime unicameral.

Dentro da federação norte-americana alguns dos Estados-Membros se organizaram sob o regime de uma só Câmara, mas ultimamente só o Estado de Nebraska manteve o legislativo unificado a partir de 1936. Na

Comunidade das Nações Britânicas predomina a forma bicameral, com exceção do Canadá onde o Legislativo é representado por câmara única. Na Suíça o Legislativo federal é bicameral, mas os Cantões e Subcantões conservam a forma unicameral.

No Brasil sempre se adotou o desdobramento da função legislativa em dois ramos, desde a independência do País. No período imperial a Câmara Alta, já denominada *Senado*, era de provimento vitalício e de feição nitidamente aristocrática à semelhança da *Câmara dos Lords* na Inglaterra. Os Príncipes da Casa Imperial eram Senadores por direito próprio logo que atingissem a idade de 25 anos. Na fase republicana o Senado tornou-se Câmara representativa dos Estados, com dois Senadores de cada uma das unidades federadas. Atualmente compõe-se de três Senadores de cada Estado. O sistema bicameral republicano foi adotado, durante a primeira República, a partir da emenda constitucional de 1926, pelos Estados de Minas Gerais, São Paulo, Pará, Pernambuco, Bahia e Goiás. Os demais Estados se organizaram e permaneceram sempre sob a forma unicameral. No regime da Constituição de 1946 todos os Estados se mantiveram unicamerais, assim se conservando no regime atual.

A realização do governo representativo através de uma ou duas câmaras é problema que tem sido objeto de longos e acirrados debates. Na própria Inglaterra, reduto do conservadorismo, Harold Laski, um dos líderes da corrente trabalhista, propôs a extinção da *Câmara dos Lords*, e ao mesmo tempo o aumento do número de deputados na *Câmara dos Comuns*. Proposta arrojada, evidentemente, mas indicativa de uma tendência da democracia socialista.

8. O SENADO NO ESTADO FEDERATIVO

Segundo a opinião de notáveis autores, particularmente de Hans Kelsen, a verdadeira ideia democrática leva-nos fatalmente à concepção do legislativo unicameral.

Embora seja essa a tendência dos movimentos políticos renovadores, impõe-se a conclusão de que as preferências doutrinárias pelo unicameralismo ligam-se aos Estados unitários. O bicameralismo, pode-se afirmar, é atributo do Estado federativo. É fator de permanência, de fortalecimento e de harmonia da União federal. Na Constituinte brasileira de 1945-46, a enorme celeuma levantada contra a manutenção do Senado Federal, inquinado de "organismo anacrônico", partiu da bancada do Partido Comunista.

No Estado federativo a *representação nacional* se realiza na Câmara dos Deputados e os representantes são eleitos proporcionalmente, isto é, cada Deputado corresponde a tantos mil habitantes.

É verdade que os Deputados federais representam a nação inteira, embora eleitos por Estados, mas o espírito regionalista tende a manifestar-se, e a desigualdade numérica traz as suas consequências que se refletem em prejuízo do ideal da unidade. Ora, a organização bicameral visa a corrigir esse inconveniente pela representação senatorial igualitária. Cada Estado se representa por igual número de Senadores, sem se levar em conta a sua extensão territorial ou a sua densidade demográfica. E, como ambas as Casas possuem idêntica competência legislativa, o sistema congressual possibilita a concretização do ideal da igualdade das unidades federadas no plano do governo da União.

A bicameralidade norte-americana, como explica Pedro Calmon, atende às duas imposições: representação igualitária dos Estados do plano federal, e moderação dos ímpetos reformistas da câmara baixa. Procurando demonstrar a Jefferson esta *função moderadora* do Senado, Washington pegou uma xícara de café e derramou a bebida quente no pires, explicando que assim se fariam as leis: arrefecendo-as na passagem da xícara para o pires, isto é, da Câmara dos Deputados para a dos Senadores. Daí por que os norte-americanos referem-se ao Senado como *Câmara de resfriamento*. Realmente, os Senadores são homens mais idosos (mínimo de 35, 40, 45 anos, como for previsto na Constituição), homens mais experientes, encanecidos na vida pública, naturalmente propensos a conter o ímpeto inovador da câmara popular composta de moços, idealistas e menos experimentados.

As vantagens do sistema bicameral podem ser condensadas em cinco itens, segundo Carlos Gazmuri: 1º) facilita um estudo mais detido e mais sereno dos projetos de lei, e se evitam inconvenientes de uma legislação precipitada e de surpresa; 2º) estabelece um sistema de *freios* e *contrapesos* dentro do próprio Legislativo, evitando que uma das Câmaras descambe para a tirania; 3º) as duas deliberações sobre um projeto asseguram melhor a correção dos erros que tenham passado despercebidos em um primeiro estudo; 4º) estabelece em corpos separados as tendências progressistas e conservadoras, ambas necessárias ao bem público; e 5º) permite, com mais facilidade, distribuir as atribuições dos corpos legislativos, facultando a uma câmara acusar e à outra julgar a acusação, ou então reservando a uma das câmaras o caráter político, nos governos parlamentares, para os efeitos da confiança que deve ter o Gabinete.

A valiosa opinião de Eduardo Espínola é também no sentido de que mais se justifica a divisão bicameral do Legislativo nas Repúblicas ou Monarquias federativas: "Ao lado do Estado federal e único, há os Estados particulares, justamente ciosos da própria autonomia. Para que se mantenha esse equilíbrio delicado, é necessário que os dois elementos tenham cada um a sua representação e o seu órgão no governo geral. Convém, portanto, haver duas câmaras, uma eleita proporcionalmente ao número de habitantes do país, a qual representa a nação no seu conjunto, e a outra representa os Estados, de sorte que os Estados-Membros mais poderosos dispõem, nesta assembleia, de tantos votos como os pequenos e fracos. É o Senado que serve de freio às coalizões de Estados populosos; é ali que se abriga o princípio federativo, entrincheirando-se no outro ramo da legislatura o princípio nacional e a soberania do povo". E acrescenta mais: "Onde há duas câmaras eletivas, os partidos fazem, de uma posto, de promoção; de sorte que têm assento no Senado os homens mais experimentados em administração e política, espíritos conservadores e ponderados, abroquelados contra as deliberações inconstitucionais, perigosas e precipitadas, pela consciência da responsabilidade que advém de um longo e, não raro, brilhante passado".

As Constituições dos *Estados Novos* de após-guerra procuraram fazer da Câmara Alta um órgão de controle econômico (Conselho federal, Câmara de coordenação ou Câmara corporativa). Em Portugal, por exemplo, o regime salazarista fez da Câmara Alta uma assembleia de delegados das profissões, com funções técnicas e consultivas.

O Senado brasileiro, que a Constituição de 1934 transformara em "Poder Coordenador", retomou as características do sistema congressual federativo, pela Constituição de 1946, assumindo atribuições de maior importância, quais sejam as de suspender a execução das leis declaradas inconstitucionais, funcionar como "tribunal de *impeachment*", julgar os Ministros do Supremo Tribunal Federal, autorizar empréstimos externos, aprovar nomeações de magistrados, ministros do Tribunal de Contas, Procurador-Geral da República, Governador do Distrito Federal, membros do Conselho Nacional de Economia e representantes diplomáticos. Sobretudo, voltou a ser o órgão superior de conciliação federal e de equilíbrio federativo, como se mantém na atualidade.

XLIII

SISTEMA REPRESENTATIVO – II

1. Divisão substancial. 2. Divisão formal. 3. Sistema diretorial.

1. DIVISÃO SUBSTANCIAL

O sistema representativo, quanto à sua natureza, divide-se em *individualista*, *corporativo* e *totalitário*.

Esta divisão substancial se impõe, antes de entrarmos na parte formal e técnica em que estudaremos o sistema representativo nos seus três ramos distintos: *diretorial*, *presidencial* e *parlamentar*.

A primeira divisão reflete a organização do poder legislativo; as outras, a composição do poder executivo.

O sistema representativo de natureza *individualista* é o sistema tradicional, pelo qual os representantes são da comunidade de todos os cidadãos. O corpo eleitoral é um só conjunto dos indivíduos integrantes da sociedade sem distinção de classe ou profissão.

O *Corporativismo* é uma solução intermediária entre o individualismo e o totalismo. Baseia-se em que o Estado não se compõe de indivíduos, isoladamente considerados, nem de uma totalidade absoluta como *sujeito* exclusivo de direito público, mas, sim, de *grupos políticos*, *econômicos*, *culturais* e *espirituais*.

Como proclamou a *União de Friburgo* em 1884, a organização social no sistema corporativo tem por base o agrupamento dos homens segundo a comunidade dos seus interesses naturais e das suas funções sociais, e, consequentemente, como coroamento necessário, a representação pública deve efetivar-se de maneira que possa refletir a vontade desses diferentes organismos componentes do Estado.

Partindo desse princípio de que o Estado se compõe de grupos naturais, e considerando esses grupos como pessoas coletivas de direito público, o corporativismo chega à conclusão de que o sistema representativo deve espelhar a realidade, isto é, deve basear-se na representação grupal.

Nesse sistema representativo corporativista, os representantes são eleitos pelas associações de classes, sindicatos ou corporações; e as leis são elaboradas, em primeiro turno, pelos representantes dos grupos diretamente interessados, passando, em segundo turno, ao plenário da assembleia legislativa ou Parlamento.

O regime corporativo é precisamente a consagração da *teoria do institucionalismo*, de Maurice Hauriou, transplantada para o terreno da questão social. Não faremos aqui uma análise do Estado corporativo, porque isto será objeto de um capítulo especial, mais adiante.

Desde logo consignamos, entretanto, que alguns autores consideram o corporativismo como teoria totalitária, antidemocrática, porque grupalismo e totalismo são igualmente posições anti-individualistas, consequentemente, antidemocráticas. Não esposamos essa opinião, razão por que admitimos o sistema representativo corporativista como um ramo destacado do sistema representativo clássico. Temos o sistema representativo corporativista como uma fórmula de *democracia orgânica*; uma fórmula eclética entre o individualismo e o coletivismo, resultante dos imperativos indeclináveis dos problemas sociais que atormentam o mundo moderno. E, em abono do nosso ponto de vista, cumpre-nos deixar claro que o termo *corporativismo*, como observa Alceu Amoroso Lima, foi corrompido pelo uso pernicioso que dele fizeram os regimes totalitários, particularmente o regime fascista. Corporativismo é uma doutrina de ordem econômica, ajustável à formula política da democracia orgânica. Do mesmo modo, admitimos, em tese, que o socialismo é uma solução de ordem econômica, destinada a um regime de democracia orgânica, entretanto, deturpado pelo regime político do comunismo russo. Se não fosse possível separar o termo corporativismo da ideia de Estado totalitarista e autocrático, poder-se-ia dizer sindicalismo, sem diferenciação substancial.

2. DIVISÃO FORMAL

Deixando de lado a divisão intrínseca do sistema representativo, passaremos à divisão formal ou extrínseca.

O sistema representativo divide-se formalmente em três ramos distintos: diretorial, presidencial e parlamentar.

Entre esses ramos não há diferenças substanciais, mas apenas de gradação e estilo. Distinguem-se entre si pela composição do Poder Executivo e suas relações com o Poder Legislativo.

3. SISTEMA DIRETORIAL

Sistema diretorial é aquele em que todo o poder de Estado se concentra no Parlamento, sendo a função executiva exercida por uma junta governativa por delegação do mesmo Parlamento.

Esse sistema vigora na Suíça, de acordo com a Constituição de 1848, com as modificações introduzidas pelas reformas de 1874 e 1931. Tanto no plano federal como nos Cantões, o Poder Executivo é exercido por vários membros nomeados pela assembleia legislativa, denominada *Grande Conselho.* O número de membros é variável, entre cinco, sete e nove, e o mandato é por tempo indeterminado, geralmente pelo prazo de uma legislatura. Os membros da junta governativa participam das sessões do Grande Conselho, recebem e cumprem instruções. Neste sistema, não ocorre a demissão dos Ministros componentes da junta governativa pelo voto de desconfiança do Parlamento, como se dá no sistema parlamentarista, precisamente porque o Executivo não é um poder autônomo, mas simples delegação do Legislativo. O Grande Conselho, como representação nacional, tem todo o poder de administração, de modo que os atos do Poder Executivo são deliberados por ele e praticados pela junta governativa, ficando ao arbítrio dos Ministros componentes desta junta apenas as funções burocráticas.

O sistema diretorial, portanto, é de subordinação do Executivo ao Legislativo. Como observa o Prof. Pinto Ferreira, este sistema de governo tem um imenso valor teórico, "sobretudo porque constitui a estilização final daquela clássica tendência político-social de uma progressiva limitação ao Executivo, parecendo unir os elementos contrários do equilíbrio político, quais sejam, como diria Borgess, a estabilidade do Poder Executivo e a sua subordinação ao Legislativo".

O sistema diretorial foi ensaiado no Uruguai, em 1918, sem êxito duradouro, e recentemente voltou essa República sul-americana a repetir a experiência do governo colegiado.

Adotaram sistemas de juntas governativas, em períodos transitórios e de emergência, embora sem as características do regime tipicamente diretorial, vários países, notadamente a França, durante o governo da *Convenção* e na fase da Constituinte de 1848.

No Brasil podemos citar a *Regência Trina*, no período de 1831 a 1834, o governo provisório, logo após a proclamação da República, o governo que assumiu o poder imediatamente após o triunfo da revolução de 1930, o governo revolucionário de 1964, na primeira fase bem como no período transitório de setembro e outubro de 1969. Dentre estes cinco casos só merece destaque o período regencial, como fórmula de governo colegiado, uma vez que o órgão executivo de contextura plural conviveu e harmonizou-se com o Parlamento. Os outros quatro foram soluções transitórias, sem fórmula constitucional definida.

Os outros dois ramos, *presidencial* e *parlamentar*, o primeiro adotado nas Américas e o segundo nas democracias dos outros Continentes, por serem de maior importância no programa da Teoria Geral do Estado, serão estudados mais detalhadamente nos capítulos seguintes.

XLIV

SISTEMA REPRESENTATIVO PRESIDENCIALISTA

1. Origem histórica. 2. Crítica. 3. Mecanismo e características do presidencialismo. 4. Ministros de Estado. 5. Responsabilidade e "impeachment". 6. Duração do mandato. 7. Evolução do sistema presidencial e suas modalidades. 8. Comissões parlamentares de inquérito.

1. ORIGEM HISTÓRICA

O sistema representativo presidencialista foi idealizado pelos norte-americanos, na Convenção de Filadélfia, e consubstanciado na Constituição Federal de 1787. Foi uma solução de cunho prático, uma experiência coroada de êxito que se comunicou às três Américas, sendo adotado em todas as Repúblicas deste Continente.

As treze antigas colônias inglesas, sustentando a guerra pela independência, declarada em 1776, uniram-se, em 1781, formando a *Confederação dos Estados Unidos da América do Norte*. A forma confederal, porém, unindo treze países livres por laços meramente contratuais e para os fins de defesa externa, não correspondia com o ideal da formação de um todo homogêneo e forte, capaz de resistir eficazmente à reação das forças inglesas. Os problemas comuns, militares, econômicos, políticos e sociais, foram amplamente debatidos na aludida Convenção de Filadélfia, durante noventa dias, resultando desses debates a fusão dos treze Estados em um só, e, ao mesmo tempo, a criação de uma nova forma de Estado (a *Federação*), a par da estruturação de uma nova forma de governo (o *presidencialismo*).

Surgiu o presidencialismo, assim, *empiricamente*, como uma solução prática para os problemas que assoberbavam as treze jovens nações que ainda lutavam pela consolidação da sua emancipação política. A doutrina se formou depois, nos rastilhos dos cânones constitucionais, para explicar o fato consumado.

264 TEORIA GERAL DO ESTADO

2. CRÍTICA

O sistema presidencialista foi uma adaptação da monarquia à forma republicana, com *um mínimo de modificações*, segundo a expressão de Summer Maine. Em linhas gerais, foram substituídos os princípios monárquicos da vitaliciedade e hereditariedade pelos da temporariedade e eletividade da suprema magistratura. Embora temporário e eletivo, no exercício do mandato, o Presidente da República passou a refletir a majestade e a onipotência de Jorge III, Rei autoritário, quase despótico, cujos desmandos levaram as colônias inglesas da América do Norte à sangrenta guerra da independência.

Salienta o próprio Maine que, na Constituição norte-americana, a semelhança entre o Presidente e um monarca da Europa, especialmente da Inglaterra, é evidente demais para que possa haver engano. *Especialmente da Inglaterra*, acentua Maine, porque, realmente, os constituintes de 1787 não procuraram modelo real num monarca qualquer, abstratamente considerado, mas tomaram por protótipo precisamente o Rei Jorge III, o qual exercia absoluto controle sobre os seus Ministros de Estado e chegava a dominar o próprio Parlamento. Como observou Ellis Stevens, o soberano inglês, autoritário e poderoso, "fizera uma profunda impressão na América, deixando traços permanentes nas disposições constitucionais relativas ao executivo americano". Neste sentido é ainda a observação de Pedro Calmon: "quiseram os constituintes norte-americanos revestir o seu alto magistrado com o poder de resistir ao Congresso como Jorge III resistia ao Parlamento inglês".

Idêntica é a conclusão do nosso inolvidável João Barbalho, quando demonstra que o Presidente da República, modelado na Constituição de 1787, pelo seu excessivo poder, assemelhava-se a um *Rei eletivo e temporário*. Analisando a soma imensa de poderes que ele enfeixa em suas mãos, observa o insigne constitucionalista que ao chefe do Executivo presidencialista só faltam *a hereditariedade e perpetuidade, a corte e os ouropéis*.

Confirmando a tendência manifesta dos convencionais no sentido de estruturar um regime de natureza monárquica, avultou-se um movimento popular que objetivava atribuir a coroa de Rei ao primeiro Presidente, George Washington, o qual, para manter a sua fidelidade aos ideais republicanos, teve que chegar ao extremo de fazer uso da força e opor resistência às tropas de Neuberg.

Por outro lado, não era unânime a vontade dos convencionais de Filadélfia no sentido de instituir o Poder Executivo unipessoal. A isso se opuseram principalmente os pequenos Estados, como Delaware e Maryland. Também o Estado de New York pugnou pelo Executivo colegiado. Figuras proeminentes da Convenção, como Edmond Randolph e Roger Sherman, combateram tenazmente a ideia da unidade da magistratura executiva. O próprio Hamilton, que foi a mais alta expressão da cultura política no seio da Convenção, impugnou a magistratura executiva unipessoal por considerá-la uma adaptação do regime monárquico, e, antevendo a deturpação do governo republicano pela excrescência do Executivo uno, procurou reduzir as consequências desse erro através do encurtamento do período presidencial. Chegou mesmo a propor que o mandato fosse de duração indeterminada, para que o Presidente governasse enquanto bem servisse (*for good behaviour*), o que possibilitaria a imediata desconstituição do governo que se tornasse incompatível com a opinião pública. Afinal, foi o período presidencial fixado em quatro anos, quando havia propostas que estabeleciam cinco, seis e até oito anos de duração.

"Se Hamilton tivesse vivido cem anos mais tarde – observa João Barbalho – sua comparação do Presidente com o Rei lhe teria feito admitir que o funcionário norte-americano é o mais poderoso dos dois."

A semelhança em si não seria um grande mal. Os monarcas constitucionais do mundo moderno têm o seu poder consideravelmente diminuído. Mas, como observa Ellis Stevens, o chefe do Executivo no sistema presidencial tem mantido uma enorme soma de poderes em tempo de paz como em tempo de guerra, e a sua autoridade se estende e se alarga, a ponto de tornar-se praticamente ditatorial. Observa Michel Dendias que o Presidente da República é sempre um ditador em potencial. É absoluto na sua ampla esfera de ação, chegando a absorver facilmente todas as resistências, inclusive em relação ao Legislativo, que se reduz, não raro, às condições de órgão subserviente, através das chamadas maiorias situacionistas.

O Prof. Machado Paupério, afinando com a quase totalidade dos comentaristas do presidencialismo, consigna que o Presidente da República, "dentro das suas prerrogativas, de preeminência incomparável, é um verdadeiro ditador em estado latente, a impor sempre ao governo a sua própria personalidade". E acrescenta: "Não é por outra razão que enquanto os Estados parlamentares têm história de partidos os presidenciais apenas apresentam períodos pessoais de governo".

Efetivamente, quando a Constituição norte-americana inseriu no seu texto que *the executive power shall be vested in a President of the United States of America*, com essas quinze palavras, afirmou Bennet Munro, criaram os elaboradores da Constituição o mais poderoso cargo eletivo do mundo.

O presidencialismo tem sido uma forja constante de ditaduras, em todos os países da América Latina, o que confirma o conceito de que o chefe do Executivo, nesse sistema, é sempre um ditador em potencial. O próprio sistema leva o Presidente a ser ditador, como confessou Plaza, ex--Presidente do Equador: "seria preciso ter a alma de um Catão para resistir".

O Brasil registra dois períodos ditatoriais, além de diversas revoluções, *golpes de Estado frustrados* e várias fases de *ditadura legal* decorrentes do abuso da prerrogativa constitucional de decretação do *estado de sítio*. O sistema gerou as terríveis ditaduras de Porfirio Diaz no México, de Rosas na Argentina, de Solano Lopes e Dr. Francia no Paraguai, de Garcia Moreno no Equador, de Malgarejo na Bolívia, além de muitas outras. Mais recentemente, temos os exemplos das ditaduras de Perón na Argentina, de Batista em Cuba (secundada por Fidel Castro) e de Stroessner no Paraguai. A história dos países latino-americanos nos registra em cada capítulo uma ditadura ou uma revolução, confirmando a existência desse *cesarismo democrático americano* a que se referiu Valenilla Lanz historiando a ditadura na Venezuela.

A preeminência do Executivo, acentuando cada vez mais o poder pessoal do Presidente, tem levado ao abuso da prerrogativa legal de decretação do *estado de sítio*. Várias Constituições americanas conferem essa faculdade ao Presidente independentemente de anuência do Congresso. Nas federações, dispõe ainda o supremo magistrado da prerrogativa de decretar a *intervenção federal* nas províncias, cujo instituto, destinado a ser um instrumento de equilíbrio federativo, pode ser e tem sido utilizado abusivamente, convertendo-se em meio de dominação absolutista. Foi o que ocorreu, por exemplo, na Argentina, quando o Presidente Irigoyen, abusando da referida faculdade constitucional, substituiu todos os governadores de províncias que divergiam da sua orientação, e, através de *interventores*, impôs a sua vontade incontrastável à nação inteira.

É exato que o sistema presidencialista comprovou ótimos resultados nos Estados Unidos da América do Norte, mas isso se explica principalmente pelo fato de possuir o povo norte-americano um alto nível cultural, sendo herdeiro e continuador das tradições liberais multisseculares da Inglaterra. O povo latino-americano, porém, *ingovernável* segundo a expressão de Bolívar, está longe de atingir a maioridade democrática. Falta-lhe, como observa o Prof. Machado Paupério, "a estabilidade jurídica dos povos amadurecidos e o esclarecimento da opinião pública". Falta-lhe a educação, que é a alma do Estado moderno, na expressão de Laski.

SISTEMA REPRESENTATIVO PRESIDENCIALISTA 267

O sistema de governo é realmente escola de educação política, como proclamou Rui com a sua superior e incontestável autoridade.

Os conflitos entre os poderes estatais e as crises de governo são fatos comuns e previsíveis em todas as formas de organização política, e, por isso mesmo, deveriam encontrar remédio imediato na Constituição. No sistema parlamentarista tais fatos se resolvem primeiramente na câmara representativa da soberania nacional, e em última instância pelo supremo árbitro, que é o corpo eleitoral. No sistema presidencialista não há solução constitucional, porque nem a própria nação se sobrepõe ao arbítrio do chefe do Poder Executivo. Daí porque as crises governamentais, no sistema presidencial, são sempre prelúdios de revolução ou ditadura. E o povo é mero espectador; sua soberania só se manifesta em dia de eleição. As intervenções militares se fazem necessárias e para elas apela o próprio povo.

O sistema presidencial consiste, em última análise, numa *transferência* do poder de soberania ao governo. E quando isso ocorre, o sistema de governo é democrático no tocante à sua origem, mas não o é na sua realização.

O ideal democrático está em se atribuir aos representantes nacionais um mínimo de poderes e traçar-lhes normas para que operem em permanente consonância com a opinião pública, mesmo porque é pelo consenso dos governados que se legitimam os atos dos governantes. Como bem acentuou Montesquieu, "povo soberano deve fazer por si mesmo tudo o que puder fazer bem; e o que não puder, cumpre que o faça por intermédio dos magistrados que eleja".

Em suma, exige o ideal democrático que a representação seja limitada e revogável, isto é, que a nação transfira aos seus representantes *o exercício* do poder de soberania, mas a conserve em essência, de maneira que possa recuperá-la a qualquer momento em que estiverem em jogo os interesses vitais, a paz e o bem-estar do povo.

Na *Declaração da Independência* de 1776, proclamaram os Estados norte-americanos o princípio da soberania permanente e atuante: "*sempre que qualquer governo tenda a contrariar os fins que ditaram a sua formação, assiste ao povo o direito de mudá-lo, ou aboli-lo, instituindo outro cujos princípios básicos e organização de poderes obedeçam às normas que, no consenso geral, parecerem mais próprias à efetivação dos ideais de segurança e felicidade sociais*". Entretanto, o regime de 1787 afastou-se formalmente dessa meta ideal.

Passaremos agora a estudar o sistema presidencial no seu mecanismo.

3. MECANISMO E CARACTERÍSTICAS DO PRESIDENCIALISMO

São peças essenciais no mecanismo do sistema presidencial: *a*) eletividade do chefe do Poder Executivo; *b*) o Poder Executivo unipessoal; *c*) a participação efetiva do Poder Executivo na elaboração da lei; *d*) a irresponsabilidade política; *e*) a independência dos três clássicos poderes de Estado; *f*) a supremacia da lei constitucional rígida.

O chefe do Executivo, eleito pelo povo, em regra pelo voto direto, é representante da soberania nacional tanto quanto o Congresso. Daí a impossibilidade teórica da sua subordinação ao Legislativo. A soberania é duplamente representada por dois órgãos "independentes", os quais, uma vez conflitantes, se arrimam no mesmo direito e não encontram solução no texto constitucional.

O Poder Executivo é unipessoal, isto é, o Presidente enfeixa em suas mãos, com exclusividade, a soma total das funções que a Constituição atribui a esse Poder. Os Ministros de Estado não são *membros* do Poder Executivo, mas auxiliares de confiança do Presidente, demissíveis *ad nutum*. As discriminações de competências e atribuições pertencem à esfera do direito administrativo.

Além das funções executivas o Presidente da República está investido de importantes funções legislativas, como sejam: *a*) direito de iniciativa de qualquer projeto de lei; *b*) direito exclusivo de iniciativa de determinados projetos de lei, de ordens administrativa, econômico-financeira, militar etc.; *c*) competência para praticar os atos conclusivos e integrativos da lei – promulgação, sanção e publicação; *d*) direito de veto.

O chefe do Poder Executivo, em regra, pode vetar apenas um artigo, um parágrafo ou uma só palavra. O veto só poderá ser rejeitado por dois terços das duas câmaras congressuais reunidas. Considerando-se mais o fato de que as maiorias parlamentares "situacionistas" são geralmente submissas e controladas por um "líder do governo", segue-se que as funções de natureza legislativa exercidas pelo chefe do Poder Executivo superam a própria competência específica do Congresso.

Note-se ainda que o Presidente da República pode sobrepor-se ao Poder Judiciário, tornando insubsistentes os seus julgados, pela iniciativa da lei de anistia e pela prerrogativa de conceder a graça ou indulto, bem como a comutação da pena.

O chefe do Executivo não depende do voto de confiança do Congresso, nem pode ser destituído pela cassação do mandato. Uma vez eleito e empossado na forma legal, passa a governar com autoridade própria, por todo o período previsto na Constituição, semelhantemente a um Rei eletivo e temporário. Todo o governo será o reflexo da sua individualidade. Se o povo tiver errado na sua escolha, sofrerá por todo o período as consequências do seu erro, que é normalmente irreparável. Nisto consiste o princípio da irresponsabilidade política, característico do presidencialismo: por erros, desmandos ou incompetência (que não configurem crimes no conceito específico da lei penal) não se dará a perda ou cassação do mandato.

A separação dos poderes é outro princípio essencial do ordenamento político-presidencialista. É o *signum specificum* desse sistema, como diz Pedro Calmon.

Na primeira fase do presidencialismo norte-americano era costume dirigir-se o Presidente da República ao Congresso, pessoalmente, para ler a sua mensagem. Os Presidentes Washington e John Adams estabeleceram essa praxe, sendo depois suprimida, e de novo introduzida por Wilson. Finalmente, Jefferson, que era infenso à oratória, aboliu definitivamente o comparecimento pessoal.

Com essa ressalva, a separação entre os Poderes Executivo e Legislativo adquiriu foros de coisa sagrada no regime. A única comunicação entre os dois poderes fazia-se pela mensagem escrita que o Presidente enviava para ser lida no Congresso, por ocasião da abertura de cada sessão legislativa.

A Constituição brasileira de 1891 levara essa separação ao extremo de impedir expressamente o comparecimento dos Ministros ao Congresso para prestarem esclarecimentos. E determinava mais: que os Deputados ou Senadores que aceitassem o exercício de funções ministeriais perderiam o mandato.

Atualmente esse rigorismo vem sendo bastante atenuado, como adiante veremos.

A separação funcional estanque ocasiona fatalmente o sacrifício do princípio da *harmonia* dos Poderes Executivo e Legislativo, os quais, *independentes*, não podem ser *harmônicos*. Só existe aparente harmonia "situacionista", e, por meio dessa, se fornece uma complacente cobertura parlamentar ao Executivo. Mas neste caso o Legislativo se reduz a uma simples expressão teórica, deixando que se sobreleve o Executivo como único poder real.

A supremacia da lei constitucional rígida, contendo princípios asseguradores da autonomia do Judiciário, para que este afirme o império superior do Direito contra os abusos do Legislativo e as violências do Executivo, seria outra peça essencial, característica da fórmula presidencialista.

270 TEORIA GERAL DO ESTADO

Convém observar, entretanto, que a supremacia da Constituição sobre as leis ordinárias e os atos administrativos é princípio comum, independente do sistema de governo, como frisou Léon Duguit: podem admitir esta supralegalidade constitucional os países unitários ou federais, monárquicos ou republicanos, presidencialistas ou parlamentaristas.

Embora não seja específico do presidencialismo, o princípio da supremacia da lei constitucional é uma peça eficiente do mecanismo deste sistema, peça que, uma vez funcionando bem, forma a linha de defesa popular contra os defeitos do sistema, os desmandos e os excessos do poder autocrático.

4. MINISTROS DE ESTADO

Como já vimos, a unidade da magistratura executiva é da essência do presidencialismo. Os Ministros são agentes administrativos, meros auxiliares do Presidente da República, que os nomeia e demite livremente.

No sistema parlamentarista, como adiante veremos, o Ministério compõe o Poder Executivo e representa o eixo diretor de todo o mecanismo governamental. Mas no sistema presidencialista as funções ministeriais estão deslocadas para a órbita do direito administrativo.

Consequentemente, os Ministros não respondem perante o Congresso pelos atos do Poder Executivo. A Constituição brasileira de 1891, tendo em vista que até então o Ministério dependia da confiança do Legislativo, declarou textualmente que "Os ministros de Estado não serão responsáveis perante o Congresso, ou perante os Tribunais, pelos conselhos dados ao Presidente da República".

Neste ponto, a Constituição de 1946 evoluiu um pouco, no que foi seguida pela Constituição de 1967 e mantida na atual Constituição de 1988, estabelecendo que aos Ministros compete referendar os atos assinados pelo Presidente da República. Tal *referendum* significa assumir responsabilidade solidária pelo ato ou decreto. A Carta de 1946 fazia referência expressa à responsabilidade dos Ministros pelos atos que assinassem, *ainda que juntamente com o Presidente da República, ou que praticassem por ordem deste.* Mas a responsabilidade ali referida era de ordem criminal, não de ordem política. Tal declaração era desnecessária, pois a responsabilidade criminal é óbvia; ninguém pode ser colocado fora da esfera de ação do direito penal no Estado republicano; nem o próprio Presidente da República. Aliás, quando a Constituição de 1891 declarou que os Ministros não são responsáveis *perante os Tribunais*, referiu-se a *conselhos dados*, e não a *atos praticados*.

A responsabilidade criminal dos Ministros não chega a ser propriamente uma limitação ou um *freio* ao arbítrio do Presidente. Quando o próprio Congresso procura orientar-se pelo pensamento do Presidente da República, e raro presenciar-se uma atitude de independência e altivez como a que adotou o ex-Ministro da Agricultura, Odilon Braga, ao demitir-se imediatamente para não subscrever a Carta Constitucional que lhe fora levada "*para assinar*" e que seria outorgada ao País a 10 de novembro de 1937.

5. RESPONSABILIDADE E "IMPEACHMENT"

O Presidente da República, no sistema presidencialista, é responsável criminalmente pelos seus atos funcionais. Não se trata de uma particularidade do sistema governamental, pois a *irresponsabilidade criminal* só se compadece com a monarquia de direito divino.

O Presidente da República, além de sujeitar-se à legislação penal comum, pelos atos de sua vida particular, poderá ser responsabilizado por *crimes funcionais* previstos na Constituição, definidos e apenados em leis próprias. Em qualquer caso, porém, goza de prerrogativas especiais quanto ao processo e ao julgamento.

O que não existe no sistema presidencial é a *responsabilidade política*, a qual consiste no seguinte: os membros do Poder Executivo (no sistema parlamentarista), quando cometem erros graves, quando procedem abusivamente ou revelam incompetência, são interpelados pelo Parlamento, e se não apresentarem uma defesa ou justificação satisfatória, perderão a confiança do Parlamento. Sem essa confiança, não poderão continuar no exercício das funções executivas. Embora um Ministro não tenha cometido qualquer crime, especificamente, nem lhe seja aplicada qualquer pena corporal ou pecuniária, fica sujeito ao processo de responsabilidade política, tão somente para o fim de ser afastado da função. Se o ato foi aprovado ou ratificado pelo Gabinete, a acusação pesa sobre o Primeiro-Ministro, e a responsabilidade abrange todo o Ministério. A apuração da responsabilidade política é *preventiva*, enquanto o processo penal é de natureza *repressiva*.

A responsabilidade criminal do chefe do Executivo, no sistema presidencial, é apurada e julgada pelo chamado processo de *impeachment*. A acusação é feita na Câmara dos Deputados, e, se procedente, será julgada:

a) pelo Supremo Tribunal Federal, se o caso for de crime comum; *b*) pelo Senado, se for de crime funcional.

O instituto do *impeachment*, em suas linhas gerais, vem definido no texto das Constituições presidencialistas. A forma processual da acusação e do julgamento, variável em cada país, consta de leis próprias.

O processo de *impeachment*, segundo o juízo de alguns autores clássicos como Story e Campbell Black, é de natureza exclusivamente política (não criminal).

O saudoso Prof. Lauro Nogueira, na sua substanciosa monografia *O impeachment*, tese com que conquistou brilhantemente a cátedra de Direito Constitucional da Universidade do Ceará, demonstra, porém, que o processo de *impeachment* é ao mesmo tempo *político* e *criminal*: "É político porque visa especialmente despejar do poder um mau funcionário; porque não tem como escopo primordial uma punição; porque não impõe uma pena propriamente dita; porque não traz como consequência, na sua aplicabilidade, a perda da liberdade; e porque é exercitado por dois corpos políticos. É *criminal* porque, afinal, queira-se ou não se queira, aplica uma pena".

Realmente, na sistemática do Código Penal, a perda da função pública é uma *pena*, embora de caráter acessório. Logo, o processo de *impeachment* envolve aspecto criminal, sem embargo de preponderar o aspecto político.

Conclui o grande mestre que "de um modo geral, o *impeachment* é o castigo à inidoneidade, a punição ao abuso de confiança, o corretivo à indignidade, à negligência, à má gestão dos negócios públicos".

No tocante à sua execução ou eficiência, o mestre cearense encara o *impeachment* como uma *pilhéria*, e relembra que "nunca, em nenhuma República presidencial, nenhum Presidente foi processado e condenado".

Realmente, neste sistema em que o Presidente da República é todo-poderoso, em que a sua influência absorvente se estende sobre os demais poderes e domina toda a vida pública nacional, a responsabilidade criminal tende a permanecer no campo da teoria.

Tanto é assim que, decorridos quase dois séculos de presidencialismo no Continente Americano, não se tem notícia senão de um processo contra o Presidente Johnson, nos Estados Unidos, em 1868, que terminou pela absolvição, não obstante a evidência da inconstitucionalidade e da criminalidade dos atos de que era acusado. No Brasil, ocorreram dois episódios de instauração de processo de *impeachment* contra presidentes em exercício. O primeiro, em 1992, contra o então presidente Fernando Collor de Mello, o qual, entretanto, não chegou ao final, pois no dia do julgamento

SISTEMA REPRESENTATIVO PRESIDENCIALISTA

o indiciado renunciou ao mandato. O segundo processo foi instaurado em 2015 contra a então presidente Dilma Vana Rousseff, que havia sido eleita em outubro de 2010. O *impeachment* foi declarado em agosto de 2016.

Referindo-se aos desatinos dos chefes presidencialistas e, particularmente, ao arquivamento de uma denúncia contra certo Presidente da República, escreveu Rui Barbosa, em 1913, esta página que bem define a inconsistência do *impeachment*:

> *Daí por diante ninguém mais enxergou na responsabilidade presidencial senão um tigre de palha. Não é sequer um canhão de museu, que se pudesse recolher entre as antiguidades históricas, à secção arqueológica de uma armaria. É apenas um monstro de pagode, um grifo oriental, medonho na carranca e nas garras imóveis. A mitologia republicana compõe-se desses monstros, dominados lá de cima, pelo colosso da imbecilidade que se entona sobre as quatro patas da sua força. Assim acabaram de montar o culto da violência, da imprudência e da inépcia. É uma confraria de irresponsáveis governando pela sua irresponsabilidade uma nação insensível. As vantagens desse privilégio exploram-se em comum, num sistema de mutualidade, cujas regras toleram ao chefe do poder executivo todos os crimes, a troco de sua proteção a todos os abusos dos seus servos.*

A crítica de Rui vale, por si só, como espelho fiel de uma realidade republicana. Crescem a cada dia, entretanto, os movimentos nacionais e internacionais que buscam um sistema de governo que corrija essa distorção do sistema presidencialista. Nessa busca, o parlamentarismo tem despontado como o sistema que pode aproximar o povo do governo, sob os aspectos de possibilidade de fiscalização e substituição de governantes, quando estes se distanciam da aspiração popular.

6. DURAÇÃO DO MANDATO

A duração do mandato presidencial é de quatro anos nos seguintes países: Brasil, Estados Unidos, Colômbia, Costa Rica, Cuba, Equador, Panamá, Salvador e Uruguai. Adotaram o período de cinco anos: Paraguai, Dominicana e Peru. Os demais países presidencialistas, Argentina, Bolívia, Chile, Guatemala, Haiti, México, Honduras, Nicarágua e, atualmente, a Venezuela, elevaram para seis anos a duração do mandato.

A brevidade do mandato traz a vantagem de atalhar inconvenientes do sistema presidencial, permitindo o pronunciamento do corpo eleitoral dentro de menor prazo. A Argentina, por adotar um período presidencial longo, de seis anos, a par da faculdade de reeleição criou um clima permanente de ditadura no país.

No Brasil, o período presidencial era de quatro anos, pelas Constituições de 1891 e 1934. O governo autocrático de 1937 elevou para seis anos. Os constituintes de 1946, respirando ainda os ares da ditadura, contrariaram as tendências racionalistas ao estabelecerem o período de cinco anos. A Constituição de 1967 fez retornar o mandato presidencial a quatro anos. A reformulação de 1969 elevou o período para cinco anos, que passou para seis anos com a Emenda Constitucional n. 8, de 1977, retornando para cinco anos pela Constituição de 1988 e fixando-se atualmente em quatro anos, conforme Emenda Constitucional de Revisão n. 5, de junho de 1994.

Com referência ao mandato dos Deputados, sua duração é de dois anos entre os norte-americanos, de acordo com o sistema originário de 1787. É de se notar que o regime democrático tem adquirido mais vigor e prosperidade onde as eleições gerais se realizam com mais frequência. Adotaram também a legislatura de dois anos Equador e Colômbia. Seguem o período de quatro anos: Chile, Cuba, Costa Rica, Bolívia, Guatemala, Haiti, Panamá, Uruguai e Brasil; de cinco anos: Peru, Paraguai, Venezuela e Dominicana; e de seis anos: Argentina, Honduras e Nicarágua.

O mandato de Senador tem maior duração, geralmente o dobro do tempo previsto para o mandato de Deputado. No Brasil, portanto, o mandato de Senador é de oito anos.

7. EVOLUÇÃO DO SISTEMA PRESIDENCIAL E SUAS MODALIDADES

As Constituições presidencialistas, todas elas, vêm afrouxando sensivelmente a rigidez do sistema, obedecendo, primeiramente, aos imperativos das novas realidades sociais, e, ao depois, aos ditames do evolucionismo racionalista. O mundo das ideias políticas segue a marcha da humanidade no seu caminho milenar, da opressão para a liberdade. Sem impedimento das estagnações e retrocessos que sempre se verificaram, essa ascensão para a liberdade corresponde a uma lei evolutiva indeclinável, de ordem geral. No que respeita ao sistema democrático representativo, é natural que essa evolução se desenvolva partindo do presidencialismo para o parlamentarismo, isto é, da fórmula rudimentar de tipo monárquico para a fórmula parlamentarista, que é a expressão máxima do ideal democrático.

SISTEMA REPRESENTATIVO PRESIDENCIALISTA

Assinalando essa progressão, poderemos destacar quatro variantes do sistema presidencial:

a) *presidencialismo puro*, com divisão radical dos poderes;

b) *presidencialismo atenuado*, que admite o comparecimento dos Ministros perante as câmaras legislativas;

c) *presidencialismo temperado*, que admite a fiscalização efetiva do Poder Legislativo sobre o Executivo, inclusive o voto de censura, embora sem a consequência da demissão forçada;

d) *presidencialismo eclético*, com Ministros livremente nomeados pelo Presidente da República, mas dependentes da confiança do Congresso.

O presidencialismo *puro* é o que ficou modelado na Constituição norte-americana de 1787, e que se refletiu, com poucas modificações de natureza formal, na Constituição brasileira de 1891. Baseia-se principalmente na separação radical dos poderes: os Ministros não podem comparecer ao Congresso, sequer para obter ou prestar informações, enquanto os membros do Congresso não podem aceitar funções ministeriais sem perda do mandato. Atualmente, o próprio sistema norte-americano vem evoluindo, a ponto de se utilizar o Congresso das inúmeras *Comissões Parlamentares de Inquérito* (instituição tipicamente parlamentarista) para manter uma constante fiscalização sobre o Poder Executivo.

O sistema presidencialista atenuado tem como exemplos Argentina, Chile e Paraguai. Os Ministros assistem às sessões do Congresso, onde funcionam como verdadeiras *antenas* do Poder Executivo, captando o pensamento das maiorias em relação aos problemas de maior relevo. Ao mesmo tempo, levam o pensamento do Executivo e solicitam providências. Desse intercâmbio resulta uma maior possibilidade de harmonia entre os dois poderes políticos.

A Constituição brasileira de 1946 filiou-se ao presidencialismo atenuado: facultou aos Ministros o comparecimento às Casas do Congresso e às suas comissões técnicas, para solicitarem providências legislativas; e tornou obrigatória a presença deles, sob pena de responsabilidade, quando convocados para prestarem esclarecimentos. Além disso, abriu largo campo de ação às Comissões Parlamentares de Inquérito, pelas quais o Congresso fiscaliza os atos do Executivo, e também os do Judiciário, com o fim de apurar responsabilidades. Assim também a de 1967, cujos termos foram mantidos pela Emenda Constitucional n. 1, de 1969, e confirmados pela Constituição de 1988.

O presidencialismo temperado vai mais adiante: o Congresso pode censurar os atos do Ministério ou de qualquer Ministro isoladamente, embora sem os efeitos do processo regular de responsabilidade política. O Presidente da República substituirá ou não o Ministro censurado.

Maior grau de evolução apresenta o presidencialismo no chamado tipo eclético, ou misto, vigorante no Equador, segundo o qual os Ministros de Estado, embora de livre escolha do Presidente da República, podem ser visados pelo voto de desconfiança do Congresso, que os leva obrigatoriamente à demissão.

A Constituição cubana (sem os desvirtuamentos das ditaduras de Batista e Fidel Castro) adotou um regime, eclético, semiparlamentar, procurando, segundo a expressão de Lazcano y Mazón, *eliminar de esto tan combatido régimen aquellos defectos que le atribuyen sus principales criticos*. O Presidente da República escolhe e nomeia seus Ministros, mas, como declara o art. 164, *el primer Ministro y el Consejo de Ministros son responsables por sus actos de gobierno ante la Cámara y el Senado*. Se uma das câmaras retirar a sua confiança ao Primeiro-Ministro ou ao Conselho, a demissão tornar-se-á obrigatória, como preceitua o art. 168: *En cualquier caso en que se niegue la confianza al gobierno o alguno de sus miembros, deberá el gobierno en pleno o aquellos de sus componientes a quienes afecte la negación de confianza, demitir dentro de las 48 horas siguientes al acuerdo parlamentario, y si no lo hivieren se considerarán removidos y el Presidente de la República así lo declarará*.

Diz o citado Prof. Andrés Maria Lazcano y Mazón (*Constituciones políticas de América*) que *el ensayo cubano es, por tanto, muy interesante, y debe ser estudiado en sus resultados, porque de tener éxito, sin duda poderia estabelecerse en toda la América, y muy merecidamente se le podría denominar Régimen Parlamentario Americano*. O sistema, porém, foi arrasado pelas ditaduras de Batista e Fidel Castro.

A Constituição uruguaia apresenta também, sobre o assunto, preceito típico da forma semiparlamentarista: *La Asamblea General, a petición de cualquier de las Cámaras, podrá juzgar politicamente la conducta de los Ministros de Estado, desaprobando sus actos de administración o de gobierno*.

O Chile teve seu regime semiparlamentarista entre 1891 e 1925. A Constituição chilena de 1833 era tipicamente presidencialista, mas a modificação se operou naturalmente, à margem da lei fundamental escrita. Aos poucos se foi reconhecendo que o Ministério e o Congresso devem agir harmoniosamente, em efetiva colaboração e sob uma unidade de ponto de vista, e que, em havendo discordância, deve prevalecer a orientação da Assembleia Nacional.

Idêntica foi a evolução que se operou no Brasil, a partir de 1847 até 1889, quando foi proclamada a República. A Constituição Imperial de 1824 era do tipo presidencialista: Executivo unipessoal, concentração de poderes, Ministros de livre nomeação e exclusiva confiança do chefe do Executivo, e independência dos três clássicos poderes. Entretanto, o espírito democrático do Parlamento e do próprio Imperador D. Pedro II conduziu a evolução das instituições governamentais a uma fórmula semiparlamentarista de estilo inglês, cujo sistema não só edificou a democracia brasileira em meio século de glorioso reinado como também formou os elementos humanos que honraram a República na sua primeira fase.

Em suma, os pontos diferenciais entre o presidencialismo e o parlamentarismo residem na composição do Poder Executivo e nas relações entre este e o Poder Legislativo. No mais, não há alteração sensível, sequer com referência ao Poder Judiciário.

Procuramos demonstrar que a evolução do sistema representativo se opera partindo do presidencialismo, fórmula autocrática, rudimentar, de estilo monárquico, para o parlamentarismo, que é a mais alevantada expressão do ideal democrático. As tendências evolucionistas nesse sentido se revelam, em resumo, pelo seguinte: *a*) atribuições, de maior competência funcional aos Ministros; *b*) escolha dos Ministros, preferencialmente, entre os congressistas, sem que incorram estes na perda do mandato; *c*) comparecimento dos Ministros ao Congresso, para solicitarem providências legislativas ou prestarem esclarecimentos sobre atos do governo; *d*) harmonização efetiva entre o Executivo e o Legislativo, pela confiança que devem merecer deste os Ministros; *e*) instituição das comissões parlamentares de inquérito, como instrumentos da ação fiscalizadora do Legislativo sobre todos os órgãos governamentais.

8. COMISSÕES PARLAMENTARES DE INQUÉRITO

As comissões parlamentares de inquérito são institutos típicos do sistema parlamentarista inglês. Foram introduzidas na Inglaterra durante o século XVI, como afirmação do princípio da supremacia do Parlamento, generalizando-se em todos os países europeus. Os Estados Unidos da América do Norte, sem embargo da incompatibilidade teórica das comissões parlamentares de inquérito com o princípio da independência dos poderes, passaram a fazer largo uso de tais institutos, como prática *extraconstitucio-*

nal, colhendo os melhores resultados. A autoridade da Comissão de Inquérito para apurar responsabilidade do Presidente Nixon, no caso *Watergate*,
é um exemplo expressivo de supremacia do Congresso.

Assim é que o rigorismo conceitual da separação de poderes vem
sendo *racionalizado* nos países americanos, dando-se um sentido real e
objetivo ao princípio da soberania nacional.

XLV

SISTEMA REPRESENTATIVO PARLAMENTARISTA

1. Origem histórica. 2. Caráter democrático do sistema. 3. Mecanismo do sistema parlamentarista. 4. O Chefe da Nação. 5. Executivo colegiado. 6. Responsabilidade política do Ministério. 7. Processo da responsabilidade política. 8. Responsabilidade solidária. 9. Remodelação ministerial. 10. Dissolução do Parlamento. 11. Interdependência dos poderes. 12. Parlamentarismo, federação e bicameralidade.

1. ORIGEM HISTÓRICA

O sistema parlamentarista teve a sua origem na Inglaterra, onde evolveu ao impulso da luta plurissecular, heroica, aspérrima e ininterrupta, da liberdade contra a tirania, dos direitos do homem contra o despotismo dos monarcas. Através desse sistema, o povo inglês encontrou o roteiro do ideal democrático, e por ele pôde conduzir o imenso Império da Grã-Bretanha aos píncaros da glória, de onde deveria irradiar, como um sol, sobre a noite de um mundo escravizado, a luz da liberdade.

A partir da significativa insurreição das baronias, ocorrida em 1215, o povo foi acumulando um vasto acervo de conquistas, as quais se cristalizaram em torno do Parlamento, no século XVII, firmando-se o princípio de que os atos de governo só encontram legitimidade no consentimento espontâneo e permanente dos governados. Mas a luta contra o poder pessoal pela consolidação da supremacia do Parlamento continuaria ainda por um século aproximadamente, no decorrer do qual se operaria a estruturação do sistema parlamentarista, formalmente instituído pela reforma eleitoral de 1832 e integrado nas suas regras clássicas pelas reformas de 1867 e 1884.

A França empolgou-se com as maravilhas do sistema inglês e passou a adaptá-lo às suas instituições, por meio de reformas parciais, desde a primeira metade do século XIX. Desse país, onde começou a ser corporificado no direito constitucional positivo, irradiou-se o sistema por toda a

Europa. Em cada país, Bélgica, Prússia, Alemanha, Polônia, Checoslováquia, Áustria, Grécia, Iugoslávia, Finlândia, Espanha e outros, passa o sistema por várias adaptações exigidas pelas peculiaridades locais, sem perder, contudo, as características fundamentais do modelo britânico.

O sistema inglês tem sido imitado por outros povos menos amadurecidos, na sua técnica e em tudo o que lhe é exterior, mas não assimilado no seu espírito. Tem faltado a muitos outros povos aquela consciência política, mais ou menos definida e sólida, que é a alma da democracia e deve ser o esteio das instituições. Entretanto, sem ser uma fórmula miraculosa de ordenamento político, o parlamentarismo é uma solução racional, de efeitos mediatos; educa o povo e gera essa consciência política fundamental, sobre a qual lança as suas raízes haurindo a seiva necessária para as florações do ideal democrático.

2. CARÁTER DEMOCRÁTICO DO SISTEMA

O sistema representativo parlamentarista adapta-se, com igual propriedade, às duas formas de governo – monárquica ou republicana. Assim como se ajusta à monarquia inglesa, conforma-se com a república francesa.

Teoricamente, o parlamentarismo é o mais perfeito sistema de governo democrático, e a primeira razão está em que permite o funcionamento normal do sistema representativo sem impedir a manifestação plena e contínua da soberania nacional. Com efeito, são princípios básicos da democracia o assentimento permanente do povo e a responsabilidade política dos representantes. Quando a manifestação da vontade do povo só se verifica em eleições gerais periódicas, normalmente quadrienais, tem-se um governo *democraticamente constituído*; mas a democracia não se identifica apenas pela *origem* do poder, isto é, pelo seu aspecto exterior, senão também, e principalmente, pela maneira como funciona o mecanismo estatal. A questão da origem do poder, aliás, chega a ser secundária quando se tem em vista que um governo *de fato*, ilegalmente constituído, pode ser mais democrático no seu desenvolvimento do que um governo eleito.

As eleições determinam a legitimidade do mandato e formam um pressuposto necessário do governo democrático, mas não autorizam nem justificam os erros, os excessos e os desmandos dos órgãos ou corporações representativas. Onde começa o abuso termina o assentimento dos representados, porque não é normal supor-se que estes concordem com procedimentos discricionários e abusivos. O desequilíbrio que então se estabelece

SISTEMA REPRESENTATIVO PARLAMENTARISTA 281

deve ser resolvido, em última instância, por um pronunciamento do poder soberano. Se o povo não tem o direito de intervir como juiz supremo, se não pode promover a responsabilidade dos seus representantes, e se necessário, desconstituir-lhes os mandatos, então o regime é um simulacro de democracia, não um *governo do povo*.

O povo, que é soberano só para nomear os seus dirigentes nos pleitos eleitorais, não tem senão a liberdade de escolher patrões, de nomear tutores, de indicar os senhores plenipotenciários que decidirão sobre os destinos da comunidade. *A democracia representativa que se limitasse a escolher governantes* – frisa Sampaio Dória – *seria mera fachada liberal de uma triste escravidão política.*

O sistema parlamentarista, baseado na existência de partidos fortemente organizados, caracteriza-se, sobretudo, por um profundo respeito à opinião da maioria e por uma constante subordinação dos corpos representativos à vontade soberana do povo. Seu mecanismo é de tal forma sensível às manifestações legítimas da opinião pública que o próprio governo sente quando lhe falta a confiança nacional, e se demite antes mesmo do início do processo de apuração da responsabilidade política. Tanto que é propriamente denominado *governo de opinião*. Esse sistema, como se disse alhures, *marca não somente as horas, mas os minutos e os segundos da democracia.*

Sob outro aspecto, é também denominado *governo das capacidades*, porque seleciona naturalmente os homens de saber e de altas virtudes. Os demagogos e os medíocres não fazem carreira política no sistema parlamentarista. Não se sustentam os homens no poder senão pela força da cultura e da eloquência. Através desse sistema cumpre à democracia aquele dever primeiro, de que falou Joseph Barthélemy: *compreender que deve submeter-se à direção dos mais capazes.*

Para o seu perfeito funcionamento, o sistema parlamentarista requer um ambiente arejado pela livre existência e atuação constante de todos os órgãos de manifestação e divulgação do pensamento, um ambiente de livre crítica, e também de equilíbrio entre os termos autoridade e liberdade. Nesse sistema, os negócios públicos não se resolvem nos bastidores das câmaras ou nos corredores dos palácios; são ventilados em praças públicas e nas tribunas do Parlamento. Os comícios populares são permanentes e não apenas pré-eleitorais. O parlamentarismo, disse F. Ramirez, é cortesia cívica, tolerância, discussão pública e tradição, portanto, um sistema exótico em regime de caudilhagem.

Esse ambiente propício ao perfeito funcionamento do sistema não se encontra *a priori* nem se estabelece de imediato. Deve ser procurado na

282 TEORIA GERAL DO ESTADO

prática do próprio sistema, que valoriza o homem, que lhe desperta o senso de responsabilidade ao atribuir-lhe uma participação direta e constante na orientação do governo. Como observa Begehot, citado por Joaquim Nabuco, os *governos de gabinete são educadores do povo*; *os governos presidenciais não o são*; *ao contrário, podem corrompê-lo*.

3. MECANISMO DO SISTEMA PARLAMENTARISTA

São peças essenciais do sistema parlamentarista: *a*) organização dualística do Poder Executivo; *b*) colegialidade do órgão governamental; *c*) responsabilidade política do Ministério perante o Parlamento; *d*) responsabilidade política do Parlamento perante o Corpo Eleitoral; *e*) interdependência dos Poderes Legislativo e Executivo.

O Estado parlamentarista, sobre possuir os três clássicos Poderes – Legislativo, Executivo e Judiciário –, conta ainda com um quarto Poder, denominado *Poder Moderador*. Este Poder é exercido pelo Presidente da República ou pelo Rei, conforme seja o Estado republicano ou monárquico. No primeiro caso, obviamente, o cargo é eletivo e temporário; no segundo é hereditário e vitalício.

A organização dualística do Poder Executivo atende aos dois princípios teóricos: da primazia do chefe de Estado e da responsabilidade do governo perante a representação nacional. Como bem explica M. Hauriou, o Rei ou Presidente da República encarna a unidade do Estado e a parte de irresponsabilidade política que existe no Executivo, e o Conselho de Ministros realiza com o Parlamento a ligação fundada sobre a confiança e a responsabilidade. Um órgão é estável e representa a *chefia da nacionalidade*; outro é instável e representa a *chefia do Governo*.

O Rei ou Presidente da República é o grande Magistrado nacional e, como tal, permanece fora e acima das competições político-partidárias, enquanto o Gabinete é essencial e necessariamente político e partidário.

O Gabinete ou Conselho de Ministros dirige a política geral do país. É o órgão dinâmico e responsável; o eixo diretor de todo o mecanismo governamental. Daí decorre a denominação que se costuma dar ao sistema: *governo de gabinete*.

O Gabinete é o Poder Executivo propriamente dito, e depende da confiança do povo, a qual se manifesta através da representação nacional. Faltando essa confiança, impõe-se a formação de outro Gabinete, o que compete ao Poder Moderador. Os poderes devem ser *harmônicos*, porque o governo se realiza pela ação conjugada de todos eles, não se permitindo a continuação de um governo contraditório, conflitante ou desarmônico.

Em primeiro lugar, presume-se que a assembleia representativa do povo, pela sua própria natureza, reflete a opinião pública com mais fidelidade e maior autoridade, e, consequentemente, a sua manifestação de desconfiança produz a imediata queda do Gabinete. Mas o Chefe da Nação poderá entender, mediante representação fundamentada do Gabinete decaído, que a atitude da maioria parlamentar não corresponde com os legítimos anseios do povo, e que a opinião pública está com a política ministerial. Tal entendimento cabe, principalmente, quando o Parlamento numa mesma legislatura ou dentro de determinado tempo derruba dois gabinetes pelos mesmos motivos. Neste caso, o Chefe da Nação poderá dissolver o Parlamento e convocar o corpo eleitoral às urnas, para que decida, como supremo juiz, concedendo, ou negando, a maioria parlamentar necessária à continuidade do governo.

Como se vê, os dois poderes são *interdependentes* para que sejam harmônicos. A faculdade que tem o Parlamento de desconstituir a parte móvel do Executivo tem como contrapartida a possibilidade de ser desconstituído o próprio Parlamento, o que desaconselha abusos e adverte contra desmandos. Assim, em última análise, o sistema parlamentarista não se baseia na *subordinação* do Executivo ao Legislativo, como ocorre no sistema diretorial, mas, sim, no equilíbrio necessário entre os dois poderes eminentemente políticos.

Esse ritmo governativo, observa Pedro Calmon, significa a paz permanente: não há resistência à maioria parlamentar, que flutua ao sabor das preferências eleitorais. Não se pode imaginar mais racional combinação de forças. Graças a esse sistema, a última revolução inglesa perdeu-se nas brumas do século XVII.

Vejamos a seguir, mais detalhadamente, cada uma das características principais que distinguem o sistema parlamentar. Antes, deixamos consignado que em relação ao Poder Judiciário não há o que distinguir. O Judiciário não influi na caracterização sistemática das várias modalidades do sistema representativo.

4. O CHEFE DA NAÇÃO

A figura do Chefe da Nação, ou Chefe de Estado (Rei ou Presidente da República), não se confunde com a figura do Chefe do Governo. Uma vez que o *governo* (Poder Executivo propriamente dito) é órgão colegiado, entende-se por *Chefe do Governo* o presidente desse colégio, isto é, o Primeiro-Ministro.

Do fato de não exercer o Chefe de Estado as funções próprias do governo originou-se o lema da organização constitucional britânica: *o Rei reina, mas não governa*. Nas Repúblicas, igualmente, *o Presidente preside, mas não governa*.

Como não governa, o Chefe de Estado é politicamente irresponsável. Seria ilógico mesmo atribuir-lhe responsabilidade política por funções que não exerce, por atos de governo que competem ao Ministério.

Tem o Chefe de Estado, obviamente, *responsabilidade criminal*. Responde pelos atos especificamente criminosos que cometer, como cidadão e como funcionário público. Quanto a este particular nem há diferença entre os diversos sistemas de governo democrático. A irresponsabilidade criminal, já o dissemos, só coexiste com o conceito absolutista da origem divina do poder. Mais adiante esclareceremos a distinção entre as responsabilidades criminal e política.

Nas Monarquias parlamentares, o Chefe de Estado é vitalício; sua substituição opera-se pela sucessão hereditária, segundo a tradição e as leis da dinastia reinante. Nas Repúblicas, porém, a escolha do Chefe de Estado obedece aos postulados fundamentais do governo democrático, quais sejam a eletividade e a temporariedade. Em regra geral, a sua eleição se faz pelo sistema indireto, isto é, pelo voto do Parlamento investido de especial delegação. Mas também pode ser feita pelo sufrágio universal e direto, como é tendência moderna dos Estados parlamentaristas.

O mandato do Presidente da República, neste sistema, pode e deve ser por tempo além de quatro anos, como for estabelecido pelo poder constituinte. Na França o mandato é de cinco anos e, na Itália, é de sete anos. Onde a eleição do Presidente da República se faz por votação do Parlamento, o mandato deve coincidir com a legislatura, mas em se adotando a eleição direta é preferível que o mandato do supremo magistrado nacional tenha maior duração.

Não é o Chefe de Estado uma simples *figura decorativa*, como afirmam apressadamente alguns autores. Tem ele atribuições de magna importância, principalmente no que concerne às relações internacionais. No plano interno, exerce o Chefe de Estado funções relevantes, atinentes ao chamado *Poder Moderador*, destacando-se duas funções de natureza pessoal que imprimem grande amplitude à sua iniciativa: a composição do Ministério e a dissolução do Parlamento.

SISTEMA REPRESENTATIVO PARLAMENTARISTA

Na composição do Ministério, cumpre ao Chefe de Estado auscultar as opiniões, considerar as tendências políticas e assegurar tanto quanto possível uma harmonia de pontos de vista. O Ministério integrado por políticos medíocres e sem expressão não se sustentará no governo. Em regra, o Chefe de Estado nomeia um dos estadistas de maior projeção no cenário nacional, conferindo-lhe o encargo de promover entendimentos com as diversas correntes de opinião e compor o Ministério. Será esse estadista o Presidente do Gabinete, isto é, o *Chefe do Governo*.

No que tange ao seu poder de dissolver o Parlamento, também o arbítrio do Chefe de Estado não chega a ter influência decisiva no rumo dos acontecimentos, pois não o faz senão para consultar a opinião nacional. Pode ocorrer mesmo que o corpo eleitoral decida a favor do Parlamento, que ressurgirá, assim, fortalecido pela reafirmação da confiança nacional.

As vantagens dessa dualidade de funções no Poder Executivo são tão evidentes quanto as da divisão do Legislativo em duas câmaras. "A divisão do Executivo é de maior eficácia ainda – acentuou Tancredo Vasconcelos – porque não só precata contra os surtos absolutistas de toda autoridade uma do governo, como o coloca em estado de correspondência e entendimento com os outros poderes. Por meio dessa criação sutil, as arremetidas populares contra os governos amortecem-se, porque se fazem visando à parte substituível, variável, do Poder Executivo, que é o Gabinete de Ministros, e não a própria pessoa do Presidente, que encarna em si a parte que não pode nem deve estar sujeita às flutuações do juízo ou da vontade popular".

5. EXECUTIVO COLEGIADO

O Governo, como já vimos, é exercido por um órgão colegiado, o *Gabinete*, integrado pelos Ministros das diversas pastas (Justiça, Exterior, Fazenda, Agricultura, Viação, Educação, Saúde, Trabalho, Guerra, Marinha, Aeronáutica etc.), podendo contar ainda com *Ministros sem Pasta*.

Em reunião do Gabinete, os Ministros expõem os assuntos de suas respectivas pastas, ou de ordem geral, formulam propostas, discutem e deliberam, sob a presidência do Primeiro-Ministro, o qual tem também o voto de qualidade, em casos de empate.

Em tais condições, a decisão governamental não é ato volitivo deste ou daquele Ministro; é a expressão unitária da vontade do corpo deliberativo. Daí resulta o princípio da *responsabilidade solidária*: o voto de desconfiança ou censura não atinge um ou outro Ministro, mas o Ministério todo.

286 TEORIA GERAL DO ESTADO

Ressalvados os atos da rotina administrativa, nenhum Ministro decide por si só as questões de governo, ainda que privativas de sua pasta. Esse caráter de impessoalidade das decisões governamentais proporciona, certamente, um mais acurado estudo dos problemas à luz das discussões, e reduz as possibilidades de erros e desmandos.

Não obstante, é possível que um ou mais Ministros, pela sua atuação atrabiliária, sacrifiquem o conceito e a estabilidade do Gabinete. Nesta hipótese, o Ministério poderá fazer substituições pessoais, como medida preventiva, evitando em tempo que o Gabinete venha a ser colhido pelo voto de desconfiança. É a chamada *remodelação ministerial*.

Note-se, finalmente, que os Ministros não são nomeados nem demitidos pelo Parlamento. São nomeados pelo Chefe de Estado. Geralmente, ao tomar posse, o novo Ministério expõe o seu programa de ação perante o Parlamento e solicita um voto de confiança. Do mesmo modo procede sempre que tenha de tomar decisões de magna importância. Tem sido de boa prática solicitar o voto de confiança nas ocasiões oportunas, em vez de aguardar a iniciativa do Parlamento. E sempre que for negado o voto de confiança ou aprovada uma moção de censura, o Ministério deve demitir-se imediatamente. Não o fazendo, poderá intervir o Chefe de Estado. Não se cogita de uma resistência formal por parte do Ministério, porque tal hipótese deslocaria o assunto para o campo da ilegalidade.

6. RESPONSABILIDADE POLÍTICA DO MINISTÉRIO

A responsabilidade política que toca aos Ministros, no sistema parlamentarista, não se confunde com a responsabilidade criminal nem com a responsabilidade civil, as quais atingem os governantes por princípios gerais de direito.

A responsabilidade criminal é matéria de direito penal; pressupõe a prática de crime e acarreta a aplicação de penas pecuniárias ou corporais. O Estado de Direito não prescinde do princípio da responsabilidade criminal. Seja qual for a forma de governo ou o sistema adotado, todas as pessoas que exerçam função pública, desde o Chefe de Estado ao último dos servidores públicos, respondem criminalmente pelos seus atos.

Mas o instituto do *impeachment* é praticamente inoperante e não supre o mecanismo da responsabilidade política. Como observou Boutmy, *é arma pouco manuseável e, salvo caso de traição manifesta, só serve para dormir pendente na parede de museu de antiguidades constitucionais.*

SISTEMA REPRESENTATIVO PARLAMENTARISTA 287

Já a responsabilidade política é matéria constitucional e poderá ou não tipificar infração penal. Decorre do mau uso do mandato: sempre que o mandatário ou governante incorrer em erro grosseiro, inépcia ou desmando, impõe-se que seja destituído da função.

E quando funcionasse o processo de responsabilidade criminal, seria sempre *a posteriori*, depois que o Presidente tivesse perpetrado os seus crimes e atentados contra a integridade moral e material da nação. A responsabilidade política, ao revés, funciona *a priori*: o governo não chega a cometer os excessos, porque imediatamente é atingido pela moção de desconfiança. Seu caráter é de medida preventiva: visa remover a causa e evitar os efeitos, em vez de deixar que as consequências desastrosas se manifestem em prejuízo da comunidade para depois punir-se os indivíduos criminalmente, numa atitude típica de *vingança social*.

A responsabilidade política em si, como instituto de direito constitucional, não tem outro objetivo que não seja a destituição do governante; mas não obsta, evidentemente, a apuração de responsabilidade criminal que eventualmente for atribuível às pessoas destituídas do poder. Justifica-se, em suma, a outra denominação dada ao parlamentarismo: *regime de responsabilidade*.

7. PROCESSO DA RESPONSABILIDADE POLÍTICA

A responsabilidade política do Ministério é promovida através das interpelações, votos de censura e moções de confiança ou desconfiança. Os trâmites desses processos são variáveis em cada país e decorrem dos preceitos constitucionais.

A *interpelação* é proposta por um ou por determinado número de Deputados e submetida à aprovação do Parlamento. Se aprovada e encaminhada, cabe ao governo defender-se no plenário do Parlamento, por intermédio do Primeiro-Ministro. Travam-se os debates e, se a defesa for vitoriosa, o assunto ficará encerrado com a aprovação de um voto de confiança, ou com a rejeição da moção de desconfiança. A interpelação, neste caso, só fez dirimir dúvidas e esclarecer a opinião pública.

Se a defesa não lograr acolhida, terminará a interpelação com o voto de desconfiança, devendo o Ministério demitir-se para que outro seja formado.

Pode ser que o próprio Ministério, ao ser empossado ou quando tenha de imprimir ao governo uma orientação diversa em face de determinado problema de importância vital, resolva pedir ao Parlamento um voto de confiança. Neste caso, o Primeiro-Ministro poderá justificar-se em plenário, submetendo-se o pedido, desde logo, à votação. Negada a confiança, o Ministério estará na obrigação de demitir-se.

Muitas vezes, as deliberações da maioria, em face das proposições encaminhadas pelo governo, fazem sentir a falta de confiança, e então o Ministério demite-se por iniciativa própria, sem esperar pela interpelação.

Conforme já foi mencionado, o Parlamento não demite o Ministério: este é quem deve resignar-se em face da manifestação de desconfiança. Se permanecer, estará fora da legalidade.

Demitindo-se o Ministério, compete ao Chefe de Estado designar um político de renome e de influência, cujas convicções ideológicas estejam em consonância com o pensamento parlamentar dominante, para levar a efeito as necessárias consultas e formar o novo colégio governamental, do qual será Presidente.

Em regra geral, os novos Ministros são escolhidos dentre os mais destacados membros do Parlamento. Esta orientação não resulta da lei constitucional, mas é imposta pela lógica inelutável dos fatos, pois representa um caminho mais fácil para se obter a confiança do Parlamento.

8. RESPONSABILIDADE SOLIDÁRIA

Geralmente, a responsabilização do Ministério tem sua origem em determinado fato, que se poderia atribuir, por exemplo, ao Ministro das Relações Exteriores, mas a desconfiança parlamentar afeta o Gabinete na sua totalidade. Nem poderia ser de outra forma, uma vez que nenhum Ministro decide por si mesmo as questões de governo.

Não há impedimento, entretanto, em que, do novo Ministério, um ou vários Ministros venham a fazer parte, principalmente se foram vencidos nas deliberações que motivaram a queda do Gabinete.

9. REMODELAÇÃO MINISTERIAL

Sem embargo do princípio da responsabilidade solidária, pode haver casos em que reiteradas faltas sejam caracterizadamente pessoais. Um ou alguns Ministros, pela sua atuação, podem comprometer o prestígio e a estabilidade do Gabinete. Nesta hipótese, antes que se estabeleça a *crise ministerial*, pode e deve o Gabinete reagir em sua própria defesa, substituindo o Ministro ou os Ministros inculpados. É o que se denomina *remodelação ministerial.* O Ministério, por este meio, defende-se por antecipação e consolida-se.

10. DISSOLUÇÃO DO PARLAMENTO

Ao princípio da responsabilidade política do Ministério perante a representação nacional corresponde o da faculdade que tem o Chefe de Estado para dissolver o Parlamento em consulta à nação. De fato, o voto de desconfiança, principalmente quando secundado em tempo relativamente curto, estabelece uma situação de conflito entre os dois poderes políticos, cabendo então ao Chefe de Estado, atento às manifestações da opinião pública, resolvê-lo pelas alternativas que se lhe oferecem: nomear novo Gabinete ou dissolver o Parlamento.

O próprio Gabinete dispõe da prerrogativa de representar o Chefe de Estado no sentido da dissolução do Parlamento. Esta contrapartida assegura o equilíbrio dos dois poderes, evita uma submissão total do Executivo ao Legislativo e opõe uma constante advertência aos possíveis desmandos do Parlamento.

Pelo seu caráter de simples consulta ao corpo eleitoral, a dissolução do Parlamento não tem a gravidade que lhe atribuem os adversários do sistema. O Parlamento também se desmanda e também pode ser responsável por uma crise nacional. Portanto, persistindo o conflito entre os dois poderes, e sendo uma ponderável corrente da opinião pública contrária à orientação da câmara representativa, é natural que o corpo eleitoral intervenha como supremo árbitro. Doutro modo, seria o Executivo absorvido pelo Legislativo, decorrendo daí aquela famigerada *instabilidade* que durante muito tempo convulsionou o panorama político francês.

11. INTERDEPENDÊNCIA DOS PODERES

O sistema parlamentarista também se baseia na tripartição do poder de Estado, porém, valoriza mais o ideal da harmonia do que o da independência, isto é, dá ao princípio de Montesquieu uma aplicação científica, visando realizar a harmonia através da interdependência.

A concepção apriorística da separação radical é pura fantasia. A harmonia na independência dos poderes tem sido a eterna miragem do presidencialismo, regime que faz praça de uma independência teórica e caminha a passos largos para o fato da interdependência, aceitando o inevitável entrosamento das funções legislativa e executiva como única trilha conducente ao bem da República.

O parlamentarismo não é regime de *subordinação* do Executivo ao Legislativo, repete-se. Tal subordinação é própria do sistema diretorial, adotado na Suíça, e não do clássico sistema inglês.

O princípio que rege o sistema parlamentarista é o do equilíbrio. A subordinação é desequilíbrio e, como tal, cria um simulacro de parlamentarismo. É o caso da França: o Parlamento não podia ser dissolvido sem o seu próprio consentimento; consequentemente, tornou-se onipotente e passou a derrubar Gabinetes com alarmante frequência.

A tão falada *instabilidade* do governo francês resultou, portanto, de uma deturpação fundamental do sistema. Se o Parlamento não pode ser dissolvido à sua revelia, não há interdependência, não há equilíbrio de poderes e não há parlamentarismo, mas, sim, um *sistema francês.*

Não havendo entre o Legislativo e o Executivo uma limitação funcional recíproca, não havendo perfeito equilíbrio, um deles dominará o outro fatalmente: no presidencialismo o Executivo domina o Legislativo, reduzindo-lhe a independência a uma mera expressão teórica, e no *sistema francês* o Parlamento absorve o Executivo.

Na verdade, a onipotência do Parlamento é precária, passageira, quase sempre insustentável em face do Executivo, que é realmente o poder forte, detentor de todas as armas. Logo, num ambiente de luta entre os dois poderes, o Executivo caminhará sempre para a prepotência, para o domínio absoluto. O exemplo francês é ainda a confirmação desta assertiva: a onipotência do Parlamento cedeu lugar, imediatamente, a um Presidente da República *plenipotenciário.* Já em 1959 o Parlamento cedeu a De Gaulle até mesmo a função legislativa por delegação. E, aos poucos, lhe foi pondo nas mãos quase todos os poderes...

A *subordinação* do Executivo ao Legislativo nem sequer chega a ser um sistema racional de governo. Na Suíça, a rigor, não existe Poder Executivo; ali só governa a câmara de representação nacional, que nomeia delegados seus para as funções executivas e judiciárias.

Segundo a doutrina parlamentarista os poderes são formalmente independentes, no sentido de que cada um deles tem a sua organização própria e atua por si mesmo na esfera da sua autoridade, mas exerce as funções gerais do Estado em colaboração mútua, em entendimento harmônico, com limitações recíprocas, nascendo dessa interdependência funcional a harmonia indispensável ao bem comum. Demais, a separação absoluta, como observou

SISTEMA REPRESENTATIVO PARLAMENTARISTA

Carré de Malberg, é irrealizável em qualquer sistema, principalmente porque o primeiro objetivo do ordenamento político é a harmonia dos poderes.

12. PARLAMENTARISMO, FEDERAÇÃO E BICAMERALIDADE

A composição bicameral do Parlamento ou Congresso é própria dos *Estados compostos*, particularmente dos *Estados federativos*. Independentemente do sistema representativo que for adotado, esses Estados dividem o Legislativo em duas câmaras, de modo que uma represente a soberania nacional e outra as unidades que integram a união.

O parlamentarismo tende realmente para a formação unicameral do Legislativo, mas conforma-se perfeitamente com o desdobramento deste em duas câmaras. O argumento de que o parlamentarismo é incompatível com a federação não resiste a qualquer análise. Basta verificar que este sistema funciona com notável precisão na Austrália e na União Sul-Africana, que são Estados federativos.

Surgiu o parlamentarismo e desenvolveu-se com a duplicidade de câmaras legislativas. O que é preciso é colocar os problemas nos seus devidos termos: o Ministério só é responsável perante a câmara representativa popular, não perante a câmara alta ou representativa das unidades integrantes da União; consequentemente, o ato de dissolução só atinge a câmara baixa. Em alguns países onde foi adotada a dupla responsabilidade do Ministério, sujeitaram-se ambas as câmaras à dissolução.

Na Inglaterra, a câmara alta (*Câmara dos Lords*) não provém de eleição popular; seus membros são vitalícios. Logo, essa câmara não interfere na formação ou na manutenção do Ministério, *ipso facto*, a dissolução alcança somente a Câmara dos Comuns.

Idêntica feição tinha o Senado brasileiro, no segundo Império, motivo por que não era atingido pela medida da dissolução, onze vezes decretada por D. Pedro II contra a Câmara dos Deputados.

Na Alemanha parlamentarista só se dissolvia a câmara baixa (*Dieta Federal*) e só esta responsabilizava o Gabinete. Também na Áustria, onde o Senado (*Bundesrat*) é eleito pelas câmaras provinciais, a dissolução só atinge a câmara popular (*Nationalrat*), que submete ao seu voto de confiança o Ministério.

O Senado francês (*Conselho da República*) é igualmente indissolúvel por sua natureza.

Em geral se observa que os Senados ou órgãos equivalentes, nos Estados parlamentaristas, são corporações não eletivas, ou eleitas por via indireta, quase sempre de natureza vitalícia e com funções legislativas diminutas. Em tais condições, mantendo-se como *câmara moderadora*, ou órgão de equilíbrio federativo, o Senado não concorre para a formação nem para a dissolução do Ministério, e não pode ser dissolvido.

A Itália e a Bélgica adotaram solução diversa. Nesses países, o Senado tem origem no sufrágio universal direto, exerce funções legislativas concorrentemente com a câmara baixa e contribui para a responsabilização do Ministério. Assim sendo, é suscetível de dissolução, como a Câmara dos Deputados. A Constituição italiana, por exemplo, preceitua no seu art. 94 que "o governo deve ter a confiança de ambas as câmaras...", e no seu art. 88 que "o Presidente da República pode, ouvindo previamente os respectivos presidentes, dissolver ambas as câmaras ou somente uma delas".

Um estudo comparativo das Constituições parlamentaristas leva-nos a formular as seguintes conclusões: em regra, só a Câmara dos Deputados é passível de dissolução, porque só ela interfere na manutenção do Ministério; admite-se a dissolução da Câmara dos Senadores somente quando ela tem origem no voto popular direto e goza da prerrogativa constitucional de promover a responsabilidade política do Ministério.

XLVI

O PARLAMENTARISMO NO BRASIL

1. Resumo histórico. 2. Comentários. 3. Nova experiência no Brasil.

1. RESUMO HISTÓRICO

O parlamentarismo dominou o cenário político do segundo Império brasileiro, desenvolvendo-se como uma manifestação espontânea da consciência democrática nacional.

A Constituição imperial de 1824, no seu art. 3º, definia a forma de governo como *monarquia hereditária, constitucional e representativa.* Não se tratava de uma Constituição parlamentarista, mas, sob a sua égide, ou à sua revelia, ou mesmo em contraste com a maior parte do seu conteúdo normativo, surgiu e evoluiu o parlamentarismo brasileiro impulsionado pela força dos hábitos que se vão incorporando naturalmente ao ritmo da vida política de cada povo.

O parlamentarismo inglês também nasceu espontaneamente, sem base constitucional predeterminada. Em geral, os sistemas políticos não são improvisados pelo legislador constituinte; são produtos de uma lenta evolução histórica, dos usos, costumes e experiências que plasmam a consciência nacional e traçam o rumo dos destinos sociais. Foi o que se deu também no Chile, onde o parlamentarismo surgiu naturalmente, entre os anos de 1891 e 1925, à margem da Constituição de 1833, tipicamente presidencialista.

Preceituava a Constituição brasileira de 1824 que a *pessoa do Imperador é inviolável e sagrada: ele não está sujeito a responsabilidade alguma* (art. 99), e, adiante, no seu art. 101, conferia ao imperante o exercício do *poder moderador*, com a faculdade de *nomear e demitir livremente os Ministros de Estado. O poder moderador*, segundo o texto do art. 98, era a *chave de toda organização política*, competindo-lhe, principalmente, *velar sobre a manutenção da independência, equilíbrio e harmonia dos demais poderes políticos.* Ao mesmo poder moderador dava o art. 101, n. 5, a faculdade de dissolver a Câmara dos Deputados e convocar novas eleições.

Destes princípios – irresponsabilidade do Chefe de Estado e preeminência do poder moderador – partiu a evolução do parlamentarismo no Brasil. Com efeito, a irresponsabilidade do Chefe de Estado, apanágio das monarquias fundadas no direito divino dos reis, é incompatível com o Estado de direito. Se o Chefe de Estado é irresponsável, o governo deve ser confiado a um órgão responsável; e se existe um poder moderador, que se sobrepõe aos três clássicos poderes do Estado, e que preside ao equilíbrio deles, torna-se evidente que desse poder se deve destacar a parte administrativa que mais depende do imparcial e superior controle de um magistrado neutro. Logo, a solução parlamentarista estava esboçada na própria Constituição imperial, por influência europeia.

O ideal parlamentarista alimentou-se das lutas acesas que se travaram entre a Câmara dos Deputados e o governo absolutista de D. Pedro I, desde a Constituinte de 1823, quando a atuação impávida dos três Andradas deu prestígio definitivo ao princípio da soberania nacional. A violenta dissolução da Assembleia e a outorga da Constituição não impediram que a luta continuasse até levar o Imperador à abdicação. Instaurada a fase regencial, ganharam terreno os postulados democráticos defendidos pelos representantes da nação, enquanto os Ministros, procurando fazer face ao crescente prestígio da Câmara dos Deputados, passaram a deliberar em reuniões de Gabinete. E dessas reuniões surgiu a figura do Ministro-Presidente.

Em 1838 deu-se a primeira *demissão coletiva* do Ministério liderado por Bernardo de Vasconcelos, fato esse que se tem como marco inicial da evolução parlamentarista.

Quando em 1843 o Ministro dos Negócios Estrangeiros, Aureliano de Sousa, ressentido por uma censura implícita provocada pelo Deputado Rodrigues Torres, demitiu-se, o Ministério todo acompanhou o titular demissionário, o que foi uma reafirmação de que já estava adotada a praxe da *responsabilidade ministerial solidária.*

Percebendo que o Ministério deveria contar com a confiança da Câmara dos Deputados, o próprio D. Pedro II deu o primeiro passo direto no sentido de instaurar o sistema parlamentar, ao encarregar o Senador Honório Hermeto Carneiro Leão, um dos mais lúcidos estadistas do Império, de organizar o novo Ministério. O grande Senador, mais tarde Marquês do Paraná, assumia praticamente as funções de Presidente do Conselho de Ministros.

Pelo Decreto n. 523, de 20 de julho de 1847, D. Pedro II, *atendendo à conveniência de dar ao Ministério uma organização mais adaptada às condições do sistema representativo*, criou definitivamente o cargo de Presidente do Conselho. Estava instituído o *governo de gabinete*, cuja luminosa evolução viria interromper-se pela Constituição presidencialista de 1891.

2. COMENTÁRIOS

Entre os nossos historiadores e publicistas, duas correntes se extremam na afirmativa e na negativa da existência de um sistema realmente parlamentarista durante o segundo Império.

De fato, o axioma do parlamentarismo inglês – *o Rei reina, mas não governa* – não teve significação no Brasil imperial, tanto assim que em 1869 exclamava Itaboraí na tribuna do Senado: "O Imperador impera, governa e administra". Por sua vez, na tribuna da Câmara, Nabuco de Araújo exclamava desabusadamente: "Não é aqui que se fazem ou desfazem os Ministérios". Ambas as afirmações foram rigorosamente verdadeiras. Conquanto aceitasse o princípio da confiança parlamentar necessária, D. Pedro II jamais abriu mão das suas prerrogativas constitucionais, nomeando, demitindo e substituindo Ministros à revelia do Parlamento. Poucos foram os Ministérios que caíram por divergências parlamentares; em maior número, demitiram-se por divergências com o Imperador, ou foram por ele demitidos.

Durante quase meio século do reinado de D. Pedro II, houve 35 Ministérios: caíram 2 pelo voto de censura da Câmara; 5 por moções de desconfiança explícita; 1 por desconfiança implícita; e 5 por demissão espontânea em face de evidente falta de apoio parlamentar. Os demais, em número de 22, "por desinteligências com o Imperador ou magoados com a sua ingerência na administração", como nos relata Olímpio Ferraz de Carvalho.

Como se observa, não abusou a Câmara dos Deputados das suas prerrogativas nem provocou qualquer *instabilidade governamental*.

A Câmara dos Deputados foi dissolvida pelo Imperador onze vezes, quase sempre em obediência aos imperativos da opinião pública e para sustentação dos gabinetes hostilizados pela maioria parlamentar, como nos casos dos Ministérios Rio Branco e Saraiva, responsáveis pela *Lei do Ventre Livre* e pela *Reforma Eleitoral*.

D. Pedro II foi, sem dúvida, o *eixo diretor* de toda a vida pública nacional, no exercício daquele *poder moderador*, que, no dizer de Frei Joaquim do Amor Divino Caneca, era "uma nova invenção maquiavélica e a chave mestra da opressão da nação brasileira; o garrote mais forte da liberdade dos povos". Não obstante, como escreveu Olímpio Ferraz de Carvalho, "o sistema parlamentar firmou-se no Brasil imperial e funcionou com relativa regularidade durante perto de cinquenta anos de paz e prosperidade. Ele não foi uma imposição da lei, uma norma estabelecida a golpes de decretos, mas uma lenta conquista do Parlamento e da opinião pública, em luta diuturna e pertinaz contra as prerrogativas constitucionais do Chefe de Estado".

Sob o regime parlamentarista, como observa Heitor Muniz, o Império é a *idade de ouro* do Brasil. "Foi a moralidade administrativa; foi a rotação dos partidos políticos no poder; foi a representação, no Parlamento, das correntes de opinião; foi a leal e honesta aplicação dos dinheiros do tesouro; foi a liberdade de palavra e a liberdade de imprensa, levadas aos últimos e extremos limites; foi, finalmente, o equilíbrio orçamentário e a folga financeira, eterno sonho destes trinta e oito anos de República."

Instituído o sistema republicano presidencial nos moldes da rígida Constituição norte-americana, desferiu-lhe o Marechal Deodoro o primeiro golpe, dissolvendo a Câmara dos Deputados e apontando aos representantes da soberania nacional o *olho da rua*. Desde então deveriam compreender os membros do Poder Legislativo, como se expressa Olímpio Ferraz de Carvalho, que "o seu papel, no sistema presidencial, era o de servir e obedecer ao Chefe de Estado".

Tinha razão Rojas Paul, Presidente da Venezuela, quando comentou a queda do Império brasileiro: *Acabou-se a única República que existiu na América – o Império do Brasil.*

Igual razão assistia ao historiador norte-americano Jorge Crichfield quando, analisando a queda da Monarquia e a Proclamação da República do Brasil, comentou: "Assim terminou a única República verdadeira, ou o único governo que realmente se aproximava do caráter de uma República que o Brasil já possuiu. Chamaram-lhe Império. Depois, tiveram ditaduras e chamaram-lhes Repúblicas".

Realmente, foi o grande período da história do Brasil, o que levou Nilo Peçanha a vaticinar: *O Brasil vai desterrar o sistema parlamentarista, mas não aboli-lo.*

3. NOVA EXPERIÊNCIA NO BRASIL

Em todas as Constituintes republicanas, notadamente as de 1934 e 1946, sob a liderança de Raul Pila, o ideal parlamentarista esteve em pauta,

O PARLAMENTARISMO NO BRASIL 297

embora rejeitado pela maioria sob fundamentos de que o povo brasileiro não atingiu o estágio político-cultural propício a este sistema de governo.

Não obstante, como experiência para contornar uma grave crise governamental, instituiu-se uma fórmula semiparlamentarista pelo "Ato Adicional" de 2 de setembro de 1961.

Mas a experiência falhou por defeitos institucionais e falta de elemento humano para levá-la a bom termo. O Presidente João Goulart continuou investido de poderes *presidencialistas*, manteve-se na chefia do Ministério e conservou, praticamente, o controle político e administrativo. Não se desvencilhou o Ministério da tutela presidencial nem se mostrou capaz de governar por sua autoridade própria.

Foi revogado o Ato Adicional de 1961 pela Emenda Constitucional n. 6, de 23 de janeiro de 1963. Seguiu-se um período conturbado da vida nacional, que culminou no chamado "movimento revolucionário de 1964".

O fracasso dessa experiência parlamentarista não chega a depor contra a excelência do sistema, mesmo porque, em última análise, o Ato Adicional de 1961 não continha senão um tímido arremedo de parlamentarismo.

Uma brilhante análise histórica, política e jurídica desse Ato Adicional está no livro *Parlamentarismo brasileiro*, lançado em 1962 pelo Prof. Miguel Reale, que indicamos aos estudiosos da matéria.

Durante os debates estabelecidos na Constituinte de 1986, que resultaram na promulgação da atual Constituição de 1988, destacou-se um forte movimento favorável à adoção do Parlamentarismo como sistema de governo. Embora derrotado, esse movimento conseguiu inserir no "Ato das Disposições Transitórias" o art. 2º, que convocou para 7 de setembro de 1993 um plebiscito, através do qual o eleitorado brasileiro deveria escolher *a forma* (*República ou Monarquia constitucional*) *e o sistema de governo* (*Parlamentarismo ou Presidencialismo*). Realizado o plebiscito, por considerável maioria foi mantida a forma republicana e confirmado o sistema presidencialista, hoje vigorantes.

XLVII

DEMOCRACIA

1. Origem histórica. 2. Conceito. 3. Democracia em sentido formal e substancial.

1. ORIGEM HISTÓRICA

As antigas repúblicas gregas e romanas de vinte e cinco séculos passados, entre as quais se destaca como tipo clássico o Estado ateniense, foram as primeiras manifestações concretas de governo democrático. Foram aquelas experiências as sementes da democracia, que os filósofos antigos e medievais conservaram vivas até que germinassem assinalando o advento dos tempos modernos.

Foram os primeiros teóricos da democracia, nos tempos clássicos, entre os gregos, Heráclito, Heródoto, Demócrito, Licurgo, Sólon, Sócrates, Platão, Aristóteles e Políbio; e, entre os romanos, Lucrécio, Calústio, Cícero, Sêneca e Tácito.

Nos Estados helênicos e romanos, como mais tarde nos Cantões da Confederação Helvética, a democracia foi idealizada e praticada sob a forma *direta*, isto é, o povo governava-se por si mesmo, em assembleias gerais realizadas periodicamente nas praças públicas. Tal sistema primitivo foi possível porque então o *Estado-Cidade* (*Polis*, na Grécia, e *Civitas*, em Roma) era pequeno, restringindo-se aos limites da comunidade urbana. E, para bem funcionar a democracia, a população não podia ultrapassar certos limites. Platão, na *República*, limitava em dois mil o número de cidadãos; e mais tarde, no *Diálogo das Leis*, admitiu que o número de cidadãos atingisse cinco mil. E Aristóteles, no livro VII da *Política*, mostrando a conveniência de que os cidadãos se conheçam uns aos outros para que possam escolher com discernimento os magistrados, aconselhou também as limitações territoriais e demográficas, embora sem fixar precisamente esses limites. Chegou mesmo a afirmar que o Estado não deveria ir além do número de pessoas às quais pudesse chegar a voz do orador.

No mundo moderno, porém, a democracia surgiu sob a forma *indireta* ou *representativa*. Manteve-se o princípio da soberania popular (*todo poder emana do povo e em seu nome será exercido*), transferindo-se o exercício das funções governamentais aos *representantes* ou *mandatários* do povo. Democracia e representação política tornam-se, no mundo moderno, ideias equivalentes: fala-se em democracia e subentende-se o sistema representativo de governo.

Realmente, o Estado moderno, pelo aperfeiçoamento dos meios de comunicação, superou os obstáculos do número e da distância, colocando em pleno funcionamento o mecanismo das representações, mantendo contato imediato com as imensas populações, a tal ponto que se chega a conceber a formação de Estados continentais e até mesmo de um Estado mundial.

2. CONCEITO

Para aduzirmos o conceito atual de democracia, vamos nos reportar ao ponto sobre *formas de governo*. Distinguia Aristóteles três formas de governo: *monarquia* (governo de uma só pessoa), *aristocracia* (governo da minoria) e *democracia* (governo da maioria). Concluiu o genial filósofo estagirita pela condenação formal de todas elas, por entender que a forma ideal seria a constitucional ou política, com a intervenção de *todo o povo* no governo. Tal atitude decorreu do fato de que a democracia antiga já era considerada como o *governo da maioria*, não da totalidade do povo. Efetivamente governavam os cidadãos, e nem todas as pessoas possuíam direitos cívicos.

É verdade reconhecida desde os velhos tempos que na democracia não governa a totalidade do povo, mas, sim, o "maior número". E nem sempre é a *maioria* quem governa. O corpo eleitoral é formado pelos *cidadãos*, por aqueles que, reunindo as qualidades exigidas pela lei, exercem os chamados *direitos políticos*, ou *direitos de cidadania*. Convencionalmente, simbolicamente, é que se tira das manifestações eleitorais a vontade total ou geral. Num país de 60 milhões de habitantes, por exemplo, o corpo eleitoral não atinge 10 milhões, entretanto, a vontade da maioria eleitoral é considerada como a vontade dos 60 milhões de habitantes. E como a vontade eleitoral é apurada, geralmente, por maioria relativa, segue-se que a *vontade geral* chega a ser manifestada por uns 3 milhões de votos. Como admitiu o próprio Rousseau, a *vontade geral* é uma presunção e resulta da definição legal. Assim, preliminarmente, tenha-se em vista que *governo da maioria* tem um conceito legal, não real.

No caminhamento do raciocínio para se chegar ao conceito da democracia, faz-se mister ter em vista, por outro lado, que a classificação tríplice de Aristóteles está superada, não sendo mais considerada a democracia como *forma de governo.* Perante a moderna ciência do Estado as formas de governo são duas: Monarquia e República, subdivididas estas em várias modalidades. No seu conceito extrínseco ou formal, a democracia vem a ser uma modalidade da forma republicana (a República pode ser aristocrática ou democrática), e, intrinsecamente, é uma condição comum de qualquer governo, monárquico ou republicano. A Inglaterra, por exemplo, é uma Monarquia democrática; e, por outro lado, há uma infinidade de Repúblicas substancialmente antidemocráticas.

3. DEMOCRACIA EM SENTIDO FORMAL E SUBSTANCIAL

Nesta altura já se percebe claramente que a ideia de democracia pode ser tomada em duplo sentido – *formal* e *substancial.* Ou seja: um sentido estrito e outro amplo.

Em sentido formal ou estrito, democracia é um sistema de organização política em que a direção geral dos interesses coletivos compete à maioria do povo, segundo convenções e normas jurídicas que assegurem a participação efetiva dos cidadãos na formação do governo. É o que se traduz na fórmula clássica: *todo poder emana do povo e em seu nome será exercido.* Neste conceito, são pressupostos os princípios da temporariedade e eletividade das altas funções legislativas e executivas.

Em sentido substancial, sobre ser um sistema de governo temporário e eletivo, democracia é um ambiente, uma ordem constitucional, que se baseia no reconhecimento e na garantia dos direitos fundamentais da pessoa humana.

O mestre norte-americano Charles Merrian procura definir esse *ambiente* enumerando vários postulados essenciais: 1º) a dignidade do homem e a importância de se lhe dispensar tratamento fraternal, não discriminativo; 2º) a perfectibilidade do homem e a confiança nas suas possibilidades latentes, em contraposição à doutrina de castas rígidas, classes e escravidão; 3º) as conquistas da civilização consideradas como conquistas das massas; 4º) a confiança no valor da aquiescência dos governados, cristalizada em formas institucionais, como o fundamento da ordem, da liberdade e da justiça; 5º) a legitimidade das decisões tomadas por processos racionais, com o consenso de todos e refletindo normalmente resultados de debates livres e tolerantes, em lugar da violência e da brutalidade. Para isso, acrescenta o emérito professor da Universidade de Chicago, utiliza-se a democracia do sufrágio, dos conselhos representativos, das liberdades civis, da organização administrativa sólida e dos sistemas adjudicatórios.

Doutrinou ainda o eminente pensador norte-americano que a democracia tem por principal tarefa examinar e difundir as conquistas da civilização, bem como estabelecer, dentro dos limites da inteligência, os meios pelos quais essas conquistas possam contribuir para uma vida decente no meio social. São objetivos da democracia, em suma, eliminar o pauperismo, a insegurança, o desemprego, os mocambos rurais e urbanos; criar oportunidades para a juventude; estabelecer padrões básicos para uma vida decente e, de envolta com essas finalidades, assegurar a preservação dos valores humanos.

Esse *ambiente* democrático pode deixar de existir em uma República, ser suprimido por governos de origem popular, e até mesmo ser substituído por um clima de violências. Neste caso, o governo poderá ser democrático quanto à sua origem, mas não o será quanto ao seu exercício. Ao contrário senso, o governo poderá originar-se de um golpe de força, e desenvolver-se de maneira substancialmente democrática.

Já se vê que assume maior importância o conceito substancial, isto é, o conceito de democracia como um ambiente, um clima, em que se desenvolvem as atividades sociais, políticas e econômicas. Vale dizer que a democracia serve ao Estado como um *meio* para atingir o seu fim, e o *fim* do Estado só pode ser o mesmo da sociedade civil que o organizou e em função da qual ele existe.

O *fim* do Estado não consiste simplesmente em realizar a democracia. O Estado tem um fim imediato, que é o de manter a ordem sócio-ético-jurídica; e também um fim mediato, que é o de estabelecer, para todos, indistintamente, condições propícias tendentes à realização dos imperativos naturais da pessoa humana. A grande vocação do Estado, como afirmou Angelo Bruculleri, é servir à pessoa humana. O Estado não visa a realizar a democracia apenas para ser democrático, assim como o indivíduo não pode pretender a liberdade apenas para ser livre. A democracia para o Estado, assim como a liberdade para o indivíduo, é um *meio* e não um *fim*. Procuram, o Estado e o homem, atingir os seus fins pelo caminho do ideal democrático.

Portanto, a concepção de democracia lança suas raízes na própria natureza humana. Sejam quais forem as vicissitudes e os desvios que venham a sofrer os povos no curso de sua história, triunfará sempre o ideal democrático. Os próprios autocratas, detentores eventuais do poder e usurpadores da soberania popular, reconhecem a evidência desse fato, dessa lei natural da associação política, tanto que não ousam declarar a supressão da ordem democrática, mas instauram as ditaduras com o rótulo de "democracia".

DEMOCRACIA 303

Napoleão chamava o seu governo de *Império democrata*; Hitler apregoava que o sistema nazista era uma *Democracia autoritária*; Mussolini dizia que o fascismo era uma *Democracia proletária*; Salazar afirmou que o governo português é uma *Ditadura democrática*; Lenin e Stalin insistiram em que a Rússia é uma *Democracia socialista*; o "Estado Novo" brasileiro era uma *Democracia orgânica* etc. Todos enunciaram o princípio de que *o poder emana do povo* e procuraram legitimar seus atos constitucionais pela farsa do plebiscito realizado *a posteriori*. Mas nenhum deles conseguiu suprimir o ideal democrático enraizado na consciência das massas. Em tempo relativamente curto, todos os ditadores caíram, e cairão fatalmente, diante da reação da consciência democrática que tende naturalmente a sacudir o jugo do tirano para retomar o caminho da sua tradição histórica. É possível suprimir-se, em certos momentos, principalmente nas fases de crise nacional, as prerrogativas populares, mas nunca a ideia de democracia. Esta representa uma síntese dos princípios de direito natural, incontingentes, eternos e superiores à vontade dos agentes do poder temporal.

Reunindo-se ambos os conceitos – formal e substancial –, temos que a democracia consiste em um sistema de organização política no qual: 1º) todo poder emana do povo, sendo exercido em seu nome e no seu interesse; 2º) as funções de mando são temporárias e eletivas; 3º) a ordem pública baseia-se em uma Constituição escrita, respeitado o princípio da tripartição do poder de Estado; 4º) é admitido o sistema de pluralidade de partidos políticos, com a garantia de livre crítica; 5º) os direitos fundamentais do homem são reconhecidos e declarados em ato constitucional, proporcionando o Estado os meios e as garantias tendentes a torná-los efetivos; 6º) o princípio da igualdade se realiza no plano jurídico, tendo em mira conciliar as desigualdades humanas, especialmente as de ordem econômica; 7º) é assegurada a supremacia da lei como expressão da soberania popular; 8º) os atos dos governantes são submetidos permanentemente aos princípios da responsabilidade e do consenso geral como condição de validade.

No tocante ao problema socioeconômico, convém ressaltar que a democracia não se prende a nenhum sistema próprio. Os sistemas econômicos, normalmente, são distintos dos sistemas políticos, de sorte que a democracia, dentro da sua estrutura e sem a supressão dos seus postulados essenciais, comporta qualquer regime econômico, seja de natureza liberal, socialista ou corporativo, podendo ainda, como é frequente, compor um sistema eclético.

Para que um Estado seja classificado como democrático não importa indagar da sua filiação entre as doutrinas econômicas, pelo menos enquanto estas não assumam o caráter político-econômico que lhes deu o totalitarismo do século XX. É bastante que o Estado mantenha os princípios fundamentais acima enumerados. Para a solução dos problemas sociais e econômicos não há um caminho fixo, com direção imutável. A democracia não pode ser estática; deve ser dinâmica, para que possa acompanhar a evolução do mundo e fazer face às novas realidades que repontam a cada passo no cosmorama da sociedade.

XLVIII

DEMOCRACIA E IGUALDADE

1. Resumo histórico. 2. Igualdade em sentido formal e material. 3. Desdobramento e conceito social--democrático. 4. Conceito de igualdade econômica.

1. RESUMO HISTÓRICO

O princípio da igualdade, que é um dos pilares que sustentam o arcabouço doutrinário da democracia, nasceu com esta; e, assim, estende suas raízes à antiga Grécia, onde foi objeto das elucubrações filosóficas de Heródoto, Péricles, Eurípedes, e particularmente de Aristóteles, que lhe deu maior amplitude. Denominaram-no os filósofos helênicos *princípio da isonomia.*

O Estado antigo, porém, não chegou a praticar realmente o princípio da igualdade. As próprias Repúblicas gregas e romanas dos tempos clássicos admitiram a divisão da sociedade em castas e toleraram a escravidão. A República idealizada por Platão previa a divisão social, de maneira semelhante ao sistema de quatro castas, que na Índia até agora se conserva. O próprio Aristóteles admitia a escravatura, considerando-a como consequência das desigualdades que existem entre os homens. Afirmou que alguns homens possuem apenas a compreensão que lhes permite serem guiados pela inteligência dos outros, e que "a reunião da força material do escravo com a inteligência do patrão seria vantajosa para ambos".

Durante a Idade Média, o princípio da igualdade, compreendido entre as máximas do Cristianismo, teve ampla divulgação com os doutores da Igreja, enobrecido por um alto sentido humano e espiritual – *omnes nanque homines natura aequales sumus.* Mas o Estado medieval foi sempre baseado nas desigualdades sociais, e assim também na renascença e nos tempos modernos até ao deflagrar da revolução francesa, quando vigorava o sistema de *Três Estados* – Nobreza, Clero e Povo.

O humanismo político do século XVIII erigiu o princípio em postulado básico da democracia. Segundo a expressão de Montesquieu, o liberalismo fez desse princípio *o verdadeiro amor da democracia.* Deve-se notar que as aspirações igualitárias defendidas por Rousseau e pelos demais teóricos da revolução francesa, eram formuladas em caráter negativo, isto é, dirigidas precisamente contra os odiosos privilégios medievais, que, nos *Três Estados* de França, particularmente, assumiram proporções absolutamente incompatíveis com a dignidade natural da pessoa humana.

As antigas colônias britânicas da América do Norte, antes da revolução francesa, justificaram a guerra pela independência invocando os princípios de liberdade e igualdade apregoados pela filosofia política do século XVIII e pelo próprio liberalismo inglês. A Declaração de Virgínia, em 1776, proclamou que *all men are by nature equally free and independent*. E as declarações constitucionais posteriores deram a esse princípio uma expressão mais completa e de maior conteúdo jusnaturalista: *all men are born free and equal and have certain natural, essential and inalienable rights.*

A *Declaração dos Direitos do Homem e do Cidadão*, adotada pela Assembleia Nacional Constituinte de 1789, partiu da afirmação de que "os homens nascem e se conservam livres e iguais em direitos; as distinções sociais só podem ter por fundamento o proveito comum". E a *Declaração* votada pela Convenção Nacional, em 1793, salientou que *légalité consiste à ce que chacum puisse jouir des mêmes droits.*

A *Declaração da Organização das Nações Unidas* (ONU), de 6 de dezembro de 1948, formulou o mesmo princípio em bases positivistas. Rejeitada a emenda do Delegado brasileiro, que definia o homem como criatura de Deus, aprovou o plenário a seguinte fórmula em que transparece um acentuado conteúdo agnóstico-materialista: *Todos os seres humanos nascem livres e iguais em dignidade e direitos; são dotados de razão e consciência, e devem comportar-se, uns em relação aos outros, com espírito fraternal.*

Nas modernas Constituições democráticas, o velho princípio da isonomia vem encimando o capítulo da declaração dos direitos fundamentais do homem, sendo enunciado, geralmente, de modo conciso: *Todos são iguais perante a lei.*

2. IGUALDADE EM SENTIDO FORMAL E MATERIAL

A interpretação do enunciado, porém, é assunto controvertido, variando ao sabor das doutrinas sociais, políticas e econômicas.

No sentido formal, de igualdade jurídica (perante a lei) que lhe deu o liberalismo dos séculos XVIII e XIX, consiste no seguinte: a lei será uma

DEMOCRACIA E IGUALDADE

só para a nobreza, o clero e o povo; não concederá *títulos nobiliárquicos* e não admitirá privilégios de castas ou classes sociais; não permitirá a escravidão nem qualquer restrição de direitos ou prerrogativas que neguem a dignidade da pessoa humana; não conterá normas especiais que façam discriminações entre pessoas de diferentes raças, religiões ou ideologias; não criará tribunais de exceção; não ampliará nem restringirá os direitos de liberdade por razões de ordem pessoal, sejam quais forem.

O princípio da igualdade assim entendido, sem embargo da expressão *perante a lei*, é cogente para os três poderes; sua observância é condição de validade da lei feita ou a fazer-se, bem assim, dos atos administrativos e judiciários. Sua amplitude se estende às entidades autárquicas ou paraestatais, e também às empresas, associações e estabelecimentos particulares, na ordem civil.

O princípio da igualdade proíbe implicitamente a escravatura, sem necessidade da menção expressa que encontramos nas Constituições da América do Norte, México, Argentina, Colômbia, Chile, Costa Rica, Bolívia, Paraguai e Venezuela; impede também a concessão de títulos de nobreza, independentemente do impedimento expresso consignado nas Constituições do México, Equador, Nicarágua, Paraguai e Uruguai. A Constituição cubana foi mais explícita ainda, ao declarar *ilegal y punible toda discriminación por motivos de sexo, raza, color o clase y cualquiera lesiva a la dignidad humana*. E, assim como a Constituição da Nicarágua, acrescentou a Magna Carta de Cuba que *no se reconoce otra distinción que la de los talentos o las virtudes*.

A capacidade intelectual e as virtudes morais determinam, sem dúvida, certas distinções que o Estado não poderia deixar de acolher, notadamente no que respeita ao exercício de certos direitos e prerrogativas. Aliás, uma das funções do Estado está em criar e defender os valores pessoais sobre os quais assenta a estrutura moral da nação. Ressalvadas, assim, as aptidões e qualidades personalíssimas, pressupõe-se a igualdade formal de todos, cabendo ao poder público impedir, no meio social, os atos discriminatórios. No Brasil, por exemplo, as restrições particulares por preconceitos de raça ou cor são punidas como contravenções penais.

O conceito individualista da igualdade, estritamente jurídico e formal, fazendo abstração das desigualdades humanas e orientando a atitude de neutralidade do Estado em face dos problemas sociais e econômicos, revelou-se inconsistente e falho, criando uma ordem materialista que levou o Estado liberal à decadência e à ruína completa.

A reação do socialismo extremado deu ao princípio da igualdade um conceito diametralmente oposto, em sentido material e biológico, ou seja, de nivelamento social. Preocupando-se exclusivamente com o todo coletivo, fez abstração das individualidades naturalmente desiguais, criando uma ordem materialista mais anti-humana ainda, na qual o homem aparece como simples *coisa* pertencente ao Estado. Foi o que a doutrina cristã chamou, muito apropriadamente, de *coisificação* do homem.

Ora, a igualdade material é praticamente inconcebível e eminentemente absurda. Na ordem natural as desigualdades foram estabelecidas pelo Criador do mundo, e a nenhum poder temporal é dado suprimi-las. Os indivíduos são humanamente desiguais, na sua constituição física e na sua formação psíquica. Além disso, são socialmente desiguais em inteligência, cultura, capacidade de ação, posição social, situação econômica etc.

Diante dessa realidade, o princípio da isonomia só pode ser entendido racionalmente, no sentido de promover, tanto quanto possível, uma igualização formal das desigualdades materiais. Cabe ao Estado levar em conta todas as desigualdades humanas e sociais e *tratar desigualmente os seres desiguais, na proporção em que se desigualam, para igualizá-los no plano jurídico.*

3. DESDOBRAMENTO E CONCEITO SOCIAL- -DEMOCRÁTICO

O regime social-democrático, conciliando os postulados essenciais do individualismo e do socialismo, adota um conceito racional da igualdade, dividindo-a, para melhor compreensão, em quatro categorias: *a) igualdade jurídica*, no sentido de afastar qualquer tratamento discriminatório por motivos de raça, cor, religião, ideologia, posição social ou outros que possam afetar a dignidade humana; *b) igualdade de sufrágio*, que se traduz no valor unitário do voto, seja do chefe de família ou do celibatário, do rico ou do pobre, do patrão ou do operário, do letrado ou do ignorante; *c) igualdade de oportunidade*, isto é, idêntica possibilidade a todos de acesso à cultura universitária, às funções públicas e às conquistas da ciência; *d) igualdade econômica*, consistente no estabelecimento de um padrão mínimo de vida que corresponda com as necessidades normais do homem, levando-se em conta os seus encargos de família.

Esta última, que só vem colocada em quarto lugar pela ordem cronológica do surgimento delas no campo doutrinário, é realmente a mais importante, tanto que, não sendo levada em conta, desaparecem ou se tornam

DEMOCRACIA E IGUALDADE

utópicas as três outras categorias de igualdade. Não basta haver direitos políticos iguais; é preciso que haja condições materiais favoráveis para que o homem exerça as franquias democráticas. Como bem afirmou Luiz Blanc, a liberdade como *direito* não tem significação quando o homem não tem o *poder* de ser livre.

Igualdade jurídica, igualdade de sufrágio e igualdade de oportunidade, como todos os direitos políticos, são miragens para o homem economicamente miserável, empenhado de corpo e alma em salvar o maior de todos os direitos humanos, que é o direito à sobrevivência. Nem ao Estado nem à própria sociedade aproveitam os enunciados constitucionais de ideias místicas, sem conteúdo prático. Como salientou o eminente sociólogo cearense Abelardo F. Montenegro, de nada serve dizer que o povo é soberano na democracia, se nela o povo não passa de um soberano descalço, de um soberano analfabeto, de um soberano doente e miserável.

Sem embargo do nosso repúdio à igualização materialista e anti-humana criada pelo bolchevismo russo, não há como deixar de reconhecer um considerável teor de verdade existente na doutrina do *materialismo histórico* de Marx, quando sustenta que a estrutura social, jurídica, política e religiosa das sociedades decorre do fator econômico. Até mesmo a estrutura religiosa admite-se porque a história tem comprovado que, debatendo-se na miséria econômica, o homem não se revolta apenas contra as instituições sociais, mas se desespera do próprio Deus. Diante dessa realidade cabe ao Estado, no cumprimento da sua finalidade, enfrentar o problema da *igualdade econômica*, equacionando-o à luz dos métodos científicos, da razão humana e da doutrina cristã, no sentido de minorar as grandes desigualdades e fixar padrões mínimos de vida, para proporcionar ao homem a possibilidade de realizar o seu destino como cidadão e como pessoa humana.

4. CONCEITO DE IGUALDADE ECONÔMICA

A igualdade econômica, no sistema social-democrático, não se corresponde com a igualdade material nem com o nivelamento econômico do socialismo extremado, nem ainda importa em negar a ordem capitalista. Trata-se da fixação de um padrão mínimo, dentro do qual se realiza essa igualdade. Em outras palavras: a igualdade econômica realiza-se em um *nível mínimo*, considerado como *ponto de partida*. Acima desse nível pode haver, e haverá naturalmente, uma crescente gradação de padrões. Além desse *ponto de partida* há um campo amplo e relativamente livre, onde a vida segue o seu dinamismo, onde se desenvolvem as competições dos valores, onde se empenham nas lutas cotidianas os atributos de inteligência, capacidade de trabalho, espírito de persistência, visão no mundo dos negócios, até mesmo de coragem e ousadia.

As diferenças ou *desigualdades* econômicas surgem das competições posteriores ao *ponto de partida*. Nessas competições o Estado é apenas o árbitro, não podendo anular o esforço de cada um nem usurpar as conquistas do trabalho para impor um nivelamento econômico no ponto de chegada. Se o fizesse, suprimiria a força criadora e fecunda do idealismo humano, que é a alavanca do progresso e o dínamo propulsor da civilização.

Releva observar, como adverte Charles Merriam, que o Estado limita-se a construir o arcabouço em que se engastam os valores humanos, e a assegurar a todos igual oportunidade. Não tem ele a finalidade nem o dever de cuidar da situação particular de cada um. O fim do Estado, salienta Cathrein, é estabelecer condições gerais propícias ao bem-estar comum, não o de tornar feliz cada membro do corpo social particularmente considerado.

O padrão mínimo de vida econômica é variável no espaço e no tempo, dependendo, naturalmente, das condições gerais de prosperidade pública existentes em cada país, em cada época. Para determiná-lo o governo nomeia comissões especializadas, as quais realizam estudos técnicos, fazem o levantamento de dados estatísticos, apuram o valor médio do *custo de vida* e fundamentam as propostas, que se converterão em leis ou decretos, fixando as bases mínimas dos salários, em cada região do país. Outras comissões fixam os limites máximos de preços dos gêneros e serviços essenciais. Medidas de assistência, previdência social, política tributária etc. contribuem para a manutenção do nível mínimo estabelecido.

Tais providências, próprias do sistema de *economia dirigida* e *características do intervencionismo estatal*, visam à proteção das classes economicamente fracas, e ao mesmo tempo, à contenção dos abusos do poder econômico. E, para exercitá-las, o Estado leva em conta as desigualdades humanas e sociais e procura eliminá-las no plano jurídico, tanto quanto for necessário para estabelecer e manter o padrão mínimo onde se concretiza o princípio da igualdade econômica. Até nesse ponto, o Estado trata desigualmente as pessoas desiguais, na proporção em que desigualam. É esse o sentido da doutrina social-democrática, mediadora entre os extremos individualista e socialista.

Essa dedução do conceito de igualdade do plano sócio-ético-econômico afina com a brilhante lição de João Mangabeira: "A igualdade perante a lei não basta para resolver as contradições criadas pela produção capitalis-

DEMOCRACIA E IGUALDADE

ta. O essencial é igual oportunidade para a consecução dos objetivos da pessoa humana. E para igual oportunidade é preciso igual condição. Igual oportunidade e igual condição entre homens desiguais pela capacidade pessoal de ação e de direção. Porque a igualdade social não importa nem pressupõe um nivelamento entre homens naturalmente desiguais. O que ela estabelece é a supressão das desigualdades artificiais criadas pelos privilégios de riqueza, numa sociedade em que o trabalho é social e, consequentemente, social a produção, mas o lucro é individual e pertence exclusivamente a alguns".

Em outros termos, corresponde com o pensamento social-democrático o conceito de Manorco e Sousa, segundo o qual, "o direito de igualdade unicamente se pode admitir no sentido de uma paridade de direitos numa correspondente paridade de condições".

XLIX

DEMOCRACIA E LIBERDADE

1. Divisões dos direitos de liberdade. 2. Liberdades absolutas e relativas. 3. A liberdade nas teorias absolutistas. 4. A liberdade na teoria do contrato social. 5. Conceito individualista. 6. Conceito social-democrático. 7. Teoria de Groppali. 8. Liberdade e autoridade.

1. DIVISÕES DOS DIREITOS DE LIBERDADE

Assim como a igualdade, a liberdade é uma das pedras angulares da democracia, como afirmou Aristóteles. Encarando a liberdade de modo realista e amplo, como fundamento, princípio e fim da democracia, distinguiu o sábio estagirita dois conceitos diversos, um *positivo* e outro *negativo*. No primeiro conceito, a liberdade consiste na faculdade individual de autodeterminação, que o Estado deve proteger e garantir; e, no segundo, é a ausência de impedimentos externos ou de limitações oriundas do poder público.

Essa distinção mantém o seu valor doutrinário na atualidade. Diz-se que o direito de liberdade é *positivo* quando exige a ação do poder público, isto é, quando a autoridade estatal deve fazer-se presente para regulamentar e garantir a sua efetivação (exemplos – liberdade de reunião, de associação, de exercício das prerrogativas de cidadania etc.), e *negativo* quando depende da abstenção, ou seja, da não intervenção do Estado (exemplos – liberdade de pensamento, de crença etc.).

Os direitos de liberdade podem ser *civis* ou *políticos*, conforme digam respeito às relações dos indivíduos entre si ou dos indivíduos com o Estado (conceitos de *direito privado* ou de *direito público*).

Justifica-se esta disparidade conceitual porque a liberdade civil existiu sempre, desde os mais remotos tempos, tanto que dela cogitou o velho Código Hamurabi, ao passo que a liberdade política surgiu na doutrina do direito público, a partir do século XII, com as doutrinas do cristianismo, do direito natural e do humanismo político.

314 TEORIA GERAL DO ESTADO

Classificam-se ainda os direitos de liberdade em *objetivos* e *subjetivos*. Os primeiros são de natureza patrimonial (direitos ao livre exercício das atividades físicas, intelectuais e morais, à inviolabilidade do domicílio e da propriedade etc.), e os segundos são aqueles inerentes à personalidade (direitos de livre manifestação do pensamento, de livre locomoção etc.).

2. LIBERDADES ABSOLUTAS E RELATIVAS

Os direitos de liberdade em geral podem ser *absolutos* ou *relativos*.

Em regra, todos os direitos de liberdade são *relativos*, isto é, limitados e condicionados pelo Estado. A liberdade absoluta envolve a ideia de anarquia, sendo incompatível com os interesses da sociedade. Como observa Pontes de Miranda, a liberdade absoluta supõe a unicidade do ser livre, o que é inconcebível em face do direito natural e das ciências. Sobretudo, nem Deus seria absolutamente livre, porque criou as leis imutáveis e eternas do mundo. Os cálculos da curvatura do espaço, os menores teoremas de matemática e a própria lógica seriam limitações de Deus.

Entretanto, desde que se fale em *liberdade de pensamento* e *liberdade de crença* como direitos, estes são realmente absolutos, porque nenhum poder temporal poderia controlar o pensamento do homem ou impor-lhe determinada crença.

Não há que confundir entre liberdade de pensamento e liberdade de manifestação do pensamento, entre liberdade de crença e liberdade de culto. Os direitos de manifestação do pensamento ou da crença são atos exteriores que entram no mundo jurídico e estão sujeitos à função disciplinadora do Estado. Não assim o pensamento em si, a convicção ideológica, a fé religiosa, que vivem e se desenvolvem no mundo do espírito, onde só Deus pode penetrar.

O Estado absolutista, onipotente e onisciente, desde a antiguidade, tem pretendido estender a sua ação ao foro íntimo do homem e impor à opinião pública, pela força coativa, ideologias e religiões oficiais. Entretanto, sempre foram inúteis e ridículas essas tentativas de dirigir as ondas da opinião pública como inúteis e ridículos eram os brados daquele rei inglês que, assentado na cadeira do seu trono colocada numa praia, e vendo que as ondas revoltas lhe vinham molhar os respeitáveis pés, ordenava ao mar que retrocedesse.

Pode o Estado disciplinar os espíritos e influir na opinião pública pela ação educativa, mas nunca pela imposição autoritária, porque o mundo do

DEMOCRACIA E LIBERDADE

pensamento só encontra limitação em si mesmo e só se dobra à soberania de Deus.

O grande expoente do liberalismo, John Locke, colocou a questão nos seus devidos termos, ao afirmar que a função do Estado não vai além de regulamentar e dirigir as *relações externas da vida do homem em sociedade.*

Ressalvados os direitos naturais subjetivos e negativos, que são absolutos por sua natureza, toda liberdade é relativa e variável, seja no seu conceito subjetivo, como poder da consciência e da vontade sobre o organismo que integra a sociedade, seja no seu conceito objetivo, como conjunto das condições imediatas necessárias à manifestação completa da personalidade humana.

3. A LIBERDADE NAS TEORIAS ABSOLUTISTAS

Vejamos agora o conceito de liberdade segundo as doutrinas do Estado absolutista:

Thomaz Hobbes, desenvolvendo a seu modo a doutrina do direito natural de Grotius, formulou a ideia de uma *liberdade natural* ampla e ilimitada, cujo exercício, por parte do indivíduo, se exauria com a elaboração do pacto social. O homem, no estado de natureza, é dotado de uma liberdade absoluta, que o configura como um animal feroz, em luta permanente com os seus semelhantes – *bellum omnium contra omnes.* Ao organizar o Estado, pela fórmula contratualista, visando a estabelecer a paz e a ordem no seio da sociedade, o homem transfere inteiramente a sua liberdade ao órgão diretivo do corpo social, cabendo ao Estado, daí por diante, determinar, condicionar e explicar a vontade humana, através das leis civis. Assim, em troca da sua *liberdade natural* transferida ao Estado, o homem recebe a *liberdade civil* que promana do arbítrio do mesmo Estado, conforme com as conveniências sociais. Dessa teoria contratualista de Hobbes defluem as seguintes premissas: *a)* o homem, pelo contrato social, despoja-se de toda a liberdade natural para adquirir a liberdade civil determinada pelo poder público; *b)* o Estado torna-se depositário de todos os direitos naturais de liberdade, que exerce em nome dos indivíduos. Conclusão: o Estado, como síntese de todos os princípios superiores de direito natural, é onipotente e absoluto; é o deus terreno, o grande Leviatã. Logo, não há liberdade fora do Estado nem contra o Estado. O exercício de qualquer liberdade em desacordo com os limites traçados pelo Estado seria uma contradição à natureza e à onipotência deste.

Robert Filmer, teórico do sistema monárquico patriarcal, a quem Locke chamou "o grande campeão do poder absoluto", proclamava que a maior liberdade de um povo consiste em viver sob o governo de um monarca. E Maquiavel, outro notável teórico do absolutismo, parte do princípio de que "a necessidade de viver é que domina os Estados como os indivíduos". Em última análise, todas as doutrinas absolutistas são negativas das liberdades individuais.

4. A LIBERDADE NA TEORIA DO CONTRATO SOCIAL

Contrapondo-se às doutrinas absolutistas e orientando a teoria do contrato social em sentido eminentemente democrático, John Locke demonstrou que o Estado tem por finalidade proteger os direitos humanos, não intervindo na ordem social senão para regulamentar as relações externas da vida do homem em sociedade. Nessa doutrina, ressalvou os direitos de liberdade que decorrem do direito natural, os quais permanecem com os indivíduos, cumprindo ao Estado garantir-lhes o exercício. O pensamento de Locke afina com o de Spinoza. Ambos refutaram a concepção hobbeseniana, formulando uma concepção racional do contratualismo: a razão ensina ao homem que a sociedade é útil, que a paz é preferível à guerra e que o amor prevalece sobre o ódio. E, cedendo os seus direitos ao Estado, os homens quiseram instituir um órgão que lhes garantisse a paz, a prosperidade e a justiça. Se o Estado se desvia da sua finalidade, se falha em relação aos seus objetivos, deve ser dissolvido para que outro se organize. Tal concepção racional do contratualismo chega à conclusão de que os indivíduos não transferiram ao Estado suas liberdades de direito natural, e de maneira alguma a sua liberdade de pensar, conseguintemente, seu pensamento continua livre enquanto não se manifesta em rebelião material.

5. CONCEITO INDIVIDUALISTA

Nesse mesmo sentido racionalista doutrinou Montesquieu, condenando os extremos anarquista e absolutista na conceituação da liberdade para subordiná-la ao império da lei: "a liberdade não pode consistir em fazer o que se quer, mas em poder fazer o que se deve querer e em não se ser obrigado a fazer o que se não deve querer. Se um cidadão fosse livre para fazer o que as leis proíbem, já não teria liberdade, porque os outros teriam também esse poder".

Foi esse conceito adotado na primeira Constituição francesa de 1791: "a liberdade consiste em poder fazer tudo o que não prejudique a outrem – assim, o exercício dos direitos naturais de cada homem não tem por limites senão aqueles que asseguram aos outros membros da sociedade o gozo destes mesmos direitos. Tais limites não podem ser determinados senão pela lei".

A Constituição girondina de 1793 reafirmou esse mesmo conceito individualista: "a liberdade consiste em poder fazer o que não for contrário aos direitos de outrem".

Essa definição dos direitos de liberdade foi também condensada na fórmula seguinte: "a liberdade de cada um termina onde começa a liberdade do seu semelhante".

Esse conceito provém da teoria do contrato social *racionalizada* por Rousseau, mas ainda prenhe de misticismo e de muito *romantismo* político. O grande genebrino manteve a distinção entre *liberdade natural* e *liberdade civil*, nos seguintes termos: "o que o homem perde pelo contrato social é a sua liberdade natural, e o que adquire é a liberdade civil. Distingue-se a primeira, que não reconhece limites outros além da força dos indivíduos, da segunda, que está protegida e limitada pela vontade geral".

A liberdade assim concebida, operando no campo socioeconômico, tornou-se privilégio das classes abastadas. Criou o domínio dos mais fortes sobre os mais fracos, favoreceu o absolutismo do poder econômico e determinou a escravização do homem pelo homem. O Estado liberal, que se limitava a *policiar* a ordem jurídica, desmoralizou-se completamente.

6. CONCEITO SOCIAL-DEMOCRÁTICO

O mundo de após-guerra, convulsionado pelas violentas reivindicações das massas obreiras insufladas pelo socialismo marxista, já não podia comportar aquela ideia de liberdade inconsistente, fictícia, abstrata, de conteúdo metafísico. O operariado, teoricamente livre, tornou-se realmente escravizado. Em tal situação, sentiram as democracias liberais o peso da verdade imperativa que ressaltava das máximas socialistas como a de Luiz Blanc: *a liberdade não consiste apenas no direito, mas no poder de ser livre.*

Sobre os escombros das doutrinas liberalistas estruturaram-se as doutrinas do direito social. Os direitos individuais passaram a subordinar-se aos direitos da sociedade, até onde fosse necessário para o restabelecimento do equilíbrio social, sob a supervisão do Estado que se tornara *intervencionista*.

Admitiu assim, em princípio, a antítese de Stuart Mill: *a liberdade consiste em se poder fazer ou deixar de fazer tudo o que, praticado ou deixado de ser praticado, não desagregue a sociedade nem lhe impeça os movimentos.*

O novo conceito social-democrático foi exposto de maneira expressiva na *Declaração dos Direitos do Homem*, promulgada pela ONU. Os direitos individuais de liberdade passam a ser limitados pelos deveres do cidadão para com a comunidade. Tais limitações, longe de ferirem a dignidade da pessoa humana, tendem a valorizá-la, uma vez que o homem não encontraria ambiente para o desenvolvimento da sua personalidade e a realização do seu destino transcendental fora da sociedade. Todas as vezes que o Estado, pelas suas leis, impõe limites ao exercício da liberdade, age em defesa da própria liberdade e conforme as leis gerais da liberdade: a lei que me impede de prejudicar os interesses de outrem é a mesma lei que garante os meus direitos e as minhas prerrogativas contra todos os demais membros da sociedade.

7. TEORIA DE GROPPALI

Em resumo de tudo quanto foi exposto, é preciso tirar uma conclusão e determinar um critério mais ou menos objetivo, pelo qual se possa equacionar o problema da liberdade, segundo o conceito eclético (individualista e socialista) ante a realidade dos fatos ocorrentes.

Neste sentido, o que encontramos de melhor, de mais claro e prático, é o critério que podemos chamar *técnico-jurídico*, de Alexandre Groppali, professor de *Doutrina do Estado* na Universidade de Milão.

Groppali, tomando posição entre a teoria de Renelletti, que sustenta a unicidade e a indivisibilidade do direito de liberdade, e a teoria de Romano, que afirma existirem tantos desses direitos isolados quantas são as manifestações da liberdade individual tutelada pela lei, equaciona o problema nos seguintes termos:

A lei pode assumir as seguintes atitudes em confronto com as ações humanas: *a*) proibi-las quando contrastam com a coexistência social, com a ordem pública ou com as finalidades do Estado; *b*) tutelá-las quando sejam úteis e concordem com os fins estatuídos; *c*) comandá-las quando sejam necessárias ao interesse social; e, *d*) permanecer indiferente em relação a elas, quando irrelevantes.

A liberdade move-se e concretiza-se nesta última zona de atividade ignorada pelo direito. Pode-se, portanto, dizer que entre tudo aquilo que se deve fazer (preceito positivo) e tudo aquilo que se não deve fazer (preceito negativo) está tudo quanto se pode ou não fazer, pertencente à esfera da liberdade.

Em outros termos: a liberdade consiste em se poder fazer tudo o que não é vedado pela lei, e em se não fazer o que não é imposto pela lei. O que não é juridicamente vedado é juridicamente permitido e implicitamente tutelado.

8. LIBERDADE E AUTORIDADE

Como demonstraremos em outro ponto (O Estado e o Homem), o principal problema do Estado consiste na equação dos termos *liberdade* e *autoridade*.

Este problema pode apresentar três soluções distintas: *a*) preeminência do termo autoridade; *b*) preeminência do termo liberdade; *c*) equilíbrio entre os dois termos.

Se o princípio da autoridade se sobreleva, surge o Estado forte, autoritário, abrangendo todas as atividades do homem. O Estado fascista era dessa classe, e sua divisa foi a seguinte: *tudo dentro do Estado*, *nada fora do Estado*, *nada contra o Estado.* Pio XI qualificou de *estatolatria* essa mística da autoridade.

Por outro lado, preponderando a liberdade sobre a autoridade, pode-se chegar à anarquia, ou, quando não, à onipotência desenfreada das assembleias populares. O Estado individualista francês, nos fins do século XVIII e na primeira metade do século XIX, personificou este tipo libertário: ora se degenerou numa semianarquia, ora se transformou em sanguinária ditadura do Parlamento. Como afirmou Duguit, "a doutrina individualista oscilava entre o anarquismo de um Stirner e o jacobinismo de um Robespierre".

A terceira solução é a do equilíbrio entre a liberdade e a autoridade. Compete à ciência política compor as fórmulas tendentes e estabelecer esse equilíbrio, de sorte que a autoridade, agindo na sua esfera própria de ação, não prejudique as manifestações legítimas da personalidade humana, e a liberdade, exercida também na sua esfera própria, não se oponha à ação do poder público exercida em função do interesse social.

Um equilíbrio perfeito seria a realização plena do ideal democrático. Mas essa plenitude está longe de ser alcançada, principalmente entre os povos de menor nível cultural. A democracia se desenvolve paralelamente com a educação do povo, particularmente com a *educação política.* Com muita razão, afirmou Laski que "a educação é a alma da democracia". A Grã-Bretanha e a Suíça são hoje verdadeiras "metrópoles universais da liberdade política", como acentuou Sampaio Dória, pois conseguiram estabelecer e manter um aproximado equilíbrio entre a autoridade e a liberdade.

L

DEMOCRACIA E ELITES DIRIGENTES

1. Conceito real de democracia. 2. Expressão qualitativa do corpo eleitoral. 3. Seleção de valores. 4. Conceito de elite dirigente e sua responsabilidade histórica.

1. CONCEITO REAL DE DEMOCRACIA

O conceito de democracia como *governo do povo* pertence ao domínio da teoria. O governo de todos não existiu nem na democracia direta do século de Péricles. O Estado ateniense, por exemplo, era liderado pelos sábios, e as assembleias populares eram formadas pelos cidadãos, não pela totalidade do povo.

Até mesmo o conceito de *governo da maioria*, como já demonstramos, é convencional e puramente teórico.

Essa realidade impressionou o próprio Rousseau, tanto que no seu *Contrato social* há um trecho que contradiz toda a doutrina: *A tomar o termo no rigor da sua acepção, nunca existiu a verdadeira democracia, e jamais terá ela existência. É contra a ordem natural que o grande número governe e que o pequeno número seja governado.*

Referia-se Rousseau, evidentemente, ao fato de que o escol social é sempre minoria. Como demonstrou Sismond, *o mérito é sempre minoria.* E Stuart Mill completou: *a massa é sempre uma mediocridade coletiva.*

2. EXPRESSÃO QUALITATIVA DO CORPO ELEITORAL

O corpo eleitoral, que manifesta a *vontade política* da nação, é essa minoria meritória, pensante, alistada pelo Estado entre os cidadãos mais esclarecidos e independentes, que atendem aos requisitos mínimos da lei.

A tendência da democracia representativa se desenvolve no sentido de um aperfeiçoamento qualitativo do corpo eleitoral. Promove o Estado a seleção, não só pelas leis substantivas que definem a capacidade política, como também pelas leis adjetivas que regem o alistamento e o exercício dos direitos de cidadania.

Doutro modo, se prevalecesse o critério quantitativo, chegar-se-ia à *ditadura do número*, ao império das massas ignaras, personalistas, incapazes de abstrações e de discernimento. Nesta hipótese, a democracia degenera-se em demagogia (governo irrefreado das massas incultas) como doutrinou Aristóteles e repetiu Montesquieu.

Nos países de elevado nível cultural é possível que o corpo eleitoral alcance a maioria real, mas, como isso não se verifica senão excepcionalmente, cumpre ao Estado fazer com que o corpo eleitoral supra pela capacidade a deficiência numérica.

Da inteligência do corpo eleitoral, da sua capacidade de discernimento, da sua integridade cívica e moral, dependem, sem dúvida, não só a vitalidade mas a própria sobrevivência da democracia representativa no mundo atual.

3. SELEÇÃO DE VALORES

O primeiro dever da democracia, disse-o muito bem Joseph Barthélemy, é aceitar a direção dos mais capazes.

A primeira seleção de capacidade é feita pela lei, ao recrutar os cidadãos mais aptos para constituírem o corpo eleitoral (minoria que irá expressar, convencionalmente, a vontade da maioria).

Em segundo plano, compete ao corpo eleitoral selecionar, pelo exercício do voto nas eleições gerais, os cidadãos que irão governar como representantes do povo.

Em geral, as leis não estabelecem requisitos mínimos de capacidade moral e cultural para os candidatos ao exercício das funções eletivas, o que é um grave erro. A seleção se faz pelo critério pessoal dos eleitores, e este critério, frequentemente, se anula nos movimentos impetuosos e irracionais das massas.

Não só a definição legal da capacidade eleitoral passiva, mas, também, outros problemas de vital importância para a democracia representativa devem integrar a ação do Estado: a educação política do povo e a formação de elites dirigentes. Para os futuros eleitores, a educação política dentro dos programas escolares básicos da instrução pública, e para os futuros governantes, cursos especiais de cultura política, paralelamente aos cursos ginasiais, colegiais, médios e universitários.

4. CONCEITO DE ELITE DIRIGENTE E SUA RESPONSABILIDADE HISTÓRICA

A elite dirigente do Estado não representa o povo apenas politicamente, mas também culturalmente. Ela reflete a nação, sobretudo, como unidade cultural. Uma corporação legislativa cujos membros, no seu conjunto, revelem um grau de cultura ou de compostura moral abaixo do termo médio, jamais assegurará o prestígio das instituições, e de maneira alguma poderá contribuir para o aperfeiçoamento da ordem democrática.

O Estado democrático não pode declinar da sua tarefa de preparar as elites dirigentes, como medida de integração e de autodefesa. Não há como fazer abstração da realidade: em toda parte se confirma a regra de que o Estado democrático é dirigido por uma minoria que constitui o escol da sociedade. E, por consequência, a sua pujança moral e material depende do valor da elite governante. Como salienta Pedro Calmon, "a democracia inorgânica só é exequível porque uma elite reduzida administra e governa, dando continuidade, lucidez e espírito público ao Estado, doutra forma anarquizado pela dispersão das forças opinativas".

Essa elite sobre a qual repousa a ordem democrática não consiste numa classe privilegiada à semelhança das aristocracias medievais. Definindo-a com o brilhantismo que lhe é peculiar, Abelardo F. Montenegro, aplaudido sociólogo cearense, salientou que "elite, naturalmente, é a minoria letrada e pensante que ocupa posições importantes nos múltiplos setores da vida pública nacional. É a minoria responsável pela formação intelectual e moral e pela direção espiritual do povo". E acrescenta: "se elite é isso, está claro que o seu papel é o de esclarecer, orientar, separar o joio do trigo, defender aqueles valores sobre os quais, axiologicamente, assenta a estrutura moral da nação. A elite deve estar, portanto, em constante vigilância, sempre alerta no sentido de impedir que tais valores se subvertam e o mar de lama penetre pela enorme brecha, acarretando a morte moral do povo".

Em reforço da sua conceituação, invoca ainda o encantador publicista da *Terra de Iracema* a lição do ilustre Prof. Djacir Menezes: "as legítimas elites são aquelas que colaboram na obra de construção nacional. São aquelas que examinam, equacionam, interpretam e apresentam soluções para os problemas. São aquelas que, no exame da diátese, apontam as verdadeiras causas. São aquelas que proclamam o direito de exprimir, de investigar e de pensar como inelutável, imprescritível e eterna prerrogativa de inteligência filosófica e científica".

Os elementos dessa verdadeira elite não saem apenas das universidades e dos grandes centros urbanos, mas também das escolas rurais, das fábricas e dos campos, onde a realidade palpitante da vida plasma a consciência dos autênticos cidadãos. Integram a elite que deve dirigir o Estado todos os homens dotados de boa formação mental, de coração compassivo e de espírito elevado, capazes, portanto, de edificar, com coragem, dedicação e desprendimento, aquele mundo de paz e harmonia que Cristo indicou aos homens na sublimidade da sua doutrina e na mansuetude do seu sacrifício. A democracia é um ideal que as gerações presentes não atingiram, mas procuram realizar para as gerações vindouras. É um mundo de justiça social que ainda divisamos longe da época em que vivemos, mas que não deve ser perdido de vista em nenhum momento como objetivo da nossa vida pública.

LI

DEMOCRACIA LIBERAL
E DEMOCRACIA SOCIAL

1. Aspectos da democracia liberal e sua decadência. 2. Fundamentos da democracia social. 3. Intervencionismo estatal. 4. As correntes liberais modernas: neoliberalismo e social-liberalismo.

1. ASPECTOS DA DEMOCRACIA LIBERAL E SUA DECADÊNCIA

A democracia liberal do tipo clássico, estruturada sobre as bases da filosofia política do século XVIII, fechou o seu ciclo depois da primeira guerra mundial. Com a Constituição alemã de Weimar, em 1919, abriu-se o ciclo da social-democracia.

Deve-se o fracasso do Estado liberal ao fato de ter ele atuado estritamente no plano político-jurídico, sem disciplinar a ordem socioeconômica. Essencialmente individualista, desconheceu os direitos da sociedade. Falhou até mesmo no seu individualismo por desconhecer o homem-operário, materialmente fraco e premido no meio social por insuperáveis dificuldades de ordem econômica. Profundamente libertário e igualitário, declarou que todos os indivíduos possuem os mesmos direitos e as mesmas possibilidades, de sorte que ao Estado competia apenas policiar a ordem jurídica. A vida social e econômica deveria desenvolver-se naturalmente, à mercê das iniciativas individuais, de conformidade com as leis do liberalismo econômico, a lei da oferta e procura, a da livre concorrência etc., as quais conduziriam a sociedade, fatalmente, a uma ordem ideal desejada por todos. Tinha o Estado por lema o postulado clássico do liberalismo econômico: *Laissez-faire, laissez-passer, et le monde va la lui-même...*

Essa atitude típica do Estado-polícia – *L'État Gendarme* –, atento somente à ordem jurídica e indiferente aos problemas sócio-ético-econômicos, acarretou o desequilíbrio social, a luta entre o capital e o trabalho e o desencadeamento dos atos de violência das massas proletárias, máxime, quando insufladas pelo manifesto comunista. A riqueza acumulou-se em

326 TEORIA GERAL DO ESTADO

proporções astronômicas nas mãos de uma minoria privilegiada, enquanto a imensa maioria do povo era escravizada pelo domínio capitalista. O Estado liberal, que tanto empolgara a humanidade sofredora nos idos da revolução francesa, tornara-se, no dizer de Thierry Maulinier, "o reino dos cidadãos teoricamente livres e materialmente escravizados".

2. FUNDAMENTOS DA DEMOCRACIA SOCIAL

Sobre as ruínas do Estado individualista, no mundo de após-guerra, ergue-se uma nova ordem, alicerçada nos princípios de justiça social, que deveria substituir aquele quadro real refletido nas seguintes palavras do Deão de Canterbury: a imensa riqueza se ostentando no meio da fome, o homem sem o controle dos seus meios de vida, a escassez para uns e a opulência para outros, a busca do maior lucro em lugar da busca do maior bem, a liberdade formal e não a liberdade junto com a oportunidade, uma maioria que morre de inanição ao lado de uma minoria que se esbalda na opulência e na grandeza.

Na iminência de perecer, o Estado liberal transigiu diante de certas verdades irrecusáveis pregadas pelo socialismo, e evoluiu cedendo lugar ao Estado social.

O Estado neutro e indiferente foi substituído pelo Estado atuante, intervencionista, cujo objetivo era o de restabelecer a harmonia tradicional entre o capital e o trabalho, entre as classes patronais e obreiras. A nova ordem democrática acolhe as cooperativas, os sindicatos, as associações classistas de toda natureza e as instituições de previdência; promove a revisão das leis; cria o ministério do trabalho e demais departamentos; regulamenta o direito de greve; institui a justiça social trabalhista de representação paritária; e, sobretudo, o Estado se arvora em *superpatrão* para dirigir as condições de trabalho, fixar bases salariais mínimas, impor contratos coletivos de trabalho e prestar assistência efetiva ao trabalhador. As relações de natureza econômica que o liberalismo catalogara nos estatutos de direito privado passam ao domínio de direito público. A legislação penal amplia-se para definir e punir os crimes contra a economia popular. O Estado intervém, inclusive, nas indústrias essenciais, nacionalizando-as; nas empresas de serviços de interesse coletivo, regulamentando-as ou incorporando-as ao patrimônio público; nas fontes de produção, amparando-as mediante assistência técnica e financeira; no comércio, estatuindo normas de distribuição e consumo; e no próprio direito de propriedade, impondo as restrições ditadas pelo interesse da sociedade.

Onde tais reformas não se processaram pacificamente com a urgência que a gravidade da situação requeria, o Estado se transformou pela violência. No Brasil mesmo, onde a ordem individualista estruturada pelos constituintes republicanos de 1891 permanecia emperrada, fez-se a revolução de 1930, que estabeleceu a ordem social-democrática consolidada na Constituição de 1934.

3. INTERVENCIONISMO ESTATAL

O Estado moderno, eclético, *liberal* na sua estrutura e *socialista* no seu programa de ação, apresenta-se como uma *democracia orgânica*. Ao lado da declaração dos direitos fundamentais do homem, traz a declaração dos direitos fundamentais da sociedade. Encara o homem sob um duplo aspecto: como pessoa humana, titular de direitos naturais respeitáveis, e como unidade do corpo social, sujeito a determinados deveres e obrigações perante a sociedade.

Em tais condições, a ação intervencionista do Estado se exerce amplamente até onde houver interesse da sociedade, tendo por limites os direitos naturais imprescritíveis da pessoa humana. Entre os direitos sociais e os direitos individuais, o Estado social-democrático é um aparelhamento de equilíbrio, um fator de harmonia, um órgão coordenador das atividades essenciais e promotor da justiça social.

O Estado social-democrático é necessariamente flexível, permanentemente evolucionista, para acompanhar o dinamismo do mundo moderno e fazer face aos novos problemas que surgem a cada passo no panorama social. Se não fosse assim, estaria em contradição com aquela verdade imperiosa salientada por Von Ihering: *não se pode esperar que a vida se dobre aos princípios; são os princípios que se devem modelar pela vida.*

Evidentemente, a evolução democrática segue o impulso daquele "sopro de socialização que agita o mundo", como previu Rui Barbosa. E, fatalmente, caminha para a democracia socialista.

Sob a liderança de Jacques Maritain e de um valoroso pugilo de filósofos e estadistas da atualidade, a par das encíclicas vaticanas, vem sendo estruturada a doutrina da democracia socialista cristã. É uma nova estrada que se abre à compreensão da solidariedade humana. A democracia é inseparável do Cristianismo, e deve, portanto, haurir a seiva da sua doutrina nas páginas luminosas do Evangelho de Cristo, seguindo o roteiro luminoso traçado nas encíclicas *Rerum Novarum* e *Quadragesimo Anno*, que descortinaram para a humanidade o caminho de um novo mundo.

328 TEORIA GERAL DO ESTADO

4. AS CORRENTES LIBERAIS MODERNAS: NEOLIBERALISMO E SOCIAL-LIBERALISMO

Às teorias liberais baseadas no *laissez-faire*, *laissez-passer* deliberou-se aplicar a denominação "liberalismo". Após a decadência referida no início deste Capítulo, foi possível identificar um ressurgimento desse princípio, ocorrido na Inglaterra, em 1944, cujo marco teórico seria o livro do economista austríaco Friedrich A. Hayek *O caminho da servidão*. A esse ressurgimento deu-se o nome de "neoliberalismo".

Constitui característica da teoria exposta por Hayek, "um ataque apaixonado contra qualquer limitação dos mecanismos de mercado por parte do Estado, denunciado como uma ameaça letal à liberdade, não somente econômica mas também política", segundo comentário de Perry Anderson.

Praticado no Chile, imposto pela ditadura de Pinochet, propunha até mesmo a abolição da democracia, afirmando Hayek que a democracia jamais havia sido um valor central do neoliberalismo. Explicava ele que a liberdade e a democracia podiam facilmente tornar-se incompatíveis, se a maioria democrática decidisse interferir com os direitos incondicionais de cada agente econômico de dispor de sua renda e da sua propriedade como quisesse.

Mais tarde, na Inglaterra, o governo Thatcher colocou em prática um programa neoliberal, afirmando Anderson que o "modelo inglês" foi o pioneiro e o mais puro no âmbito dos países capitalistas avançados.

Entendido como necessário para competir com o regime comunista da União Soviética, perdeu força no momento em que cessou o confronto e ficou consolidada a queda do regime no Leste Europeu e na União Soviética.

Paralelamente, e de modo mais claro nas duas últimas décadas, segundo Miguel Reale, houve necessidade de dar o nome de *social-liberalismo* à corrente liberal que discorda dos exageros do liberalismo, tanto na sua versão original quanto no renascido neoliberalismo. Trata-se de admitir uma interferência do Estado, dando-se razão a John K. Galbraith, quando demonstra a alta participação estatal na formação da renda necessária ao bem-estar de todos e, sobretudo, das classes menos favorecidas, graças a benefícios advindos da seguridade social, de subsídios e de fundos de garantia e assistência.

Ainda segundo Reale, o social-liberalismo tem natureza *pluralista* em face da necessidade de conjugar a livre-iniciativa com os imperativos da *justiça social*, tema que não pode constituir privilégio dos socialistas nem dos social-democratas.

Essas correntes doutrinárias têm como tema comum a maior ou menor intervenção do Estado na regulamentação da atividade econômica interna. Essa intervenção ocorre também, na atualidade, em âmbito internacional, através do processo chamado de *globalização,* tratado no capítulo referente à soberania.

LII

PARTIDOS POLÍTICOS

1. Conceito e natureza. 2. Sistemas partidários. 3. Classificação. 4. Origem e evolução histórica. 5. Os partidos políticos brasileiros.

1. CONCEITO E NATUREZA

No ponto sobre Democracia (*conceito – sentidos formal e substancial*), ficou demonstrado que o sistema democrático representativo consiste, formal e substancialmente, numa organização estatal fundada na existência de partidos políticos, considerados como órgãos de coordenação e manifestação da vontade popular, visto que *todo poder emana do povo e em seu nome será exercido.*

Levando em conta essa conceituação axiomática, as Constituições republicanas brasileiras consignaram nos seus textos, como faz a Magna Carta vigente, no seu art. 1º, n. V, como reconhecimento expresso e à guisa de definição, a afirmação de que o Estado Democrático tem como um dos seus fundamentos o *pluralismo político.*

Efetivamente, os partidos políticos são peças necessárias, senão mesmo as vigas mestras do travejamento político e jurídico do Estado democrático. Aliás, é generalizado o conceito simplista de democracia representativa como *Estado de Partidos*, ilustrando-se a ideia de que se não pode conceber esse sistema de governo sem a pluralidade de partidos políticos, isto é, sem a técnica do pluripartidarismo.

Discute-se no campo doutrinário a verdadeira natureza dos partidos políticos, dividindo-se as opiniões em dois grupos principais: *a*) dos que defendem a concepção puramente social; e *b*) dos que sustentam a natureza jurídica dos partidos políticos como institutos de direito público interno.

A primeira corrente sintetiza-se no pensamento de Bluntschli, para quem *os partidos não são instituições de direito público, nem membros do organismo do Estado, senão agremiações sociais de fins políticos.* Precisamente, *corporações político-sociais, de fundo eminentemente sociológico.*

332 TEORIA GERAL DO ESTADO

A segunda sustenta o entendimento de que partidos políticos são autênticas instituições de direito público interno. Revestem-se de aspecto jurídico-formal e condicionam-se à disciplina traçada pelo Estado.

Para o tecnicismo radical de Kelsen, *são órgãos destinados à formação da vontade estatal.*

Surgem no seio desta corrente várias definições: *Verdadeiros institutos de direito público* (Amuchastegui), *órgãos de governo* (Villoughby), *órgãos da democracia* (Palacios), *parte integrante do processo governativo* (MacDonald), *parte do governo mesmo* (Marriam-Gosnell), *instrumentos necessários ao mecanismo do regime constitucional* (Posada) etc.

Autores modernos, reunindo as duas concepções, fixaram um conceito integral dos partidos políticos, considerando-os ao mesmo tempo como agremiações político-sociais e instituições jurídicas de direito público interno. Portanto, como entidades de natureza sociológica, reguladas pelo direito estatal. Nesse sentido é a conclusão de Linhares Quintana: *Cabe ao Estado moderno reconhecer os partidos políticos como corporações político-sociais necessárias e dar-lhes normas para que respondam eficazmente à função que tendem a cumprir.*

O emérito Prof. Pinto Ferreira, analisando detidamente as diversas correntes do pensamento político no tocante à natureza dos partidos políticos, chega à mesma interpretação integral, dando-nos a seguinte noção genérica, que reúne a dupla natureza social e jurídica: *o partido político é uma associação de pessoas que, tendo a mesma concepção de vida sobre a forma ideal da sociedade e do Estado, se congrega para a conquista do poder político a fim de realizar um determinado programa.*

Difícil, senão mesmo impossível, é fixar-se uma definição genérica de partido político, visto que tal tarefa se prende sempre a uma determinada posição ideológica ou doutrinária no campo vasto da ciência política. Não obstante, certo é que a interpretação integral, reunindo a dupla natureza social e jurídica, harmoniza-se com a essência e a forma do sistema democrático.

2. SISTEMAS PARTIDÁRIOS

Com referência às diversas características de sistemas partidários, definidas pelas relações que se estabelecem entre o Estado e os partidos políticos, três concepções se chocam: *a*) democrática; *b*) marxista; e *c*) fascista.

A tese democrática, como já vimos, funda-se na concepção do Estado pluripartidário, afirmando que os partidos políticos, como entidades sociais

PARTIDOS POLÍTICOS   333

ou instituições jurídicas, ou ainda considerados na sua dupla natureza social e jurídica, são indispensáveis à realização do ideal democrático. Verdadeiros instrumentos de realização do governo.

Já a tese marxista, desenvolvida por Lenin e Stalin, atribui aos partidos políticos uma existência precária e transitória, necessária apenas na fase evolutiva da sociedade, até alcançar o estágio superior da ordem comunista ideal. Completada a evolução, com o aniquilamento completo da ordem burguesa, a abolição da propriedade privada, a supressão das desigualdades políticas e econômicas, o desaparecimento total da divisão social em classes antagônicas, então, os partidos políticos, mantidos como *mal necessário*, como elementos naturais das lutas pela transformação social, tendem a desaparecer, como o próprio Estado, que se transformará em simples órgão de administração do patrimônio comum.

A terceira orientação é exposta pelo fascismo, resumindo-se na tese do partido único, entrosado com o próprio poder estatal. O Estado unipartidário se impôs com o fascismo italiano e o nazismo alemão, propagando-se com os chamados Estados-novos, e permanece como solução indicada na doutrina neofascista.

3. CLASSIFICAÇÃO

Analisando essas três concepções destoantes, Mendieta y Nuñez, Professor da Universidade Nacional do México, em sua excelente monografia *Los partidos políticos*, após relacionar os diversos tipos de partidos políticos, classificou-os em três modalidades principais: *a*) partidos direitistas; *b*) partidos esquerdistas; e *c*) partidos centristas.

Conquanto ressinta de bases científicas, a classificação mereceu o aplauso dos autores, especialmente do eminente Prof. Pinto Ferreira, da Universidade de Recife, que a considera sugestiva e original, aduzindo o seguinte comentário: *A existência dos partidos direitistas, esquerdistas e moderados é indiscutível, pois, em todo tempo e em todos os países, uma parte da sociedade é conservadora, tradicionalista, enquanto a outra procura a renovação, a mudança, a transformação das instituições em favor das maiorias desvalidas e desamparadas. Dentro destas duas tendências cabem diversas variantes doutrinárias. Já os partidos moderados são núcleos circunstanciais, de transição, que costumam aparecer como reações provocadas pelos excessos cometidos por direitistas ou esquerdistas no uso do poder público.*

Invoca o festejado mestre, para ilustrar a caracterização típica dessa divisão, o exemplo da Inglaterra, onde o Partido Conservador representa o

334 TEORIA GERAL DO ESTADO

elemento tradicionalista da sociedade, enquanto o Partido Trabalhista arre-
gimenta as tendências ideológicas esquerdistas, e o Partido Liberal simbo-
liza as tendências econômicas e culturais de centro.

4. ORIGEM E EVOLUÇÃO HISTÓRICA

No que tange à origem e evolução histórica dos partidos políticos,
vistos na contextura como se apresentam no panorama do mundo moderno,
é pacífico que tiveram eles o seu berço na Inglaterra, nação precursora do
constitucionalismo.

Conquanto alguns autores pretendam fixar como marco inicial o reinado liberal de Isabel (1558-1603), é mais razoável e mais conforme com os
dados históricos fixar-se o ano de 1680, quando, segundo a análise substanciosa de Afonso Arinos de Melo Franco, *apareceram em formações mais
definidamente políticas os dois grandes grupos que, por tanto tempo, dispu-
tariam o poder: os "Tories", representantes dos interesses remanescentes do
feudalismo agrário e defensores incondicionais das prerrogativas régias, e
os "Whigs", expressão das novas forças urbanas e capitalistas, que, embora
também monarquistas, esposavam os princípios mais liberais sem os quais
não se poderiam desenvolver os interesses novos que representavam.*

Desses dois grupos adversários, pitorescamente denominados *Tories*
e *Whigs*, surgiram mais tarde, em lineamentos definidos, os dois grandes e
tradicionais partidos políticos, Conservador e Liberal.

Na França, os primeiros partidos políticos se formaram no decorrer da
nova ordem liberal implantada pela Revolução de 1789. Inicialmente, porém,
em forma de associações civis e clubes. A mais importante dessas agremiações foi a *Sociedade dos Amigos da Constituição*, posteriormente transfor-
mada no famoso *Clube dos Jacobinos*, que reunia deputados e líderes
monarquistas, que aderiram ao movimento republicano após a execução do
Rei Luiz XVI. Com o consulado de Napoleão Bonaparte eclipsaram-se os
partidos nascentes, reaparecendo em 1814 sob a égide da Carta Constitucional outorgada por Luiz XVIII. Reuniram-se então as várias correntes
dispersas na formação dos dois poderosos partidos, Conservador e Liberal.

Na Alemanha as primeiras formações partidárias datam da Revolução
de 1848, também sob as denominações Conservador e Liberal, nos moldes
clássicos da política inglesa.

Nos Estados Unidos da América do Norte, o primeiro partido esboçou-
se logo no seio da Convenção de Filadélfia (1787), onde se estruturaram as

PARTIDOS POLÍTICOS   335

bases da União das treze colônias libertadas do jugo inglês, sendo organizado por Jefferson, sob a denominação Partido Democrático. Mais tarde, em 1854, surgiu definitivamente o Partido Republicano.

No Brasil, os dois primeiros partidos, também sob a denominação clássica de Conservador e Liberal, surgiram na fase final da Regência Trina, durante a legislatura de 1838. Ainda durante o Império, foi constituído o vigoroso Partido Republicano (1870), o qual, recebendo a influência da chamada "política dos governadores", desdobrou-se em agremiações políticas provinciais, destacando-se as duas correntes de maior pujança, que foram os famosos Partido Republicano Paulista (PRP) e Partido Republicano Mineiro (PRM).

Como se vê, de modo geral, os primeiros partidos políticos, na história do constitucionalismo, representaram as tendências conservadoras e liberais da sociedade.

O socialismo revolucionário, nas diversas nuanças, criou os extremismos partidários, *da esquerda* e *da direita*, passando os partidos tradicionais democráticos a se definirem em posições centristas, com maior ou menor tendência conservadora ou renovadora em relação aos extremos, procurando conciliar a ordem democrática com as verdades parciais das doutrinas coletivistas.

5. OS PARTIDOS POLÍTICOS BRASILEIROS

Os PARTIDOS POLÍTICOS BRASILEIROS, no tocante à sua natureza jurídica, mantiveram-se desde o Império até a República de 1946 como corporações político-sociais, conservando a natureza jurídica de associação civil, sem uma regulamentação estatal própria. Nessa condição, falharam em quase todas as épocas decisivas da nossa vida constitucional, notadamente em 1930, 1934, 1937, 1945 e 1961, culminando com o seu desprestígio total em 1964.

A partir da Constituição de 1969, a estrutura dos partidos políticos foi reformada em novas bases e regulamentada pela Lei Orgânica dos Partidos Políticos (Lei n. 5.682, de 20-7-1971) e pela Lei Complementar n. 42, de 1º de fevereiro de 1982, segundo a qual os partidos políticos passaram a ser, efetivamente, pessoas jurídicas de direito público interno, com a missão precípua de "assegurar, no interesse do regime democrático, a autenticidade do sistema representativo".

A Constituição de 1988 consagrou definitivamente o sistema democrático do pluripartidarismo, assegurando a liberdade de criação, fusão, incorporação e extinção de partidos políticos. Os limites dessa liberdade situam-se no resguardo da soberania nacional, do regime democrático, do pluripartidarismo e dos direitos fundamentais da pessoa humana (art. 17 da CF).

Os partidos políticos adquirem personalidade jurídica *na forma da lei civil* e *registrarão seus estatutos no Tribunal Superior Eleitoral* (art. 17, § 2º, da CF).

A constituição e funcionamento dos partidos políticos está regulamentada atualmente pela Lei Orgânica dos Partidos Políticos, Lei n. 9.096, de 19-9-1995, e alterações posteriores.

LIII

O ESTADO E SEU PROBLEMA FINALÍSTICO

1. O Estado como "meio" destinado à realização dos fins da comunidade. 2. Concepções individualistas e totalistas. 3. Teoria dos fins intermediários.

1. O ESTADO COMO "MEIO" DESTINADO À REALIZAÇÃO DOS FINS DA COMUNIDADE

O Estado, por sua natureza, não poderia ser admitido como instituição destituída de finalidade. Negar finalidade ao Estado seria negar o próprio Estado, descambando-se para o terreno das teorias anarquistas de Max Stirner, Bakunine, Jean Grave e outros.

Como instituição sociojurídica, organizada para servir à comunidade nacional, tem o Estado a finalidade de promover a concretização dos ideais nacionais de paz, de segurança e de prosperidade.

Sendo a própria nação *politicamente organizada*, representa o Estado o órgão normativo e disciplinador dos elementos sociais. É a *organização da força a serviço do direito*, segundo Léon Duguit. Em outros termos, *a inteligência e a energia unificadora da sociedade civil*, segundo o brilhante conceito de Ângelo Brucculeri.

O que se nega, sob o ponto de vista democrático, é que o Estado seja um *fim* em si mesmo, ou que tenha fins próprios por ele mesmo estabelecidos, em discrepância com os fins naturais do agrupamento humano.

E o que se afirma é que os fins do Estado são os da comunidade nacional.

O Estado é *meio* pelo qual a nação procura atingir seus fins. Não pode, pois, possuir fins outros que não sejam os da nação, que lhe dá causa, que determina a sua organização e que traça as diretrizes de sua atividade.

2. CONCEPÇÕES INDIVIDUALISTAS E TOTALISTAS

Neste ponto, duas posições ideológicas se extremam: uma que considera o Estado como um *meio* simplesmente, e outra que o tem como um *fim* em si mesmo. Na primeira, o Estado existe para o homem; na segunda, o homem existe para o Estado.

Ambas as posições extremadas não são inteiramente falsas nem inteiramente verdadeiras. São soluções unilaterais: uma leva ao endeusamento do indivíduo, prejudicando o princípio da autoridade; outra leva ao endeusamento do Estado, anulando a personalidade humana.

A primeira posição, considerada no seu extremo, é assumida pelo grupo das teorias individualistas, assim entendidas aquelas que, "de modo geral, pretendem a limitação do Estado à missão exclusivamente jurídica, que se cifra em editar a lei e reprimir suas transgressões, abstendo-se de intervir na direção da vida social ou em quaisquer outras manifestações. Deixam à livre-iniciativa individual a tarefa de descobrir e empregar os melhores meios para a satisfação das necessidades sociais" (Prof. A. Nogueira).

Para as escolas desta posição, extremadamente individualistas ou liberalistas, o Estado chega a ser considerado como "um mal necessário", tendo por fim a conservação do bem-estar dos indivíduos.

A segunda posição é representada pelo grupo das teorias totalitárias ou *panestatais*, as quais remontam à filosofia política de Platão e foram desenvolvidas por Hobbes, Maquiavel, Hegel e outros. Para estas teorias o Estado é a concretização do absoluto; tem um fim em si e utiliza-se dos indivíduos como um meio para atingir sua finalidade própria. Teoricamente, negam a distinção entre Nação e Estado.

Como todas as soluções unilaterais, as teorias extremadas do individualismo e do totalismo conduzem à anulação da personalidade humana e à escravidão do homem. São dois caminhos que levam a um mesmo destino: ao materialismo, onde se perde tudo quanto é humano e espiritual, para se erguer, sobre as bases flutuantes de um objetivismo precário, o Estado, concebido como entidade absoluta, que existe por si mesmo, à margem da realidade humana e estranho às mais respeitáveis prerrogativas do homem.

3. TEORIA DOS FINS INTERMEDIÁRIOS

Em sua tese *O Estado é meio, não fim*, o Prof. Ataliba Nogueira, da Universidade de São Paulo, refutou as teorias de ambos os grupos, individualistas e panestatistas, expondo a *Teoria do fim intermediário*, assim enunciada: "O fim do Estado é a prosperidade pública ou o complexo das condições requeridas para que, na medida do possível, todos os membros orgânicos da sociedade possam conseguir por si a omnímoda felicidade temporal, subordinada ao fim último. Entre estas condições, todavia, ocupa primeiro lugar o gozo da ordem jurídica, tal qual postula a estrutura da sociedade natural; lugar secundário, a abundância suficiente dos bens da alma e do corpo, os quais são necessários para realizar a dita felicidade, coisas estas que se não podem atingir suficientemente com a atividade privada".

Segue o eminente mestre a afirmação de Victor Cathrein: *O fim do Estado é a prosperidade pública*, entendida esta como "o complexo das condições requeridas para que todos os homens, individualmente ou em grupos sociais, possam, na medida do possível, atingir livremente e pela própria atividade a sua felicidade terrena". Em suma "o Estado não é o fim do homem; sua missão é ajudar o homem a conseguir o seu fim. É *meio*, visa à ordem externa para a prosperidade comum dos homens".

É a boa doutrina e está em consonância com a concepção católica: "o fim da sociedade civil é universal, como aquele que concerne ao bem comum, ao qual, na devida proporção, todos os cidadãos têm direito" (Leão XIII, *Rerum Novarum*). "A promoção do bem comum temporal é justamente o fim próprio da autoridade civil" (Pio XII, *Divini Illius Magistri*). "A sociedade é destinada pelo Criador como meio para a natural perfeição do homem" (Pio XII, *Summi Pontificatus*). "O poder do Estado deve ter como finalidade a realização do bem comum" (Paulo VI, *Octogesima Adveniens*).

LIV

O HOMEM E O ESTADO

1. O homem como unidade social e como pessoa humana. 2. Liberdade e autoridade. 3. Posições extremadas e intermediária.

1. O HOMEM COMO UNIDADE SOCIAL E COMO PESSOA HUMANA

As relações *indivíduo-Estado* (ou *liberdade-autoridade*) representam, sem dúvida, um dos mais delicados e complexos problemas da ciência política. São termos que sempre foram postos em equação, desde os primórdios da organização política dos povos, sem uma solução definitiva.

Indivíduo e *Estado*, como *liberdade* e *autoridade*, são termos inseparáveis de um binômio. Negar um ou outro, diz Groppali, é como negar a luz do sol, pois, "se o indivíduo só pode viver em sociedade e pela sociedade, a sociedade, por sua vez, não pode viver senão da vida e pela vida dos indivíduos que a compõem, e com a tutela dos interesses destes se funde a tutela dos interesses daquela, porque mutuamente se pressupõem e se integram na sua imanente unidade".

Toda a preocupação da ciência do Estado, portanto, se concentra em determinar a posição do homem perante o Estado e em fixar, ao mesmo tempo, os limites da liberdade individual e da autoridade estatal. Os excessos de liberdade conduzem à anarquia, e os excessos de autoridade levam ao absolutismo do poder. São os dois males entre os quais se debate a liberdade, no dizer de Seeley: *los excesos del gobierno como tutela de los pueblos, y los excesos de la libertad como anarquia de los individuos.*

A solução do problema, para von Ihering, ficará eternamente em incógnita: *duvido que se chegue, um dia, a determinar claramente esse limite.*

O que se procura, na solução do problema, é equacionar precisamente os dois termos. Não pode o Estado desrespeitar as prerrogativas naturais da pessoa humana, nem pode o homem prescindir da autoridade do Estado. Se o indivíduo se sobrepõe ao Estado, caminha-se para a anarquia, ou, então, para a escravização do homem pelo homem. Por outro lado, se assume o

Estado uma posição de preeminência absoluta sobre o homem, chega-se ao estatismo totalitário, incompatível com a dignidade da pessoa humana, e, por isso mesmo, formalmente condenado pelo pensamento cristão.

Para se equacionar de maneira conveniente os termos *indivíduo* e *Estado*, é preciso considerar-se o homem sob um duplo aspecto: como *indivíduo* (partícula do organismo social) e como *pessoa* (realidade espiritual).

Como *indivíduo*, membro do corpo social, o homem tem deveres e obrigações perante a sociedade à qual se subordina, porque nela encontra o ambiente e as garantias necessárias para o seu desenvolvimento, para a consecução dos seus ideais de paz e de felicidade, fins próximos que, no dizer de Ângelo Brucculeri, tendem ao fim último que é a salvação eterna. Mas o homem não é apenas uma célula do organismo social; é também *pessoa*, realidade espiritual, feita à imagem e semelhança de Deus. E como pessoa humana é dotado de direitos naturais. Esses direitos são de origem divina, não estatal. O Estado não os outorga e não os pode suprimir.

A distinção se impõe porque, se de um lado não é possível encarar o homem simplesmente como unidade inexpressiva do corpo social, absorvido e despersonalizado pelo coletivismo materialista, de outro lado não se pode considerá-lo apenas como pessoa soberana dotada de direitos supraestatais. Não resta dúvida que o liberalismo individualista, levado às suas últimas consequências, chega a pressupor a unicidade do ser livre, o que é tanto falso sob o ponto de vista científico quanto o é sob o ponto de vista político.

O coletivismo materialista, desconhecendo a personalidade individual, é outra utopia. Ambos os extremos são inaceitáveis, na realidade. Não se nega ao Estado o direito, ou mesmo o dever, de subordinar aos interesses sociais as relações externas dos indivíduos no seio da comunidade. Mas exige-se que o Estado reconheça e garanta os direitos fundamentais do homem como pessoa humana. O eminente doutrinador da democracia cristã, Jacques Maritain, demonstra suficientemente como o Estado deve ser *tão profundamente anti-individualista quanto profundamente personalista*.

2. LIBERDADE E AUTORIDADE

Pelo exposto, já se pode firmar o convencimento de que a determinação da posição do homem perante o Estado representa, certamente, o problema crucial da ciência política, o qual envolve ao mesmo tempo a equação dos termos "liberdade" e "autoridade". Dando-se preeminência ao Estado,

O HOMEM E O ESTADO

o princípio da autoridade absorverá, fatalmente, a liberdade, e o poder público revestirá a forma totalitária. Se a preeminência for do indivíduo, prevalecerá a liberdade sobre a autoridade em prejuízo da ordem social.

Há um certo teor de verdade em ambos os extremos, mas a solução unilateral é sempre perigosa. Encarando-se o homem pelo duplo aspecto já referido, como *unidade social* e como *pessoa humana*, tem-se, pelo menos, o caminho aberto por onde se poderá chegar à obtenção do almejado equilíbrio. Ademais, releva observar que, quando se subordina ao Estado o homem, é como cidadão, como unidade do corpo social; não sendo uma subordinação integral, ocorre, de certo modo, uma valorização do homem como pessoa humana. Essa subordinação, porém, deve realizar-se em função da sua dignidade e da sua intangibilidade. Agindo somente sobre a individualidade social de cada um, regulamentando somente as suas relações externas, isto é, os atos da sua vida social, o Estado, ao mesmo tempo que promove o bem comum, está proporcionando ao homem um meio adequado à realização dos seus ideais de felicidade e de prosperidade. O que justifica uma certa preeminência do Estado sobre o indivíduo, em última análise, é o objetivo de valorização da pessoa humana.

3. POSIÇÕES EXTREMADAS E INTERMEDIÁRIA

Não comporta o objetivo desta obra um sumário de todas as doutrinas que apresentam, a seu modo, a solução deste importante problema. Faremos, porém, a seguir, um resumo dos dois grupos de teorias extremadas, individualistas e coletivistas, deixando para mais adiante o estudo da fórmula intermediária, liberal-social.

Entretanto, convém ressaltar, desde logo, que, qualquer que seja a doutrina intermediária que se adote, é preciso que o Estado respeite a personalidade humana, princípio e fim, causa e razão do fato jurídico-estatal. Ao mesmo tempo que o homem é uma unidade social que se subordina ao todo coletivo, é pessoa humana, e, como tal, superior ao Estado "naquilo que existe de supratemporal ou eterno". A lei que deve orientar a solução do problema, diz Jacques Maritain, "é a lei da primazia do espiritual, tanto mais porque o homem não se ordena à comunidade política em tudo o que ele é e em tudo o que possui", como afirmou Santo Tomás de Aquino (*Homo non ordinatur ad comunitatem politicam secundum se totum et secundum omnia sua*). No mesmo sentido escreveu Bluntschli: "a autoridade do Estado não se estende a mais além do que o interesse da comunidade, a coexistência e a vida comum dos homens requeiram". Observou Gerber que "o Estado, absolutamente, não absorve toda a vida social dos homens, tocando-a só por um lado; grande parte dessa vida fica fora da órbita estatal". E, finalmente, Liberatore, citado por Ângelo Brucculeri, explica com raro brilho a razão por que o homem, como pessoa humana, se sobreleva ao Estado: "a sociedade civil, assim como nasce na terra, na terra perece; não se move além do círculo da presente vida. Não assim o homem, que nasce na terra mas, com a sua melhor parte, isto é, com a alma, sobrevive à corrupção do corpo. Assim, por este lado, ele sobrepuja a sociedade civil, e de modo algum lhe pode ser sujeito. Igualmente, fugindo o homem interior aos olhos e à eficácia da sociedade, esta, com a sua ação própria, só pode estender-se às ações externas, já que a poder algum é dado ter influência naquilo que lhes supera a virtude".

Entre as duas concepções extremadas desenvolve-se uma teoria intermediária, racional e cristã, *aristotélico-tomista*, que Alceu Amoroso Lima assim resume: "À concepção individualista, que considera as unidades sociais como fim do todo, e à concepção coletivista, que considera o todo como razão de ser das unidades, opomos a *concepção harmoniosa* e integral que passa por uma reciprocidade de subordinações entre os dois termos da sociedade, cuja sequência assim poderíamos exprimir: 1º) subordinação da coletividade ao indivíduo, para que este realize o seu bem utilitário, a que isoladamente não pode prover; 2º) subordinação do indivíduo à coletividade, como uma parte se deve ordenar ao todo; 3º) subordinação de ambos ao bem comum, que é a realização do *homem perfeito*, fim definitivo da natureza humana e soma final dos dois compostos parciais – indivíduo e sociedade – sob a lei eterna que rege toda essa ordem das coisas. Às concepções simplificadoras que sacrificam o homem à sociedade ou a sociedade ao homem opomos essa reciprocidade de relações hierárquicas, que respeita a complexidade do real sem ferir a hierarquia natural de todos os valores materiais e espirituais. A personalidade humana é, portanto, o resultado de uma composição do indivíduo com a sociedade, e a causa desta é o bem comum de ambos, que leva o homem ao seu fim último – Deus".

LV

INDIVIDUALISMO, COLETIVISMO E GRUPALISMO

1. Noções gerais. 2. Espiritualismo e materialismo. 3. Composições diversas. 4. Anarquismo. 5. Individualismo racionalista. 6. Liberalismo econômico. 7. Coletivismo e correntes socialistas. 8. Socialismo marxista, russismo e sua evolução.

1. NOÇÕES GERAIS

Individualismo e *coletivismo* são os extremos do eixo sobre o qual gira a ciência política. O individualismo caracteriza-se pela supremacia do indivíduo em relação à sociedade e ao Estado; e o coletivismo, ao revés, só reconhece os direitos da sociedade. Não admite o coletivismo direitos individuais contra a sociedade, nem mesmo reconhece o indivíduo, isoladamente, como sujeito de direitos perante o Estado.

Coletivismo, *socialismo*, *totalismo* ou *totalitarismo* são termos equivalentes. Indicam as ideologias políticas que consideram como sujeito de direito público o conjunto da população (coletividade, sociedade ou totalidade). Tem sentido idêntico a palavra *integralismo*, correspondente à integridade do grupo nacional.

Entre um extremo e outro há uma posição que se diz *intermediária*, e se denomina *grupalismo*, isto é, a sociedade não se compõe de um todo maciço nem também de indivíduos isoladamente considerados, mas, sim, de grupos naturais (famílias, sindicatos, corporações, associações civis, associações religiosas etc.), que são unidades integrantes do Estado.

2. ESPIRITUALISMO E MATERIALISMO

No campo da filosofia geral, representam as posições extremas o *espiritualismo* e o *materialismo.* O primeiro afirma a existência da alma e a sua preeminência sobre o corpo ou matéria. A alma provém de Deus e tem um destino transcendente, não podendo ser objeto de controle por parte do

346 TEORIA GERAL DO ESTADO

Estado. O materialismo nega a existência da alma e de Deus, consequentemente, aplicado à ciência política, submete o indivíduo inteiramente ao Estado.

3. COMPOSIÇÕES DIVERSAS

As ideologias políticas, consideradas sob ambos os aspectos, podem assumir composições diversas: *individualismo espiritualista* ou *individualismo materialista, coletivismo espiritualista* ou *coletivismo materialista.* Exemplos: o individualismo tradicional dos ingleses conservou-se espiritualista, enquanto o individualismo da revolução francesa caiu em franco materialismo. Por outro lado, o coletivismo nazista foi de fundo espiritualista, enquanto o coletivismo russo é materialista.

O *grupalismo*, igualmente, pode seguir uma direção espiritualista ou materialista.

Para prevenir dúvidas, convém esclarecer que, geralmente, o grupalismo é qualificado como totalitarismo, por sobrepor os grupos sociais aos indivíduos. Tal confusão, porém, não se justifica.

Na linha intermediária entre os dois extremos, não só o grupalismo como outras doutrinas mistas se colocam ora pendendo mais para o individualismo, ora para o coletivismo. A posição intermediária não se fixa necessariamente no centro: é variável, movendo-se entre os dois extremos.

4. ANARQUISMO

O individualismo na sua forma extremada é o que se denomina *anarquismo.* Como doutrina filosófica surgiu o anarquismo na Alemanha, no século passado. Diversos líderes radicais, inspirados na filosofia materialista de Feuerbach, e entusiastas do sistema dialético de Hegel reuniram-se em um clube de Berlim para debaterem o ideal da liberdade absoluta. Durante algum tempo Engels e Marx frequentaram as reuniões daquela agremiação e lhe deram o epíteto irônico de *Santa Família.* Dentre o grupo destacou-se Max Stirner, que se tornou o grande teórico do anarquismo. Encarnando a questão do indivíduo e da sociedade diz Stirner que o indivíduo é a única realidade existente, e que a sociedade é irreal, não tendo esta nenhum direito legítimo de limitar a atividade individual. Em sua obra *O único* desenvolve o seguinte argumento: *sendo o* eu *a única realidade, todas as entidades que limitam o* eu, *sociedade, Estado, igreja, família etc. não têm razão de ser. Eu tenho o direito de matar Deus ou qualquer pessoa, se*

INDIVIDUALISMO, COLETIVISMO E GRUPALISMO   347

me é possível e se não o proíbo a mim mesmo. Se isso não convém aos outros, não vem ao caso; cada um que pense em se defender. Sou eu que decido sobre o que me convém, e ninguém tem o direito de intervir. Os operários que se queixam por serem explorados e choram a própria miséria não têm outra coisa a fazer senão tomar a propriedade de que precisam. A terra pertence a quem sabe tomá-la, ou, tendo-a, sabe defendê-la.

A sociedade que existiria em tais condições, disse Stirner, é a sociedade dos homens egoístas, isto é, a união dos homens cientes do seu egoísmo. Tal sociedade seria mero instrumento dos indivíduos que nela só têm a procurar a sua própria satisfação pessoal. O indivíduo abandonará essa sociedade quando dela não possa tirar mais vantagens, e dirá aos outros: "nada quero reconhecer em ti, nada quero respeitar; quero somente servir-me de ti". E como o indivíduo é a única realidade, só a convivência, não a sociedade, depende do equilíbrio dos egoísmos. As alianças sociais são meramente utilitárias, passageiras, e sobre elas prevalecerá sempre a liberdade absoluta.

Desse sistema essencialmente filosófico e literário nasceu o *anarquismo político*, que admite o fato social como realidade e sobre essa realidade exerce a sua ação. Foi Joseph Proudhon, autor das obras *A propriedade*, *A filosofia da miséria* e várias outras, um dos primeiros expoentes do anarquismo político, tendo por lema a tese de que a *propriedade é um roubo*.

Outros principais teoristas do anarquismo político foram Eliseu Reclus, João Grave, Miguel Bakunin, Kropotkine, Carlo Cafieiro, Bruno Bauer, autores de famosas obras doutrinárias, todos partidários da revolução universal, do ateísmo, da abolição da propriedade e da liberdade absoluta.

O anarquismo político identificou-se com o socialismo revolucionário que considerava o Estado como *um mal necessário*, e previa a sua extinção quando a ordem comunista atingisse o seu estágio ideal. Segundo Bakunin, o governo de pessoas seria então substituído por um sistema de administração de coisas públicas. Nessa teoria os extremos se encontraram. Mas o bolchevismo acabou suprimindo essa parte programática inicial.

5. INDIVIDUALISMO RACIONALISTA

Entendido o que seja o individualismo na sua forma extremada, passaremos ao *individualismo racionalista*.

Esta doutrina atingiu o seu apogeu com a filosofia política do século XVIII e com a instituição do Estado liberal, implantado pela revolução francesa. A primeira declaração de direito do liberalismo, em 1789, começa pela afirmação de que os *homens nascem livres e iguais em direitos*, e preceitua que *o fim de toda associação civil é conservar os direitos naturais e imprescritíveis do homem*. O governo é instituído para garantir ao homem o gozo desses direitos. Logo, admite o fato social como realidade, mas sobre essa realidade da preeminência ao indivíduo. Embora consentindo que o fim da sociedade é a felicidade comum, não reconhece os direitos da sociedade contra os direitos individuais. O que a filosofia revolucionária considerava como *felicidade comum*, observa Groppali, era apenas "a felicidade relativa a um dado momento histórico, concreto e preciso, não a que se relaciona com a sucessão indefinida das gerações na eternidade do tempo".

O liberalismo individualista desenvolve-se em três campos distintos: *religioso, político* e *econômico*.

Na religião, opõe-se ao dogmatismo e defende o direito individual de livre interpretação das leis religiosas reveladas.

No campo político a liberdade individual limita-se apenas pelos imperativos da sua coexistência com as liberdades iguais dos outros indivíduos. O Estado superintende a ordem jurídica, abstendo-se de qualquer intervenção que não seja para restabelecer a ordem violada e punir as transgressões das leis. Pressupõe o Estado que todos os indivíduos são livres e iguais em direitos, prerrogativas e oportunidades, podendo enfrentar a luta pela vida, com as suas consequências naturais. O Estado não pode intervir criando privilégios para uns em detrimento de outros. Sua função é de *policiamento* da ordem jurídica. É o Estado-Polícia – *L'État Gendarme* – como diziam os franceses.

6. LIBERALISMO ECONÔMICO

No setor econômico o individualismo corporifica-se na teoria do *liberalismo econômico*, sistematizada pelos fisiocratas na França e pelos clássicos na Inglaterra. Segundo a Escola de Manchester, *o livre-arbítrio dos indivíduos, na iniciativa econômica, não reconhece nenhum limite.*

Os líderes do liberalismo econômico, como J. B. Say, D. Ricardo, Adam Smith, Stuart Mill, Bestiat e outros, proclamavam enfaticamente que a livre-iniciativa conduziria a humanidade para o progresso social e a prosperidade econômica. São palavras textuais de Bestiat: *"Deixemos que os homens trabalhem, aprendam, unam-se, negociem, se combatam, pois de conformidade com os decretos da Providência, da espontaneidade inteli-*

INDIVIDUALISMO, COLETIVISMO E GRUPALISMO

gente só poderão resultar a ordem, a harmonia, o progresso e o bem comum, evoluindo sempre até o melhor, do melhor ao ótimo e do ótimo ao infinito".

Essa *teoria da ordem natural* resumiu-se na frase de Gournay que se tornou célebre: *Laissez-faire, laissez-passer, et le monde va la lui même.*

Sob o ponto de vista teórico o liberalismo econômico baseia-se nas seguintes ideias:

a) todos os fenômenos sociais são coordenados, ligando-se entre si por certas relações, que cumpre descobrir;

b) o interesse individual, abandonado a si próprio, acha o que lhe é mais vantajoso, e ao mesmo tempo o que é vantajoso para todos;

c) a livre concorrência, com a lei da oferta e procura, estabelece os bons preços, isto é, os preços geralmente mais vantajosos, suprimindo os lucros excessivos.

Sob o ponto de vista prático, adota os seguintes princípios:

a) liberdade de trabalho;

b) liberdade de comércio;

c) neutralidade do poder público;

d) preferência aos impostos diretos sobre os indiretos.

Outro resumo, segundo Adam Smith: "Cada homem, enquanto não viola as leis da justiça, tem absoluta liberdade para defender o seu interesse, da forma que mais lhe convenha, e empregar o seu trabalho, ou seu capital, em concorrência com os dos outros homens ou classes de homens. O governo, por sua vez, fica completamente desonerado de um dever, que o exporia a graves decepções, se pretendesse cumpri-lo".

Como orientação política do Estado o liberalismo econômico falhou completamente. A liberdade desenfreada favoreceu o domínio econômico, conduziu as massas obreiras à escravidão e à miséria, e criou aquele mundo de desolação em que, no dizer de Thierry Maulnier, "todos os cidadãos são teoricamente livres e materialmente escravizados". A felicidade que Rousseau dizia ser o patrimônio de todos os homens tornou-se um odioso privilégio das classes abastadas. A todos, como observou Louis Blanc, era dado o *direito*, mas não o *poder* de ser livre.

O liberalismo, assim, perdeu-se na exaltação do *homem soberano*, do *homem* que deveria realizar o seu destino por si mesmo, desvinculado do meio social. Minadas as bases e fendida a estrutura ideológica do Estado individualista, surgiram à tona as consequências funestas dos seus erros:

350   TEORIA GERAL DO ESTADO

miséria econômica da grande maioria ao lado da excessiva riqueza de poucos, anarquia política, desorganização social, desintegração da família, involução da cultura, descrença e desespero, tudo a contribuir para uma fragorosa *débacle* do Estado liberal.

E, como sói acontecer em contingências tais, voltam os povos para a concepção política do extremo oposto.

7. COLETIVISMO E CORRENTES SOCIALISTAS

O coletivismo é o extremo oposto do individualismo. Suprime os direitos individuais e eleva a coletividade à condição de pessoa única, titular de todos os direitos.

Expressa-se também pelas palavras *socialismo, totalismo, totalitarismo, integralismo* etc.

A primeira reação organizada contra o Estado individualista, no século XIX, traz arvorada a bandeira do socialismo marxista, com o seu programa revolucionário consubstanciado no *Manifesto Comunista,* de Marx e Engels, em 1848.

O socialismo compreende, teoricamente, dois grupos fundamentais: *utópico* e *científico.*

O socialismo utópico remonta à *República* de Platão, e modernamente tem bases na *Utopia,* de Tomás More, na *Cidade do Sol,* de Tomás Campanella, e na *Brasilíada,* de Morelly.

O socialismo científico divide-se em várias correntes, sendo a sua mais alta expressão a doutrina de Karl Marx, baseada na filosofia materialista de Feuerbach e no método dialético de Hegel.

8. SOCIALISMO MARXISTA, RUSSISMO E SUA EVOLUÇÃO

O socialismo marxista, ao ser aplicado como *socialismo de Estado,* segundo a fórmula bolchevista, perdeu as suas características essenciais de doutrina econômica, para transformar-se em doutrina política. Corporificando-se no Estado russo, a partir de 1918, foi refundido por Lenin e Stalin. Assumiu a forma do *comunismo revolucionário* instituído em nome de uma *ditadura da classe proletária,* e degenerou-se praticamente numa oligarquia, com as características de um sistema de *capitalismo estatal.* Assim, não há que confundir entre o socialismo marxista como doutrina socioeconômica e o sistema político que podemos denominar *russismo.*

INDIVIDUALISMO, COLETIVISMO E GRUPALISMO

O coletivismo que se opõe ao individualismo no século XX esgalhou-se em dois ramos, ambos extremados, que comumente chamamos de *extrema esquerda* e *extrema direita*.

Esta última é representada pelos *Estados Novos* do tipo fascista, designados como *Estados totalitários*. Divergem todos os grupos de ambas as *extremas* nas fórmulas políticas, isto é, na técnica de governo e no programa de ação, mas todos se identificam pelo mesmo fundamento filosófico coletivista.

Tais soluções coletivistas, não obstante as sedutoras inovações que apresentaram no campo doutrinário da economia, significam politicamente um violento retrocesso ao primitivismo histórico. Mergulhando no abismo do passado em que se sepultaram dezenas de séculos, trazem à superfície o aspecto aterrador do *Estado Leviatã*, revestido de roupagens novas e de fantasias que impressionam e seduzem a humanidade desgastada pelas injustiças sociais.

Podemos agrupar ainda o coletivismo do século XX em três categorias: *internacionalista*, *nacionalista* e *racista*, representadas respectivamente pelos Estados soviético, fascista e nazista. Distinguem-se aparentemente pela solução que adotam em face dos problemas sócio-ético-econômicos e em função dos fins que objetivam, mas, como já foi dito, igualizam-se no seu conteúdo político-filosófico. Todas elas desconhecem o homem como sujeito de direito público, como pessoa humana e como entidade espiritual. O próprio *coletivismo espiritualista* é sempre fundamentalmente anti-individualista: o nazismo exaltava o *espírito da raça*, e o fascismo, o *espírito da nacionalidade*. Espiritualistas, portanto, no sentido coletivista.

O coletivismo, em todas as suas nuanças, atribui ao Estado um valor absoluto, segundo a concepção hegeliana. E quando o Estado dispensa proteção aos indivíduos o faz em seu próprio interesse e porque deles necessita para a consecução, dos seus fins. Como se referiu Del Vecchio, o Estado coletivista é uma síntese jurídica da personalidade humana, não em sua individualidade contingente, mas na universalidade dos seus valores.

Apresenta-nos Pedro Calmon a seguinte súmula: "O individualismo é um equívoco: não concebeu o homem real, que não é o indivíduo destacado do meio a que pertence. O coletivismo é outro equívoco: não viu o homem real, que não é uma quantidade inexpressiva de um número inteiro, perdendo as suas características de individualidade, inerentes à sua natureza e à dignidade do seu espírito. O erro do individualismo foi ver um e não todos; o do comunismo foi ver todos e não um".

Em ambos os extremos há um respeitável teor de verdades parciais, e outro, maior ainda, de equívocos. Não se pode, a bom-senso, condenar todo o conteúdo doutrinário de uma e outra concepção, mas também qualquer solução unilateral conduz a humanidade, fatalmente, a uma determinada forma de escravidão. Aqui também se pode invocar o velho anexim: *in medio virtus...*

Não comporta este ponto uma análise de todas ou sequer das principais teorias intermediárias, ou ecléticas, as quais podemos agrupar sob a denominação de *socialismo descentralizador*, tendo em vista que todas as tendências modernas caminham em sentido socialista. A esse grupo, que também podemos chamar democrático-liberalista, pertence o Estado atual, que denominamos social-democrático, exposto em outro capítulo, e cujo evolucionismo o caracteriza como uma fórmula de transição para o socialismo democrático.

LVI

SINDICALISMO E CORPORATIVISMO

*1. Concepção grupalista. 2. Origem histórica.
3. Formação do sindicalismo. 4. Concepção social-
-democrática. 5. Identidade dos termos sindicalismo
e corporativismo.*

1. CONCEPÇÃO GRUPALISTA

A ciência do Estado, desenvolvendo-se paulatinamente a partir da segunda metade do século XVIII, atingiu o seu apogeu no século XX, diante da complexidade dos novos problemas e das novas ideias que agitaram o panorama político de após-guerra. Todo este século tem sido tumultuado pelas lutas que se travam entre as duas posições ideológicas extremadas – o individualismo e o socialismo.

Nos entrechoques dos dois extremismos formou-se uma nova concepção política, de posição intermediária, adotada pelos chamados *Estados Novos de após-guerra*, os quais se dizem anti-individualistas e antissocialistas. Trata-se de uma concepção *grupalista* do Estado: a organização política não se baseia nos direitos dos indivíduos, isoladamente considerados, desconhecendo os direitos da sociedade, nem, por outro extremo, se estrutura sobre os direitos exclusivos da sociedade, desconsiderando os indivíduos; o Estado compõe-se de grupos naturais, com finalidades próprias e com um direito natural à existência e aos meios necessários para realizar o seu destino. São os grupos *biológicos*, *econômicos*, *pedagógicos*, *espirituais* e *políticos*, cujos tipos principais são, respectivamente, a família, a corporação ou sindicato profissional, a escola, a igreja e as associações civis. O Estado é a síntese desses grupos e deve constituir-se em patrono dos direitos de cada um deles.

Essa solução intermediária, grupalista, corporifica-se no Estado do tipo fascista, o qual traz no seu bojo uma nova doutrina econômica – o *corporativismo.*

2. ORIGEM HISTÓRICA

O corporativismo, absolutamente, não é criação do Estado fascista. Se procurarmos suas primeiras raízes, vamos encontrá-las na história da China milenária, como nos comunicam as obras de Lin Yutang. Três séculos antes da era cristã, as teorias de Shang Yang ("filósofo fascista", como o chamaríamos hoje) postas em prática pelo primeiro Imperador da dinastia Chun, o construtor da grande muralha, correspondiam em linhas gerais aos pontos básicos do fascismo: glorificação da guerra e do soldado, o incremento das atividades agrícolas, a eliminação da burguesia, o capitalismo de Estado e a organização estatal fundamentada no princípio da associação classista. Outras experiências se realizaram sob o governo de Wang Mang, no século II a.C. e sob o império de Wu, da antiga Casa de Han, segundo a teoria financeira do capitalismo de Estado formulada por Shang Yang. Ainda no século XI revive a referida teoria na organização estatal de Wang Anshih, consistente em um sistema de departamentos interferentes, com superposição de funções, típico do corporativismo orgânico.

Na Idade Média o Estado monárquico e feudal apresentava uma organização econômica de natureza tipicamente corporativa, notadamente a partir do século XII, vigorando tal sistema até ao advento do Estado liberal, nos fins do século XVIII. As famosas *corporações de artes e ofícios* eram instituições autônomas, autocéfalas, de fundo paraestatal, que se faziam representar perante o governo. Foi através dessas corporações que o *Terceiro Estado* se fez presente ao lado da *Nobreza* e do *clero*, nas assembleias gerais. Cada corporação correspondia a uma profissão, à semelhança dos sindicatos atuais, e eram consultadas pelo governo local em tudo o que se referisse ao seu ramo artesanal, industrial ou comercial, inclusive quanto à fixação do preço dos produtos, salários de oficiais e obreiros, impostos etc.

O Estado liberal suprimiu essas corporações em nome da liberdade do trabalho.

Mais tarde, no decorrer do século XIX, as classes trabalhadoras, sentindo-se desamparadas, iniciaram a luta pelo restabelecimento do princípio associativo que a revolução francesa havia destruído e que as leis do liberalismo proibiam.

Essa situação, aliás, foi observada por Leão XIII, na Encíclica *Rerum Novarum*: "O século passado destruiu, sem substituir por coisa alguma, as corporações antigas, que eram para os trabalhadores uma proteção; todo o princípio religioso desapareceu das leis e das instituições públicas, e assim, pouco a pouco, os trabalhadores, isolados e sem defesa, têm-se visto, com o decorrer do tempo, entregues à mercê de senhores desumanos e à cobiça de uma concorrência desenfreada".

3. FORMAÇÃO DO SINDICALISMO

A partir de 1824, Inglaterra, França, Alemanha, Itália, Portugal e outros países foram restabelecendo o direito de associação, surgindo, assim, uma nova ideologia e uma nova doutrina sob a denominação de *sindicalismo*.

A doutrina sindicalista assumiu variadas feições em cada país e em cada época em que se manifestou, desde as formas *horizontais*, de fundo democrático, às formas *verticais* mais extremadas, de fundo totalitário. Assimilado pelo socialismo marxista, o sindicalismo foi levado pelo bolchevismo russo ao extremo coletivista. E na Itália, sob a doutrina do sindicalismo revolucionário de George Sorel, cristalizou-se no *corporativismo orgânico do Estado fascista*.

Assim, de um lado o bolchevismo russo, com os *soviets* de operários e soldados, e de outro lado o fascismo italiano, que pretendeu reviver as corporações medievais, são formas que muito se aproximam do sindicalismo. Entretanto, ambos deturpam o princípio associativo sindicalista como doutrina socioeconômica, pelo revestimento político que lhe deram, ao transformarem as associações em órgãos do Estado, suprindo as iniciativas particulares e submetendo toda a ordem social e econômica ao Estado absorvente, ultrapoderoso, autêntico *Leviatã* moderno.

4. CONCEPÇÃO SOCIAL-DEMOCRÁTICA

Situando-se em uma posição central e harmoniosa, opondo-se ao sindicalismo totalitário ou corporativismo totalitário, o Estado social-democrático baseia-se no princípio cooperativo e associativo, atuando em *plano horizontal*, como coordenador e supervisor da vida econômica do país. Sem impedir as iniciativas privadas, sem eliminar o direito de livre associação, o Estado democrático caminha para um *socialismo corporativo* racional, no qual não se consideram apenas as corporações econômicas, mas também as corporações morais, tanto mais porque, na concepção democrática, o sindicalismo ou corporativismo não representa uma doutrina político-econômica, e, sim, uma técnica socioeconômica.

A linha de conduta desse *socialismo corporativo* vem resumida objetivamente na citada Encíclica de Leão XIII: "Tudo quanto se pode dizer, em geral, é que se deve tomar como regra universal e constante o organizar e governar por tal forma as corporações, que proporcionem a cada um dos seus membros os meios aptos para lhe fazerem atingir, pelo caminho mais cômodo e mais curto, o fim que elas se propõem, e que consiste no maior aumento possível dos bens do corpo, do espírito e da fortuna".

5. IDENTIDADE DOS TERMOS SINDICALISMO E CORPORATIVISMO

Neste sentido exato de teoria socioeconômica (não político-econômica), sindicalismo e corporativismo expressam a mesma ideia; são termos equipolentes. Releva observar, como adverte Alceu Amoroso Lima, que o termo *corporativo* foi um daqueles cujo uso pernicioso que dele se fez prejudicou-lhe sensivelmente o sentido. Assim sucedeu com o termo *reação* ou *reacionário*, que tomou um sentido pejorativo, quando em si significava o que há de melhor. E dificilmente se reage contra o uso popular.

Ocorre, sem dúvida, frequente confusão entre sindicalismo e corporativismo, como observou Renné Gonnard. Outro escritor, Roger Bonnard, procurou demonstrar certa diferença, entre a corporação que é mista e o sindicato que é unitário: a corporação reúne empregados e empregadores que participam de uma mesma atividade econômica, enquanto o sindicato reúne apenas uma dessas classes. Seria uma distinção, simplesmente formal, que não altera o princípio associativo. Além disso, o sindicato também pode ser misto, embora seja, em regra, unitário.

LVII

ESTADO CORPORATIVO

1. Conceito doutrinário de corporativismo. 2. Corporativismo de Estado e corporativismo associativo. 3. Representação profissional. 4. Três soluções estatais: corporativismo máximo, médio e mínimo.

1. CONCEITO DOUTRINÁRIO DE CORPORATIVISMO

O corporativismo, como produto da evolução do princípio associativo, começa a cristalizar-se em um sistema doutrinário socioeconômico, somente no limiar do século XX, desenvolvendo-se com a teoria institucional lançada por Hauriou na Universidade de Toulouse. Entre as experiências levadas a efeito, a mais importante foi a do Estado fascista, implantado por Mussolini na Itália, mas ali o corporativismo assumiu uma forma orgânica extremada, confundindo-se com a doutrina política do Estado totalitário, como adiante analisaremos. Vários Estados fizeram ensaios de um corporativismo atenuado adstrito ao campo socioeconômico, como Argentina, Alemanha, Áustria, Bélgica, Espanha, França, Holanda e outros, sendo que a experiência mais duradoura nesse sentido foi a de Portugal, o que nos leva a fazer um estudo mais detalhado do regime estruturado por Salazar. Igualmente, nos deteremos no exame do sistema semicorporativo introduzido no Brasil pela Constituição de 1934.

Antes de analisarmos as experiências estatais, vamos examinar a tese corporativa sob o ponto de vista doutrinário.

A rigor, tanto no campo econômico como no campo político, o corporativismo ainda permanece indefinido e confuso. Como salientou François Perroux, sua posição no terreno doutrinário é inconsistente e vacilante. As definições que lhe dão os mestres são substancialmente desiguais e contraditórias, o que demonstra a impossibilidade de uma sintetização da sua concepção ideológica.

Ressaltando esse fato, disse Luiz Baudin que "a palavra *corporação* se assemelha a uma etiqueta aposta sobre um lote de garrafas distribuídas entre produtores, nas quais cada um tivesse derramado uma bebida diferente".

358 TEORIA GERAL DO ESTADO

François Perroux define o corporativismo, em sentido amplo, como "o regime que, dentro do sistema capitalista, com o fim de corrigir os erros e os abusos, organiza a colaboração do elemento patronal e do elemento operário"; e, no sentido estrito, como "o regime em que a corporação fixa pelo caminho da decisão autoritária os preços de produtos e de serviços, em vez de deixar entregues à livre concorrência". Tais definições não nos parecem aceitáveis, porque confundem o corporativismo com a doutrina política do intervencionismo estatal, ou melhor, com o totalitarismo planificador.

Não resta dúvida que o princípio corporativo é inseparável da ideia de *economia dirigida*; mas é um sistema econômico e não uma teoria política, de sorte que o intervencionismo estatal deve ter por agente o órgão corporativo, não o Estado, como ocorreu no regime fascista. Demais o ideal corporativo visa alcançar, embora em um segundo estágio de sua evolução, uma ordem estatal baseada na economia *autodirigida*.

O Prof. Paul Hugon também encara o corporativismo pelo prisma fascista, como "uma instituição a serviço da implantação do Estado forte e, pois, intimamente ligada ao regime político ditatorial". Acrescenta que "as corporações são, com efeito, entidades criadas pelo Estado, e subordinam-se aos imperativos políticos".

Evidentemente, o Prof. Hugon focalizou o corporativismo de Estado. É muito elucidativa a distinção que faz Renné Connard, em seu livro *Histórias das doutrinas econômicas*, entre o corporativismo *vertical* ou *totalitário* e corporativismo *horizontal*. No primeiro, a corporação é um braço econômico do Estado; no segundo, o Estado é apenas coordenador e árbitro das corporações, sendo estas criadas de maneira espontânea e revestidas de personalidade jurídica de direito público.

2. CORPORATIVISMO DE ESTADO E CORPORATIVISMO ASSOCIATIVO

Em termos mais claros ainda, o primeiro é o *corporativismo de Estado* e o segundo, *corporativismo de associação*.

O corporativismo de associação se opõe ao Estado totalitário, ao socialismo e ao capitalismo, bem como ao individualismo e ao liberalismo econômico, pretendendo conformar-se com o regime democrático, dentro de uma concepção grupalista que podemos chamar de *intermediária*. Aproveita as vantagens da economia dirigida e da livre empresa, mistura tendências extremadas, no almofariz das experiências sociais, para compor um sistema novo, diferente na contextura de cada um dos seus elementos refundidos. Esse novo sistema pretende dar solução adequada aos problemas sociais e econômicos, deslocando para outra esfera a solução propriamente política. Não assim o corporativismo totalitário, que reúne em uma só fórmula o regime social, político e econômico, submetendo todas as atividades à onipotência do Estado.

Expressiva e conveniente é a definição proposta por Gaetan Piron, acolhida pelo Congresso dos Economistas franceses em 1936: "para que se esteja em presença de um sistema corporativo é preciso, e é suficiente, que o conjunto dos indivíduos pertencentes a uma profissão seja constituído em *corpo* e que os órgãos dirigentes desse corpo tenham o poder de falar e de interferir na elaboração da lei em nome da profissão inteira". Definição formal, porém contendo implicitamente o sentido essencial.

Veja-se ainda como a *União de Friburgo*, já em 1884, antes, portanto, das experiências de estatização da economia, definia o regime corporativo: "modo de organização social que tem por base o agrupamento dos homens segundo a comunidade dos seus interesses naturais e das funções sociais, e por coroamento necessário, a representação pública e distinta desses diferentes organismos". Aí se tem, numa síntese, a ideia do corporativismo associativo, na sua forma e na sua essência.

Demonstra o Prof. Miguel Reale, por sua vez, que o verdadeiro corporativismo não aceita o primado da economia e estende a todos os setores da vida social o princípio da corporação. Esta é uma fonte autônoma de direito; exerce um poder próprio, não derivado do Estado. É dotada de vida própria e poder soberano próprio, decorrente da função de interesse público que ela exerce.

Este aspecto deve ser relembrado: as corporações se estendem a todos os setores da vida social, isto é, abrangem não só os grupos econômicos, mas também os demais grupos de ordem moral, espiritual e política.

3. REPRESENTAÇÃO PROFISSIONAL

O corporativismo ideal sugere a organização política do Estado em forma de *democracia profissional*. Enquanto o sistema representativo tradicional baseia-se no princípio da representação política, o sistema corporativo estrutura-se na representação profissional, isto é, na composição das assembleias legislativas por representantes das corporações, como expõe Brethe de La Gressaye, em seu livro *La representation professionnel et corporative*.

4. CORPORATIVISMO MÁXIMO, MÉDIO E MÍNIMO

Analisaremos, em resumo, os regimes de governo que resultaram da adaptação do princípio associativo. Nos ensaios corporativos do século XX destacam-se três atitudes políticas:

a) o Estado tornou-se organicamente corporativo, substituindo a representação popular clássica pela representação profissional;

b) o Estado desdobrou o Poder Legislativo em duas câmaras coordenadas entre si – uma de representação política e outra de representação corporativa;

c) o Estado manteve o Poder Legislativo nos moldes tradicionais, mas admitiu, em plano secundário, a representação classista dos sindicatos e associações profissionais.

A primeira atitude – corporativismo totalitário – foi assumida pelo Estado fascista. Nos termos da "Carta do Trabalho", promulgada em 1927, os sindicatos ou corporações tornaram-se órgãos do Estado. Os sindicatos ou corpos menores agrupavam-se em doze grandes corporações (seis de patrões e seis de operários). No topo dessa organização situava-se o *Ministério das Corporações*. O Estado era a soma de todas as corporações, uma *supercorporação* que absorvia toda a vida social, política e econômica, exercendo o supremo controle através do *Grande Conselho Fascista*. A Câmara dos Deputados era formada por representantes eleitos pelas corporações e pelas grandes confederações sindicais.

O partido fascista, liderado por Mussolini, galgou o poder, em 1922, pela revolução armada – a marcha sobre Roma – quando não possuía ainda uma doutrina socioeconômica definida. Seus objetivos consistiam em expandir o território, levar a civilização italiana aos povos subdesenvolvidos e, através da exaltação da guerra e do soldado, restaurar as glórias passadas do cesarismo romano. Assim, nos primeiros anos o fascismo tateou sem doutrina, orientando-se pela cartilha de Maquiavel. Mais tarde, a partir de 1925, depois de consolidar-se no poder, foi que Mussolini passou a adaptar o *sindicalismo revolucionário* de Sorel e, auxiliado por Rocco, Carli, Ugo Spirito e outros, tratou de dar uma doutrina político-econômica ao fascismo. Assim é que o Estado fascista não é uma organização do sistema corporativo, mas um regime político originário que criou para si um corporativismo de Estado, adaptado às instituições revolucionárias vigentes.

A segunda solução foi adotada pelo *Estado Novo* português, que a Constituição de 1933, no seu art. 5º, define como "uma República unitária corporativa". Manteve o Estado português a assembleia representativa da soberania nacional e criou, ao lado desta, a câmara corporativa, com a incumbência de dar informações e pareceres sobre todas as propostas e projetos de lei que envolvam interesses das corporações representadas. Compõem-se a câmara corporativa de representantes das autarquias locais e dos interesses sociais, considerados estes nos seus ramos fundamentais, de ordem administrativa, moral, cultural e econômica. Na cúpula do sistema está a magistratura do trabalho, destinada a restabelecer o equilíbrio nas contendas entre o capital e o trabalho.

No regime português de Salazar as corporações são pessoas coletivas de direito público, reguladas pelo direito positivo, mas não órgãos estatais. Entre o corporativismo *vertical* (de Estado) e o corporativismo *horizontal* (associativo) o sistema se apresenta em *sentido oblíquo*: um sistema político-econômico *meio-termo*, ao qual o próprio Salazar deu a qualificação paradoxal de *ditadura democrática.*

Em bases semelhantes, a Alemanha havia criado o Conselho Federal, como câmara corporativa, e a Áustria institui o *corporativismo cristão* pela Constituição de 1934, promulgada pelo Chanceler Dolffus.

A terceira hipótese teve como exemplo característico o Brasil, sob a Constituição de 1934. Sem qualquer ligação formal com a experiência portuguesa, o Brasil procurou harmonizar, na composição da Câmara dos Deputados, a representação política e a representação profissional. Ao lado dos 250 deputados representantes do povo, atuou uma bancada classista de 50 deputados, representantes das associações profissionais. Essa representação classista, entretanto, resultou falha e inútil, sem poder exercer influência decisiva nos rumos da legislação.

Nestes três tipos de organização política, temos o *máximo*, o *médio* e o *mínimo* de corporativismo.

LVIII

SOCIALISMO

1. Origens doutrinárias do socialismo utópico ou comunismo. 2. Karl Marx e o socialismo científico. 3. Socialismo e suas variações. 4. Socialismo de Estado, comunismo e anarquismo. 5. Princípios filosóficos do marxismo.

1. ORIGENS DOUTRINÁRIAS DO SOCIALISMO UTÓPICO OU COMUNISMO

A doutrinação socialista, no campo político e social, parte da obra *De optimo reipublicae statu, deque nova insula Utopia*, de Tomás More, ou Morus, filósofo inglês, autor de várias obras de grande valor, nascido em 1478 e executado por Henrique VIII em 1535. A *Utopia* foi publicada por Erasmo, contemporâneo e amigo do escritor, no ano de 1518. Na primeira parte dessa obra, Tomás More desenvolve severa crítica à organização política e social da Inglaterra e dos outros Estados europeus, atacando o despotismo dos monarcas, os privilégios e os abusos da aristocracia. Ao mesmo tempo, atribui ao direito de propriedade a origem de todos os males sociais. Na segunda parte, em vez de expor dogmaticamente o seu plano de reforma, descreve esse plano como se já estivesse aplicado numa ilha longínqua. Sua descrição corresponde à organização de um Estado socialista democrático, em forma de romance político, sendo assimilada, posteriormente, em parte, pelas reformas econômicas e políticas da Inglaterra.

Obra idêntica, que também exerceu influência no pensamento socialista, foi a *Cidade do sol* (*Civitas solis*), de Tomás Campanella (1568-1639), filósofo italiano e religioso da ordem dos dominicanos. Sua obra relata a organização de um comunismo absoluto.

Nos meados do século XVIII surgiu ainda, no mesmo sentido sob inspiração das duas obras acima referidas, a *Basilíada* (ou *Naufrágio das ilhas flutuantes*), de Morelly, filósofo francês, que exerceu considerável influência sobre as doutrinas políticas. Suas ideias, expostas em forma de romance, assumiram caráter doutrinário em *Código da Natureza* (1755).

Morelly atribuiu todos os males da humanidade, desde há seis mil anos, ao direito de propriedade, que torna impossível a realização do ideal de igualdade. Afirmou ser necessário abolir integralmente esse direito, passando as terras ao Estado, bem como todos os instrumentos de produção, como medida preliminar para a solução dos problemas sociais. Abolido o direito de propriedade, todos trabalharão por conta do Estado, e este proverá às necessidades de todos os cidadãos.

Completando a fonte literária do socialismo utópico ou comunismo, cabe mencionar ainda a obra de Étienne Cabet, *Viagem a Icária* (1842), em que o autor relata a ordem comunista de um suposto país onde não havia propriedade privada, todos trabalhavam por conta do Estado e recebiam do governo as suas utilidades. A ordem política de *Icária* era formalmente democrática, com uma assembleia eleita pelo sufrágio universal e um conselho executivo composto de quinze membros. A religião era estritamente deísta, como na *Basilíada*, de Morelly.

Fora do plano literário houve algumas experiências práticas de ordem comunista, entre as quais assumiu maior importância a de Roberto Owen, que fundou diversas cidades no Canadá, nas quais a distribuição de terras, os instrumentos de produção e a organização do trabalho obedeciam aos princípios comunistas formulados pelos escritores.

Note-se que nesses tempos, até meados do século XIX, as palavras *socialismo* e *comunismo* confundiam-se na mesma significação. Tal socialismo, que envolvia a ideia de uma ordem comunista superior, veio a ser denominado *socialismo utópico* somente quando se iniciou a doutrinação do *socialismo científico*.

Diversos autores de renome procuraram sistematizar as ideias socialistas, nos fins do século XVIII e primeira metade do século XIX, permanecendo todos, entretanto, no campo da utopia. Nessa fase, que podemos chamar *pré-marxista*, destacaram-se Brissot de Warderville, Natal Bafeuf, Louis Blanc, Joseph Proudhon, Pierre Leroux e Charles Fourier, na França; Fitche, Rodbertus e Lassale, na Alemanha; Golwin, na Inglaterra; Miguel Bakunin, na Rússia, além de inúmeros outros.

Todavia, o único que formou uma escola numerosa e de projeção mundial, foi Claude Henry de Rouvroy, Conde Saint Simon, discípulo de Benthan e mestre de Augusto Comte. Esse autor foi menos socialista que plutocrata. Distinguia em cada sociedade duas ordens de poder: o poder moral (ou intelectual), que deve ser confiado a uma elite ilustrada, e o poder material, que compete aos chefes das indústrias. Esses dois poderes, exercidos por duas minorias organizadas, formam o conjunto da *classe dirigente*. Não obstante, como filósofo, e dos mais profundos, formulou a concepção da sociedade como um ser coletivo, sujeito às leis psicológicas do desenvolvimento progressivo, estabelecendo uma série de princípios doutrinários dos quais os seus discípulos deduziram as consequências socialistas. As ideias fundamentais da escola sansimonista tanto influíram nos sistemas doutrinários de Augusto Comte e Herbert Spencer como no sistema de Karl Marx. O sansimonismo, no campo socioeconômico, é considerado atualmente como expressão básica do moderno socialismo democrático.

2. KARL MARX E O SOCIALISMO CIENTÍFICO

O *socialismo científico* tem como principal expoente Karl Marx, tanto que se identifica com a denominação de *marxismo*.

Karl Marx (1818-1883) nasceu em Trèves, na Prússia, Alemanha, em 5 de maio de 1818. Era de descendência israelita, e seu nome de família, que era Mardoche, mudou-se para Marx quando seus pais se converteram ao protestantismo. Frequentou a Universidade de Bonn e mais tarde a de Berlim, onde se diplomou em 1841, defendendo uma tese sobre a filosofia de Epicuro. Foi redator da *Gazeta Rhenana*, e, tendo sido perseguido por seus artigos sobre questões sociais, passou a residir em Paris, em 1843, onde entrou em contato com os socialistas e anarquistas franceses, mais intimamente com Joseph Proudhon. Em decorrência de suas atividades revolucionárias, foi expulso da França a pedido do embaixador prussiano. Dirigiu-se então a Bruxelas, de onde contestou a obra *Filosofia da miséria*, de Proudhon, respondendo com um vigoroso opúsculo intitulado *Miséria da filosofia*, o que levou os dois agitadores a um rompimento definitivo. Expulso da Bélgica em 1848, sofreu outras expulsões na Alemanha e na França, transferindo-se finalmente para Londres, onde pôde continuar a sua obra, livre de perseguições.

Em Paris, Marx tornou-se amigo íntimo de Frederico Engels, utopista como eram todos os socialistas daquele tempo, e ambos se irmanaram definitivamente pelo mesmo ideal. Elaboraram em conjunto o *Manifesto Comunista* de 1848, em que se resume a doutrina marxista, tendo Engels colaborado também na estruturação da *Primeira Internacional*. Em seguida, Marx continuou a composição de suas várias obras sobre economia social e procurou concluir *O Capital*, seu trabalho máximo. Ao falecer, em 14 de março de 1883, tinha terminado apenas o primeiro volume. Os outros dois

366 TEORIA GERAL DO ESTADO

foram concluídos por Engels, que se encarregou de coordenar e completar as notas e apontamentos deixados pelo autor.

A obra de Marx, convém acentuar, foi a que maior repercussão teve em toda a história da humanidade. Entre partidários e opositores se dividiu o mundo. Eivada de erros, encerra, todavia, uma considerável soma de verdades imperiosas, assimiladas e reconhecidas pelas modernas correntes socialistas, inclusive no mundo democrático e cristão.

Como doutrina socioeconômica, não se incompatibiliza o marxismo com nenhuma forma de governo. Marx não se preocupou com a formalização de um sistema coletivista, isto é, não arquitetou o chamado *socialismo de Estado*. Ateve-se à função da ciência, constatando os fatos e analisando os fenômenos sociais, suas causas e seu desenvolvimento, e deduzindo soluções. Não resta dúvida de que chegou até ao ponto de prever a revolução e a ditadura da classe operária, mas daí por diante as soluções políticas correm à sombra e à revelia da sua doutrina. Aliás, em face das correntes de socialismo político e estatal que se formavam, o próprio Marx costumava protestar, afirmando que ele mesmo já se não reconhecia marxista. O bolchevismo tem do marxismo pouco mais do que o rótulo. A ordem revolucionária russa foi um retrospecto às idealizações utopistas contra as quais Marx sempre dirigiu a artilharia pesada da sua dialética. Em última análise, o bolchevismo ou *russismo*, principalmente como foi orientado por Stalin, chega a ser uma ofensa ao pensamento científico do filósofo de Trèves. Não foi em outro sentido que Trotsky e seus seguidores fundamentaram suas impugnações à *III Internacional*.

3. SOCIALISMO E SUAS VARIAÇÕES

O socialismo, depois de Marx, assumiu variadas tendências, destacando-se, principalmente, o *socialismo de Estado* (ou socialismo integral), o *socialismo radical*, o *socialismo corporativista* (ou sindicalista), o *socialismo agrário*, o *socialismo cristão* (ou católico), o *socialismo municipalista*, o *socialismo democrático* etc.

O Estado que se denomina *social-democrático* é no fundo socialista, pois este termo abrange os sistemas de economia dirigida, de intervenção estatal em proveito da ordem social. Socialista no verdadeiro sentido é o próprio Cristianismo. Socialista é a doutrina das encíclicas papais. O abismo que se abre entre o pensamento democrático e o socialismo não resulta senão da deturpação desta palavra no campo político. São os métodos políticos e não ideias socialistas que nos causam repulsa. O Papa Leão XIII é

SOCIALISMO 367

socialista quando profliga a orientação do Estado liberal e exorta os ricos a abrirem mão do supérfluo em benefício dos pobres. O que na *Rerum Novarum* se condena é o método político do socialismo totalitário. Quando se condena o socialismo político ou o socialismo materialista, condena-se a solução política ou a concepção materialista, mas não o socialismo em si, como doutrina socioeconômica.

4. SOCIALISMO DE ESTADO, COMUNISMO E ANARQUISMO

De todas as escolas socialistas, a mais indefinida e multiforme é a do *socialismo de Estado* (ou socialismo integral), que se não distingue fundamentalmente do socialismo de cátedra, autêntico coletivismo, em que o Estado perde as suas características próprias para transformar-se em instrumento de opressão a serviço de uma ditadura classista. Para esta escola, o Estado é proprietário único, inclusive dos meios de trabalho, dirigindo verticalmente a produção e a distribuição. No campo social, o Estado absorve todas as atividades, levando a sua concepção materialista ao ponto de impedir as tendências naturais de religiosidade, sob pretexto de que as manifestações espiritualistas, sejam quais forem, colidem fundamentalmente com a filosofia básica do Estado.

O socialismo de Estado se impõe através de um governo ditatorial, que tem a seu cargo consolidar a ordem revolucionária e suprimir todas as resistências, particularmente das forças capitalistas particulares e da burguesia. É a sua primeira fase. Na segunda, realizam-se os planejamentos, por meio dos planos quinquenais, característicos do stalinismo, pelos quais se chegaria ao estágio superior de evolução da ordem comunista. Neste ponto, extinguir-se-ia o Estado como governo de pessoas, para dar lugar a um simples sistema de administração do patrimônio comum. Em suma, o socialismo de Estado seria o *meio* pelo qual se atingiria o *fim* ideal, que é o comunismo, sonho e miragem dos utopistas.

Essa *teoria da extinção gradativa do Estado* permaneceu nos primeiros tempos do Estado russo, e dela decorreu a confusão entre socialismo integral e anarquismo. As duas correntes, aliás, foram irmãs gêmeas. Nasceram no mesmo clube que Marx apelidou de *Santa Família*, onde se reuniam todos os jovens radicais inspirados por Feuerbach e discípulos de Hegel, desde os mais exaltados anarquistas como Bruno Bauer e Marx Stirner ao próprio Karl Marx. E o mais saliente teórico da revolução russa foi o anarquista Bakunin. Sobretudo, é de se notar que, na crítica à propriedade particular, anarquistas e socialistas estiveram de pleno acordo. As divergências surgiram no tocante à forma de organização que deveria substituir a propriedade capitalista. Enquanto uma corrente defendia a igualdade absoluta, a par do princípio da livre associação ou livre contrato, revogável à vontade dos contraentes, outra preconizava a apropriação dos capitais pela coletividade e sua exploração por parte de associações livres. A primeira permaneceu anarquista, e a segunda inclinou-se para o socialismo integral, calcado na fórmula bolchevista.

Em sua obra *Anarquismo ou Socialismo?*, o próprio Stalin procurou desfazer a confusão, enquanto o governo russo condenava formalmente a teoria da extinção gradativa do Estado, com medidas radicais que chegaram à eliminação de Pashukanis e dos demais doutrinadores ortodoxos.

Na sua fase inicial, sob o governo de Kerenski, o Estado russo era ideologicamente marxista. Com a vitória da contrarrevolução bolchevista, que levou Lenin ao poder, o Estado tomou uma *direção* que se poderia definir como *comunista*. Logo nos primeiros tempos do seu governo Lenin reconheceu a necessidade de transigir com os princípios marxistas, passando a estruturar a *ordem bolchevista*, que deveria conduzir o Estado à ordem comunista ideal. Já no governo de Stalin, não sobrava do marxismo mais do que o rótulo e a filosofia. Também do *comunismo* não conserva o Estado russo senão o nome. O socialismo de Estado, como ditadura permanente de uma oligarquia ou de uma classe, é justamente uma oposição à ordem comunista ideal. De um lado, foram eliminados os teóricos da extinção gradativa do Estado, que levaria à ordem comunista, e, doutro, foram eliminados todos os que, como Trotsky, se opunham à *III Internacional* e ao programa do stalinismo. E, assim, o socialismo bolchevista caminhou politicamente para uma oligarquia, e economicamente para um regime de capitalismo estatal permanente, completamente divorciado do ideal marxista.

5. PRINCÍPIOS FILOSÓFICOS DO MARXISMO

Vamos concluir este ponto com uma breve noção sobre a filosofia marxista.

Reúne o marxismo o materialismo de Feuerbach e a dialética de Hegel. Refundindo ambas as filosofias, Marx compõe o Materialismo Dialético, que contém uma concepção científica total do mundo, deduzida sempre pelo método dialético hegeliano, expungido este de todo conteúdo espiritualista.

O método dialético e histórico, fundamento teórico do socialismo científico, desdobra-se praticamente em quatro teses interferentes: 1) cone-

SOCIALISMO

xão mútua e interdependência dos fenômenos da natureza e da sociedade; 2) a luta dos contrários como fonte interna do desenvolvimento; 3) o desenvolvimento como passagem das mudanças quantitativas às transformações radicais de qualidade; 4) movimento, transformação e desenvolvimento da natureza e da sociedade.

O materialismo dialético marxista deduz das leis do movimento e desenvolvimento da matéria uma concepção científica do mundo, absolutamente materialista, pretendendo demonstrar que a vida é uma das formas do desenvolvimento da matéria, e que a própria consciência é um atributo da matéria. As leis gerais do desenvolvimento da natureza regem também o desenvolvimento da sociedade. O desenvolvimento provém da luta entre forças contrárias, em todos os setores da natureza. Nessa luta, tudo tem o seu ciclo, e, fatalmente, o velho e inferior desaparece para dar lugar ao novo e superior. A invencibilidade do novo é lei inarredável do desenvolvimento, é uma lei inerente à matéria, em todas as suas formas e fases de contínua transformação, aplicando-se à sociedade, que é uma forma superior dos movimentos da natureza. O *materialismo histórico* vem a ser a parte que analisa o desenvolvimento da sociedade humana, a sua passagem por diferentes formações econômicas e sociais, em harmonia e correspondência com as leis do desenvolvimento material da natureza. De uma concepção científica integral do mundo, desde as suas origens, isto é, do materialismo dialético, decorre o socialismo científico, que interpreta os fenômenos sociais em consonância com os fenômenos da natureza, e procura dirigi-los pelo rumo das leis absolutas do desenvolvimento.

Esta parte é puramente filosófica, e o nosso programa não comporta maior indagação.

Passaremos a resumir as três teorias fundamentais do marxismo, que dizem respeito à ordem social e econômica: *a*) *o materialismo histórico*; *b*) *a luta de classes*; *c*) *a teoria do valor*.

O *materialismo histórico* é uma derivação dialética, formando um sistema de interpretação da história. Esse sistema leva a duas conclusões: *a*) as relações entre operários e patrões dependem da técnica da produção; *b*) toda organização política, jurídica e religiosa, de uma sociedade, é consequência do tipo de organização econômica que aí predomina.

Sustenta Marx que a única característica da vida material verdadeiramente indispensável é a produção dos meios de subsistência. Logo, as relações de produção, que são criadas pela sociedade, têm importância fundamental, e conforme as influências que elas exerçam sobre os homens organizam eles suas empresas, sua cidade, seu Estado, sua legislação, sua filosofia etc. A produção econômica é a *subestrutura*, enquanto os sistemas políticos, jurídicos, religiosos e filosóficos representam a *superestrutura* da sociedade. A estabilidade e o vigor da superestrutura repousam na solidez da subestrutura. Assim, a ordem econômica é o alicerce de toda a vida social e dela deriva a própria consciência do homem. Em *Crítica da economia política* afirmou Marx, textualmente: "não é a consciência do homem que determina a sua existência, ao contrário, a sua existência é que determina a sua consciência".

Quando as forças produtivas se modificam aparecem novas formas, novos instrumentos, novos métodos de produção; e toda a superestrutura se modifica, mais ou menos lentamente, transformando-se o modo de sentir, de pensar e agir, o que se reflete nos sistemas políticos, jurídicos, artísticos, morais, religiosos etc.

Esta concepção materialista da história é um método explicativo dos fenômenos sociais, que tende a sugerir as medidas disciplinadoras das relações de produção.

A *Luta de Classes* é outro ponto fundamental da doutrina marxista. A sociedade divide-se em duas classes: proprietários e assalariados. Entre essas duas classes existem antagonismos profundos e inconciliáveis. A luta entre ambas é a luta das forças contrárias, que integra a lei do desenvolvimento, a qual rege a evolução da natureza e da sociedade.

Marx não se refere à luta violenta, oportunista, insuflada pelos agitadores, impregnada de ódio e de paixão, mas à luta natural das forças contrárias, energia íntima que impele a sociedade ao progresso. A luta de classes, diz Marx, é aquela força benéfica, propulsora do progresso e da civilização. Toda a história humana é uma ininterrupta história de luta das forças antagônicas, e todos os progressos da humanidade resultam dessas lutas.

Esta parte do marxismo é fantasiosa – indemonstrada e indemonstrável.

A *Teoria do Valor* (teoria da *mais valia* ou *plus valia*) começa por refutar a teoria do economista D. Ricardo, segundo a qual o valor do objeto seria igual ao custo da produção. Afirmava Ricardo que o custo da matéria-prima empregada, mais os juros do capital despendido e mais o salário pago ao obreiro, somados, correspondem ao valor do produto manufaturado. Contestando tal teoria, Marx procurou demonstrar as origens do capital, bem como as razões do seu contínuo aumento.

SOCIALISMO   371

A acumulação do capital, segundo Marx, decorre do seguinte: o operário produz em cinco horas, por exemplo, o valor correspondente ao salário que lhe é pago; o empregador, porém, exige-lhe oito horas ou dez; esse *suplemento de trabalho*, que não é remunerado, representa um *plus valor* que reverte inteiramente em proveito do capitalista. Paga este o preço de cinco horas de trabalho e recebe a produção da jornada inteira.

Em outros termos: o capitalista compra a força do trabalho despendido por um preço igual à metade mais ou menos do valor que o trabalho produz, vendendo a produção por maior preço; a diferença constitui o *plus valor*, que seria uma espécie de roubo cometido pelo capitalista em detrimento do obreiro.

A *teoria do valor* tem sido a parte mais criticada e talvez a mais frágil no arcabouço doutrinário do marxismo. Refutando-a, demonstrou G. Mosca que, *para afirmar que o lucro do industrial capitalista é constituído por uma parte do salário subtraído ao operário, é preciso que se não tenha em linha de conta um dos elementos mais importantes da produção industrial e mesmo agrícola, que é a divisão do trabalho, melhor denominada organização do trabalho, da qual os economistas mostram as grandes vantagens.* Menciona o exemplo clássico de uma fábrica de agulhas, onde a produção de uma equipe em trabalho conjugado é cem vezes maior do que se poderia esperar se cada um dos operários fabricasse sozinho uma agulha inteira. A chamada *plus valia*, tocante ao empresário, seria a remuneração justa do trabalho deste, que organiza e comanda o sistema de produção.

LIX

O ESTADO E A FAMÍLIA

*1. A família como unidade integrante do Estado.
2. Teoria grupalista cristã. 3. O primado da família
na sociedade. 4. A família e o Estado brasileiro.*

1. A FAMÍLIA COMO UNIDADE INTEGRANTE DO ESTADO

A família é o grupo fundamental da sociedade civil; *o grupo humano natural, destinado a conservar o indivíduo e a espécie*, como doutrinou Santo Tomás de Aquino. É o "asilo bendito em que a personalidade humana se desenvolve ao sopro da ternura e da afeição", no dizer de Kurth. É uma instituição de direito natural, anterior ao Estado e à própria sociedade civil, como sustenta o pensamento sociológico desde os tempos de Aristóteles.

O liberalismo político, essencialmente humanista, partiu desta concepção de direito natural, afirmando Rousseau que a família é o "primeiro modelo das organizações políticas". Entretanto, o Estado liberal estruturou-se em base individualista sem levar na devida consideração os grupos naturais que compõem a sociedade civil. Positivados os seus erros fundamentais, duas correntes de protestos se levantaram – uma em nome dos direitos da sociedade, e outra em nome dos direitos dos grupos naturais que representam as unidades básicas do Estado. O primeiro expoente desta reação grupalista foi Frederic Le Play (1806-1882), que patrocinou a reforma social, baseando a sua doutrina, principalmente, nos preceitos referentes a família, constantes do *Decálogo*.

A *teoria institucional* do Estado, liderada por Hauriou, aponta a família como a primeira e mais importante das instituições sociais integrantes do Estado: "a família é uma instituição – a primeira das instituições – e o casamento é o seu ato de fundação" (G. Rennard, *La théorie de l'institution*).

2. TEORIA GRUPALISTA CRISTÃ

A doutrina democrática cristã mostra que os elementos primordiais da sociedade civil não são os indivíduos isoladamente considerados nem a coletividade como um todo exclusivo, mas, sim, *os grupos naturais* (biológicos, pedagógicos, espirituais, econômicos e políticos) dentre os quais se destaca, pela sua maior importância, como grupo sociológico primário, a família – da qual decorrem consequências econômicas e políticas. É precisamente essa a doutrina aristotélico-tomista, consagrada pela Igreja Cristã de Roma e por ela reafirmada através das Encíclicas *Rerum Novarum* e *Quadragesimo Anno*.

Depois de salientar o primado da família na sociedade, demonstrando que este grupo natural se cerca de direitos que são independentes do poder público e que as normas jurídicas e as prestações assistenciais do Estado não devem ser levadas ao ponto de invadir o santuário da família, Leão XIII põe em relevo a *autoridade paterna*, que "não deve ser abolida nem absorvida pelo Estado, porque tem a sua origem onde também se origina a vida humana". Acrescentou o sábio Pontífice que os "socialistas, substituindo a providência dos pais pela do Estado, vão contra a justiça natural e despedaçam os laços de família".

Atento ao princípio de direito natural sistematizado por Grotius, escreveu Ventura Raulica que "a dignidade paterna é mais importante e mais nobre que a dignidade imperial".

3. O PRIMADO DA FAMÍLIA NA SOCIEDADE

Do primado da família na sociedade derivam consequências econômicas e políticas. As primeiras se traduzem nos direitos *à propriedade e ao trabalho*.

O direito de propriedade deriva da necessidade de conservação da família, incluindo-se entre aqueles direitos naturais que o Estado deve respeitar e garantir. Neste sentido, doutrinou Leão XIII: Este direito de propriedade que possuímos em nome da própria natureza, reivindicado pelo indivíduo, cumpre agora transferi-lo ao homem constituído em chefe de família. E passando à sociedade doméstica tanto maior força adquire esse direito quanto maior extensão aí ganha a pessoa humana. A natureza impõe ao pai de família o dever sagrado de alimentar e manter os filhos. E vai mais além: "como os filhos refletem a fisionomia paterna e são uma espécie de prolongamento da sua pessoa, a natureza lhe inspira que se ocupe com o futuro deles, que lhes crie um patrimônio, que os ajude a se defenderem na perigosa travessia da vida, contra todas as surpresas do infortúnio".

O direito ao trabalho acompanha e completa necessariamente o direito de propriedade, tendo-se em vista que o trabalho é o meio pelo qual o homem adquire os bens indispensáveis à satisfação das necessidades suas e da comunidade familiar. Há um direito e um dever ao trabalho, por lei natural, isto é, por lei humana universal, e a atitude do Estado diante dessa lei, terá, por certo, influência transcendental na vida das sociedades.

As consequências políticas que decorrem do primado da família na sociedade, segundo a concepção grupalista cristã da vida social, como expõe Alceu Amoroso Lima, consistem, principalmente, em que a família deve ter o direito de intervir na vida política do país, como pessoa coletiva, diferente dos indivíduos isolados.

A instituição do casamento, por ser essencial à dignidade e à estabilidade da família, foi sempre objeto de especial atenção por parte do poder público.

A prestação de auxílios às famílias necessitadas; a assistência à maternidade, à infância e à adolescência; a educação física, moral e intelectual da juventude; a instituição dos "bens de família"; as garantias de sucessão hereditária etc. são outros tantos problemas de magna importância que os Estados modernos não deixam ao critério instável das legislaturas ordinárias, mas consubstanciam em postulados constitucionais.

A Constituição argentina, adaptada à doutrina *justicialista*, dispõe no seu art. 37 o seguinte: *La família, como núcleo primario y fundamental de la sociedad, será objeto de preferente protección por parte del Estado, el que reconoce sus derechos en lo que respecta a su constitución, defensa y cumprimiento de sus fines.* Essa disposição traduz a concepção grupalista do Estado, em conformidade com a doutrina cristã.

O dever do Estado, nesse particular, é indeclinável, mesmo porque ao poder temporal não é dado suprimir essa solidariedade natural dos grupos vinculados pela comunidade. A inviolabilidade da família constitui um dos direitos fundamentais da pessoa humana. Nesse sentido escreveu o eminente sociólogo Plínio Salgado: "O Estado deve ser forte para manter o homem íntegro e a sua família; pois a família é que cria as virtudes que consolidam o Estado".

Admitindo que a família não é uma criação da lei no sentido jurídico, mas uma revelação do direito natural, cumpre ao Estado encará-la como unidade de direito público, legitimá-la e prestigiá-la com o mesmo carinho com que as religiões procuram santificá-la, porque é na pureza dessa instituição que repousa a prosperidade nacional, e dela é que dimana a continuidade da pátria.

4. A FAMÍLIA E O ESTADO BRASILEIRO

O Estado brasileiro, como todas as repúblicas democráticas do mundo civilizado, reconhece e declara os direitos fundamentais da família, na Constituição vigente, em seu título VIII (Da Ordem Social), arts. 226 a 230 (Da família, da criança, do adolescente e do idoso), dispondo também sobre educação, "visando ao pleno desenvolvimento da pessoa, seu preparo para o exercício da cidadania e sua qualificação para o trabalho", como direito de todos e dever do Estado e da família, promovida e incentivada com a colaboração da sociedade (art. 205).

O art. 226 reconhece a família como "base da sociedade", reconhece a instituição do casamento, mas não deixa de reconhecer, *para efeito de proteção do Estado*, a união estável entre o homem e a mulher como entidade familiar. Reconhece ainda como *entidade familiar* a comunidade formada por qualquer dos pais e seus descendentes.

O casamento, que era, na esteira das tradições católicas do povo brasileiro, declarado "indissolúvel", teve a dissolução do vínculo admitida através do divórcio, inicialmente pela Emenda Constitucional n. 9, de 1977, com a ressalva: *após prévia separação judicial por mais de um ano nos casos expressos em lei, ou comprovada separação de fato por mais de dois anos.* A Emenda Constitucional n. 66, de 2010, retirou essa ressalva, passando a ser admitido o divórcio independentemente de qualquer prévia condição, conforme a nova redação do § 6º do art. 226: *o casamento civil pode ser dissolvido pelo divórcio.* Essa matéria, justamente por ser polêmica, na maioria dos Estados modernos, permanece adstrita ao âmbito do direito privado.

A República brasileira, tradicionalmente, enquadra no campo do direito público quase toda a matéria referente ao direito de família, em consonância com os princípios e ideais expressos na própria Constituição política.

LX

O ESTADO E A IGREJA

> *1. A sociedade: princípios da unidade e da pluralidade. 2. Natureza e autonomia do poder espiritual. 3. A luta entre o Estado e a Igreja (resumo histórico). 4. O Estado do Vaticano. 5. Relações entre a Igreja e o Estado. 6. Separação e harmonia. 7. A Igreja e o Estado Moderno. 8. A Igreja no Estado Brasileiro.*

1. A SOCIEDADE: PRINCÍPIOS DA UNIDADE E DA PLURALIDADE

A Teoria Geral do Estado é *ciência política*. E a política, como a conceituou Aristóteles, estuda o governo da sociedade pelo Estado. Logo, são três os objetos desta ciência – *governo*, *sociedade* e *Estado* –, o que corresponde com sua tríplice divisão: teoria *política*, *sociológica* e *jurídica*.

Vamos focalizar o elemento *sociedade*, que entra na definição acima referida. A sociedade, segundo a definição de J. Credt, é a união moral de muitos em busca do bem comum. Como se explica formalmente o fato da união social? Há duas concepções doutrinárias que respondem a esta pergunta, das quais se deduzem as mais importantes consequências políticas e jurídicas – *da unidade* e *da pluralidade*.

O *princípio da unidade social* provém de Platão: a sociedade é um corpo orgânico, único e indivisível, ao qual se subordinam todos os elementos, singulares ou plurais, formando uma ordem comum, para a realização de todos os fins da pessoa humana, que se unificam dentro dessa mesma ordem única. Nesse princípio se apoia a autoridade do Estado, elevada à onipotência, absorvendo a ordem espiritual ou desprezando-a. É o que chamamos *conceito platônico-totalitário* do poder.

O *princípio da pluralidade social*, também denominado *da variedade social*, foi formulado por Aristóteles e desenvolvido por Santo Tomás de Aquino. Classifica as sociedades em *perfeitas* e *imperfeitas* (ou *completas* e *incompletas*). São sociedades *perfeitas* aquelas que se completam por si

378 TEORIA GERAL DO ESTADO

mesmas, por sua natureza, sem dependência ou subordinação; e *imperfeitas* aquelas que são os grupos integrantes da sociedade maior, isto é, as associações de direito natural em que se divide o todo coletivo. São imperfeitas ou incompletas porque dependem do reconhecimento e da tutela da sociedade maior, dentro da qual existem.

São duas as sociedades perfeitas ou completas: a *civil* e a *religiosa.*

A *sociedade civil*, de natureza temporal, é uma união de vários grupos particulares (considerados estes como sociedades imperfeitas ou incompletas porque se aperfeiçoam e se completam na integração da sociedade maior). O primeiro e mais importante destes grupos naturais é o de ordem biológica – a família –, destacando-se, a seguir, os grupos pedagógicos, econômicos, políticos etc. Esta concepção *aristotélico-tomista* da sociedade civil, que é precisamente a concepção *grupalista* da democracia cristã e orgânica, representa, no campo político, uma posição intermediária entre a concepção totalitária platônica, que repele qualquer subdivisão, e a concepção individualista, que só considera os indivíduos como unidades componentes do corpo social.

Essa sociedade civil, sob qualquer das três concepções políticas, é perfeita, completa, soberana. É precisamente a *nação*, que se constitui em Estado perfeito, no exercício do seu poder natural de soberania. Nesse sentido doutrinou Santo Tomás de Aquino: *Civitas est communitas perfecta...*

2. NATUREZA E AUTONOMIA DO PODER ESPIRITUAL

Entretanto – continua a doutrina da pluralidade social –, a sociedade civil não é a única sociedade perfeita. Os fins visados pela associação humana compreendem duas ordens (uma temporal e outra intemporal) precisamente porque o homem se compõe de matéria e espírito. Em decorrência desse fato, existe ao lado da sociedade civil, necessariamente, por imperativo indeclinável do direito natural, a sociedade religiosa, que é também perfeita, tanto ou mais perfeita que a sociedade civil. Enquanto a sociedade civil se ocupa dos bens do corpo, a sociedade religiosa cuida dos bens do espírito. No mesmo espaço e sobre as mesmas pessoas, as duas sociedades perfeitas conduzem o homem à realização da sua dupla finalidade na vida terrena: dentro da sociedade civil, onde o homem pertence ao mundo físico, procura ele conquistar a plenitude dos ideais comuns de felicidade, sujeitando-se, obviamente, às leis civis e à soberania do Estado; e no seio da sociedade religiosa, como entidade espiritual, subordinando-se às leis da natureza e à soberania de Deus, o homem, crente de que o espírito é eterno e sobreviverá ao corpo, prepara-se para a realização do seu destino transcendental.

Ambas as sociedades encontram legitimidade nos princípios superiores de direito natural. Se é certo que o homem é um *animal social e político*, como afirmou Aristóteles em sua doutrina, vinte e cinco vezes secular, mas sempre nova, menos certo não é que o homem é também um animal religioso, como o qualificou o naturalista Quatrefages. Efetivamente, com aquela tendência inata para a vida social, sempre se manifestou no homem, sem variar no espaço ou no tempo, o determinismo religioso, a crença instintiva na existência do espírito e o temeroso respeito a um ente sobrenatural criador do mundo. Se a natureza política do homem determina a sociedade civil, a sua natureza religiosa determina a sociedade espiritual.

A *sociedade religiosa*, conseguintemente, é perfeita, completa e soberana, isto é, reveste-se dos mesmos atributos essenciais da sociedade civil. No sentido amplo, abrange todos os grupos espirituais, formados pelas diversas religiões, e, estritamente, é representada pela Igreja Universal instituída por Jesus Cristo.

A organização da sociedade civil corporifica-se no Estado; a organização da sociedade religiosa corporifica-se na Igreja.

Estas considerações gerais que resumimos em consonância com a doutrina política desenvolvida por Alceu Amoroso Lima, Jacques Maritain e outros líderes do pensamento cristão foram necessárias aqui, não só para esclarecimento preliminar da natureza e distinção dos dois poderes, mas especialmente para que se possa equacionar com um mínimo de clareza o complexo problema referente à posição do Estado em face da Igreja romana.

3. A LUTA ENTRE O ESTADO E A IGREJA (RESUMO HISTÓRICO)

O Estado e a Igreja romana têm uma história comum, pelo menos do século V ao XIX, história longa, impossível de se resumir num capítulo. Ambos os poderes, civil e espiritual, pretenderam sobrepor-se um ao outro, demandaram mesmo a unificação das duas autoridades, e assim, em função desse objetivo, mantiveram-se em constante luta, assumindo, um em relação ao outro, diversas posições que podem ser assim resumidas:

a) indiferença entre o Estado e a Igreja;

b) preeminência da Igreja sobre o Estado;

380　　　　　　　　　TEORIA GERAL DO ESTADO

c) preeminência do Estado sobre a Igreja;

d) equilíbrio entre ambos os poderes.

O período em que o Estado e a Igreja foram indiferentes entre si vai até ao último quartel do século V, quando se extingue o Império Romano ocidental e tem início a Idade Média. Até então o poder laico confundia-se com o poder religioso. O Imperador era ao mesmo tempo Sumo Sacerdote, mas o seu poder religioso não era o da Igreja cristã. Por outro lado, não estava ainda unificada a direção hierárquica da Igreja, e os cristãos se desinteressavam do poder temporal. Jesus Cristo afirmara que o seu reino não era deste mundo, e fizera nítida distinção entre o poder de César e o poder de Deus. Além do mais, os cristãos respeitavam a autoridade civil, qualquer que fosse ela, pois São Paulo ensinara que todo poder tem origem divina – *omnis potestas a Deo*.

Logo no início da Idade Média o Papa São Gelásio I (492-496) formulou a *teoria da coexistência e separação dos dois poderes*: o Bispo, no domínio eclesiástico, é superior ao Imperador, e este superior ao Bispo nas coisas laicas. Em seguida, foi acrescentado a essa doutrina que, sendo a alma superior ao corpo, a autoridade eclesiástica é superior à autoridade laica. Mais um passo e se firmou o princípio da subordinação do poder civil como decorrente do poder espiritual, de conformidade com os ensinamentos de Santo Ambrósio, São Gerônimo, Santo Agostinho e outros doutores da Igreja nos séculos IV e V. A doutrina política medieval da Igreja fundou-se principalmente na obra de Santo Agostinho sobre as *Duas Cidades*, que figurou o poder do Papado como o Estado de Deus (*Civitas Dei*) e o poder do Rei como Estado civil temporal (*Civitas terrena*), demonstrando a superioridade do primeiro Estado e a subordinação do segundo. No mesmo sentido foi a teoria dos dois gládios, inspirada no Evangelho de São Lucas, segundo a qual Deus outorgou ao Papa duas espadas, símbolos dos poderes espiritual e temporal, para que exercitasse a primeira e entregasse a segunda ao braço secular. De conformidade com essas doutrinas, a sagração do Rei é que legitimava a investidura no governo temporal, e o soberano deveria prestar obediência à autoridade superior da qual se originava a sua. Todo poder temporal tem sua origem no poder divino, sendo conferido pelas mãos do Papa, que é representante de Deus na terra.

A partir do ano de 590, o Papa Gregório I assumiu o governo civil de Roma, passando a demandar o domínio mundial do Papado. O século VII começa assinalando uma fase de acentuada preeminência da Igreja sobre o poder terreno exercido pelos reis cristãos.

Depois do reinado de Carlos Magno entrou em franco declínio a supremacia da Igreja. Durante cerca de dois séculos o poder civil sobrepõe-se

O ESTADO E A IGREJA 381

ao poder eclesiástico. Os Papas eram escolhidos pelos Imperadores, e a nomeação dos Bispos se fazia pelo processo de *investidura secular*, sob a exclusiva competência do poder civil.

Coube ao grande Hildebrando (Papa Gregório VII) no século XI, restabelecer a unidade e a independência do clero, impondo de novo a supremacia da autoridade espiritual sobre o governo civil. O sonho fabuloso de Hildebrando, de tornar a Igreja senhora suprema do universo, abriu a luta entre as duas potências. No início do século XIII, sob o pontificado de Inocêncio III, o ideal de Hildebrando chegou ao seu apogeu, e a Igreja atingiu as culminâncias do seu poder. Afirmou Inocêncio III que "o Papa fica entre o homem e Deus; é menos do que Deus, porém mais do que o homem. O Papa julga a todos e não é julgado por ninguém". Nas célebres cartas que dirigiu ao Duque de Caríntia e aos Bispos franceses, reafirmou a teoria da supremacia do poder pontificial sobre todos os poderes temporais, determinando que a investidura dos Imperadores devia ser submetida ao exame e à confirmação do Papa. Efetivamente, Inocêncio III fez e desfez Imperadores. Assenhoreou-se de vários reinos, destituindo e coroando monarcas a seu talante. Submeteu à sua vontade os mais poderosos reinantes da época, o Rei Felipe de França e o Rei João da Inglaterra. Em toda a Europa ocidental o domínio temporal do Papado tornou-se incontrastável.

Entre os teóricos da doutrina da supremacia do poder espiritual, nessa época, destacou-se Santo Tomás de Aquino (1226-1274). Examinando a magna questão das relações entre o Estado e a Igreja, afirmou que cada uma dessas instituições tem o seu domínio peculiar e não deverá invadir o campo de ação da outra. Entretanto, no caso de conflito, deve prevalecer o julgamento da Igreja, uma vez que o Papa *utriusque potestatis, apicem tenet*.

No limiar do século XIV, a luta entre o Estado e a Igreja revestiu-se de extrema violência. O Rei de França, Felipe, o Belo, secundado pelo seu herético ministro Nogaret, passou a lançar impostos sobre os bens da Igreja. O Papa Bonifácio VIII reagiu energicamente, publicando três bulas (*Clericis laicos*, *Ausculta fili* e *Unam sanctam*), nas quais sustentava não só que a Igreja não podia sujeitar-se a qualquer encargo fiscal, como também reiterava de modo imperativo o princípio da supremacia da autoridade eclesiástica sobre a autoridade laica, como o haviam proclamado Gregório VIII e Inocêncio III: *omnem creaturam humanam subesse romano pontifici declaramus*. O Rei Felipe fez prender o Papa pelo ministro Nogaret, seguindo-se uma nova fase de sobreposição do poder civil ao poder religioso.

Vários acontecimentos de suma importância determinaram a decadência do poder eclesiástico de Roma, nos séculos XV e XVI. Em 1453 os turcos conquistaram Constantinopla, e, quando o Sultão ismaelita sentou-se no trono do Imperador cristão, cessou o poder do Papa em todo o Oriente. A *Reforma religiosa*, por outro lado, alastrou-se rapidamente em razão mesmo do desprestígio do clero, conquistando a Alemanha, a Inglaterra, a Irlanda, a Escócia, os Países Baixos e muitos outros reinados que foram sucessivamente oficializando o protestantismo. O Estado caminhou fatalmente para o *absolutismo monárquico*. Neste regime o monarca acumulava os poderes civil e religioso, e, assim, o Estado passou a uma posição de absoluta preeminência sobre a Igreja.

No começo do século XIX ainda persistia esse primado do Estado sobre a Igreja, levado às suas extremas consequências quando Napoleão firmou com o Papa Pio VII, em 1801, a *Concordata*, na qual se declarava expressamente que "a Igreja ficava sujeita ao Estado". E quando o Papa descumpriu as ordens do Imperador francês, este o aprisionou e anexou ao seu Império todos os Estados papais, inclusive Roma.

Depois da queda de Napoleão, Pio VII voltou a Roma, restabeleceu os Estados papais, restaurou a Ordem dos Jesuítas e, a partir de 1814, iniciou nova fase de preeminência da Igreja sobre o Estado, com aquelas mesmas características medievais de supremacia absoluta. Essa supremacia encontrou sua maior expressão no pontificado de Pio IX, que proclamou a sua autoridade plena por direito divino e instituiu o dogma da infalibilidade papal. Mais tarde, em 1918, o Papa Bento XV desenvolveu na mesma base a doutrina da divindade do poder eclesiástico, retomando o princípio aristotélico-tomista de que *a Igreja é uma sociedade perfeita e completa, independente da sociedade civil, mas superior a ela, e, assim, em caso de conflito, a autoridade da Igreja deve prevalecer sobre a autoridade temporal.*

Desde 1870, porém, a Igreja perdeu o governo temporal de Roma, que vinha mantendo a partir do ano de 590. O Rei de Piemonte, que dirigia a luta travada desde 1848 pela unificação italiana, conseguiu reunir todos os Estados papais e acabou conquistando a própria Roma, fazendo-a sede do seu governo e capital do reino unido da Itália.

No entanto, o Papa Pio IX não reconheceu o domínio do Rei sobre Roma. Recolheu-se ao Palácio do Vaticano, considerando-se prisioneiro e recusando-se a sair às ruas da velha capital do cristianismo. Mantiveram a mesma atitude todos os seus sucessores, Leão XIII, Pio X, Bento XV e Pio XI. E as hostilidades continuaram, assim, dentro da própria Roma entre o *Vaticano* e o *Quirinal*, dois palácios que se tornaram símbolos do poder espiritual e do poder temporal.

O ESTADO E A IGREJA   383

A luta da Igreja pela recuperação do seu poder temporal sobre a Santa Sé terminou em 1929, pelo tratado firmado entre Mussolini e Pio XI. A Igreja reconheceu o Estado italiano tendo Roma como capital, e o governo reconheceu um novo Estado, a *Cidade do Vaticano*, compreendendo o palácio papal, a catedral de São Pedro e uma pequena área adjacente, sobre a qual o Papa exerceria o governo temporal com plenos direitos de soberania.

No fim do século XIX e começo do século XX, inicia-se o período de entendimento e harmonia entre o Estado e a Igreja, sob o princípio da separação formal entre os dois poderes.

4. O ESTADO DO VATICANO

Roma, a Cidade Eterna, que foi durante treze séculos o símbolo da união dos poderes temporal e espiritual, divide-se nos tempos atuais para abrigar ambos os poderes formalmente separados. Essa divisão operou-se, *de fato*, em 1870, e *de direito*, em 1929, como já foi referido.

O Estado do Vaticano é a *base física* do poder espiritual. É a corporificação da *sociedade religiosa*. E como sede temporal da continuidade das suas tradições milenárias é o símbolo da sua eternidade.

A sobrevivência do Vaticano, depois de quase dois mil anos de tormenta, é um atestado evidente da sua origem divina. Atacado pelo materialismo pagão no plano doutrinário e no campo de guerra, venceu todas as investidas heréticas, superou todas as crises, repeliu todas as violências e assistiu ao desmoronar de todos os Impérios. Contra a cidadela romana, defendida no campo da luta pelo Papa São Leão, encontrou a derrota e a morte o próprio Átila, o *Flagelo de Deus*. Pequeno na sua base física, mas imenso na sua base moral, o Vaticano mantém o seu vigoroso caráter de perpetuidade e se impõe à razão humana como instituição de fundamento sobrenatural.

O Vaticano é pessoa jurídica de direito internacional, faz parte da comunidade das nações, é membro independente da ONU, e, embora sua população interna seja de pouco mais de mil pessoas, exerce domínio espiritual sobre mais de uma quarta parte da população mundial. Mantém representação diplomática com os demais Estados em bases normais de reciprocidade.

Sua estrutura é fundada no direito canônico, cujo conteúdo substancial, como síntese das leis naturais e perpétua emanação do poder divino, é uma das principais fontes do direito temporal, razão por que o supera em virtudes.

384 TEORIA GERAL DO ESTADO

Como órgão de manifestação da soberania da sociedade religiosa, cabe ao Vaticano definir e superintender as relações da Igreja em face do Estado. Veremos, a seguir, quais as soluções surgidas no correr dos tempos.

5. RELAÇÕES ENTRE A IGREJA E O ESTADO

Do problema das relações entre a Igreja e o Estado decorre naturalmente a distinção entre os dois poderes, e apresenta as seguintes soluções: *a*) controle do poder civil pela Igreja; *b*) absorção ou eliminação da Igreja pelo Estado; *c*) indiferença do Estado em relação à Igreja; *d*) equilíbrio e harmonia entre os dois poderes.

A primeira solução deu lugar à *teocracia*, sistema antigo, que não oferece maior interesse no tocante à civilização cristã. Note-se que as fases medievais de preeminência da Igreja sobre o poder civil chegaram a configurar o que se tem como "forma teocrática de governo".

A segunda solução assume vários aspectos, desde o *galicismo* de Luiz XIV ao totalitarismo materialista soviético. Abrange os Estados de *religião oficial*, como se verifica em alguns países de civilização protestante.

A terceira, que é característica do Estado agnóstico, produto do liberalismo político, indica a indiferença do Estado para com a Igreja e a religião. O Estado indiferente pode ser tolerante ou hostil à Igreja.

Finalmente, a última solução acima referida consiste na coexistência dos dois poderes, separados e harmônicos. Analisaremos esta solução mais detidamente, uma vez que ela tende a resolver a posição atual das duas sociedades perfeitas, de modo a dirimir as controvérsias seculares.

Por não comportar nosso programa um desenvolvimento amplo, indicamos aos srs. estudantes a esplêndida obra didática *Ciência e religião*, do Monsenhor Dr. Emílio José Salim, Magnífico Reitor da Pontifícia Universidade Católica, na qual desenvolve, o saudoso mestre, uma exposição clara e objetiva da matéria.

6. SEPARAÇÃO E HARMONIA

Admitido o fato da separação entre o Estado e a Igreja, torna-se necessário definir as regras em que se baseiam as relações de coexistência dos dois governos.

O ESTADO E A IGREJA

A doutrina medieval da primazia do poder eclesiástico, que sustentava a autoridade real da Igreja para decidir em última instância sobre a legitimidade do poder temporal, foi sempre discutível, por contradizer a perfectibilidade da sociedade civil. Atualmente, procura-se harmonizar o fato da independência formal com os princípios da analogia e da harmonia funcional. Ambas as sociedades são igualmente perfeitas, possuindo organização, autoridade e finalidades próprias. A Igreja não usurpa as funções do poder civil, nem o Estado pode invadir a esfera de ação do poder espiritual. Diversificam as duas instituições na sua natureza e nos seus fins, mas ambas se dirigem ao bem dos indivíduos e das comunidades; por conseguinte, devem manter uma constante intercomunicação prestigiando-se mutuamente, para que haja o necessário equilíbrio harmônico entre as duas autoridades governamentais.

Como afirmou o Papa São Gelásio, no século V, "considerando a fraqueza humana, Deus quis separar o poder espiritual do poder temporal, porque a concentração desses dois poderes em uma única mão pode ocasionar deploráveis abusos". Acrescentou que, no domínio eclesiástico, o Bispo é superior ao Imperador, e nas coisas laicas o Imperador é superior ao Bispo. Não foi outra a doutrina de Santo Tomás: "Incumbe à Igreja a direção das almas, e ao Estado a direção dos corpos; e assim, cada uma destas instituições tem o seu domínio peculiar e não deve invadir a área própria da outra".

É certo que em várias ocasiões, no decurso da Idade Média, a Igreja chegou a exercer acentuado controle sobre o poder civil, porém, como observou Monsenhor Dr. Emílio José Salim, tal fato se explica pelas circunstâncias históricas. O poder direto da Igreja sobre o Estado foi defendido por cristãos, até mesmo por figuras exponenciais do Clero, mas sem legitimação doutrinária. A Igreja mesma não pretendeu o governo teocrático, sequer no apogeu do poder pontifícial. Aliás, como acentua o eminente mestre da Universidade Católica, o *regalismo* – doutrina que defende o direito de interferência do chefe de Estado em assuntos internos da Igreja –, *sob qualquer forma, é contrário ao Evangelho, que supõe e impõe a distinção dos dois poderes.*

Nesse sentido é a doutrina das encíclicas. O Papa Leão XIII, na encíclica *Libertas*, deixou claro que a Igreja não rejeita nenhuma das formas de governo, contanto que sejam aptas para prover o bem-estar das pessoas, não violem os direitos de ninguém, e, principalmente, guardem respeito absoluto aos direitos da Igreja. E na encíclica *Imortale Dei* definiu precisamente a posição atual da Igreja em relação ao Estado: "Deus distribuiu assim o governo do gênero humano entre duas potências: o poder eclesiástico e o poder civil; aquele preposto às coisas divinas e este às coisas humanas. Cada um desses poderes, em seu gênero, é superior ao outro; cada um tem os seus limites perfeitamente determinados por sua natureza e destino especial; cada um tem, portanto, a sua esfera própria, na qual se move e exerce de pleno direito a sua ação. Exercendo-se, porém, sua autoridade sobre os mesmos assuntos, pode suceder que uma só e mesma coisa seja, a títulos diferentes, submetida à jurisdição de uma e outra potência...". E acrescenta: "É preciso que haja entre as duas forças uma união cheia de harmonia, que se pode justamente comparar à união que existe entre a alma e o corpo".

O ponto crucial da doutrina da *separação e harmonia* é exatamente esse que podemos chamar *conflito de jurisdição*. Santo Tomás doutrinou que nos casos de conflito cabe ao poder espiritual decidir em última instância, *para julgar se o Imperador cometeu pecado*. Seria a mesma doutrina de Leão XIII: o mesmo assunto poderá receber o julgamento de ambas as potências, *a títulos diferentes*, isto é, para os fins próprios de cada poder que julga.

Neste ponto delicado, porém, a doutrina dominante no mundo cristão se bifurca, havendo outra corrente para a qual, nas *matérias mistas*, prevalece o julgamento do poder espiritual para todos os efeitos. Como expressamente afirmou o Papa Bento XV, em 1918, *em caso de conflito, a autoridade da Igreja deve prevalecer sobre a autoridade temporal.*

A separação e harmonia dos dois poderes pode fundar-se na tradição ou no acordo expresso. O sistema tradicional é o que mais convém ao caráter universal da Igreja, e indica que os conflitos jurisdicionais se devem resolver pela razão justa, sem fórmulas apriorísticas de direito positivo.

Sobretudo, não é desdoiro para o Estado admitir o princípio da prevalência do poder espiritual, visto que, como demonstra Charles Journet, invocando Santo Tomás, *o direito humano, que provém da razão, não se destrói por conformar-se com o direito divino, que provém de Deus.* Acrescente-se ainda que a razão humana só é *justa* quando se conforma com o direito divino. Nenhum poder se justifica por si mesmo, mas pela sua decorrência do poder divino, visto que o próprio Cristo observou a Pilatos: *Nenhum poder terias sobre mim se te não fora dado lá de cima.*

7. A IGREJA E O ESTADO MODERNO

Embora mantidos até a atualidade os princípios de separação e harmonia entre Igreja e Estado, o papel desempenhado pela Igreja tem cada vez maior relevância no que se refere às preocupações modernas, especialmente quanto a moralidade, a defesa do meio ambiente e a própria escolha de governantes e formas de governo.

O ESTADO E A IGREJA

São exemplos marcantes as encíclicas promulgadas na atualidade pelo Papa Francisco, destacando-se a Carta Encíclica *Laudato Si*, primeiras palavras da Encíclica *Laudato Si Mi Signore* (Louvado sejas, meu Senhor) publicada em 18 de junho de 2015, com o subtítulo "Sobre o cuidado da casa comum". Trata-se de uma veemente exortação contra a degradação ambiental, as alterações climáticas e outros temas, chamando a atenção do mundo, especialmente dos governantes e lideranças políticas. O Papa exorta "cada pessoa que habita neste planeta", a que exerça seus poderes para pressionar políticos e governantes quanto aos cuidados necessários para preservar o meio ambiente e a degradação ambiental. Esse pontificado tem manifestado preocupações cada vez mais relevantes diante dos fatos que vêm ocorrendo em praticamente todos os países, como o predomínio do culto às riquezas, declarando que *"o dinheiro deve servir e não governar"*, o combate à fome no mundo, a participação da mulher na Igreja e outros não menos relevantes.

Nos meios políticos, a religião tem sido constantemente invocada, principalmente nos países democráticos, para convencimento dos eleitores integrantes de determinados grupos religiosos para a eleição de governantes ou representantes parlamentares.

8. A IGREJA NO ESTADO BRASILEIRO

O Brasil é um Estado Laico, não no sentido de ateísmo, mas no sentido de ser um Estado neutro que garante a plena liberdade de consciência e de crença, prevista no artigo 5º, inciso VI, da Constituição Federal: *"é inviolável a liberdade de consciência e de crença, sendo assegurado o livre exercício dos cultos religiosos e garantida, na forma da lei, a proteção aos locais de culto e as suas liturgias"*. Corroborando esse direito inviolável, outros dispositivos constitucionais reforçam esse direito, como por exemplo, o art. 19, inciso I, que proíbe a União, os Estados e os Municípios de *"estabelecer cultos religiosos ou igrejas, subvencioná-los, embaraçar-lhes o funcionamento ou manter com eles ou seus representantes relações de dependência ou aliança, ressalvada, na forma da lei, a colaboração de interesse público"*. Numerosa legislação complementar regulamenta esse dispositivo sob vários aspectos, como da tributação e da proteção sob o aspecto penal no caso de ofensa ao livre exercício da crença religiosa,

Historicamente, o Brasil sempre permitiu a liberdade de consciência e de crença. A respeito é oportuna e sempre atual a citação de Pontes de Miranda: "Sob a Constituição de 1891, art. 72 §3°, escrevia JOÃO BARBALHO os seguintes trechos que merecem, ainda hoje, ser reproduzidos, porque traduzem o pensamento com que se elaborou a Constituição de 1891 e passou às de 1934, 1937 e 1946 [e a de 1988, acrescentamos]: A fé e piedade religiosa, apanágio da consciência individual, escapa inteiramente à ingerência do Estado. Em nome de princípio algum pode a autoridade pública impor ou proibir crenças e práticas relativas a este objeto. Fora violentar a liberdade espiritual: e o protegê-la, bem como as outras liberdades está na missão dele. Leis que a restrinjam, estão fora da sua competência e são sempre parciais e danosas"[1].

Embora o ateísmo seja igualmente respeitado dentro da abrangência da liberdade de consciência e de crença, o Estado Brasileiro sempre esteve orientado pelos princípios cristãos. No preâmbulo da Constituição está inserida a promulgação do texto constitucional com a referência "sob a proteção de Deus", invocação esta repetida nos preâmbulos de quase todas as Constituições Estaduais.

Para um estudo mais aprofundado sobre o tema envolvendo a Religião e o Estado Brasileiro, recomendamos a dissertação de autoria de Andrea Russar[2].

---

1 PONTES DE MIRANDA, F. C. *Comentários à Constituição de 1946*. 2. ed. São Paulo: Max Limonad, 1953, v. IV, p. 170.

2 RACHEL, ANDREA RUSSAR. Brasil: a laicidade e a liberdade religiosa desde a Constituição da República Federativa de 1988. Disponível em: https://ambitojuridico.com.br/cadernos/direito-constitucional/brasil-a-laicidade-e-a-liberdade-religiosa-desde-a-constituicao-da-republica-federativa-de-1988. Acesso em: 16 nov. 2022.

LXI

PERSPECTIVA SOBRE O FUTURO DO ESTADO

1. Visão geral 2. A democracia no Brasil.

1. VISÃO GERAL

O mundo atual vive situação de aparente instabilidade política. Estados tradicionalmente conhecidos como democráticos vêm sofrendo críticas veementes diante dos posicionamentos adotados por seus governantes, os quais, apesar de terem sido eleitos pelo povo, são acusados de egoístas, corporativistas ou ditatoriais, colocando interesses pessoais, partidários ou corporativos acima dos interesses dos cidadãos, muitas vezes utilizando meios que chamam de "constitucionais"

As definições antes simplificadas e praticamente aceitas, pelo menos doutrinariamente para efeitos didáticos, como liberalismo, comunismo, socialismo e outras, são hoje imprecisas diante das classificações que cada doutrinador, político ou estudioso utiliza evitando enquadramento em qualquer um dos antigos rótulos, como por exemplo de socialista, comunista, de esquerda, direita, liberal, conservador e outros.

Todavia essas questões não são novas. O conhecido autor e teórico estudioso do constitucionalismo, alemão de nascimento e professor de Teoria Política nos Estados Unidos, CARL JOACHIM FRIEDRICH[1] já afirmava em 1965:

> *"Nenhum dos sistemas políticos existentes pode-se dizer que seja "bom" de acordo com as normas que acabam de ser estabelecidas. Em qualquer lugar da terra inteira, os homens estão atualmente mais insatisfeitos com seu governo do que estavam há apenas algumas gerações anteriores. Porque? Deixando de*

---

1 FRIEDRICH, K. J. *Gobierno Constitucional y Democracia* – Teoria Y Práctica en Europa y América S. A. Madrid: Instituto de Estudios Politicos de Madrid, 1975. Tradução da obra original *Constitutional Governemnent and Democracy*. Madrid: Editorial Gráfias Espejo, 1965, v. II, p. 658. Tradução livre.

lado por pior que seja o governo atual, a evolução tecnológica e organizacional precipitaram uma situação tal que os governos sentem-se incapazes de enfrentar. As demandas populares, em termos de crescentes esperanças de paz e segurança, vão ao mesmo tempo se elevando. O resultado tem sido uma grande insatisfação por parte dos cidadãos, crescente propaganda e demagogia por parte dos governantes. Nem o governo parlamentarista, em suas várias formas de constitucionalismo democrático, nem os vários modelos de ditadura têm sido capazes de romper o mencionado círculo vicioso. Nenhum deles fornece uma ordem política satisfatória. Todos esses sistemas baseados na tradição carecem de autoridade e legitimidade, isto é, não sabem oferecer justiça, igualdade e liberdade em grau adequado. A defesa resulta ilusória frente a um possível holocausto nuclear."

Na atualidade, estudos importantes envolvendo a situação atual e as perspectivas para o futuro da Democracia, são publicados digitalmente pelo *Journal of Democracy* – Em português.[2]

Na apresentação, os editores Bernardo Sorj e Sergio Fausto informam que essa publicação "começa com dois artigos sobre o aumento do número de cidadãos insatisfeitos com a democracia nos países desenvolvidos. Este é um fenômeno que se tornou visível nos últimos anos nos Estados Unidos e na Europa, na esteira de candidaturas como a de Donald Trump e Marine Le Pen"[3]. No Brasil, durante a gestão do presidente Jair Messias Bolsonaro, acentuou-se a polarização entre os posicionamentos das chamadas extrema direita e extrema esquerda, em muitos aspectos comparada ao fenômeno acima referido envolvendo outros países das Américas e da Europa e colocando em dúvida o sistema democrático.

Recomendamos aos leitores que desejem aprofundar-se nessa matéria a leitura dos dois primeiros artigos dessa publicação, o primeiro sob o título "A desconexão democrática", de Roberto Stefan Foa e Yascha Mounk, e o segundo sob o título "Devemos nos Preocupar?", de Ronald Inglehart[4].

---

2   *Journal of Democracy em português*. v. 5, n. 2, out. 2016. Disponível em: http://www.plataforma-democratica.org/publicacoes#JournalDemocracy. Acesso em: 7 ago. 2019.

3   SORJ, B.; FAUSTO, S. Apresentação. *Journal of Democracy em português*. v. 5, n. 2, out. 2016. Disponível em: http://www.plataformademocratica.org/publicacoes#JournalDemocracy. Acesso em: 7 ago. 2019.

4   FOA, R. S.; MOUNK, Y. A desconexão democrática. *Journal of Democracy em português*. v. 5, n. 2, out. 2016; INGLEHART, Ronald. Devemos nos preocupar? *Journal of Democracy em português*. v. 5, n. 2, out. 2016.

Não é demais acrescentar que apesar de todos os problemas retratados pelas várias correntes de opinião, indicativos de que a democracia estaria em perigo em razão da descrença que vem se alastrando especialmente entre as novas gerações, chamadas de *baby boomers* (geração dos nascidos após a Segunda Guerra Muncial até meados da década de 1960) e dos *millennials* ou *geração Y* (nascidos na década de 1980 até o ano 2000) prevalece a observação otimista sobre essas perspectivas desanimadoras, no sentido de que não se deve desistir da democracia, pois sem dúvidas são inegáveis as vantagens sobre a um governo autoritário.

2. A DEMOCRACIA NO BRASIL

Pelo confronto entre as análises e as opiniões citadas que indicam a existência de uma progressiva degradação da democracia no mundo, principalmente entre as novas gerações, e os prognósticos mais otimistas indicando que as mesmas estatísticas podem estar indicando exatamente o inverso, pode-se concluir, com esta última posição, pela existência de um processo de fortalecimento da democracia. Os acontecimentos e manifestações populares que estão em evidência no mundo inteiro, aparentando instabilidade, na verdade são indicativos, inclusive no Brasil, de um processo de modernização e consolidação da democracia.

A grande maioria dos movimentos em expansão está ligada aos temas de igualdade de direitos entre homens e mulheres, pessoas do mesmo sexo, casamento, respeito aos direitos humanos, defesa do meio ambiente, da fauna e da flora, liberdade de imprensa, acesso à informação, combate e fim da corrupção no manejo do dinheiro público e mudanças políticas relativas nos governos que estejam afastados da busca desses objetivos. O desenvolvimento desses movimentos só tem sido permitido nos Estados em que, em maior ou menor grau, exista a liberdade proporcionada pela democracia. São movimentos favoráveis ou contrários aos temas citados, mas permitidos desde que observados os requisitos de obediência à ordem constituída.

LXII

O ESTADO BRASILEIRO

*1. Formação histórica. 2. Território. 3. Popu-
lação. 4. Formação federativa. 5. Evolução da forma
de governo. 6. Resumo histórico da República. 7. A
Constituição de 1988.*

1. FORMAÇÃO HISTÓRICA

O território brasileiro, até fins do século XVII, compreendia apenas uma
faixa litorânea, limitada pelo famoso *Meridiano de Tordesilhas*. Foi dessa
faixa do litoral atlântico que Portugal tomou posse e colonizou por direitos
de descobrimento. Posteriormente as *entradas* e as *bandeiras* levaram a efeito gigantesca tarefa de alargamento do território pelo norte até aos confins do
Acre, pelo oeste até Goiás e Mato Grosso e pelo sul ao Prata. Pelos tratados
de Madrid (1750) e de Santo Ildefonso (1777) foi definitivamente abandonado o meridiano de Tordesilhas e reconhecida a imensa expansão territorial do
Brasil. No decorrer do século XIX foram demarcadas as fronteiras do País
através de sucessivos tratados, mercê das atividades diplomáticas desenvolvidas pelos notáveis estadistas, Visconde do Uruguai, Marquês do Paraná,
Barão de Cotegipe, Barão do Rio Branco e outros.

2. TERRITÓRIO

O Brasil, portanto, é um Estado de formação *originária*. Sua vasta base
física não resultou de conquista, anexação ou divisão; não pertenceu antes
a nenhum outro Estado, mas aos próprios nativos ameríndios, que entraram
no caldeamento do tipo étnico nacional. É Estado de *desenvolvimento natural*, *histórico-geográfico*.

3. POPULAÇÃO

A formação do elemento populacional inicia-se com a colonização
lusitana. Três raças contribuíram para a formação do tipo étnico brasileiro:

Europeia, africana e americana. A primeira é representada principalmente pelos portugueses, sendo notável a presença de franceses, flamengos e espanhóis. Os africanos vieram ao Brasil trazidos pelo comércio de escravos, que somente cessou no ano de 1854. Esses elementos da raça negra eram originários da costa da África, notadamente de Guiné, Congo Belga, Angola e Moçambique. O transporte de africanos, feito em larga escala, visava atender às necessidades da agricultura nascente. Os ameríndios que povoavam o interior brasileiro constituíam diversas *nações* ou *tribos*, destacando-se as seguintes: *tupis* (no litoral), *tupinambás* (no Maranhão), *potiguaras* (no Rio Grande do Norte), *tabajaras* e *caetés* (em Paraíba, Pernambuco e Alagoas), *tupiniquins* e *tupinambás* (na Bahia), *tamoios* (no Rio de Janeiro), *carijós* e *tapes* (no Sul) e *guaicurus*, *cariris* e outros (no Mato Grosso).

Da fusão dessas três raças resultou o *tipo nacional*, ou melhor, resultaram os três troncos do tipo étnico brasileiro: *o mameluco* (cruzamento do branco com o índio), o *mestiço* ou *mulato* (cruzamento do branco com o negro) e o *cafuso* (cruzamento do índio com o negro). A permanência desses três tipos diferentes confirma a inexistência de uma *raça brasileira* homogênea.

Entretanto, como predominou sempre a obra colonizadora dos portugueses, os quais transmitiram à população que se formava no território brasileiro os usos e costumes da mãe-pátria, a organização política, a língua comum, a tradição religiosa etc., não há como negar a existência, sob o ponto de vista sociológico, de uma *população nacional* com suas características próprias, sendo o Estado brasileiro, portanto, um *Estado nacional* (não plurinacional).

Definidos os dois elementos morfológicos – *território próprio* e *população nacional* – resta examinar o terceiro, isto é, o *governo próprio*, para a configuração do Estado brasileiro.

Antes, porém, vejamos como o Estado brasileiro caminhou para a *forma federativa* que lhe é peculiar:

4. FORMAÇÃO FEDERATIVA

Nos tempos coloniais o Brasil refletia a organização política e administrativa de Portugal, adaptada à realidade americana através de um complexo processo de descentralização geográfica e centralização política. A colossal extensão da costa brasileira e a necessidade de uma defesa efetiva e vigilante contra as invasões estrangeiras levaram o governo metropolita-

O ESTADO BRASILEIRO

no a dividir a colônia em quinze lotes diferentes, desde a costa de Santa Catarina à orla do Maranhão, faixa litorânea delimitada pelo *Meridiano de Tordesilhas*, sendo doadas essas regiões a portugueses ilustres que se haviam distinguido em guerras na África e na Ásia. Foi o regime das capitanias hereditárias, que Portugal adotara antes nas suas possessões de ultramar, notadamente nas ilhas de Açores e Madeira.

O Brasil cresceu e se desenvolveu, portanto, desde os primórdios do seu descobrimento, como um conjunto de regiões autônomas, segundo as tradições municipalistas de Portugal e à semelhança do sistema feudal germânico.

A política colonizadora teve de dobrar-se ante os imperativos da geografia: a instalação, primeiramente, de dois governos gerais (na Bahia e no Rio de Janeiro) era insuficiente para fazer face às realidades locais; e o regime das feitorias também se revelou infrutífero. Consequentemente, a divisão da colônia em capitanias foi uma solução imperativa, inevitável, determinada por fatores cósmicos invencíveis. Como escreve Oliveira Viana, o cenário geográfico, pela sua enormidade, engendrando a sociedade do tipo atomístico, foi uma das principais determinantes das nossas aspirações autonomistas.

Mais tarde, vigorosos movimentos de opinião pública determinaram uma maior descentralização, criando-se o regime provincial. Contra o excessivo centralismo de D. Pedro I insurgiu-se o povo, levando-o à abdicação. O mesmo movimento determinou a promulgação do "Ato Adicional" de 1834 que concedia a autonomia das Províncias. Finalmente, esses movimentos contrários à política centralista do governo imperial, sempre presentes, foram vitoriosos definitivamente com a revolução republicana e federalista de 1889.

Assim, diversamente do que ocorreu nos Estados Unidos da América do Norte, onde a federação surgiu de *fora para dentro*, atendendo às conveniências políticas de um determinado momento histórico, no Brasil, a forma federativa foi um fato natural, suscitado por condições histórico-geográficas indeclináveis.

Com a transmigração da Corte de D. João VI e a abertura dos portos ao comércio exterior, em 1808, tendo o Brasil adquirido a condição de vice-reino unido a Portugal e Algarves, um irresistível anseio de libertação dominou o País. Dali por diante, escreve Carlos Maximiliano, a evolução das ideias, na colônia, se caracterizou por uma tendência pronunciada e constante para a independência, para a forma republicana de governo e para o regime federativo.

O movimento que se agigantou em demanda da independência do Brasil, era de caráter republicano, como todos aqueles que sacudiram o jugo europeu nas três Américas.

O Príncipe-Regente, porém, percebendo que a independência estava inapelavelmente decretada pela opinião pública, teve a habilidade de colocar-se à frente da revolução, transformando-a num golpe de Estado. Foi esse fato que encaminhou o problema político para a solução monárquica. Doutro modo, a revolução seria triunfante, e o Estado brasileiro nasceria republicano.

A independência, na realidade, não foi exclusivamente obra da coragem e dos sentimentos de brasilidade do Príncipe-Regente; foi uma revolução invencível, cuja marcha se iniciara com o episódio da tentativa de coroação de Amador Bueno pelos paulistas, patenteando-se em todos os movimentos revolucionários da nossa história dirigidos contra a dominação da Casa de Bragança. A *Guerra dos Mascates*, a *Conjuração Mineira*, a *Revolução Pernambucana*, a *Confederação do Equador*, a *Revolta dos Farrapos* e tantos outros foram movimentos de emancipação política que traziam no seu bojo os ideais da Federação e da República.

O movimento que culminou com a independência do Brasil em 1822, eminentemente nacionalista e republicano, personificava-se muito mais nos irmãos Andradas do que em D. Pedro I. No imperante o apego à Coroa era maior do que o seu amor ao Brasil. Sem ele ou mesmo contra ele, o Brasil teria, sem demora, a sua independência proclamada pelo povo. Apenas, como observa Pedro Calmon, dificilmente a independência seria harmonizada com a união das Províncias e com a integridade do território. A solução monárquica com D. Pedro I teve a vantagem de evitar a desarticulação do Brasil em várias Repúblicas.

Proclamada a independência, reuniu o Brasil o terceiro elemento integrativo da sua condição de Estado – *governo próprio*.

Tomou-se o Brasil um Estado monárquico, durante 67 anos. A monarquia vinculou-se à escravatura como instituição socioeconômica. O suor do escravo regava a árvore do trono, no dizer de Joaquim Nabuco. A queda do regime escravagista abalou profundamente os alicerces da monarquia. A República surgiu logo depois da lei de 13 de maio de 1888, saudada como *filha da abolição*.

5. EVOLUÇÃO DA FORMA DE GOVERNO

Vamos analisar, a seguir, a *forma de governo* e a sua evolução, da Monarquia à República:

O ESTADO BRASILEIRO   397

Em 1822, antes mesmo do rompimento dos liames que prendiam o Brasil a Portugal, D. Pedro I, por sugestão de José Bonifácio, convocou a Assembleia Constituinte, que deveria elaborar o código político do novo Estado americano, o qual deveria nascer sob a forma de *Monarquia constitucional.*

Instalada a 3 de maio de 1823, trabalhou a Constituinte até 12 de novembro do mesmo ano, quando foi violentamente dissolvida pelo Imperador.

Com base nos projetos elaborados por Antônio Carlos e Martim Francisco, redigiu D. Pedro I a Constituição que foi outorgada ao País em 25 de março de 1824, a qual consagrava a *forma unitária* de Estado e o *governo monárquico, hereditário, constitucional e representativo.*

Depois desse atentado à soberania da jovem nação, e mais em face do excessivo centralismo da Constituição imperial, alastrou-se o descontentamento do povo em todas as Províncias, tanto que, no dia do aniversário natalício do Imperador, nenhum brasileiro compareceu à tradicional solenidade do *beija-mão.* Um duelo terrível se travou entre a população nacional e D. Pedro I, que somente terminaria com a abdicação deste, a 7 de abril de 1831.

Como consequência da *revolução branca* que levou o imperante à abdicação do trono, foi feita a reforma constitucional pelo "Ato Adicional" de 1834. Essa reforma abrandou a centralização administrativa, criou as assembleias provinciais e instituiu a Regência una, quadrienal e eletiva, em substituição à Regência trina. Foi eleito Regente Diogo Antônio Feijó, que foi sucedido por Pedro de Araújo Lima.

Declarada a *Maioridade*, em 1840, D. Pedro II assumiu a direção do Estado, desenvolvendo, durante perto de meio século, um governo magnânimo, altamente orientado no sentido de promover a prosperidade pública e o bem geral da nação brasileira. Pela sua atuação e notadamente pela amplitude que deu ao sistema parlamentarista, assegurou D. Pedro II o prestígio das nossas instituições e o florescimento do ideal democrático. Foi o seu longo governo, como se disse alhures, a *idade de ouro* na história política do Brasil.

A profunda veneração que os brasileiros tinham por D. Pedro II retardou o advento da República. A sua idade avançada e a expectativa de que o governo passaria por sua morte à Princesa herdeira casada com o Conde d'Eu, francês de nascimento, foram circunstâncias que influíram decisivamente no ânimo dos líderes da revolução republicana, e que levariam o velho Marechal Deodoro, com os olhos marejando em lágrimas, a prender o venerável imperador, declarando extinta a Monarquia.

6. RESUMO HISTÓRICO DA REPÚBLICA

Proclamada a República, expediu o Governo Provisório o Decreto n. 1, de 15 de novembro de 1889, declarando que as antigas Províncias ficavam reunidas pelos laços da federação, constituindo os Estados Unidos do Brasil.

A 3 de dezembro de 1889, pelo Decreto n. 29, foi nomeada uma comissão para elaborar o anteprojeto da Constituição republicana a ser submetido ao Congresso Constituinte. Essa comissão ficou integrada por Joaquim Saldanha Marinho (presidente), Américo Brasiliense de Almeida (vice-presidente), Antônio Luiz dos Santos Werneck, Francisco Rangel Pestana e Antônio Pedreira de Magalhães Castro.

O projeto, depois de refundido por Rui Barbosa, foi, pelo Decreto n. 510, de 22 de junho de 1890, publicado como *Constituição Provisória da República*.

Em sucessivos decretos, lançou o Governo Provisório as bases da nova ordem republicana: criou a "grande naturalização", introduziu o sufrágio universal, determinou a separação entre a Igreja e o Estado, instituiu o casamento civil, aboliu as penas de galés, suprimiu a vitaliciedade dos Senadores, dissolveu o Conselho de Estado etc.

A Constituinte republicana trabalhou durante 58 dias, sendo a Carta Magna da República promulgada a 24 de fevereiro de 1891. Basearam-se os constituintes, principalmente, na Constituição norte-americana de 1787, sem perderem de vista as Constituições da Suíça e da Argentina, nem a brasileira de 1824. Os princípios doutrinários da escola clássica francesa serviram de fomento ao nosso primeiro código republicano. À semelhança do sistema norte-americano, adotaram os constituintes de 1891 o sistema presidencialista e a dualidade de câmaras representativas, organizadas estas segundo a doutrina do federalismo.

A primeira eleição do Presidente e do Vice-Presidente da República foi feita pelo sistema indireto, isto é, pelo Congresso constituinte, sendo escolhidos os marechais, Deodoro e Floriano.

O Marechal Deodoro, espírito indomável e violento, incompatibilizou-se desde logo com o Congresso, em razão dos vetos acintosos, terminando esse conflito com o ato atrabiliário do grande cabo de guerra que dissolveu as duas câmaras. Mas o contra-almirante Custódio de Melo, à frente da esquadra, intimou a Deodoro o seguinte dilema: renunciar ou assistir ao bombardeio da Capital Federal. Patrioticamente Deodoro acolheu a primeira alternativa e renunciou ao poder. Assumiu a direção do Estado o Marechal

O ESTADO BRASILEIRO 399

Floriano Peixoto, que levou a efeito, com pulso de aço, a tarefa de consolidar a República.

A Constituição de 1891 sofreu a sua primeira reforma a 7 de setembro de 1926, por iniciativa do então presidente Arthur Bernardes, recebendo modificações substanciais que visavam, principalmente, atender aos imperativos dos problemas sociais que agitavam o mundo de após-guerra.

Profundamente individualista, a Constituição de 1891 não poderia adaptar-se, por via de simples reformas, às novas condições de vida decorrentes da nova realidade social. Estava fechado o ciclo do Estado liberal e irremediavelmente fendida a construção político-filosófica do século XVIII. O Brasil reclamava dos edificadores da República de 1891 uma nova Constituição política baseada nas doutrinas do direito social.

Em nome das reivindicações proletárias que empolgavam o mundo, fez-se a revolução de 1930, que veio suspender o ritmo da vida constitucional brasileira. Foi deposto o presidente Washington Luiz Pereira de Sousa e impedido de tomar posse o novo Presidente Júlio Prestes. Dirigiu o governo por alguns dias uma junta militar, até que chegasse o chefe da revolução vitoriosa, Getúlio Vargas, que tomou as rédeas do Estado. Pelo Decreto n. 19.398, de 11 de outubro de 1930, o governo provisório invocou o poder de "exercer discricionariamente, em toda a sua plenitude, as funções e atribuições não só do Executivo como também do Poder Legislativo, até que, eleita a Assembleia Constituinte, estabeleça ela a reorganização constitucional do País".

Foi preciso, porém, que uma forte reação do espírito democrático nacional compelisse o governo provisório (que parecia pretender eternizar-se no poder) a convocar a terceira Constituinte brasileira. Nesse movimento em prol do retorno do País à normalidade constitucional, destacou-se sobremaneira a comunidade paulista que levou a efeito a revolução de 1932, epopeia gloriosa e imperecível, na qual a brava gente de São Paulo pagou o seu pesado tributo de sangue aos eternos ideais democráticos da nacionalidade.

O governo central sufocou a revolução armada, mas o ideal que impulsionou a gente de Piratininga naquela arrancada heroica, continuou vivo e palpitante, até tornar-se vitorioso com a convocação da Constituinte de 1933 e a promulgação da terceira Constituição do Brasil em 16 de julho de 1934.

A Constituição da segunda República instituiu o Estado social-democrático, incorporando o Brasil entre as democracias de fundo socialista que assinalavam uma nova fase na história da humanidade.

400 TEORIA GERAL DO ESTADO

Foi a Constituinte de 1933-1934 a arena em que se digladiaram as correntes ideológicas colidentes e inconciliáveis. Desde o revolucionarismo mais exaltado ao misoneísmo mais ferrenho estiveram presentes nos quadros da nova República. Anarquistas, comunistas, socialistas, liberais, cristãos, anticristãos, positivistas, corporativistas etc. formavam a riqueza cromática do ambiente brasileiro de após-revolução. Por isso mesmo, a Constituição de 1934 saiu uma autêntica *colcha de retalhos*. A aparelhagem administrativa sofreu profundas modificações, foram ampliadas as autonomias locais, aparadas as excrescências do Executivo e adotado o princípio da maioria relativa nas eleições, abrindo campo para a proliferação dos partidos. No Legislativo foi introduzida a representação profissional, em parte, com 50 Deputados classistas em curioso contubérnio com a representação popular. O Senado foi reduzido a "órgão de coordenação" dos poderes federais. Inspirada na Constituição alemã de Weimar, de 1919, a Constituição brasileira de 1934, sobre se ressentir de uma definição ideológica, foi ultraliberal num momento inoportuno, quando o embate das correntes extremistas exigia que o Estado assumisse uma posição definida.

Consequência inevitável do seu esdrúxulo ecletismo, a Constituição da segunda República teve vida efêmera. As terríveis condições do mundo democrático, tumultuado pela infiltração soviética e pelo surto das ditaduras fascistas, determinaram uma nova concepção política que a *racionalização prussiana* seguida pela nossa Carta Magna de 1934 não poderia conter.

Aos 10 de novembro de 1937, o Presidente da República, Getúlio Vargas, *atendendo às legítimas aspirações do povo brasileiro à paz política e social profundamente perturbada por conhecidos fatores de desordem...* e mais segundo os *considerados* que antecedem o texto da nova Carta política, *atendendo a que, sob as instituições anteriores, não dispunha o Estado de meios normais de preservação e de defesa da paz, da segurança e do bem estar do povo...* decreta uma nova Constituição, *com o apoio das forças armadas e cedendo às aspirações da opinião nacional...*

A Carta outorgada de 10 de novembro de 1937 estruturou o chamado *Estado Novo*, autoritário, exaltadamente nacionalista, que se propõe disciplinar o espírito e recompor a vida econômica do País, assegurando o primado do interesse social sobre o interesse privado. Teve como preocupações imediatas: *a)* fortalecer o executivo para reprimir as agitações internas; *b)* atribuir ao executivo um papel mais preponderante na feitura das leis; *c)* restringir a ação do Parlamento à sua função estritamente legislativa; *d)* reformar o sistema representativo, eliminando as causas determinantes das lutas partidárias; *e)* conferir ao Estado o papel de orientador e coordenador da economia nacional; *f*) subordinar os direitos individuais ao interesse público; *g*) nacionalizar as atividades e fontes essenciais da riqueza nacional.

Manteve a Carta de 1937 o respeito aos princípios fundamentais da democracia, declarando que "o poder político emana do povo e é exercido em nome dele". Entretanto não foram convocadas eleições, não funcionou o Poder Legislativo, e não tiveram existência os partidos políticos. Nem sequer foi realizado o plebiscito previsto no texto, que deveria ratificar a Carta outorgada. Circunstâncias supervenientes determinaram a continuidade de uma autêntica ditadura, cada vez mais absorvente.

Segundo comentários de Pontes de Miranda, "a Constituição de 1937 não é uma Constituição liberal; menos ainda uma Constituição democrática propriamente dita. É a Carta de uma ditadura em que os elementos sul-americanos do poder pessoal entraram em forte dose". Seria irrelevante analisar a Carta de 1937 no seu conteúdo, porquanto o regime instituído não chegou a funcionar. Durante oito anos o País esteve sob regime ditatorial.

Como o Chefe do Governo vinha fugindo ao cumprimento da própria Carta que outorgara, quanto ao plebiscito e à organização do Poder Legislativo, foi crescendo a repulsa da opinião pública, exigindo-se a convocação de uma Assembleia Constituinte. Finalmente, aos 29 de outubro de 1945, as Forças Armadas tomaram a resolução de depor o Chefe de Estado e entregar o governo ao Presidente do Supremo Tribunal Federal, José Linhares, enquanto se convocava a quarta Assembleia Constituinte, que elaborou e promulgou a Constituição Federal de 18 de setembro de 1946.

Foi assim novamente reintegrado o País no ritmo normal da sua vida constitucional, reafirmando a nação brasileira o seu inconformismo com a usurpação das suas franquias democráticas. A tendência do Estado brasileiro, em todos os estágios da sua vida constitucional, encaminha-se no sentido de encontrar soluções novas para os novos problemas que o dinamismo do mundo moderno vem incessantemente engendrando.

A Constituição de 1946, como bem afirmou o eminente Prof. Lauro Nogueira, da Universidade do Ceará, *é obra de fino labor político e de ideologia política avançada*. Reflete ela, fielmente, as tradições históricas da comunidade brasileira, pelo que foi recebida como penhor de segurança das nossas instituições, de respeito aos direitos e liberdades públicas, de prosperidade social e econômica e de crescente prestígio do País perante o mundo democrático.

Em 1961, com a renúncia do então Presidente Jânio Quadros, forças vivas da nação, notadamente militares, opuseram-se à posse do Vice-Presi-

402   TEORIA GERAL DO ESTADO

dente João Goulart. Na procura de uma fórmula visando superar a crise, preservando a legalidade, o Congresso Nacional promulgou a Emenda n. 4, de 2 de setembro de 1961 (*Ato Adicional*), instituindo um sistema parlamentarista de governo. Na verdade, o sistema poderia ser chamado de *semiparlamentarista*, pois não passava de uma fórmula para restringir os poderes presidenciais, com a instituição de um Conselho de Ministros politicamente responsável perante a Câmara dos Deputados. Esse *Ato Adicional* foi revogado pela Emenda Constitucional n. 6, de 23 de janeiro de 1963, a qual restabeleceu o Sistema Presidencialista de Governo, e devolveu todos os poderes ao Sr. João Goulart.

Em 31 de março de 1964, as Forças Armadas desconstituíram o governo presidido pelo Sr. João Goulart e, investidas no exercício do poder constituinte reformador, editaram o *Ato Institucional*, de 9 de abril de 1964, instrumento transitório de que se valeu o Governo Revolucionário, presidido pelo Marechal Humberto de Alencar Castello Branco, para – segundo a justificação do ato – reconduzir o País ao caminho das suas tradições cristãs, republicanas e democráticas.

Após inúmeras reformas ditadas pelo Governo Revolucionário, através de *Atos Institucionais*, *Atos Complementares*, e Decretos-Leis, a Constituição de 1946 foi substituída por outra, outorgada através do Congresso Nacional, com vigência marcada para 15 de março de 1967, quando começou o governo do Marechal Costa e Silva, eleito indiretamente, pelo mesmo Congresso Nacional. Em 1969, a Constituição foi reformulada pela Emenda Constitucional n. 1, de 17 de outubro de 1969. Essa Emenda, por conter a reformulação de todo o texto constitucional, foi também chamada de Constituição de 1969, e foi outorgada à nação pelos Ministros Militares da Marinha, do Exército e da Aeronáutica que estavam no exercício transitório da Presidência da República. Essa reformulação manteve a forma federativa do Estado (embora seja uma federação fortemente orgânica e de tendências unitaristas), a forma republicana do Governo e o sistema representativo democrático. Sob sua égide foi reaberto o Congresso Nacional e foram reestruturados os partidos políticos, sendo eleito Presidente da República o General Emílio Garrastazu Médici.

Em 1974, assumiu a Presidência, eleito pelo Colégio Eleitoral, o General Ernesto Geisel, que começou a enfrentar intensa campanha dos meios legislativos e jurídicos pleiteando a revogação dos atos de exceção e a volta do *Estado de Direito*. No apagar das luzes de seu governo, foi promulgada a Emenda Constitucional n. 11, de 13 de outubro de 1978, para vigorar a partir de 1º de janeiro de 1979, a qual revogou os Atos Institucionais e Complementares até então vigentes.

Em 1979, assumiu a Presidência, também eleito pela forma indireta, o General João Baptista Figueiredo, com mandato de 6 anos de duração, e com a tarefa de concluir a volta do Brasil à plenitude democrática, sem dispor dos poderes excepcionais e discricionários que possuíam seus antecessores, integrantes do chamado *período revolucionário*, iniciado em 1964.

Animada pelas promessas de abertura política e restabelecimento do Estado de Direito, ao se aproximarem as eleições presidenciais marcadas para 1984, a nação brasileira, em movimento poucas vezes visto, levantou-se em todos os níveis, exigindo a realização de eleições "diretas-já", expressão que deu nome ao movimento. O resultado almejado não foi conseguido, mas das eleições indiretas então realizadas saíram vitoriosos os candidatos apoiados pela oposição e dissidentes do partido da situação, Tancredo Neves e José Sarney, respectivamente Presidente e Vice-Presidente da República. Tancredo Neves não chegou a assumir o cargo, pois foi atingido por inesperada doença que lhe custou a vida. Assumiu o Vice-Presidente José Sarney, que, cumprindo o programa de ação e atendendo aos anseios do povo brasileiro, enviou ao Congresso Nacional projeto de alteração constitucional que se transformou na Emenda Constitucional n. 25, de 1985, ficando restabelecido o sistema de eleições diretas em todos os níveis. Em 27 de novembro de 1985, foi promulgada a Emenda Constitucional n. 26, que convocou a Assembleia Nacional Constituinte, eleita em 1986, a qual elaborou a atual Constituição, promulgada em 5 de outubro de 1988.

Na vigência da nova ordem constitucional, tomou posse, em 15 de março de 1990, Fernando Collor de Mello, o primeiro Presidente civil eleito pelo voto direto desde 1960.

Baseado em amplo e entusiasmado apoio popular, o governo teve início com a implantação de um gigantesco confisco monetário denominado "Plano Collor", seguido pela divulgação de um ambicioso programa de modernização econômica, abertura da economia nacional à competição externa e desregulamentação da economia com a redução da intervenção estatal no setor.

Esse governo, entretanto, teve duração breve. Já em 1991, tornou-se claro o fracasso do plano econômico, e começaram a aparecer suspeitas de corrupção com envolvimento de integrantes do alto escalão do Governo. As suspeitas, alavancadas por ampla cobertura da imprensa, transformaram-se em denúncias e envolveram o Presidente, principalmente após comprometedoras revelações feitas por Pedro Collor, irmão do Presidente, em abril de 1992. No dia 29 de dezembro desse ano, o Parlamento decidiu afastar Collor da Presidência, cassando seus direitos políticos por 8 anos.

No mesmo dia assumiu a Presidência, em caráter definitivo, o Vice-Presidente Itamar Franco. Cumprindo o restante do mandato, governou o País até 31 de dezembro de 1994, implantando um bem-sucedido plano econômico denominado "Plano Real".

No dia 1º de janeiro de 1995 assumiu a Presidência Fernando Henrique Cardoso, ex-Senador e ex-Ministro da Fazenda do Governo anterior. Reeleito em 1998, assumiu o segundo mandato em 1º de janeiro de 1999. Desde a posse no primeiro mandato, seu governo esteve voltado para a consolidação do "Plano Real". Desenvolveu esforços para a aprovação de propostas ligadas à área econômica, especialmente as reformas previdenciárias, tributárias, políticas e econômicas, todavia com sucesso parcial, pois as questões mais relevantes ligadas a essas áreas ainda tramitam perante o Congresso Nacional. Seu governo caracterizou-se, também, pelo significativo afastamento da atuação do Estado sobre as atividades ligadas ao comércio, promovendo a privatização de importantes empresas que até então atuavam em nome do Estado concorrendo com empresas privadas ou protegidas pelo monopólio do Estado. Incentivou o livre comércio internacional, criando o Mercosul (área de livre comércio entre países da América Latina que o integram), e iniciou entendimentos para ampliação desse livre comércio, na linha adotada pelas regras inerentes à globalização.

Em 2002, foi eleito para sucedê-lo, exercendo o mandato a partir de 1º de janeiro de 2003, Luiz Inácio Lula da Silva, de origem trabalhista, um dos fundadores do Partido dos Trabalhadores, com declarada tendência para a esquerda, sob promessa de profundas reformas sociais, além de reformas nas áreas fiscal, tributária e econômica.

Nas eleições seguintes, de 2006, tivemos a reeleição do então presidente petista, que acabou vencendo o candidato do PSDB, Geraldo Alckmin, no segundo turno por margem superior a 60% dos votos válidos.

Em 1º de janeiro de 2011, assumiu a presidência Dilma Vana Rousseff, eleita em outubro de 2010. Dilma Rousseff foi Ministra das Minas e Energia e Ministra Chefe da Casa Civil no governo anterior e é integrante do Partido dos Trabalhadores. Reeleita, Dilma Rousseff assumiu o novo mandato em 1º de janeiro de 2014.

Em dezembro de 2015 foi instaurado na Câmara dos Deputados um processo de *Impeachment* contra a presidente Dilma Rousseff, acusada da prática de crime de responsabilidade. A denúncia foi apresentada pelo procurador de justiça aposentado Hélio Bicudo e pelos advogados Miguel Reale Júnior e Janaina Paschoal, acolhida por decisão do Senado Federal.

O ESTADO BRASILEIRO   405

O impedimento foi declarado no dia 31 de agosto de 2016. Assumiu a presidência o Vice-presidente Michel Miguel Elias Temer Lulia, conhecido substituir tudo por esta redação:

O impedimento foi declarado no dia 31 de agosto de 2016. Assumiu a presidência o Vice-presidente Michel Miguel Elias Temer Lulia.

Em 28 de outubro de 2018 foi eleito presidente Jair Messias Bolsonaro, o qual governou o país até 31 de dezembro de 2022.

Em outubro de 2022, realizadas as eleições presidenciais, foi eleito o candidato Luiz Inácio Lula da Silva, para o cumprimento de mandato de 1 de janeiro de 2023 até 31 de dezembro de 2026.

7. A CONSTITUIÇÃO DE 1988

A Assembleia Nacional Constituinte, embora fosse a concretização do anseio da nação brasileira, exigido e esperado desde longos anos atrás, não foi convocada pela forma ideal que propiciaria o desenvolvimento de um trabalho de elaboração constitucional livre, soberano, desvinculado de interesses outros que o trabalho parlamentar ordinário inevitavelmente impõe. Os segmentos mais representativos da sociedade brasileira reclamavam uma Assembleia Constituinte formada por parlamentares investidos exclusivamente de poderes constitucionais, que seria dissolvida com a promulgação da Constituição. Todavia, nos termos da convocação feita, os parlamentares acumularam as funções de legisladores ordinários, e o resultado foi a promulgação de uma Constituição com falta de unidade sistemática. Adotou-se, regimentalmente, o sistema de formação de comissões e subcomissões temáticas, surgindo daí textos que refletiam as mais diversas correntes ideológicas e até interesses pessoais, e que posteriormente foram unidos para a formação do anteprojeto e do projeto constitucional. O resultado foi a impossibilidade de se conseguir um sistema harmônico de normas, que se refletiu em uma Constituição heterogênea, preocupada em harmonizar correntes corporativas diversas, exageradamente preocupada com a regulamentação de detalhes que melhor seriam tratados na legislação ordinária. Faltou uma linha mestra, uma espinha dorsal, uma harmonia quanto aos objetivos que serão buscados pelo texto.

O novo texto constitucional determinou a realização, em 1993, de um plebiscito para escolha da forma e do sistema de governo no Brasil. Realizado em abril, com uma abstenção somada aos votos nulos de aproximadamente 30%, a população brasileira ratificou o sistema republicano, por 66% dos votos válidos contra 10% dos votos atribuídos à monarquia. Foi também ratificado o sistema presidencial, com cerca de 55% dos votos contra 25% de votos atribuídos ao parlamentarismo. Ficou mantido, assim, o regime republicano e presidencialista.

Cumprindo determinação do art. 3º do Ato das Disposições Constitucionais Transitórias, completados 5 anos de vigência, a nova Constituição foi submetida a um processo de revisão por parte do Congresso Nacional, em sessão unicameral, mediante voto da maioria absoluta de seus membros. Foram promulgadas as Emendas Constitucionais de Revisão n. 1 a 6, todas de 1994, mas sem mudanças substanciais.

Cumpre ressaltar, todavia, que a Constituição de 1988 contém aspectos altamente positivos. É a expressão legítima da vontade do povo brasileiro. Deu ênfase à proteção dos direitos individuais, enfatizou e ampliou os direitos trabalhistas, criou novos instrumentos de proteção e garantia dos direitos individuais e coletivos. De forma geral constitui, sem dúvida, um largo passo na busca de uma sociedade livre, preocupada com a erradicação da miséria, com a diminuição das diferenças entre as classes sociais, com a fome, com o analfabetismo, com as garantias reais aos que produzem e acima de tudo com a Justiça social, principal anseio dos Estados modernos.

O decurso do tempo demonstrou o acerto das opiniões doutrinárias resumidas acima, no sentido de que, a par de inegáveis pontos positivos, a Constituição de 1988 já nasceu carente de reformas que lhe suprissem as falhas impeditivas da modernização do Estado brasileiro. Com efeito, até agosto de 2024 já eram cento e trinta e três Emendas Constitucionais, sendo que oito delas promulgadas nos últimos dois anos, confirmando a urgente necessidade de reformas estruturais.

Ainda são muitas as propostas de novas Emendas Constitucionais em tramitação no Congresso Nacional, em razão da necessidade de adaptação do Estado brasileiro à nova realidade mundial. Essa nova realidade compreende relevantes aspectos econômicos decorrentes da globalização da economia, com ênfase para os reflexos do gigantismo comercial e das crises econômicas dos países asiáticos, especialmente da China, dos Estados Unidos e da União Europeia e também da consolidação do Mercosul.

REFERÊNCIAS

INGLEHART, Ronald. Devemos nos preocupar? *Journal of Democracy em português*. v. 5, n. 2, out. 2016. Disponível em: http://www.plataforma-democratica.org/publicacoes#JournalDemocracy. Acesso em: 7 ago. 2019.

FOA, R. S.; MOUNK, Y. A desconexão democrática. *Journal of Democracy em português*. v. 5, n. 2, out. 2016. Disponível em: http://www.plataforma-democratica.org/publicacoes#JournalDemocracy. Acesso em: 7 ago. 2019.

FRIEDRICH, K. J. *Gobierno Constitucional y Democracia – Teoria y Práctica en Europa y América S. A.* Madrid: Instituto de Estudios Políticos de Madrid, 1975.

PONTES DE MIRANDA, F. C. *Comentários à Constituição de 1946.* 2. ed. São Paulo: Max Limonad, 1953, v. IV, p. 170.

RUSSAR, Andrea. *Brasil:* a laicidade e a liberdade religiosa desde a Constituição da República Federativa de 1988. Disponível em: http://www.egov.ufsc.br/portal/conteudo/brasil-laicidade-e-liberdade-religiosa-desde-constitui%C3%A7%C3%A3o-da-rep%C3%BAblica-federativa-de-1988. Acesso em: 7 ago. 2019.

SORJ, B.; FAUSTO, S. Apresentação. *Journal of Democracy em português*. v. 5, n. 2, out. 2016. Disponível em: http://www.plataformademocratica.org/publicacoes#JournalDemocracy. Acesso em: 7 ago. 2019.

ÍNDICE ALFABÉTICO E REMISSIVO

Absolutismo monárquico – 137

Acordo Comercial sobre Relações Econômicas entre Austrália e Nova Zelândia – ANZCERTA – 52

Adolph Hitler – 163, 201, 303

Analfabeto (voto) – 237

Anarquismo – 345
– socialismo de Estado e comunismo – 367

Antiliberalismo – 153

Antimarxismo – 156

Aristocracia (República) – 195

Aristóteles (classificação das formas de governo) – 194

Aspectos da democracia liberal e sua decadência – 325

Associação das Nações do Sudeste Asiático – ASEAN – 52

Associação Europeia de Livre Comércio – EFTA – 51

Associação Latino-Americana de Integração – 51

Ato de governo – 60

Bicameralidade (federação e parlamentarismo) – 291

Bicameralidade e unicameralidade – 255

Características do Estado medieval – 125

Caráter democrático do sistema parlamentarista – 280

Cartas dogmáticas e outorgadas – 219

Censo alto (e sufrágio restrito) – 238

Chefe da nação (sistema parlamentarista) – 283

Civitas – 119

Classificação dos partidos políticos – 333

Classificações dos direitos fundamentais do homem – 232

Classificações secundárias das formas de governo – 193

Colegialidade das magistraturas – 122

Coletivismo (individualismo e grupalismo) – 345

Coletivismo e correntes socialistas – 350

Colonização – 60

Comissões parlamentares de inquérito – 277

Comunidade dos Estados Independentes (CEI) – 157

Comunidade para o Desenvolvimento da África Austral – SADC – 52

Comunismo
– ou socialismo utópico – origens doutrinárias – 363
– socialismo de Estado e anarquismo – 367

Conceito
– de Constituição – 213
– de democracia – 300
– de elite dirigente e sua responsabilidade histórica – 323
– doutrinário de corporativismo – 357
– e natureza do Poder Constituinte – 203
– e natureza dos partidos políticos – 331
– individualista de democracia – 316
– real de democracia – 321

410 TEORIA GERAL DO ESTADO

– social-democrático (democracia) – 317

Concepção social-democrática (sindicalismo) – 355

Concessão dos direitos de soberania – 60

Confederação – 58 e 180

Conquista (Estado) – 62

Constitucionalidade (controle) – 222

Constitucionalismo – 214

Constituição

– conceito – 213

– conteúdo substancial – 215

– de Weimar – 163

– divisão formal – 216

– dogmática – 219

– escrita – 216

– flexível – 219

– não escrita – 216

– outorgada – 219

– preâmbulo – 209

– rígida – 218

Consulado – 120

Conteúdo substancial da Constituição – 215

Controle da constitucionalidade – 222

Corpo eleitoral (democracia – expressão qualitativa) – 321

Corporativismo – 259

– associativo (e corporativismo de Estado) – 358

– conceito doutrinário – 357

– concepção social-democrática – 355

– e sindicalismo – 353

– máximo, médio e mínimo – 360

– representação profissional – 359

Correntes liberais modernas – 328

– globalização – 329

– neoliberalismo – 328

– social-liberalismo – 328

Correntes socialistas (e coletivismo) – 350

Crítica ao sistema representativo presidencialista – 264

Culturalismo – 5

Decadência do liberalismo – 147

Declaração dos direitos fundamentais do homem – 144, 231

Democracia – 299

– conceito – 300

– conceito de elite dirigente – 323

– conceito de igualdade econômica – 309

– conceito individualista de liberdade – 316

– conceito real – 321

– desdobramento e conceito social-democrático – 308

– e elites dirigentes – 321

– e igualdade – 305

– e igualdade (resumo histórico) – 305

– e liberdade – 313

– em sentido formal e substancial – 301

– expressão qualitativa do corpo eleitoral – 321

– liberal e democracia social – 325

– liberal e social (intervencionismo estatal) – 327

– liberal e sua decadência – 325

– liberdade (conceito social-democrático) – 317

– liberdade (teoria de Groppali) – 341

– liberdade e autoridade – 319

– liberdade na teoria do contrato social – 316

– liberdade nas teorias absolutistas – 315

– liberdades absolutas e relativas – 314

– no Brasil – 391

– origem histórica – 299

– seleção de valores – 322

– social (fundamentos) – 326

Desenvolvimento e declínio dos Estados – 61

Direito

– constitucional – 10

– Natural – 7

– Positivo – 7

– privado – 7

ÍNDICE ALFABÉTICO E REMISSIVO

– público – 7

– social – 8

Direitos

– de liberdade – 313

– de soberania (renúncia) – 62

– do homem (internacionalização) – 234

– fundamentais (garantias) – 235

– fundamentais do homem – 231

– fundamentais do homem (classificações) – 232

– fundamentais do homem (declaração) – 231

– sociais – 235

Ditadura – 121

Divisão

– do poder – 227

– do poder (noção) – 227

– formal das Constituições – 216

– formal do sistema representativo – 260

– geral do Direito – 7

– nacional – 59

– substancial do sistema representativo – 259

– sucessoral – 60

Divisões dos direitos de liberdade – 313

Doutrina

– das nacionalidades – 20

– de Maquiavel – 134

– de Montesquieu – 228

– do Estado – 11

– fascista – 159

– social da Igreja – 149

Duração do mandato (presidencialismo) – 273

Eleição direta e indireta – 240

Elite dirigente (conceito e sua responsabilidade histórica) – 323

Emigração (Estado) – 62

Encíclica *rerum novarum* – 149

Engels e Marx (socialismo) – 153

Escola

– histórica – 93

– orgânica – 96

Escolas alemã e austríaca – 34

Escritores da renascença – 138

Espiritualismo e materialismo – 345

Estado

– antigo – 109

– argentino (justicialismo) – 173

– bolchevista (fundamento doutrinário) – 100

– como diferenciação entre governantes e governados – 101

– como "meio" – 337

– composto – 179

– conceito – 20

– corporativo – 357

– de Israel – 111

– desenvolvimento e declínio – 61

– do Vaticano – 383

– e Direito – 1

– e evolução histórica – 107

– e família – 373

– e família (teoria grupalista cristã) – 373

– elementos constitutivos – 23

– e o homem – 341

– e seu problema finalístico – 337

– e seu problema finalístico (concepções) – 337

– evolucionista – 151

– extinção – 61

– fascista – 161

– federal – 185

– federal (características essenciais) – 187

– grego – 113

– imperfeito – 178

– justificação – 63

– justificações teológico-religiosas – 75

– liberal (erros e decadência) – 147

– medieval e a Igreja romana – 129

412 TEORIA GERAL DO ESTADO

- medieval e suas características – 125
- moderno e Igreja – 386
- modos de nascimento – 55
- modos derivados de nascimento – 60
- nascimento – 55
- nazista alemão – 163
- novo brasileiro (getulismo) – 172
- perfeito – 178
- polonês (pilsudskismo) – 169
- português (salazarismo) – 170
- romano – 117
- simples – 179
- soviético (organização) – 155
- teoria dos fins intermediários – 338
- turco (Kemalismo) – 168
- unitário – 185

Estado brasileiro – 393
- e família – 376
- evolução da forma de governo – 396
- formação federativa – 394
- formação histórica – 393
- população – 393
- resumo histórico da república – 398
- território – 393

Estado britânico – 182

Estado e Igreja – 377
- lutas – 379
- relações – 384
- separação e harmonia – 384

Estados
- novos – 167
- perfeitos e imperfeitos – 177
- simples e compostos – 178

Estamentos (monarquia) – 196

Estatismo jurídico – 3

Evolução
- do sistema presidencial e suas modalidades – 274
- histórica (origem dos partidos políticos) – 334

Evolução histórica do Estado – 107
- Aristóteles – 115
- Augusto Comte – 107
- classificação – 108
- Platão – 114

Executivo colegiado (sistema parlamentarista) – 285

Expulsão (Estado) – 62

Extinção (Estado) – 61

Família
- como unidade integrante do Estado – 373
- e Estado – 373
- e o Estado brasileiro – 376
- primado na sociedade – 374

Fascismo (doutrina) – 159

Federação – 59
- e bicameralidade (parlamentarismo) – 291

Federalismo – 185
- no Brasil – 189
- nos Estados Unidos da América do Norte – 187
- orgânico – 190

Feudalismo – 126

Fonte do Direito – 2

Fonte do poder soberano – 31

Fontes da Teoria Geral do Estado – 13

Formação
- do sindicalismo – 355
- federativa (Estado brasileiro) – 394
- histórica (Estado brasileiro) – 393
- histórica do sistema representativo – 245

Formas de Estado – 177
- classificações – 177

Formas de governo – 193
- classificação de Aristóteles – 194
- classificações secundárias – 193
- subdivisões – 196

ÍNDICE ALFABÉTICO E REMISSIVO

Fórum Econômico da Ásia e do Pacífico – APEC – 52

Fundamentos da democracia social – 326

Fundamentos doutrinários do Estado bolchevista – 100

Garantias dos direitos fundamentais – 235

Getulismo (Estado novo brasileiro) – 172

Globalização – 43

Governo – 27

Grupalismo (individualismo e coletivismo) – 345

Hitler (Adolph) – 163, 201, 303

Homem como unidade social e como pessoa humana – 341

Homem e Estado – 341

– posições extremadas e intermediária – 343

Homogeneidade do grupo nacional – 18

Ideologias políticas – 345

Igreja

– e Estado – 377

– e Estado moderno – 386

– e Estado (relações) – 384

– e Estado (separação e harmonia) – 384

– no Estado Brasileiro – 387

– romana – 129

Igualdade

– econômica (democracia) – 309

– e democracia – 305

– em sentido formal e material – 306

Impeachment e responsabilidade (presidencialismo) – 271

Império britânico – 177

Imperium – 119

Individualismo, coletivismo e grupalismo – 345

Individualismo racionalista – 347

Indivíduo-Estado – 341

Inglaterra (sistema representativo) – 246

Iniciativa popular – 202

Intergovernabilidade – 50

Internacionalização dos direitos do homem – 234

Intervencionismo estatal (democracia liberal e social) – 327

John Locke e a reação antiabsolutista – 139

Jusnaturalismo – 81

Justicialismo (Estado argentino) – 173

Justificação do Estado

– Benedito Spinoza – 84

– Edmundo Burke – 94

– Emmanuel Kant – 82

– Gumplowicz e Oppenheimer – 99

– Hugo Grotius – 82

– Jean-Jacques Rousseau – 88

– John Locke – 84

– Léon Duguit – 101

– Thomaz Hobbes – 82

Justificação do nascimento e extinção dos Estados – 63

Karl Marx e o socialismo científico – 365

Kemalismo (Estado turco) – 168

Lei dos três Estados (Augusto Comte) – 107

Lei ordinária (subordinação à Constituição) – 221

Liberalismo

– decadência – 147

– econômico – 348

– na América do Norte – 142

– na França – 143

– na Inglaterra – 141

Liberdade

– e autoridade (democracia) – 319

– e autoridade (homem e Estado) – 342

– e democracia – 313

– e democracia (conceito individualista) – 316

414 TEORIA GERAL DO ESTADO

– na teoria do contrato social (democracia) – 316

– nas teorias absolutistas (democracia) – 315

Liberdades absolutas e relativas (democracia) – 314

Limitações (soberania) – 37

Luta entre o Estado e a Igreja – 379

Magistraturas e pró-magistraturas – 120

Mandato

– e fidelidade partidária – 254

– natureza – 248

– teorias – 250

– titularidade – 253

Maquiavel – 134

Marx e Engels (socialismo) – 153

Marxismo (princípios filosóficos) – 368

Materialismo (e espiritualismo) – 345

Mecanismo

– do sistema parlamentarista – 282

– e características do presidencialismo – 268

Mercado Comum e Comunidade do Caribe – CARICOM – 51

Mercosul – 49

Ministros de Estado (presidencialismo) – 270

Modos

– de nascimento dos Estados – 55

– derivados de nascimento dos Estados – 60

Monarquia

– constitucional – 197

– de estamentos – 197

– e República – 197

– parlamentar – 197

Monarquias

– absolutas – 133

– medievais – 133

Monismo – 2

– jurídico – 2

Montesquieu (doutrina) – 228

Nação (conceito) – 15

NAFTA – 51

Nascimento dos Estados

– modo originário – 57

– modos secundários – 58

Nascimento e extinção dos Estados – 55

– justificação – 63

Natureza

– do mandato – 248

– e autonomia do poder espiritual – 378

Nazismo – 163

Neoliberalismo – 328

Neopanteísmo – 97

Noção de divisão do poder – 227

Novos direitos fundamentais – 234

Organização do Estado

– fascista – 161

– soviético – 155

Órgãos de manifestação do poder (unidade e pluralidade) – 229

Origem

– do sistema representativo – 245

– dos Estados – 69

– e evolução histórica dos partidos políticos – 334

Origem histórica

– da democracia – 299

– do sistema presidencialista – 245

– sindicalismo e corporativismo – 353

– sistema representativo parlamentarista – 279

Outras formas de Estado – 181

Panteísmo – 97

Parlamentarismo (*v.* sistema parlamentarista) – 279

Parlamentarismo, federação e bicameralidade – 291

ÍNDICE ALFABÉTICO E REMISSIVO

Parlamentarismo no Brasil – 293
  – comentários – 295
  – nova experiência – 296
  – resumo histórico – 293
Partidos políticos – 331
  – brasileiros – 335
  – classificação – 333
  – conceito e natureza – 331
  – e titularidade dos mandatos – 253
  – origem e evolução histórica – 334
Perspectiva sobre o futuro do Estado – 389
  – visão geral – 389
  – democracia no Brasil – 391
Pilsudskismo (Estado polonês) – 169
Plebiscito – 201
Pluralismo – 2
Poder
  – Constituinte – 203
  – Constituinte institucional – 205
  – de *imperium* – 119
  – divisão – 215
  – espiritual (natureza e autonomia) – 378
  – reformador – 204
  – unidade e pluralidade dos órgãos de manifestação – 229
Polis – 114
População – 17
  – Estado brasileiro – 393
Povo – 18
Preâmbulo nas Constituições – 209
Presidencialismo
  – duração do mandato – 273
  – mecanismo e características – 268
  – Ministros de Estado – 270
Principado – 122
Princípio das nacionalidades – 64
Princípios
  – e sistemas eleitorais – 237
  – filosóficos do marxismo – 368

Problema da soberania no Estado federal – 188
Processo da responsabilidade política (parlamentarismo) – 287
Pró-magistraturas – 120

Raça – 18
Racismo alemão – 164
Ramos fundamentais do Direito – 9
Reação
  – antiabsolutista – 139
  – antiliberal – 153
  – antiliberal e antimarxista – 159
Recall – 202
Referendum – 200
Relações entre a Igreja e o Estado – 384
Renascença (escritores) – 138
Renúncia dos direitos de soberania – 62
Representação profissional (corporativismo) – 359
República – 197
  – aristocrática – 197
  – democrática – 198
  – democrática indireta – 198
  – democrática representativa – 198
  – democrática semidireta – 199
  – e monarquia – 195
Rerum Novarum (encíclica) – 149
Responsabilidade
  – e *impeachment* (presidencialismo) – 271
  – política do Ministério (parlamentarismo) – 286
Resumo histórico
  – da República (Estado brasileiro) – 398
  – do sistema constitucional – 213
Revolução russa (e o socialismo) – 153
Russismo (socialismo marxista) – 350

Salazarismo (Estado português) – 170
Santo Agostinho – 131
Santo Tomás de Aquino – 131

Seleção de valores (democracia) – 322

Senado no Estado federativo – 256

Síncopes constitucionais – 224

– no Brasil – 225

Sindicalismo

– concepção social-democrática – 355

– formação – 355

Sindicalismo e corporativismo – 353

– concepção grupalista – 353

– identidade dos termos – 356

– origem histórica – 353

Sistema

– constitucional (resumo histórico) – 213

– corporativo – 162

– diretorial – 259

– parlamentarista (caráter democrático) – 280

– parlamentarista (chefe da nação) – 283

– parlamentarista (dissolução do parlamento) – 289

– parlamentarista (executivo colegiado) – 285

– parlamentarista (interdependência dos poderes) – 289

– parlamentarista (mecanismo) – 282

– parlamentarista (processo da responsabilidade política) – 287

– parlamentarista (remodelação ministerial) – 288

– parlamentarista (responsabilidade política) – 287

– parlamentarista (responsabilidade solidária) – 288

– parlamentarista no Brasil – 293

– presidencial (evolução e modalidades) – 274

– proporcional – 242

– representativo – 243

– representativo (divisão formal) – 260

– representativo (divisão substancial) – 259

– representativo (origem e formação histórica) – 245

– representativo (teorias) – 250

– representativo na Inglaterra – 246

– representativo parlamentarista – 279

– representativo parlamentarista (origem histórica) – 279

– representativo presidencialista – 263

Sistemas

– eleitorais – 241

– partidários – 332

Soberania

– absoluta do rei – 31

– conceito – 29

– do Estado – 33

– e blocos econômicos – 49

– e globalização – 43

– e intergovernabilidade – 50

– e supranacionalidade – 53

– escolas alemã e austríaca – 34

– limitações – 37

– nacional – 32

– no Estado federal (problema da) – 188

– popular – 32

– teoria negativista – 35

– teoria realista ou institucionalista – 36

Socialismo – 363

– científico (Karl Marx) – 365

– de Estado, comunismo e anarquismo – 367

– e a revolução russa – 153

– e individualismo – 345

– e suas variações – 366

– marxista, russismo e sua evolução – 350

– utópico ou comunismo (origens doutrinárias) – 363

Social-liberalismo – 328

Sociedade (princípios da unidade e da pluralidade) – 377

Subdivisões das formas de governo – 196

ÍNDICE ALFABÉTICO E REMISSIVO

Subordinação da lei ordinária (princípios constitucionais) – 221

Sufrágio
– feminino – 239
– igualitário e voto de qualidade – 238
– restrito e censo alto – 238
– universal – 237

Supranacionalidade – 53

Supremacia da Constituição – 221

Teoria
– da força – 72
– da origem familiar – 70
– da origem patrimonial – 71
– da representação nacional – 250
– da soberania absoluta do rei – 31
– da soberania do Estado – 33
– da soberania nacional – 32
– da soberania popular – 32
– da supremacia de classes – 99
– das fronteiras naturais – 65
– de Groppali (democracia e liberdade) – 318
– de Léon Duguit – 101
– do contrato social – 87
– do contrato social (liberdade e democracia) – 316
– do direito divino providencial – 78
– do direito divino sobrenatural – 76
– do equilíbrio internacional – 65
– do livre-arbítrio dos povos – 66
– do paralelismo – 2
– dos fins intermediários (Estado) – 338
– dos órgãos de representação – 252
– dualística – 2
– Geral do Direito – 11
– Geral do Estado – 11
– grupalista cristã (Estado e família) – 373
– jurídica do Estado – 12
– matriarcal – 71

– monística – 1
– negativista da soberania – 35
– patriarcal – 70
– pluralística – 2
– política do Estado – 12
– realista ou institucionalista (soberania) – 36
– social do Estado – 12
– tridimensional do Estado e do Direito – 5

Teorias
– absolutistas (liberdade e democracia) – 315
– do mandato – 250
– racionalistas (jusnaturalismo) – 81

Território – 25
– Estado brasileiro – 393

Totalitarismo do tipo fascista – 167

União
– Confederal – 180
– incorporada (forma de Estado) – 180
– pessoal – 59
– pessoal (forma de Estado) – 179
– real – 59
– real (forma de Estado) – 180

União Europeia – 53

Unicameralidade e bicameralidade – 255

Unidade do poder – 229

USMCA – 51

Vaticano – 383

Veto popular – 202

Voto
– como direito ou função – 240
– de qualidade (e sufrágio restrito) – 238
– do analfabeto – 238
– feminino – 239
– público e voto secreto – 240